Die Trierer Märtyrer

Historia martyrum Treverensium und

Passio martyrum Trevirensium

Lateinisch / Deutsch

Die Trierer Märtyrer

Historia martyrum Treverensium und *Passio martyrum Trevirensium*

Von unbekannten Verfassern

Lateinisch/Deutsch

Textkritisch herausgegeben, zum ersten Mal ins Deutsche
übersetzt und kommentiert von

Paul Dräger

Verlag für Geschichte und Kultur
Trier 2021

Publikationen aus dem Stadtarchiv Trier, Bd. 10

Umschlagbild:
Louis Counet: Hinrichtung des Trierer Konsuls Palmatius. Öl auf Leinwand, undatiert, 251 × 330 cm, Museum am Dom Trier (Leihgabe der Katholischen Kirchengemeinde St. Paulin Trier), Abb. aus dem Beitrag von Christel LEHNERT-LEVEN: Trierer Künstlerbiographien I: Louis Counet, Stephan Hawich, Christoph Hawich, Anton Schneider-Post rum und August Trümper, in: Neues Trierisches Jahrbuch 56, 2016, S. 11–44, hier S. 15.

Die Deutsche Nationalbibliothek verzeichnet diese Publikation in der Deutschen Nationalbibliografie. Detaillierte bibliografische Daten sind im Internet über http://dnb.dnb.de abrufbar.

Alle Rechte vorbehalten, insbesondere das Recht der Vervielfältigung und Verbreitung oder der Übersetzung vorbehalten.
© Verlag für Geschichte und Kultur, Trier
Gedruckt auf alterungsbeständigem Papier.
1. Auflage 2021
Druck & Bindung: finidr, s.r.o., Český Těšín
ISBN: 978-3-945768-16-7

Inhaltsverzeichnis

Vorwort 9

1 *Historia martyrum Treverensium* (‚Historie der Trierer Märtyrer') 13
Inhaltsübersicht zur Historie der Trierer Märtyrer C 14
  1.1 *Historia martyrum Treverensium* (C; BHL 8284) 16
  1.2 *Historia martyrum Trevirorum* (D; BHL 8284) 66
  1.3 Kommentar zur *Historia martyrum* (C/D) 102
  1.4 Einführung zur *Historia martyrum Treverensium* (BHL 8284) 144
    1.4.1 Quelle und Verfasser 144
    1.4.2 Die *Historia martyrum*: sachlich berichtend oder ideologisierend? ... 145
    1.4.3 Die *Historia martyrum* und ihre Beziehung zu den *Gesta Treverorum* .. 151
    1.4.4 Überlieferung der *Historia martyrum* und Editionsprinzipien 153

2 *Passio martyrum Trevirensium* (BA; BHL 8284c)
(‚Das Leiden der Trierer Märtyrer') (BHL 8284c) 159
Inhaltsübersicht: Das Leiden der Trierer Märtyrer 161
  2.1 *Passio martyrum Trevirensium* (BA; BHL 8284c) 162
  2.2 Kommentar zur *Passio martyrum Trevirensium* (B/A) 197
  2.3 Einführung zur *Passio martyrum* 226
    2.3.1 Die *Passio martyrum* in ihrem Verhältnis zur *Historia martyrum Trevirensium* in ihrem Verhältnis zur *Historia martyrum Treverensium* 226
    2.3.2 Überlieferung der *Passio martyrum Trevirensium* und Editionsprinzipien 228

3 Handschriften-, Literatur- und Abbildungsverzeichnis 233
  3.1 Handschriften (alle in Wissenschaftliche Bibliothek Trier; A, B; C, D) ... 234
  3.2 Literatur 234
  3.3 Abbildungen 237

4 Zitate aus/Anspielungen auf (spät)antike Literatur und Bibel 239
   4.1 Zitate und Anspielungen 241
      4.1.1 Klassische und spätantike Literatur 241
      4.1.2 Bibel 241
         4.1.2.1 Altes Testament 241
         4.1.2.2 Neues Testament 242
   4.2 Erklärendes Eigennamenverzeichnis 243

Vorwort

Im Anfang war das Wort des Direktors der Stadtbibliothek Trier, Prof. Dr. Michael Embachs, mit dem Vorschlag, die wenig bekannte *Passio martyrum Trevirensium* für das „Kurtrierische Jahrbuch" zum ersten Mal ins Deutsche zu übertragen: Die zwei einzigen Kodizes dieser Schrift, beide aus dem 11./12. Jh., besitze die Trierer Stadtbibliothek; eine textkritische *Editio princeps* läge im Anhang (S. 56–66) eines Aufsatzes von Franz-Josef Heyen vor („Die Öffnung der Paulinus-Gruft in Trier im Jahre 1072 und die Trierer Märtyrerlegende"), im „Archiv für mittelrheinische Kirchengeschichte" (16, 1964, S. 23–66).

Ein kritischer Blick in diesen „Anhang" zeigte allerdings die Notwendigkeit auch einer Neukollation der beiden (von Heyen als A und B benannten) Handschriften auf. Das nahm ich zum Anlass, mich auch der weitaus bekannteren *Historia martyrum Treverensium* zuzuwenden, deren zwei älteste (aber nicht einzige), vermutlich kurz vor der *Passio* entstandene Exemplare gleichfalls in der Trierer Stadtbibliothek lagern. Auch hier gab es eine *Editio princeps* der älteren der beiden (von mir als C und D bezeichneten) Abschriften (C, durch Johann Nikolaus von Hontheim 1757; 1768 wiederholt durch die *Acta Sanctorum*, 1848 auszugsweise durch Waitz in den MGH und daraus 1853 durch Migne in der *Patrologia Latina*). Mein Vorschlag, beide Märtyrertexte in – wegen ihres Umfangs (zweimal circa 100 Seiten) – zwei aufeinanderfolgenden Jahrgängen des „Kurtrierischen Jahrbuchs" zu publizieren, wurde von der Redaktion gern aufgegriffen und für den ersten, chronologisch vermutlich früheren Text anhand von Hontheims Transkription bereits umgesetzt (*Historia martyrum Treverensium*, s. KTJ 59, 2019, S. 15–114; durch vorliegende Monografie überholt).

Doch fatalerweise erging es mir mit Hontheim (1701–1790, seit 1748 Weihbischof) des Erzbistums Trier) ähnlich wie mit Heyen: Ganz abgesehen von ungezählten Druck- und sonstigen Errata konnte ich bereits auf der ersten Seite je eine grammatische und inhaltliche Schwierigkeit als Philologe nur mühsam ‚weginterpretieren' (Prol 4 [Hontheim p. 109]: *Abraham multarum gentium; domesticis a quibus*) – bei der Einsicht in die Handschrift stellte sich heraus, dass zwei entscheidende Wörter (*pater* bzw. *Iudeis*) von Hontheim übersehen worden waren. Der ‚Höhepunkt' von Hontheims Umgang mit dem Originaltext ist die Periode 3,27 (Hontheim p. 122, *dextra*), die durch (gleichsam ‚kapitulationsartige') Weglassung von vier sinntragenden Wörtern (*quave iudicii sui occultatione*), begleitet von der Umstellung eines Relativsatzes (*qui ibi convenerant*), verhunzt ist – was auch erst durch das Original handgreiflich wurde; Ähnliches gilt leider für Hontheims gesamten Text, d.h. zugleich den seiner Nachfolger, die aber qualitätsmäßig teilweise besser sind als ihre Vorlage (s. meinen textkritischen Apparat sowie Kommentar).

Parallel zu Hontheims Rez. C habe ich auch Rez. D herangezogen, die aber im Unterschied zu C noch nie ediert wurde; entsprechend ist sie – außer Erwähnungen in Bibliothekskatalogen (Keuffer, Coens, auch z.B. Krönert) – der Forschung völlig unbekannt. Es handelt sich um eine Be- bzw. Umarbeitung von C, die (D) zum Schluss hin immer mehr kürzt und dadurch selbstständiger wird.

So sind nun die wichtigsten Trierer-Märtyrer-Texte in dieser Monografie zweisprachig vereinigt; wenige Dubletten und Verschiedenheiten (z.B. textkritischer Apparat mit Blick auf das Publikum einmal auf Deutsch, das andere Mal auf Latein; einmal Groß-, das andere Mal Kleinschreibung von *deus, dominus, spiritus sanctus* etc.; zweimalige Editionsprinzipien) erklären sich aus der Genese des Buchs. Im Übrigen waren die Satzarbeiten für das „Kurtrierische Jahrbuch" inzwischen (Oktober 2019) so weit fortgeschritten, dass an eine Herausnahme der Hontheimschen Version C nicht mehr zu denken war (am Gesamttenor *ad maiorem gloriam martyrum Treverensium* ändert sich ohnehin nichts).

Für die Anregung zu diesem Projekt und die Aufnahme in die „Publikationen aus dem Stadtarchiv Trier" danke ich Prof. Dr. Michael Embach, für die Bereitstellung von Kopien und Digitalisaten aller Kodizes, Texte und Abbildungen den Mitarbeitern der Stadtbibliothek Trier, für jederzeit ungehinderten Zugang zur ‚Gruft' (Krypta) und Fotografiererlaubnis Pfarrer Joachim Waldorf, für Hilfe und Auskünfte Dipl.-Ing. Harald Schmidt vom Verwaltungsrat der Paulinuskirche, für die Fotos aus der Krypta (nach einem von ihm entwickelten Verfahren mithilfe eines Drachens) Dr. med. Christian Credner (Trier).

Trier, im Februar 2021   Paul DRÄGER

Abb. 0 (S. 11): Kirche St. Paulin in Trier

I.

Historia martyrum Treverensium

Historie der Trierer Märtyrer

Inhaltsübersicht zur Historie der Trierer Märtyrer C

Pr(olog):   Der Verfasser macht Gott zum ersten Anfang seiner Schrift
- Pr 1–3   Gott als ewiger Schöpfer aller Dinge und Wesen
- Pr 4–9   Noahs Fluch und Segen über seine Söhne (die Namen zweier Söhne als Vorherbestimmung)
- Pr 10   Gott aus Eigeninteresse Verursacher des Thebäisch-Trierischen Martyriums

1. Kap.:   Das Leiden der heiligen Märtyrer und der Ort ihres Begräbnisses
- 1,1–12   Die Thebäische Legion kommt gemäß Gottes Planung nach Trier
- 1,13–18   Rictiovarus tötet die Thebäer und die Führungselite der Trierer
- 1,19–36   Lage der beigesetzten Thebäer und Trierer in der Paulinus-Krypta gemäß einer Bleitafel
- 1,37–40   Unmöglichkeit angemessener Beschreibung (auch durch den Autor)

2. Kap.:   Die Auffindung der heiligen Märtyrer
- 2,1–6   Kanoniker des Paulinus-Klosters lesen in den *Passiones Gentiani et Victorici* von den durch Rictiovarus in Trier ermordeten Märtyrern
- 2,7–13   Der von Gott geschickte Laie Folbert wird von den Kanonikern um Hilfe bei der Suche nach den Märtyrern gebeten
- 2,14–22   Drei Visionen Folberts über eine Begegnung mit den getöteten Märtyrern; Abreise Folberts
- 2,23–29   Drei Visionen (Stimme) der Nonne Frideburga vom Marienkloster Ören in Trier
- 2,30–39   Auffindung eines Hymnus auf Paulinus (mit Bericht über seine Bestattung in Trier) durch Frideburga und die Kustodin
- 2,40–42   Übergabe des Hymnenbuches an die Paulinus-Kanoniker
- 2,43–46   Aufbrechen der Krypta mit Erlaubnis des Erzbischofs Udo
- 2,47–49   Anordnung der Sarkophage des Paulinus und von 13 Märtyrern
- 2,50–72   Fund einer Bleitafel; (55–72:) Wortlaut von deren Inschrift

3. Kap.:   Das Wunder des Blut ergießenden Knochens
- 3,1–5   Durch Abschriften Verbreitung des Tafeltextes; Zweifler im Klerus
- 3,6–9   Bauarbeiten zur Erweiterung der Krypta

Inhaltsübersicht zur Historie der Trierer Märtyrer C

    3,10–13 Ein Kanoniker findet in der herausgeschafften Erde einen Knochen und übergibt ihn einer Magd zur Aufbewahrung in ihrer Lade
    3,14–16 Plötzliche Krankheitssymptome der Magd; Rat des Kanonikers
    3,17–19 Überquellen der Lade durch Blut; sofortige Gesundung der Magd
    3,20–21 Überprüfung des Wunders durch einen anderen Kanoniker
    3,22–27 Die Lade wird ins Kloster getragen und allen Klerikern gezeigt; erneutes Überprüfen des blutenden Knochens
    3,28–29 Beschluss, die ausgegrabene Erde an einen reinen Ort zu bringen
    3,30–33 Platzierung der Lade mit dem Knochen über dem Altar; Weiterströmen des Blutes aus dem Knochen
    3,34–36 Wunderheilungen durch Trinken von Wasser, in das der blutende Knochen getaucht wurde

4. Kap.: Andere an den Gräbern der Märtyrer geschehene Wunder
    4,1–3 Einführung: Wunderheilungen in der Paulinus-Krypta
    4,4–9 Heilung eines Büßers in Gegenwart des Erzbischofs
    4,10–12 Heilung einer taubstummen Ehefrau am Palmsonntag
    4,13–18 Heilung eines stummen und am rechten Arm gelähmten Knaben in Gegenwart des Erzbischofs
    4,19–21 Heilung eines an Armen und Beinen gelähmten Mädchens
    4,22–24 Heilung eines Blinden gegen das Versprechen jährlicher Abgabe
    4,25–26 Heilung eines an Schwellungen Leidenden gegen ein Gelübde
    <D 4,27 Lobpreis Gottes wegen seiner Heiligen>

1.1 *Historia martyrum Treverensium* (C; BHL 8284)

[147r] Incipit passio sanctorum Trevirorum martyrum.

Prologus <Auctor Deum scriptionis suae principium facit>

(Pr 1) Quamquam Scriptura Sacra testante in principio apud Deum secundum substantiam rerum cuncta simul creata fuerint, sicut scriptum est: ‚Qui vivit in aeternum creavit omnia simul', non tamen secundum diversitatem formarum omnia simul in speciem venerunt. (Pr 2) Nam sicut beatissimus Regiensis ecclesiae episcopus Prosper in suo quod ex libris Sancti Augustini facit, deflorato testatur: ‚Id quod in tempore novum est, non est novum apud eum qui condidit, et sine tempore habet omnia, quae suis quibusque temporibus pro eorum varietate distribuit.' (Pr 3) Ad innumerabilem itaque divinae huius dispensationis rationem spectare videtur, quod sicut sexta die creatis diversi generis animantibus homo quoque qui eis praeesset creatus est, ita in sexta mundi aetate creator omnium rerum Deus, in patriarchis et prophetis dudum praesignatus in utero virginali concepti spirituali incarnatus est, cuius est dominatus super omnes coeli ac terrae ornatus; et coeli quidem ornatus sunt angeli, terrae autem ornatus homines et bestiae variique fetus terrae.

(Pr 4) Hic ergo plus quam Abraham pater[1] multarum gentium, plus quam Isaac patri oboediens, plus quam Noe calice passionis inebriatus est; et in Iudaico populo, tamquam Noe in tabernaculo a filio suo Cham denudatus, dum ab ipsis generis sui domesticis Iudeis[2] a quibus carnis velamentum quasi aliquod susceperat tabernaculum despective est tractatus: (Pr 5) Ibi namque mortalitatis eius infirmitas nudata est atque manifestata; (Pr 6) ibi sicut propheta de ipso praedixerat, fortitudo eius est celata. (Pr 7) et, sicut Noe, de somno expergefactus, impietatem filii sui Cham prophetico spiritu edoctus maledictione persecutus est, ita propheta David, qui typum Domini gessit, Iudeorum impietatem, dormientis in cruce Domini despicientium infirmitatem, non dissimili maledictione detestatus est, de illis dicens: ‚Exurgat Deus et dissipentur inimici eius' et c<eterum[3]>: (Pr 8) Sicut etiam et alii duo filii Noe, Sem videlicet et Iaphet nuditatem patris nec videre nec audire volentes eamque pallio cooperientes, paternam benedictionem susceperunt,

---
1 pater *C; omisit* Ho
2 Iudeis *C; omisit* Ho
3 & caet *(in abbrev.)* C (&c. Ho)

1.1 Historie der Trierer Märtyrer

[147r] An fängt das Leiden der heiligen Trierer Märtyrer.

Prolog <Der Autor macht Gott zum ersten Anfang seiner Schrift>

(**Prologus 1**) Obwohl unter Bezeugung der Heiligen Schrift am ersten Anfang von Gott gemäß dem Wesen der Dinge das Gesamte zugleich erschaffen worden ist, so wie geschrieben ist: ‚Wer auf ewig lebt, hat alles zugleich erschaffen', ist dennoch gemäß der Verschiedenheit der Gestalten nicht alles zugleich ins Blickfeld gekommen. (Pr 2) Denn – so wie der glückseligste Bischof der Reginer Kirche, Prosper, in seinem Exzerpt, das er aus den Büchern des heiligen Augustinus macht, bezeugt: ‚das, was in der Zeit neu ist, ist nicht neu bei dem, der <es> begründet hat und ohne Zeit alles hat, was er seinen jeweiligen Zeiten im Verhältnis zu ihrer Mannigfaltigkeit zuteilt.' (Pr 3) Auf die unzählige Art dieser göttlichen Anordnung scheint daher zu blicken, dass – so wie am sechsten Tag nach Erschaffung der Lebewesen verschiedener Gattung auch der Mensch, der ihnen voranstehen solle, erschaffen wurde – derart in der sechsten Epoche der Welt der Erschaffer aller Dinge, Gott, in den Patriarchen und Propheten seit Langem vorherbezeichnet, im jungfräulichen Schoß durch geistige Empfängnis zu Fleisch geworden ist, dem (Fleisch gewordenen Christus) die Herrschaft über allen Schmuck des Himmels und der Erde gehört: Und der Schmuck des Himmels jedenfalls sind die Engel, der Schmuck der Erde jedoch die Menschen und die Tiere und die mannigfachen Nachkommen der Erde.

(Pr 4) Dieser (Christus) wurde also mehr als Abraham, der Vater vieler Stämme, mehr als Isaak, der seinem Vater (Abraham) gehorchte, mehr als Noah durch den Kelch des Leidens trunken und im jüdischen Volk – so wie Noah im Zelt, von seinem Sohn Ham – entblößt, weil er ja von den angehörigen Juden seines Geschlechts selbst, von denen er die Verhüllung des Fleisches gleichsam als irgendein Zelt empfangen hatte, von oben herab behandelt wurde: (Pr 5) Denn dort wurde die Kraftlosigkeit seiner Sterblichkeit entblößt und <wurde> handgreiflich; (Pr 6) dort wurde, so wie der Prophet über ihn selbst vorausgesagt hatte, seine Stärke verborgen. (Pr 7) Und so wie Noah, aus dem Schlaf aufgewacht, über die Unfrömmigkeit seines Sohnes Ham durch den prophetischen Geist belehrt, ihn durch Verwünschung verfolgte, derart verfluchte der Prophet David, der das Abbild des Herrn trug, die Unfrömmigkeit der Juden, die auf die Kraftlosigkeit des am Kreuz schlafenden Herrn herabblickten, durch eine nicht unähnliche Verwünschung, indem er über jene sagte: ‚Erheben soll sich Gott, und zerstreut werden sollen seine Feinde!' und das Übrige: (Pr 8) So wie gleichfalls auch die zwei anderen Söhne Noahs, Sem ersichtlich und Japhet, weil sie die Blöße ihres Vaters weder sehen noch hören wollten und sie mit einem Mantel bedeckten, den väterlichen Segen empfingen, derart haben alle, die das

ita omnes mysterium passionis[4] Dominicae humiliter venerantes divinae paternitatis benedictione beari ac multiplicari nihilominus meruerunt; (Pr 9) quorum etiam futurae per Deum nominationis et dilatationis[5] felicissimus[6] status in eorundem filiorum Noe nominibus est praesignatus.

(Pr 10) Haec autem idcirco breviter praelibavimus ut et eum qui est fons et origo omnium bonorum, hoc etiam principium faceremus, eius scilicet breviloquii, quod de sanctis Trevericae civitatis martyribus faciemus et ut eius incommutabilis dispositionis ordinem in eis quoque completum esse ipso adiuvante monstraremus, qui eos proinde ut credimus de ultimis terrarum finibus evocavit, ut et eorum holocausta medullata perpetua pace remuneraturus in hoc tandem loco susciperet, et eiusdem loci incolas, tam pretiosas sanctorum suorum foventes[7] reliquias, concessae fidelibus suis pacis participes per eorum patrocinium efficeret. Explicit prologus.[8]

<Caput I: Sanctorum martyrum passio et sepulturae locus>

[147v] [30v] 1. (1) Cum igitur[9] inevitabilis divinae dispositionis ordo deposceret, ut et ardor malitiae qui fuit in infidelibus, Maximiano et Diocletiano[10] a diabolo succensus effervesceret, et amor iustitiae qui fuit in sanctis, Secundo, Tirso[11], Mauricio, sociisque[12] ipsorum flagrans ex lampade caritatis divinae innotesceret, iuxta illud psalmistae: ‚Consumetur nequitia peccatorum et diriges iustum', hoc est ut peccator peccaret adhuc, et iustus iustificaretur adhuc, evocatur a Maximiano cognomento Herculio Caesare primum postea Augusto orientalis regionis legio. (1,2) Quae iuxta legem miliciae Romanae conscripta, armisque militaribus instructa, ab imperatore Romano Diocletiano ad vires hostium Romanorum conterendas est transmissa. (1,3) Praelati sunt autem huic legioni duces, quorum vocabula ad nostram noticiam duo devenerunt, unus Tyrsus, alter Secundus vocatus. (1,4) Nomen vero primi pilarii legionis eiusdem sicut a nostris antecessoribus

---

4   passionis: *C correxit e* passiones
5   dilatationis *C*; dilationis *false Ho (AASS, quae coniec.* dilatationis)
6   felicissimus *C; omisit Ho*
7   foventes *AASS*; focientes *C, Ho*
8   Explicit prologus *omisit Ho*
9   igitur *omisit D*
10 Diocletiano *C*; Diacletiano *D (err. typ.)*
11 Tirso: *D inseruit et* Bonefacio
12 sociisque *D (coniec. AASS)*; sociorumque *C, Ho*

Geheimnis des Herrenleidens demütig achteten, um nichts weniger verdient, durch den Segen der göttlichen Väterlichkeit beglückt zu werden und vervielfacht zu werden; (Pr 9) der glückseligste Zustand auch von deren zukünftiger Nennung durch Gott und ihrer Verbreitung ist in den Namen derselben Söhne Noahs vorherbezeichnet.

(Pr 10) Dies haben wir jedoch deshalb kurz vorausgeschickt, damit wir einerseits den (Gott), der Quelle und Ursprung aller Güter ist, auch zum ersten Anfang machen, derjenigen kurzen Darstellung, versteht sich, die wir über die heiligen Märtyrer der Trierischen Bürgergemeinde machen werden; andererseits, damit wir zeigen, dass die Reihenfolge seiner (Gottes) unveränderlichen Planung auch in ihnen (Märtyrern) erfüllt ist, mit Unterstützung seiner (Gottes) selbst, der sie daher, wie wir glauben, aus den äußersten Gebieten der Länder (Thebais/Ägypten) aufgeboten hat, damit er sowohl ihre fetten Brandopfer – auf dass er sie durch ständigen Frieden vergelte – endlich auch an diesem Ort (Trier) empfange, als auch die Bewohner desselben Ortes, weil diese die so wertvollen Reliquien ihrer Heiligen hegen, zu Teilhabern des ihren Gläubigen zugestandenen Friedens durch deren (Heiligen) väterlichen Schutz mache. – Abgewickelt ist der Prolog.

<1. Kapitel: Das Leiden der heiligen Märtyrer und der Ort ihres Begräbnisses>

[147v] [30v] 1. (1) Weil nun die unausweichliche Reihenfolge der göttlichen Planung es forderte, dass einerseits die Glut der Schlechtigkeit, die in den Ungläubigen war, Maximian und Diokletian, vom Teufel entzündet, aufwallte, andererseits die Liebe zur Gerechtigkeit, die in den heiligen Secundus, Thyrsus, Mauritius und ihren Genossen, flammend von der Fackel der göttlichen Nächstenliebe, bekannt wurde gemäß jenem <Wort> des Psalmisten: ‚Verzehrt werden wird die Nichtsnutzigkeit der Sünder, und lenken wirst du den Gerechten', das heißt, dass der Sünder sündige weiterhin und der Gerechte gerechtfertigt werde weiterhin, wird von Maximian mit dem Beinamen Herculius, zuerst Cäsar, später Augustus, eine Legion der östlichen Region aufgeboten. (1,2) Und diese wurde, gemäß dem Gesetz des römischen Soldatenwesens ausgehoben und mit soldatischen Waffen ausgestattet, vom römischen Herrscher Diokletian, um die Kräfte der Feinde der Römer zu zerreißen, herübergeschickt. (1,3) Vorangestellt waren jedoch dieser Legion Führer, deren zwei Benennungen zu unserer Kenntnis gelangt sind: der eine Thyrsus, der andere Secundus benannt. (1,4) Der Name aber des Primipilars derselben Legion war, so wie wir es von unseren Vorgängern vernommen haben, Mauritius. Es waren in Wirklichkeit in

accepimus, erat[13] Mauricius. Erant revera in legione illa alii quoque duces exercitus ac principes, pro quorum et nominum et meritorum oblivione antecessorum nostrorum negligentiam incusamus, quorum tamen diligentiam commendamus[14], pro eis litterularum[15] documentis, quae de eorumdem sanctorum meritis aut plumbeis aut marmoreis tabulis, aut vetustissimis schedulis inscripta reperimus.

(1,5) Hoc nempe in plumbea tabula prope corpora eorumdem martyrum in cripta sancti patris nostri Paulini terrae altius infossa conscriptum reperimus, quod unus ex praefatae legionis ducibus Tyrsus videlicet cum suis plurimis sociis et militibus in urbem Trevericam deveniret, cum suos commilitones signifero legionis Mauricio adherentes, idolorum culturae adquiescere nolentes, iuxta Alpium infima ab imperatore Maximiano trucidatos esse audiret. (1,6) Quare vero hunc potissimum locum coetus ille sociorum passioni suae prospexerit, prima quidem racio occurrit praedestinationis divinae inevitabilis dispositio, quae sicut absque tempore et loco continet omnia, ita temporibus et locis singulis congruentia distribuit negotia.

(1,7) Sic nempe[16] inter alia inestimabilia Bethlehem nativitati[17] Ierusalem suae praevidit Deus et homo passioni. (1,8) Deinde non absque ratione possumus et illud ex hac re conicere, quod beatus Marcellus[18] Romanae sedis eodem[19] tempore episcopus inter alia miliciae christianae, quae[20] illis consilium eius in urbe Roma querentibus seseque[21] ab episcopo Hierosolimitano ad fidem Christi per baptismum initiatos esse confitentibus contulit armamenta, haec quoque necessitati eorum salubria providerit munimenta, ut quia contra Galliarum Christianos bellum suscipere cogebantur, ipsi christianitatis nomen in hoc venerarentur[22], quo se Galliarum principibus coniungentes, et cum eis crucem Domini per pacientiam mortis suscipientes, adaucto hoc modo sociorum numero, cumulata sibi passionum praemia adquirerent.

---

13 erat: *D inseruit* beatus
14 commendamus *in C additum in marg. dex.*
15 litterularum *C*; litterarum *D*
16 nempe *C*; namque *D*
17 nativitati: *D addidit* quae de virgine matre est,
18 Marcellus: *D (alia manus) correxit in* Marcellinus
19 eodem *C*; ipso *D*
20 quae *C, D*; qua *AASS (error typ.)*
21 seseque *C*; sese *D*
22 venerarentur *C*; venerentur *D*

jener Legion auch andere Führer des Heeres und Erste; doch für das Vergessen sowohl ihrer Namen als auch Verdienste beschuldigen wir die Nachlässigkeit unserer Vorgänger, deren Sorgfalt wir dennoch empfehlen, für diejenigen Dokumente kleiner Schriften, die wir über die Verdienste derselben Heiligen entweder auf bleiernen oder auf marmornen Tafeln oder auf uralten Papieren geschrieben auffinden.

(1,5) Dies nämlich finden wir – auf einer bleiernen Tafel nahe bei den Leibern derselben Märtyrer, die (Leiber) in der Krypta unseres heiligen Vaters Paulinus ziemlich tief in die Erde eingeschachtet waren, geschrieben – auf, dass einer von den Führern der vorgenannten Legion, Thyrsus ersichtlich, mit den meisten seiner Genossen und Soldaten in die Trierische Stadt gelangte, als er hörte, dass seine Mitsoldaten, die dem Zeichenträger der Legion, Mauritius, anhingen, <und> die sich nicht mit der Verehrung von Götzenbildern beruhigen wollten, beim untersten Grund der Alpen vom Herrscher Maximian abgeschlachtet worden seien. (1,6) Weswegen aber am ehesten diesen Ort (Trier) jene Schar der Genossen für ihr Leiden vorgesehen hat, <dafür> tritt jedenfalls als erster Grund die unausweichliche Planung der göttlichen Vorherbestimmung hervor, die, so wie sie ohne Zeit und Ort alles zusammenhält, dergestalt den einzelnen Zeiten und Orten die zusammenpassenden Dinge zuteilt.

(1,7) So nämlich hat unter anderem Unschätzbaren Bethlehem für seine Geburt, Jerusalem für sein Leiden Gott und der Mensch vorgesehen. (1,8) Darauf können wir nicht ohne Grund auch jenes aus dieser Sache vermuten, dass der glückselige Marcellus, zur selben Zeit Bischof des römischen Sitzes, unter anderen Geräten des christlichen Soldatendienstes, die er – als jene seinen Rat in der Stadt Rom suchten und bekannten, dass sie vom Jerusalemer Bischof in den Glauben an Christus mittels der Taufe eingeweiht worden seien – beitrug, auch diese für ihre Not heilsamen Sicherungen vorgesehen hat, dass sie, da sie ja gezwungen wurden, gegen die Christen der gallischen <Provinzen> Krieg auf sich zu nehmen, selbst den Namen Christentum hierin achteten, wodurch sie, indem sie sich den Ersten der gallischen <Provinzen> verbanden und mit ihnen das Kreuz des Herrn durch das Ertragen des Todes auf sich nahmen, sich – nach Vermehrung der Zahl der Genossen auf diese Weise – gehäufte Belohnungen der Leiden erwarben.

[31r] (1,9) Possent et aliae convenientes et apte[23] ex hac re fieri coniecturae, sed praestat interea loci nomen Domini benedicere ac laudare, [148r] cuius inestimabile consilium sapientiae, in benedicta sociorum istorum ad hunc perventione et benedicenda semper passione ibidem constat impletum[24] esse. (1,10) Venerunt namque in urbem Trevericam non nisi per ordinationem divinam. Unde ab eiusdem civitatis christianissimis principibus christianitatis et pacis signa in ipsis cognoscentibus christianiter et amice hospitaliter et honeste, summa quae in Deo[25] est ordinante hoc caritate recepti sunt.

(1,11) His quippe principibus, dum causam suae ab oriente profectionis suaeque ad hunc locum perventionis flebiliter retulissent, eorumque consilium simul et auxilium humiliter postulavissent[26], flagranti adeo Sancti Spiritus ardore corda omnium, et civium et hospitum in Dei amore succensa sunt, ut ad mortis magis pro Christi amore[27] susceptionem, quam ad idolorum venerationem et[28] Christianorum obpugnationem se praebere, invicem exhortarentur[29]. (1,12) Verumtamen non est dubitabile, quin[30] si iuncti Trevericis Thebani[31] materialibus armis contendere[32] vellent, praefecti illius Romanorum Rictiovari potentiae resistere et[33] etiam praevalere satis possent, praesertim cum ipsum Romanorum imperatorem Caesarem cum omnibus quas habere potuit[34] militum copiis, a solis civibus Trevericis diu multumque fatigatum fuisse, in Romanis ac Gallicis legamus historiis. Haec hactenus.[35]

(1,13) Vixdum igitur sanctae exhortationis armis se invicem munierant, cum ecce Rictiovarus Romanae[36] ut ita dicam iniquitatis praefectus, a praefato Maximiano transmissus, Trevirorum urbem cum suis iniquissimis satellitibus intravit. Qui vocatos ad se in primis quorum causa praecipue venerat, Thebeae legionis Christianos interrogavit, utrum et

---

23 apte *C, D (uterque in abbr. = aperte), sed* Ho (AASS) *false sine abbrev.; v. comm.*
24 impletum esse *C, Ho*; esse completum *D*; completum esse *AASS*
25 in dô *C* = in deo *D*; *false* in Domino *Ho, AASS*
26 postulavissent *C*; postulassent *D*
27 amore *C*; nomine *D*
28 et *C*; vel *D*
29 exhortarentur *C*; exhortabantur *D*
30 quin *C*; quia *D*
31 Thebani *C*; Thebani milites *D*
32 contendere *C*; confligere *D*
33 et etiam *C*; vel etiam *D*
34 potuit *C*; poterant *D*
35 Haec hactenus *C*; *omisit D*
36 Romanae, ut ita dicam *omisit D*

[31r] (1,9) Es könnten auch andere zutreffende und geeignete Vermutungen aus dieser Sache gemacht werden, aber es ist besser, inzwischen den Namen des Ortes des Herrn zu preisen und zu loben, [148r] von dessen unschätzbarem Plan der Weisheit feststeht, dass er bei der gepriesenen Ankunft dieser Genossen da an diesem <Ort> und <beim> immer zu preisenden Leiden ebendort erfüllt worden ist. (1,10) Kamen sie doch in die Trierische Stadt nur mittels göttlicher Anordnung. Und deswegen wurden sie von den christlichsten Ersten derselben Bürgergemeinde, die ja die Zeichen des Christentums und des Friedens an ihnen erkannten, christlich und freundschaftlich, gastlich und ehrenhaft – weil die höchste Nächstenliebe, die in Gott ist, dies anordnete – aufgenommen.

(1,11) Nachdem sie nämlich diesen Ersten den Grund ihres Aufbruchs vom Osten und ihres Kommens an diesen Ort weinend berichtet hatten und zugleich ihren Rat und Hilfe demütig erbeten hatten, wurden von so brennender Glut des Heiligen Geistes die Herzen aller sowohl Bürger als auch Gäste in der Liebe Gottes entzündet, dass sie sich gegenseitig ermunterten, sich mehr zum Aufsichnehmen des Todes gemäß Christi Liebe als zur Achtung der Götzenbilder und Bekämpfung der Christen hinzugeben. (1,12) Aber dennoch ist es nicht zweifelhaft, dass – wenn, verbunden mit den Trierern, die Thebaner durch materielle Waffen streiten wollten – sie sich der Macht jenes Präfekten der Römer, Rictiovarus, widersetzen und sogar genügend überlegen sein könnten, zumal da der Imperator der Römer selbst, Cäsar, mit allen Truppen an Soldaten, die er haben konnte, allein von den Trierer Bürgern lange und viel ermüdet worden sei, wie wir in römischen und gallischen Historien lesen. Dies <sei> bis hierher <gesagt>!

(1,13) Kaum hatten sie sich also durch die Waffen der heiligen Ermunterung gegenseitig gestärkt, als – da!, Rictiovarus, der Präfekt der römischen – auf dass ich es so sage: – Unbilligkeit, vom vorgenannten Maximian herübergeschickt, die Stadt der Trierer mit seinen unbilligsten Gefolgsleuten betrat. Und dieser befragte zuerst die zu ihm Gerufenen, derentwegen er vornehmlich gekommen war, [31v] die Christen der Thebäischen Legion, ob sie auch selbst die Götter der Römer anbeten und ihre Herabsetzer durch

ipsi Romanorum deos adorare eorumque detractores armis vellent subiugare. (1,14) Cui cum dux legionis praefatae Tyrsus responderet, se suosque omnes et socios et milites pro Christi amore eiusque et religionis observatione malle mori, quam huiusmodi sacrilegio pollui: quid ipse diceret[37] nescimus, sed[38] quid faceret scimus. (1,15) Nam sicut felicissimae memoriae homines quorum in eternum benedictae sunt animae, notaverunt in plumbea videlicet tabula, quam in cripta sanctissimi[39] Trevirorum episcopi inventam esse praediximus[40], prima die funesti ingressus ipsius in hanc urbem, quae erat IIII[41] Nonas Octobris, occidit Tyrsum cum suis sociis.

(1,16) Sequenti autem die Rictiovarus[42] Palmatium[43] consulem et patricium eiusdem civitatis cum aliis principibus civitatis[44] occidit; quorum nomina pro rerum multitudine satis paucissima ibidem sunt inventa (1,17) Plurima quippe in hac urbe sicut in Romana civitate dignitatum quoque vocabula fuerunt. (1,18) Non enim propter solam aedificiorum aequalitatem[45], sed etiam propter dignitatum aemulationem haec urbs secunda Roma est vocata.[46]

(1,19) Ex his vero omnibus et hominum et dignitatum nominibus, quod absque merore non dicimus, non nisi tredecim nomina[47] in plumbo reperimus. (1,20) De quibus unum ducis legionis Thebeae fuit vocabulum, qui Tyrsus vocatus[48], et in sinistro sancti Paulini latere versus orientem collocatus, in ipsa sui positione se ab orientali plaga venisse quodammodo est[49] testatus. (1,21) In dextero autem [148v] sancti huius Paulini, corpus iacet sancti martyris[50] Palmatii consulis Trevericae urbis et patricii. (1,22) Hic dum parte sui dextera te respicit o[51] urbs Treverica, [31v] dextera eius iuvamina videntur tibi etiam hoc locationis modo esse porrecta.

---

37   diceret *C*; iniquus dixerit *D*
38   sed quid faceret *C*; quid vero fecerit *D*
39   sanctissimi *C*; sanctissimi Paulini *suprascr. D*
40   praediximus *C*; iam diximus *D*
41   IIII *C, Ho*; quarto *D, AASS*
42   autem ... Rictiovarus *(2 verba; Rictiovarus in C supra lineam) omisit D*
43   *C in marg. dex.: legendum est et Palmatium et socios eius*
44   eiusdem civitatis cum aliis principibus civitatis *C*; cum aliis principibus eiusdem civitatis *D, Ho, AASS*
45   aequalitatem *C*; qualitatem *D*
46   vocata *C*; appellata *D*
47   nomina *omisit D*
48   qui ... vocatus *(2) omisit D (C duxit lineam subter qui et vocatus [exercit. gramm.?])*
49   quodammodo est *omisit D (est iniuria)*
50   martyris *omisit D*
51   o *interiectionem omisit D*

Waffen unterjochen wollten. (1,14) Doch als diesem der Führer der vorgenannten Legion, Thyrsus, antwortete, er und alle seine sowohl Genossen als auch Soldaten wollten eher gemäß Christi Liebe und seiner und der Religion Beachtung sterben als sich durch einen Heiligenfrevel dieser Art besudeln – was er selbst sagte, wissen wir nicht, aber was er tat, wissen wir. (1,15) Denn so wie die Menschen glücklichsten Angedenkens, deren Seelen auf ewig gepriesen sind, vermerkt haben, ersichtlich auf einer bleiernen Tafel, von der wir vorher gesagt haben, dass sie in der Krypta des heiligsten Bischofs der Trierer gefunden worden sei, metzelte <Rictiovarus> am ersten Tag seines unheilvollen Eintritts in diese Stadt, der der vierte <Tag> vor den Nonen des Oktobers war, Thyrsus mit seinen Genossen nieder.

(1,16) Am folgenden Tag jedoch metzelte Rictiovarus den Palmatius, Konsul und Patrizier derselben Bürgergemeinde, mit anderen Ersten der Bürgergemeinde nieder; und deren Namen – im Verhältnis zur Vielzahl der Dinge recht wenig genug – sind ebendort gefunden worden. (1,17) Sehr viele Benennungen auch von Würden gab es nämlich in dieser Stadt, so wie in einer römischen Bürgergemeinde <zu erwarten>. (1,18) Nicht allein wegen der Gleichheit der Gebäude nämlich, sondern auch wegen des Wetteifers um Würden wurde diese Stadt ‚zweites Rom' gerufen.

(1,19) Aber von all diesen Namen sowohl der Menschen als auch der Würden finden wir – was wir ohne Betrübnis nicht sagen – nur dreizehn Namen in Blei auf. (1,20) Und von diesen war einer die Benennung des Führers der Thebäischen Legion, der, Thyrsus genannt und auf der linken Flanke des heiligen Paulinus gen Osten platziert, selbst in seiner Stellung auf gewisse Weise bezeugte, dass er vom östlichen Landstrich gekommen sei. (1,21) Auf der rechten <Flanke> jedoch [148v] dieses heiligen Paulinus liegt der Leib des heiligen Märtyrers Palmatius, des Konsuls der Trierischen Stadt und Patriziers. (1,22) Während dich dieser von seiner rechten Seite her anblickt, o Trierische Stadt, scheinen seine rechten Unterstützungen dir auch durch diese Weise der Platzierung dargeboten zu sein.

(1,23) Ad caput vero memorati sepius memorandi frequentius Paulini[52] septem senatorum corpora, quasi totidem posita sunt candelabra, plus in domo Domini lucentia, quam septem caeli sidera, quorum situs ordinatio, veneranda non minimo misterio[53] est celebranda, (1,24) Probat namque positio ista, caelestia illos fuisse animalia, dum quasi castrorum acies ordinata fuerunt, (1,25) et sicut animalia celi Iezechieli apparuerunt, alas alterius ad alterum contulerunt. (1,26) Et tunc quidem a felicissimae memoriae Trevirorum archipraesule Felice Sancti Spiritus gratia illi cooperante ita coniuncta fuerunt, (1,27) nunc autem manifestato[54] per misericordiam Dei preciosissimo corporum ipsorum thesauro dum cripta in honore ipsorum construeretur, ornatus eiusdem criptae poscere videbatur, ut intermisso quindecim pedum spacio ita ab invicem separarentur[55], ut dextera pars criptae illius quatuor ex ipsis, sinistra autem tria iterum iuncta sicut[56] ante corpora susciperet.

(1,28) Sed[57] isti septenarii numeri partes sacri misterii videntur non esse expertes. (1,29) Id ipsum namque beatitudinis aeternae misterium quod numeri huius summa divinae et humanae sapientiae testantibus auctoribus, nobis pollicetur, partes quoque summae huius constitutivae ternarius scilicet et quaternarius teste Vergilio[58] paganorum poetarum revera doctissimo, continere videntur; (1,30) qui cum perfectam, et corporis[59] et animae beatitudinem per hunc numerum significari vellet ostendere, ait in quodam loco: ‚o terque quaterque beati'. (1,31) Sunt sane et alia numeri huius, quae longum[60] est revolvere[61], misteria; (1,32) quae si divina misericordia in nostra miseria per istorum merita sanctorum compleri perfecerit[62], iste sanctorum septenarius numerus ab omni nos corporis et animae[63] inquinamento purgare suffecerit[64] solus.

---

52 memorati sepius memorandi frequentius *C*; memorati et sepius memorandi sancti Paulini *D*
53 minimo misterio *C*; minimo etiam mysterio *D*
54 manifestato *C, D*; manifesto *superflue Ho, (AASS)*
55 separarentur *D (AASS)*; separentur *C, Ho*
56 iuncta *(per rasuram)* sicut *C*; coniuncta sunt *D* (sunt *error*)
57 Sed *C*; Sed et *D*
58 Virgilio *C*; Vergilio *D*
59 et corporis *C*; et *omisit D*
60 longum est *C, D*; longe est *false Ho (AASS)*
61 revolvere *C*; evolvere *D*
62 perfecerit *C*; fecerit *D*
63 corporis et animae *C*; carnis et spiritus *D*
64 suffecerit *C*; sufficiet *D (AASS)*; sufferit *Ho (error typ.?)*

(1,23) Am Haupt aber des öfter erinnerten, häufiger zu erinnernden Paulinus sind die Leiber von sieben Senatoren gleichsam als ebenso viele Kandelaber aufgestellt, die mehr im Haus des Herrn leuchten als die sieben Gestirne des Himmels, deren zu achtende Anordnung ihrer Lage mit nicht sehr geringem Geheimnis gefeiert werden muss. (1,24) Denn es beweist diese Stellung da, dass jene himmlische Wesen waren, weil sie ja gleichsam eine geordnete Schlachtreihe eines Lagers waren, (1,25) und so wie die Wesen des Himmels dem Echeziel erschienen, brachten sie die Flügel zusammen, <die> des einen an das andere. (1,26) Und damals jedenfalls waren sie vom Erzvorsteher der Trierer glücklichsten Angedenkens, Felix, wobei die Gnade des Heiligen Geistes mit jenem wirkte, so verbunden gewesen, (1,27) jetzt jedoch, nachdem handgreiflich geworden ist mittels der Barmherzigkeit Gottes der wertvollste Schatz ihrer Leiber, während die Krypta in ihrer Ehre errichtet wurde, schien die Ausstattung derselben Krypta zu fordern, dass sie unter Auslassung eines Raums von fünfzehn Fuß so voneinander getrennt werden, dass der rechte Teil jener Krypta vier <Leiber> von ihnen, der linke jedoch drei so wie vorher wieder verbundene Leiber aufnehme.

(1,28) Aber diese (Märtyrer) da scheinen als Teile der Siebenzahl nicht unteilhaftig eines heiligen Geheimnisses zu sein. (1,29) Denn gerade dieses Geheimnis ewiger Glückseligkeit, das die Summe dieser Zahl – wobei Gewährsmänner göttlicher und menschlicher Weisheit es bezeugen – uns verspricht, scheinen auch die Teile dieser konstituierenden Summe, die Drei- und die Vier<-zahl>, versteht sich, zu enthalten, wobei Zeuge Vergil ist, der wirklich gelehrteste der heidnischen Dichter; (1,30) als dieser nämlich zeigen wollte, dass die vollendete Glückseligkeit sowohl des Leibes als auch der Seele durch diese Zahl gekennzeichnet werde, sagte er an einer gewissen Stelle: ‚O sowohl dreimal als auch viermal Glückselige!' (1,31) Es gibt freilich auch andere Geheimnisse dieser Zahl, die (Geheimnisse) aufzurollen zu langwierig wäre; (1,32) wenn aber die göttliche Barmherzigkeit es in unserer Erbärmlichkeit vollendet haben wird, dass diese (Geheimnisse) durch die Verdienste dieser Heiligen da erfüllt werden, dürfte wohl diese Siebenzahl der Heiligen allein genügen, uns von jeder Befleckung des Körpers und der Seele zu reinigen.

(1,33) Habentur tamen in eadem cripta alia quoque[65] quatuor sanctorum martyrum corpora ad quorum et[66] nomina et merita demonstranda non alia melius quam eadem quae in plumbo sunt verba ponemus. Haec sunt autem festivae memoriae verba, quae ibi sunt[67] insculpta:

(1,34) „Ad pedes sancti Paulini altrinsecus positi sunt: quatuor viri genere et virtute clarissimi. (1,35) Qui licet tempore pacis occulte Christum colebant[68], tempore tamen persecutionis aperte adeo[69] fidem Christianorum defendebant, adeo[70] ipsi Rictiovaro in faciem resistebant[71], quod eos quasi exemplum aliorum diversis tormentorum generibus multum afflictos tandem in praesentia sua fecit[72] decollari. (1,36) Alter ergo[73] duorum versus austrum positorum interior scilicet Hormista, exterior vero Papirius vocatur. Alter vero eorum quorum latera aquilonem respiciunt, interior item Constans, exterior Iovianus vocatur."

(1,37) Pauca itaque ut diximus pro rerum multitudine parva pro rerum magnitudine[74] sunt haec verba quae divina prospiciens ex alto misericordia[75] nostris temporibus conservavit, nobisque peccatoribus nostris absconsa melioribus occulto aliquo pietatis consilio revelavit. (1,38) Ceterum significantia mysteriorum in his quamvis paucis verbis sonantium, adeo est fortis et valida, ut si quis scribendi ingenio aequali cum sancto Gregorio hoc tempore polleret, vix digne passionum merita et virtutum ipsorum insignia [32r] describere valeret, nedum nostri tenuitas ingenii ad eorum et[76] idoneam descriptionem et dignam gratiarum Deo actionem pro eorum divinitus nobiscum celebrata revelatione sufficere deberet. (1,39) Quapropter melius de his silendum esse putamus, quam cum pro magnitudine rerum parum inde dicamus[77], res magnas parvis scribendi modis extenuare pergamus: (1,40) Illud vero qualicumque scribendi modulo posteritati transmittere de-

---

65 quoque *omisit* D
66 et nomina et *C*; nomina et *D*
67 ibi sunt *C*; sunt ibi sic *D*
68 colebant *C*; colerent *D*
69 aperte adeo fidem *C*; aperte fidem *D*
70 adeo *C*; adeo ut *D*
71 resistebant *C*; resisterent *D*
72 fecit *C*; iussit *D*
73 ergo *C*; vero *D*
74 multitudine parva pro rerum magnitudine *C*; multitudine atque magnitudine *D*
75 misericordia *edd.* (mis..d'ia *C in abbrev.*; mīa *D in abbrev.*)
76 et idoneam descriptionem et dignam *C*; vel idoneam descriptionem vel dignam *D*
77 dicamus *C*; dicamus et *D* (et *supra lineam*)

(1,33) Bewahrt werden gleichwohl in derselben Krypta auch vier andere Leiber heiliger Märtyrer, zur Darlegung von deren sowohl Namen als auch Verdiensten wir nicht andere Worte besser als dieselben, die im Blei sind, setzen werden. Dies sind jedoch die Worte festlichen Angedenkens, die dort eingeprägt sind:

(1,34) „Zu Füßen des heiligen Paulinus sind auf je einer Seite beigesetzt vier Männer, durch Abstammung und durch Mannhaftigkeit hochberühmt. (1,35) Und wenn diese auch zur Zeit des Friedens verborgen Christus verehrten, verteidigten sie dennoch zur Zeit der Verfolgung dermaßen offen den Glauben der Christen, widersetzten sich dermaßen selbst dem Rictiovarus ins Angesicht, dass er ihnen, nachdem sie gleichsam als Beispiel für andere durch verschiedene Arten von Foltern sehr gepeinigt worden waren, schließlich in seiner Gegenwart den Hals durchtrennen ließ. (1,36) Der eine also der zwei gen Süd Beigesetzten, der innere, versteht sich, wird Hormista, der äußere aber Papirius gerufen. Der eine aber derjenigen, deren Flanken nach Norden blicken, der innere abermals, wird Constans, der äußere Jovianus gerufen."

(1,37) Wenig sind daher, wie wir gesagt haben, im Verhältnis zur Vielzahl der Dinge, dürftig im Verhältnis zur Größe der Dinge, diese Worte, die die göttliche Barmherzigkeit, fürsorgend blickend aus der Höhe, für unsere Zeiten bewahrt hat und, uns Sündern verborgen, unseren Besseren durch irgendeinen geheimen Plan der Gnade enthüllt hat. (1,38) Im Übrigen ist die Bedeutsamkeit der Geheimnisse, die in diesen, wiewohl wenigen, Worten widerhallen, derart stark und kräftig, dass, wenn es jemand durch ein mit dem heiligen Gregor gleichartiges Schreibtalent zu dieser Zeit vermöchte, er kaum die Kraft hätte, die ausgezeichneten Verdienste ihrer Leiden und Tugenden würdig [32r] zu beschreiben, geschweige denn dass die Geringheit unseres Talents sowohl zu einer geeigneten Beschreibung dieser als auch würdigen Dankabstattung an Gott für deren durch göttliche Fügung mit uns gefeierte Enthüllung ausreichen würde. (1,39) Und deswegen halten wir es für besser, hierüber schweigen zu sollen, als dass wir, wenn wir für die Größe der Dinge von daher zu wenig sagen, fortfahren, große Dinge auf dürftige Weisen des Schreibens zu verringern. (1,40) Jenes aber müssen wir – durch welch mäßige Weise des Schreibens auch immer – der Nachwelt notwendig überliefern, durch welche Anordnung

bemus necessario, quali divinae praedestinationis ordinatione hac sanctorum laetificati simus manifestatione.

<Caput II: Sanctorum martyrum inventio>

2. (1) Erant nempe in illa sancti Paulini canonicorum congregatione fratres aliqui sanctae religionis studio venerabiliter accensi. (2,2) Hi ergo dum inter alia pietatis opera sacrae scripturae legendi[78] paginam operam non minimam praeberent, solebant frequentius corporis et mentis aspectibus illa repraesentare quae videbantur ad honorem ecclesiae Tevericae matris scilicet suae spectare, illius forsitan quin immo revera non immemores praecepti quod ait: ‚Honora patrem tuum et matrem', et aliorum ad hunc modum, iustam conversationem suadentium[79]. (2,3) Inter multimoda itaque loci huius praeconia, passio sanctorum martyrum Gentiani et Victorici frequentius eis occurrebat; [**149r**] (2,4) quae quotiens auribus eorum corporeis innumerabilem christianorum stragem in urbe Treverica a Rictiovaro factam insonuit, totiens cor eorum merore simul et gaudio contremuit: Merore quidem propter ignoratum[80] tantum tamque preciosum sanctorum corporum thesaurum, gaudio[81] autem propter rerum veritatem quam per tantam scripturae sacrae didicerant auctoritatem. (2,5) Referebat enim[82] istorum passio sanctorum, quod ingresso Treverim Rictiovaro tanta[83] ab eo sit facta ibi sanctorum sanguinis effusio, ut rivi cruoris aquae iuxta quam occisi sunt permixti et in Mosellam[84] deducti eam in suum colorem converterent, ut naturali claritate remota, peregrino magis quam proprio colore ruberet. Ubi et sequitur:

(2,6) „Inhumatis etiam tum[85] sanctorum corporibus unda praebebat tumulum quo redeunte grata[86] compage membrorum futuro ea representaret iudicio."

---

78 legendi *C*; legendo *D*
79 *in marg. dex. C additamentum parum clarum* (quapropter ... venerabilium)
80 ignoratum *Ho (AASS, Wa)*; ignorantum *false C*; ignorantium *false D*
81 gaudio *AASS*; gaudium *false C (Ho, Wa), D*
82 enim *C*; siquidem *D*
83 tanta *C*; tanto *false D*
84 Mosellam *D*; Musellam *C*
85 tum *C (in abbrev.)*; tunc *D (in abbrev.)*
86 redeunte grata *C, D*; redintegrata *false Ho (AASS, Wa)*

der göttlichen Vorherbestimmung wir durch diese Offenbarung der Heiligen froh gemacht worden sind.

<2. Kapitel: Die Auffindung der heiligen Märtyrer>

2. (1) s waren nämlich in jener Kongregation der Kanoniker des heiligen Paulinus einige Brüder durch den Eifer für die heilige Religion ehrfürchtig entbrannt. (2,2) Diese also pflegten, während sie zwischen anderen Werken der Frömmigkeit keine sehr geringe Mühe aufwendeten, um eine Seite einer heiligen Schrift zu lesen, häufiger jenes durch Blicke des Leibes und des Geistes zu vergegenwärtigen, was auf die Ehre der Trierischen Kirche, ihrer Mutter, versteht sich, zu blicken schien, jenes Gebotes vielleicht – nein, sogar in Wirklichkeit – nicht uneingedenk, das besagt: ‚Ehre deinen Vater und die Mutter' und anderer (Gebote), die auf diese Art gerechten Wandel anraten. (2,3) Zwischen den vielfältigen Preisungen dieses Ortes also begegnete ihnen häufiger das Leiden der heiligen Märtyrer Gentianus und Victoricus; (2,4) **[149r]** aber sooft dieses (Leiden) in ihren leiblichen Ohren das unzählige Niederhauen von Christen, das in der Trierischen Stadt von Rictiovarus veranstaltet worden war, widerhallen ließ, ebenso oft erbebte ihr Herz von Betrübnis zugleich und von Freude: von Betrübnis zwar wegen der Unkenntnis des so großen und so kostbaren Schatzes an heiligen Leibern; von Freude jedoch wegen der Wahrheit der Dinge, die (Wahrheit) sie durch das so große Ansehen der heiligen Schrift kennengelernt hatten. (2,5) Es berichtete nämlich das Leiden dieser Heiligen da, dass, nachdem Rictiovarus Trier betreten hatte, von ihm ein so großes Vergießen des Blutes der Heiligen dort veranstaltet worden ist, dass Blutbäche des Wassers, neben dem sie niedergemetzelt wurden, vermischt und in die Mosel geführt, diese in ihre Farbe verwandelten, so dass sie nach Entfernung ihrer natürlichen Klarheit mehr durch fremde als durch ihre eigene Farbe rot war. Und dort folgt auch:

(2,6) „Den auch damals noch ‚unbeerdigten Leibern der Heiligen gewährte die Woge einen <Grab->Hügel, durch den sie (Woge), wenn das willkommene Gefüge der Glieder zurückkehre, diese (Glieder) dem künftigen Gericht darböte."

(2,7) In hac ergo[87] positi mentis anxietate, indictis sibi aliquando biduanis, aliquando triduanis ieiuniorum disciplinis a divina postulabant pietate, ut aliquod[88] tam sancti depositi indicium eis monstrare dignaretur, per quod benedictum nomen eius a saeculo in[89] saeculum benediceretur, ac laudaretur. (2,8) Ut ergo promissio Dei immota permaneret[90] quae dicit: ‚Ubi duo[91] aut tres congregati fuerint in nomine meo in medio eorum sum' – tres quippe intentionis huius fratres fuerunt – auxilium Dei[92] sibi ad hanc intentionem praeberi cito senserunt. (2,9) Prius enim quam triduanum ieiunium tertia vice complevissent[93], [149v] misit eis Deus[94] in adiutorium quendam sanctae conversationis laicum nomine Folbertum, privatum eundem[95] visu oculorum quem unus ex tribus praefatis fratribus Cuono videlicet custos monasterii sancti Paulini studio sanctae hospitalitatis in domum suam recipiens[96] sufficienti ac placita[97] illi officiositate sustentabat. (2,10) Huius autem cybus vespertinus erat panis perparvus medietatem palmae non vincens in latitudine[98], duas partes farinae, terciam partem habens ex cinere[99], cum[100] aliquo genere herbarum aut crudarum aut non bene coctarum et insulsarum[101], cum haustu etiam[102] aquae minimae mensurae, tamen[103] certe neque modulum suum excessurae.

(2,11) Tali vero adiutorii Dei[104] consolatio[105] non modicum letificati, et ad speranda potiora Dei munera nimirum animati, huic fratri consilium quod de hac re conceperant [32v]

---

87 ergo *C*; igitur *D*
88 aliquod *C*; aliquid *false D*
89 in *C*; et in *false D*
90 immota permaneret *C*; impleretur *D*
91 duo aut tres ... fuerint *C*; sunt duo vel tres *D*
92 dei sibi *C*; sibi a Domino *D*
93 complevissent *C*; complessent *D*
94 Deus *C*; Dominus *D*
95 eundem *omisit C*
96 recipiens *C;* suscipiens *D*
97 ac placita illi *omisit D*
98 medietatem palmae non vincens in latitudine *omisit D*
99 terciam partem habens ex cinere *C*; tertiam continens cineris *D*
100 aut crudarum aut non bene coctarum et insulsarum *omisit D*
101 insulsarum *C*; insalsarum *false Ho (AASS, Wa)*
102 etiam *omisit D*
103 tamen *omisit C;* tamen certe neque modulum suum excessurae *omisit D*
104 Dei *C (in abbrev.* di*), D*; divini *false Ho (AASS, Wa)*
105 consolatio *C (< consolatium; false Ho, AASS, Wa)*; consolatione *D*

(2,7) In diese Bangigkeit des Geistes also gestellt, erbaten sie, als ihnen irgendwann zweitägige, irgendwann dreitägige Prüfungen des Fastens angesagt worden waren, von der göttlichen Gnade, dass sie sie für würdig halte, ihnen irgendein Zeichen eines so heiligen Depositum zu zeigen, durch das ihr (der Gnade) gepriesener Name von Epoche zu Epoche gepriesen werde und gelobt werde. (2,8) Auf dass also die Verheißung Gottes unbewegt bleibe, die besagt: ‚Wo zwei oder drei zusammengeschart sein werden in meinem Namen, bin ich in ihrer Mitte' – drei Brüder nämlich von dieser Absicht waren es –, verspürten sie rasch, dass ihnen die Hilfe Gottes für diese Absicht gewährt werde: (2,9) Eher nämlich als sie das dreitägige Fasten zum dritten Mal erfüllt hatten, [149v] schickte ihnen Gott zur Unterstützung einen gewissen Laien heiligen Wandels mit Namen Folbert, zugleich beraubt der Sehkraft der Augen, den einer von den drei vorgenannten Brüdern, Kuno ersichtlich, Kustos des Klosters des heiligen Paulinus, indem er ihn im Bemühen um heilige Gastlichkeit in sein Haus aufnahm, mit genügendem und für jenen gefälligem Pflichtbewusstsein unterhielt. (2,10) Die abendliche Speise dieses jedoch war ein sehr kleines Brot, das die Hälfte einer Handfläche nicht übertraf in der Ausdehnung, das zwei Drittel von Mehl, ein Drittel aus Asche hatte, mit irgendeiner Gattung von Kräutern, entweder rohen oder nicht gut gekochten und ungesalzenen, auch mit einem Schluck Wassers kärgster Abmessung, die dennoch bestimmt auch ihr geringes Maß nicht überschreiten würde.

(2,11) Aber durch solche Tröstung der Unterstützung Gottes nicht nur mäßig froh geworden und – nicht verwunderlich – beseelt, um stärkere Geschenke Gottes zu erhoffen, offenbarten sie diesem Bruder (Folbert) den Plan, den sie über diese Sache gefasst hatten, [32v] und baten, dass der ziemlich aufwendige Eifer seiner Hingabe ihnen für diese Sache

manifestabant,[106] eiusque devotionis impensius studium sibi ad hanc rem[107] subpeditari postulabant. (2,12) At ille ut erat paratus ad omnia virium suarum subplementa omnibus praebenda, iuxta illud videlicet doctoris gentium exemplum[108], quod[109] dixit se omnibus omnia fuisse factum, solitum ieiunandi modum hac de causa adeo intendebat quod per continuum tunc triduum nullum penitus corporis alimentum suscipiebat[110]. (2,13) Sed[111] interdiu omnibus urbis huius monasteriis nudis ut solitus erat incedere pedibus perlustrans, noctes eorundem dierum in monasterio sepe dicti patris Paulini pervigil in oratione ducebat.

(2,14) Unde factum est ut in tertia nocte post primum sicut ipse nobis referebat gallicantum, dum facie lacrimis ubertim perfusa intente et quasi cum aliqua, ut ait, precum inportunitate Dominum interpellaret, in mentis extasi subito correptus[112], se in aliquo quasi[113] subterraneo monasterio spacioso multum et pulchro stare putaret[114]. (2,15) Ubi dum multitudinem quam dinumerare non[115] poterat occisorum diversas membrorum truncationes ostendentium deambulantem oculis mentis videret, collectis per aliquot tempus animi quas amiserat viribus, quibusdam eorum velud ad hoc tantum ut ab eo interrogarentur se illi offerentibus dixit: (2,16) „Qui estis vos domini, aut[116] a quo fuistis trucidati?" (2,17) Cui unus qui senior inter eos apparuit respondit[117]: „Nos fugimus huc paganorum persecutiones et ab ipsis ad poenas requisiti istas quas vides suscepimus passiones." (2,18) Nec pluribus ab eo verbis auditis, in priorem statum rediit sobriae mentis. (2,19) Totis denique animi viribus ad agendas Deo gratiarum actiones succinctus, ab eo[118] postulabat attentius, ut si ab ipso[119] esset haec visio monstrare eam sibi dignaretur tercio. Quod etiam obtinuit. (2,20) Nam duabus ante diem vicibus obdormiens in oratione eadem letificatus est visione. (2,21) Mane itaque facto vocatis ad se tribus fratribus, visionem suam per ordinem eis narravit, eisque cum magna exhortatione hoc persuadere laboravit, ne ab cepto orationis studio prius desisterent, [150r] quam divinae solatium misericordiae sibi adesse cognoscerent, promittens eis ex eius parte qui amat longanimes in spe, infra

---

106 manifestabant *C*; apperiunt *D*
107 ad hanc rem *C*; ad hoc opus *D*
108 videlicet doctoris gentium exemplum *C*; apostoli *D*
109 quod *(in abbrev.) C*; quando *false Ho (AASS, Wa)*; (apostoli) qui *D*
110 suscipiebat *C*; percipiebat *D*
111 sed *C*; sed et *D*
112 correptus *C*; raptus *D*
113 quasi *omisit D*
114 putaret *C*; putabat *D*
115 non *C*; nemo *D*
116 aut *C*; vel *D*
117 respondit *C*; dixit *D*
118 eo *C, D*; ipso *false Ho (AASS, Wa)*
119 ipso *C*; eo *D*

zu Gebote stehe. (2,12) Jedoch jener, bereit wie er war, um alle Ergänzungen seiner Kräfte allen zu gewähren – ersichtlich gemäß jenem Beispiel des Lehrers der Völker, da er sagte, er sei allen alles geworden –, strebte das gewohnte Maß des Fastens aus diesem Grund so sehr an, dass er damals einen zusammenhängenden Raum von drei Tagen hindurch überhaupt keine Nahrung des Leibes aufnahm. (2,13) Aber indem er tagsüber durch alle Klöster dieser Stadt mit nackten Füßen, wie er einherzuschreiten gewohnt war, zog, verbrachte er die Nächte derselben Tage im Kloster des oft genannten Vaters Paulinus sehr wachsam im Gebet.

(2,14) Und daher geschah es, dass er in der dritten Nacht nach dem ersten Hahnenschrei, so wie er selbst uns berichtete – während er mit reichlich von Tränen überströmtem Gesicht angestrengt und gleichsam mit irgendeiner, wie er sagte, Aufdringlichkeit der Bitten den Herrn störte –, von einer Verzückung des Geistes plötzlich ergriffen, meinte, er stünde in irgendeinem gleichsam unterirdischen sehr geräumigen und schönen Kloster. (2,15) Und während er dort eine Menge von Niedergemetzelten, die (Menge) er nicht zählen konnte, wobei sie verschiedene Verstümmelungen der Glieder zeigten, auf und ab wandern mit den Augen seines Geistes sah, sagte er, als nach einer Zeit die Sinneskräfte, die er verloren hatte, gesammelt waren, zu gewissen von ihnen, die sich gleichsam nur dazu jenem darboten, dass sie von ihm gefragt werden sollten: (2,16) „Wer seid ihr, Herren, oder von wem seid ihr abgeschlachtet worden?" (2,17) Und diesem antwortete einer, der greisenhafter unter ihnen erschien: „Wir sind hierher vor den Verfolgungen der Heiden geflohen, und von ihnen selbst zu Strafen gesucht, haben wir diese Leiden da, die du siehst, auf uns genommen." (2,18) Und nachdem nicht mehr Worte von ihm gehört worden waren, kehrte er (Folbert) in den früheren Zustand nüchternen Geistes zurück. (2,19) Schließlich mit seinen ganzen Sinneskräften zu Dankabstattungen an Gott gerüstet, erbat er von ihm nachdrücklicher, dass er – wenn von ihm diese Erscheinung komme – ihn würdige, sie ihm ein drittes Mal zu zeigen. Und das erhielt er auch. (2,20) Denn als er zweimal vor Tag beim Gebet einschlummerte, wurde er durch dieselbe Erscheinung froh. (2,21) Nachdem es daher Morgen geworden war <und> die drei Brüder zu ihm (Folbert) gerufen worden waren, erzählte er ihnen seine Erscheinung der Reihe nach und bemühte sich, sie mit großer Ermunterung hierzu zu überreden, dass sie nicht eher von dem angefangenen Eifer des Gebets ablassen sollten, [150r] als sie erkennen würden, dass der Trost göttlicher Barmherzigkeit ihnen beistünde, wobei er ihnen von der Seite dessen, der die in der Hoffnung Langmütigen liebt, verhieß, dass innerhalb des

unius anni spacium divinum eis adfuturum esse in hac inquisitione solatium. (2,22) Hac facta exhortatione, gratias Deo pro fraterno quem apud eos invenerat hospitalitatis receptu referens eos humiliter rogavit ne quas diutius in hoc loco manendi occasiones tunc ei innecterent, quia destinatum diu iter ad sanctum Iacobum[120] perficere libenter vellet. Et ita ipse quidem ab eis discessit, (2,23) illi vero pro sanctae inquisitionis studio maiori in dies estuant desiderio.

(2,24) Quapropter[121] et a monachis et a canonicis et a sanctis monialibus[122] feminis religiosis auxilio petito, ieiuniis et orationibus, et elemosinarum[123] quoque largitionibus insistebant plus quam in principio. (2,25) Unde contigit ut alicui religiosae huius communionis sorori nomine Frideburgae, in monasterio sanctae Mariae matris Domini tempore meridiano in subsellio suo quiescenti, vox clara superveniret[124] quae diceret: (2,26) „Vade quere in vetustissimis scedulis aureis litteris in testimonium illis." (2,27) Cuius vocis altisonae strepitu expergefacta, dum capite de subsellio levato circumspiciens neminem videret, caput iterum in eundem quiescendi modum[125] vix reposuit, cum denuo vox eadem apertius quam prius auribus eius insonuit. (2,28) Iterum ergo erecta et signo sanctae crucis munita, dum nullum vocis huius auctorem in prospectu haberet, non dormitura sed tercium vocis huius adventum praestolatura, caput iterum[126] reclinavit. (2,29) Tunc vero sicut ipsa retulit nobis[127], vox eadem quasi [33r] cum quadam imperiositatis austeritate[128] ad illam venit, eamque non iam dormientem sed vigilantem non modicum perterrefecit[129].

(2,30) Surgens[130] igitur terrore magis quam angustia repleta, sororem quae custos erat librarii cum magna festinantia[131] querens et inveniens, facto ei anxietatis suae signo eam

---

120 ad sanctum Iacobum *C*; ad limina sancti Iacobi *D*
121 Quapropter ... in principio *(27, = § 24) omisit D*
122 sanctis monialibus *C*; sanctimonialibus *Wa*
123 elemosinarum *C (Wa)*; eleeo- *Ho (AASS)*
124 superveniret *C, D*; supervenerit *false Ho*
125 in eundem ... modum *C*; in eundem locum *D*
126 iterum *C*; item *D*
127 nobis *omisit D*
128 imperiositatis austeritate *C*; vocis asperitate *D*
129 perterrefecit *C*; terrefecit *D*
130 Surgens *C, D*; Surgensque *false Ho (AASS, Wa)*
131 festinantia *C*; festinatione *D*

1.1 Historie der Trierer Märtyrer C

Raums eines einzigen Jahres ihnen göttlicher Trost beistehen werde in dieser Suche. (2,22) Nachdem diese Ermunterung gemacht worden war, stattete er Gott Dank ab für die brüderliche Aufnahme in Gastfreundschaft, die (Aufnahme) er bei ihnen gefunden hatte, und bat sie darauf demütig, dass sie ihm nicht irgendwelche Anlässe, länger an diesem Ort zu bleiben, damals aufzwingen sollten, da er ja den lange vorbestimmten Weg zum heiligen Jakob gern vollenden wolle. Und so schied er selbst jedenfalls von ihnen, (2,23) jene (drei Brüder) aber glühen gemäß dem Eifer für die heilige Suche mit einem von Tag zu Tag größeren Verlangen.

(2,24) Und nachdem deswegen sowohl von den Mönchen als auch von den Kanonikern als auch von den heiligen Nonnen, religiösen Frauen, Hilfe erstrebt worden war, bestanden sie auf Fasten und auf Gebeten und auch auf Spenden an Almosen mehr als am ersten Anfang. (2,25) Und daher widerfuhr es, dass über irgendeine Schwester dieser religiösen Gemeinschaft, mit Namen Frideburga, während sie im Kloster der heiligen Maria, der Mutter des Herrn, zur mittäglichen Zeit in ihrem Sessel ruhte, eine deutliche Stimme kam, die sagte: (2,26) „Gehe, suche in den ältesten Blättern mit goldenen Buchstaben zum Zeugnis für jene!" (2,27) Und durch den Lärm dieser hochklingenden Stimme aufgeweckt, hatte sie, weil sie ja nach Erheben ihres Hauptes aus dem Sessel beim Umherblicken niemanden sah, ihr Haupt wiederum in dieselbe Art des Ruhens kaum zurückgelegt, als plötzlich von Neuem dieselbe Stimme offener als vorher in ihren Ohren erklang. (2,28) Wiederum also aufgerichtet und mit dem Zeichen des heiligen Kreuzes gefestigt, lehnte sie, weil sie keinen Urheber dieser Stimme im Blickfeld hatte, nicht um zu schlummern, sondern um auf die dritte Ankunft dieser Stimme zu harren, ihr Haupt wiederum zurück. (2,29) Dann aber, so wie sie selbst es uns berichtet hat, kam dieselbe Stimme gleichsam [33r] mit einer gewissen Herbheit von Herrschergewalt zu jener und setzte sie nicht mehr schlummernd, sondern wachend nicht nur mäßig in Schrecken.

(2,30) Indem sie sich also erhob, mehr mit Schrecken als mit Beklemmung erfüllt, suchte und fand sie mit großer Hast die Schwester, die die Kustodin des Bücherschranks war, und nachdem ihr ein Zeichen ihrer Bangigkeit gemacht worden war, führte sie sie zum

ad armarium cumulum discussura scedularum, perduxit. (2,31) Nec multa prius librorum volumina revolverant, quam liber unus ymnorum vetustissimus Scotice scriptus eis in manus veniebat[132]. (2,32) Quo tandem exposito, occurrebat eis frequentius quidam ymnus de sancto Paulino satis magnus, in quo gesta sanctitatis ipsius[133] praeclara, etsi compositionis quandam rusticitatem habebant[134], rerum tamen non minima urbanitate florebant[135]. (2,33) Referebat enim quale pro fide catholica bellum contra Arrianos sanctus iste[136] pertulerit, qualiter in exilium ab ipsis fidei catholicae inimicis missus fuerit; (2,34) qualiter etiam ipsos apud quos exulabat Frigies[137] ad fidem Christi factis coram regibus terrae illius signis et miraculis converterit, idem hymnus continuit[138]. (2,35) Item post decursum viriliter vitae huius stadium, cum retributionis[139] aeternae ibidem a Domino susceperit bravium, preciosum corporis ipsius thesaurum nutu divino et miraculorum adminiculo a Treviris[140] esse receptum[141] ibidem fuit intextum.

(2,36) De cuius veneranda sepulturae positione, quae in eius gloriosa celebrata est receptione, haec inibi verba sunt [150v] posita; (2,37) posuerunt eum

„iuxta prolem clarissimam
Treverensem et inclitam,
ubi dormiunt corpora
peregrinorum plurima
resurgentes ad praemia,
die mundi novissima,
occurrent in aethera
Domino cum laeticia."

---

132 veniebat *C* ; venit *D*
133 ipsius *C*; eius *D*
134 habebant *C*; habere videbatur *false D (Drae correxit in* habere videbantur*)*
135 florebant *C*; florebat *false D (Drae correxit in* florebant*)*
136 iste *C, D (Drae)*; ille *false Ho (AASS, Wa)*
137 frigies *C, D*; Frigios *false Wa (*Phrygas *Ho, AASS in marg.)*
138 continuit *C*; continebat *D*
139 cum retributionis *omisit D*
140 a Treviris *C*; a Treveris *D*
141 esse receptum *(utrumque in abbr.) C (AcI)*; esset receptum *(utrumque in abbr.) false D*

Schrein, um den Haufen von Blättern zu durchstöbern. (2,31) Aber sie hatten nicht viele Rollen von Büchern aufgerollt, bevor ein einziges sehr altes Buch von Hymnen, Schottisch geschrieben, ihnen in die Hände kam. (2,32) Und nachdem dies endlich herausgenommen worden war, begegnete ihnen häufiger ein gewisser genügend langer Hymnus über den heiligen Paulinus, in dem die sehr herrlichen Taten seiner Heiligkeit, wenn sie auch eine gewisse Plumpheit der Darstellung hatten, dennoch nicht mit nur sehr geringer Feinheit der Gegenstände prangten. (2,33) Er (Hymnus) berichtete nämlich, welchen Krieg für den katholischen Glauben gegen die Arianer dieser Heilige da ertragen hat, wie er von den Feinden des katholischen Glaubens selbst in die Verbannung geschickt worden ist; (2,34) wie er sogar die Phrygier selbst, bei denen er in Verbannung weilte, zum Glauben Christi bekehrt hat, nachdem im Angesicht der Könige jenes Landes Zeichen und Wunder geschehen waren, enthielt derselbe Hymnus. (2,35) Dass ebenso nach dem mannhaften Durchlaufen der Rennbahn dieses Lebens, als er ebendort den Siegespreis ewiger Vergeltung vom Herrn empfangen hat, der kostbare Schatz seines Leibes durch göttlichen Wink und durch Unterstützung der Wunder von den Trierern aufgenommen worden sei, war ebendort eingefügt.

(2,36) Und über die zu achtende Stellung seines Begräbnisses, das bei seiner ruhmreichen Aufnahme gefeiert wurde, sind daselbst diese Worte [150v] gestellt: (2,37) Gestellt haben sie ihn (Paulinus)

‚neben die berühmteste Nachkommenschaft
– die Trierische – und die erlauchte,
wo Leiber schlummern
von Fremden, sehr viele,
wenn sie sich erheben werden zu den Belohnungen
am letzten Tag der Welt,
werden sie in den Äther entgegenlaufen
dem Herrn mit Fröhlichkeit.'

(2,38) Haec itaque inaudita prius scripturae sacrae testimonia cum gratiarum Deo actione ac sancta mentis exultatione lectitabant; (2,39) utrum vero monita visionis in eis resonarent, aut[142] utrum aliquod per se querendum esse haec verba significarent necdum intelligebant.

(2,40) Quapropter vocato ad se uno de tribus quos praediximus fratribus ei, et admonitionem vocis procul dubio angelicae quam praefata soror acceperat narraverunt, et librum ymnorum quem instinctu vocis eiusdem inter vetustissima ut ita dixerimus veterum volumina repererant monstraverunt. (2,41) Qui simul ac communem eorum[143] orationis intentionem auditamque et visam divinae visionis consolationem in mente retractavit[144], voluntatem[145] miserationis Dei in hoc esse estimavit; (2,42) ut hunc ideo libellum memoriam facientem peregrinorum, eis accommodaret, quo nobis amplius eorundem querendi desiderium hoc modo inspiraret <rogavit>[146]. Quod et factum est.

(2,43) Nam mox ut liber iste ymnorum in conventum fratrum delatus et ymnus ille ibidem est[147] recitatus, ita corda omnium ibi praesentium fratrum ad inquirenda plura adhuc eiusmodi testimonia[148] sunt accensa, ut una omnium prudentiorum[149] apud ipsos esset sententia, de frangenda propter hanc inquisitionem sancti Paulini cripta. (2,44) Qua de re communicato cum principibus civitatis consilio, licentiam huius rei a domno archiepiscopo Udone postulabant, et vix nimirum impetrabant. (2,45) Ita namque ex industria eadem cripta fuit munita, ut nisi moto principali eiusdem monasterii altari, nullus locus daretur eam confringendi. (2,46) Unde non indebito gravitati[150] suae consilio [33v] non facilis erat domnus archiepiscopus tanti sanctuarii frangendi, licentiam differendo.

---

142 aut *C;* vel *D*
143 eorum *C;* earum *D*
144 retractavit *C;* tractavit *D*
145 voluntatem *C;* voluntatemque *false D*
146 <rogavit> *deest in C, D; inseruit solus Wa*
147 et ymnus ille ibidem est recitatus *C;* est et unus ibidem recitatus *D*
148 adhuc eiusmodi testimonia *C, D; omisit Ho (AASS, Wa)*
149 prudentiorum *C;* prudentium *D*
150 gravitati *C;* gravitatis *D*

(2,38) Diese zuvor ungehörten Zeugnisse der heiligen Schrift lasen sie daher immer wieder mit Dankabstattung an Gott und heiligem Jubeln des Sinnes; (2,39) ob aber die Mahnungen der Erscheinung in ihnen wiederklangen oder ob diese Worte kennzeichneten, dass irgendetwas von sich aus gesucht werden müsse, erkannten sie noch nicht.

(2,40) Und nachdem deswegen einer von den drei Brüdern, die wir zuvor erwähnt haben, zu ihnen (Schwestern) gerufen worden war, erzählten sie ihm einerseits die Ermahnung der – fern von Zweifel – engelhaften Stimme, die die vorgenannte Schwester empfangen hatte, andererseits zeigten sie das Buch der Hymnen, das sie durch Eingebung derselben Stimme unter den – auf dass wir es so sagen möchten – ältesten Rollen der alten (Rollen) aufgefunden hatten. (2,41) Sobald dieser (Bruder) aber die gemeinsame Absicht ihres Gebets und den Trost der göttlichen Erscheinung, der gehört worden war und erschienen war, im Geist hin und her überlegt hatte, erachtete er, dass der Wille des Erbarmens Gottes darin sei; (2,42) dass er daher dieses Büchlein, das eine Erinnerung an Fremde hervorrief, ihnen (Brüdern) überlassen dürfe – wodurch er uns ein gesteigertes Verlangen, nach denselben (Fremden) zu suchen, auf diese Weise eingab –, <erbat er>. Und dies ist auch geschehen.

(2,43) Denn sobald als dieses Buch der Hymnen da in die Zusammenkunft der Brüder gebracht und jener Hymnus ebendort vorgetragen worden war, wurden so die Herzen aller dort anwesenden Brüder entfacht, um noch mehr derartige Zeugnisse zu suchen, so dass es eine einzige Meinung aller Klügeren bei ihnen selbst gab über das Aufbrechen der Krypta des heiligen Paulinus wegen dieser Suche. (2,44) Und bezüglich dieser Sache verlangten sie, nachdem der Plan mit den Ersten der Bürgerschaft gemein gemacht worden war, die Erlaubnis zu dieser Sache vom Herrn Erzbischof Udo und erreichten sie – nicht verwunderlich – mit Mühe. (2,45) Denn so ist mit Absicht dieselbe Krypta befestigt gewesen, dass – außer nach Bewegen des Hauptaltars desselben Klosters – kein Platz gegeben war, sie aufzubrechen. (2,46) Und daher war der Herr Erzbischof einem seinem Gewicht nicht ungebührenden Plan [33v] nicht leicht zugänglich, indem er die Erlaubnis, ein so großes Heiligtum aufzubrechen, aufzuschieben versuchte.

(2,47) Fracta igitur cripta, inventa sunt circa sarcofagum sancti Paulini sex sarcofaga, quorum duo lateribus eius apposita[151] fuerunt, IIII[152] vero pedibus eius ita altrinsecus adheserunt, quod utrimque duo ex eis steterunt[153], (2,48) Item ad caput eiusdem[154] sancti patris nostri septem sarcofaga sanctorum martyrum totidem corporibus aromatizantia fuerunt locata. (2,49) Haec vero omnia sic colligaverat locantium industria, ut factis fornicibus[155] singulis super sarcofagis binis, nullus ut dictum est locus daretur eis movendis, nisi moto prius altari praecipuo monasterii.

(2,50) Fecerat praeterea non huius criptae conditor operosus, sed huius loci et[156] eorum quae ibi sunt sanctorum corporum aliquis studiosus, altare quoddam non magnum ad pedes sancti patris nostri sarcofago eius compactum. (2,51) Huius denuo remotio, et aliqua sub ipso terrae effossio, plena fuit nostrae expectationis consolatio. (2,52) Inventa est sic quidem[157] ibi tabula marmorea, qua sublevata apparuit eiusdem latitudinis tabula plumbea. (2,53) Haec item[158] levata, multaque aquae infusione[159], multaque setae porcinae confricatione tandem purgata, [151r] retulit nobis et istorum martirum vocabula et martyrii[160] tempora, persecutorum quoque nomina, aliaque perplura summae[161] festivitatis praeconia, huius plumbi cecinit nobis sculptura[162]. (2,54) Huius[163] ergo textum sculpturae hic volumus[164] pleniter inserere:

(2,55) „In hac cripta iacent corpora sanctorum secundum saeculi dignitatem nobilissimorum, secundum Dei autem voluntatem martyrum preciosorum. (2,56) Nam Rictiovarus Maximiani imperatoris praefectus, legionem Thebeam iussu ipsius circumquaque persecutus, hanc etiam urbem propter ipsos est ingressus. (2,57) Quorum innumeros cum hic occidisset, hos quoque huius civitatis principes fidei christianae confessores cum ipsis

---

151 apposita *C*; annexa *D*
152 IIII *C*; quatuor *false Ho (AASS, Wa; recte D)*
153 steterunt *(in abbrev.) C, D*; steterint *false Ho*
154 eiusdem *omisit D*
155 fornicibus *C*; cornicibus *D (error typ.?)*
156 ut *C*; et *D*
157 sic quidem *C*; siquidem *false Ho (AASS, Wa; recte D)*
158 item *omisit D*
159 infusione *C*; effusione *D*
160 martyrii *C, D*; martyrum *false Ho (AASS, Wa)*
161 summae *C, D*; summa *false Ho (AASS, Wa)*
162 huius plumbi cecinit nobis sculptura *omisit D*
163 Huius ... textum sculpturae hic volumus pleniter *C*; Hunc ... textum inventionis hic volumus plene *D*
164 volumus *C, D*; voluimus *false Ho (AASS)*

1.1 Historie der Trierer Märtyrer C

(2,47) Nachdem also die Krypta aufgebrochen worden war, wurden um den Sarkophag des heiligen Paulinus herum sechs Sarkophage gefunden, von denen zwei an seine Seiten gestellt waren, 4 aber an seinen Füßen so beiderseits anhingen, dass auf beiden Seiten zwei von ihnen standen. (2,48) Ebenso waren am Haupt unseres selben heiligen Vaters sieben Sarkophage der heiligen Märtyrer, ebenso viele durch die Leiber duftend, platziert. (2,49) Diese alle aber hatte der Fleiß der Platzierenden so verbunden, dass, nachdem je ein Bogen über je zwei Sarkophagen gemacht worden war, kein Platz, wie gesagt worden ist, gegeben wurde, um sie zu bewegen, wenn nicht zuerst der vornehmliche Altar des Klosters bewegt worden war.

(2,50) Gemacht hatte außerdem nicht der geschäftige Erbauer dieser Krypta, sondern irgendein um diesen Platz und die Leiber der Heiligen, die dort sind, Bemühter, einen gewissen nicht großen Altar, der zu Füßen unseres heiligen Vaters an seinen Sarkophag angefügt war. (2,51) Die Wegbewegung dieses wiederum, und ein Ausgraben von Erde unter ihm, war der volle Trost unserer Erwartung. (2,52) Gefunden wurde so nämlich dort eine marmorne Tafel, nach deren Entfernung eine bleierne Tafel von derselben Ausdehnung erschien. (2,53) Diese, ebenso gehoben und durch vieles Darübergießen von Wasser und durch vieles Reiben mit Schweineborste endlich gereinigt, [151r] berichtete uns die Bezeichnungen sowohl dieser Märtyrer da als auch die Zeiten des Martyriums, auch die Namen der Verfolger, und sehr viele andere Preisungen höchster Festlichkeit tat uns die Prägung dieses Bleis kund. (2,54) Den Text dieser Prägung also wollen wir hier vollständig einflechten:

(2,55) „In dieser Krypta liegen die Leiber der heiligen – gemäß der Würde der Welt vornehmsten, gemäß dem Willen Gottes jedoch wertvollen – Märtyrer. (2,56) Denn als Rictiovarus, der Präfekt des Herrschers Maximian, die Thebäische Legion auf dessen Befehl wo auch immer ringsum verfolgte, betrat er auch diese Stadt ihretwegen. (2,57) Nachdem er aber von diesen unzählige hier niedergemetzelt hatte, metzelte er auch diese Ersten dieser Bürgerschaft, Bekenner des christlichen Glaubens, mit ihnen selbst nieder, deren Leiber hier

occidit, quorum hic corpora circumcirca sunt collocata. (2,58) In medio vero ipsorum sancti Paulini clarissimi Trevirorum episcopi[165] corpus est ferreis catenis suspensum, quod ibi sanctus Felix huius sedis episcopus[166] a Phrigia magnis laboribus[167] translatum, III[168] Idus Mai honorifice suspendit, (2,59) qui et istud monasterium in honore sanctae Dei genetricis,[169] necnon eorundem martyrum construxit. (2,60) Nam propter[170] horum principum corpora innumerabilia eiusdem multitudinis corpora, in hoc monasterio sunt comprehensa[171], quorum nomina sicut innumerabilis populi et peregrini non potuerunt reperiri[172], excepto[173] uno ducis vocabulo, qui Tyrsus vocabatur. (2,61) Huius itaque et eorum martyrum vocabula, quorum hic videri possunt sarcofaga aureis litteris in huius criptae pariete conscripta fuerunt. (2,62) Quae inde devoti qui tunc erant christiani huc[174] transtulerunt, quando Nordmannos hanc urbem sicut ceteras undique urbes depopulaturos esse praesciverunt.

(2,63) Is ergo qui in dextero sancti Paulini latere est repositus, Palmatius vocabatur, qui consul et patritius toti[175] huic civitati principabatur. (2,64) In sinistro autem latere ipsius qui iacet, Tyrsus vocatur, cuius nomen solius de tanta multitudine ideo est notatum, quia eiusdem legionis gerebat ducatum. (2,65) Ad caput autem huius sancti Paulini septem iacent huius urbis senatores nobilissimi martyrio cum ipsis Thebeis coronati; (2,66) quorum medius vocatur Maxentius, iuxta quem dextrorsum qui iacet proximus, nomen habet Constantius, [34r] post quem est Crescentius, postea Iustinus. (2,67) In latere autem sinistro Maxentii qui iacent, tres erant fratres germani; quorum maior natu proxime Maxentii[176] <est> Leander[177], iuxta quem Alexander, postea Sother. (2,68) Ad pedes vero sancti Paulini altrinsecus positi sunt quatuor viri genere et virtute clarissimi; (2,69) qui licet tempore pacis occulte Christum colebant[178], tempore tamen persecutionis aperte et[179] constanter fidem

---

165 episcopi *C;* archiepiscopi *D*
166 episcopus *C;* presul *D*
167 magnis laboribus *D;* totius viribus *lacunose C;* regni *finxit* Ho (AASS)
168 III *C;* tertio *D*
169 genetricis *C; D addidit* semper virginis Mariae
170 propter (*in abbrev.* ppt) *C,* Ho (*in marg.* proposuit praeter), AASS; ptt (propter?) *D*
171 comprehensa *C;* compransa *D*
172 reperiri *C;* experiri *D*
173 excepto *D;* cepto (ex *in rasura*) *C*
174 huc *C; induxit iniuria D*
175 toti *D (corr. ex* totae); totae *false C* (toti Ho, AASS)
176 Maxentii *C, D; false* Maxentium Ho (AASS)
177 est Leander (*in abbrev.* eleander) *D;* <est> (*inseruit* Drae) Leander *C*
178 colebant *C;* colerent *D*
179 aperte et *omisit D*

ringsum platziert sind. (2,58) In ihrer Mitte aber ist der Leib des heiligen Paulinus, des herrlichsten Bischofs der Trierer, an eisernen Ketten aufgehängt, den dort der heilige Felix, der Bischof dieses Sitzes, aus Phrygien mit großen Mühen überführt, am 3. Tag vor den Iden des Maies ehrenhaft aufgehängt hat, (2,59) der auch dieses Kloster da in der Ehre der heiligen Gottesgebärerin, und nicht zuletzt derselben Märtyrer errichtet hat. (2,60) Denn wegen der Leiber dieser Ersten sind unzählige Leiber derselben Menge in diesem Kloster umfasst, deren Namen so wie <die Namen> unzählbaren Volks und Fremde nicht aufgefunden werden konnten, mit Ausnahme einer Benennung des Führers, der Thyrsus gerufen wurde. (2,61) Daher sind die Benennungen dieses und dieser Märtyrer, deren Sarkophage hier gesehen werden können, mit goldenen Buchstaben an der Wand dieser Krypta geschrieben gewesen. (2,62) Aber diese (Benennungen) übertrugen von dort (Wand) ergeben die Christen, die damals lebten, hierhin (Tafel), da sie vorherwussten, dass die Normannen diese Stadt so wie die übrigen Städte von allen Seiten vollständig mit Kriegsvolk überziehen werden.

(2,63) Dieser also, der auf der rechten Seite des heiligen Paulinus beigesetzt ist, wurde Palmatius gerufen, der als Konsul und als Patrizier für diese ganze Bürgergemeinde die erste Rolle spielte. (2,64) Jedoch der, der an seiner linken Seite liegt, wird Thyrsus gerufen, von dem als einzigem der Name aus einer so großen Menge deshalb vermerkt ist, da er ja die Führung derselben Legion ausübte. (2,65) Am Haupt jedoch dieses heiligen Paulinus liegen die sieben vornehmsten Senatoren dieser Stadt, die durch das Martyrium mit den Thebäern selbst gekrönt sind; (2,66) und der mittlere dieser wird Maxentius gerufen, neben dem der, der nach rechts hin als nächster liegt, den Namen Constantius hat, [34r] hinter dem Crescentius ist, danach Justinus. (2,67) Die jedoch an der linken Seite <des Hauptes> des Maxentius liegen, waren drei leibliche Brüder; und deren ältester, am nächsten bei Maxentius, <ist> Leander, neben dem Alexander, danach Sother <liegt>. (2,68) Zu Füßen aber des heiligen Paulinus sind auf je einer Seite beigesetzt vier Männer, durch Abstammung und durch Mannhaftigkeit hochberühmt; (2,69) und wenn diese auch zur Zeit des Friedens verborgen Christus verehrten, verteidigten sie dennoch zur Zeit der Verfolgung offen und standhaft den Glauben der Christen, widersetzten sich dermaßen selbst dem Rictiovarus ins Antlitz, dass er ihnen, nachdem sie gleichsam zum

christianorum defendebant adeo[180] ipsi Rictiovaro in faciem resistebant[181], quod[182] eos quasi ad exemplum aliorum diversis tormentorum generibus multum inflictos[183], tandem in praesentia sua fecit decollari. (2,70) Alter ergo[184] duorum versus austrum positorum, interior scilicet Hormista, exterior autem Papirius vocatur. Alter[185] autem eorum quorum latera aquilonem respiciunt, interior item [151v] Constans, exterior Iovianus vocatur.

(2,71) Ingressus est autem Treverim Rictiovarus IIII[186] Nonas Octobris, et eadem die occidit Tyrsum cum sociis[187], sequenti autem die Palmatium, cum aliis principibus civitatis. (2,72) Tercia vero die cedem exercuit in plebem sexus utriusque."

Miracula.[188]
<Caput III: Miraculum ossis sanguinem fundentis>

3. (1) Lecta est igitur haec epistola et in plurimas mox cartas cum magno omnium Dei[189] fidelium hanc audientium tripudio transcripta[190], (3,2) nec tamen defuit in ipso fidelium Dei collegio ecclesiae malignantis dissensio, quae haec divinae miserationis beneficia, non quanta debebat reverentia suscipiebat, (3,3) sed spiritu instigata maligno, dentibus ea lividis laniare praesumebat. (3,4) Ceterum dentes eorum utpote peccatorum Dominus conterere curavit, dum signa quae[191] iuxta Pauli verba non fidelibus sed infidelibus data sunt, in conspectu eorum per merita martyrum preciosorum quorum inventioni non congaudebant[192] multiplicavit. (3,5) Ex his igitur aliqua ut dictis apostolicis in hoc consentiamus, non tantum propter fideles Christi instruendos quantum propter eosdem infidelitatis ministros ad fidem rectam et reverentiam sanctis Dei debitam commonendos[193] breviter notamus.

---

180   adeo *C*; adeo ut *D*
181   resistebant *C*; resisterent *D*
182   quod *C*; propter quod *D*
183   inflictos *C*; afflictos *false Ho, AASS (recte D)*
184   ergo *C*; vero *D*
185   Alter autem ... vocatur *(13) omisit D ‚saltu oculorum'* (Alter ... vocatur)
186   IIII *C*; quarto *false Ho (AASS; recte D)*
187   sociis *C*; sociis suis *D*
188   Miracula *C (omiserunt edd.)*
189   Dei *omisit D*
190   transcripta *C*; conscripta *D*
191   quae iuxta Pauli verba non *C*; iuxta Pauli apostoli verba quae non *D*
192   congaudebant *C*; congaudebat *false D*
193   commonendos *C*; commonendam *false D*

Beispiel für andere durch verschiedene Arten von Foltern sehr gepeinigt worden waren, schließlich in seiner Gegenwart den Hals durchtrennen ließ. (2,70) Der eine also von den zwei gen Süd Beigesetzten, der innere, versteht sich, wird Hormista, der äußere jedoch Papirius gerufen. Der eine jedoch von denen, deren Flanken nach Norden blicken, der innere abermals, wird [151v] Constans, der äußere Jovianus gerufen.

(2,71) Betreten hat jedoch Trier Rictiovarus am 4. Tag vor den Nonen des Oktobers, und am selben Tag metzelte er Thyrsus mit Genossen nieder, am folgenden Tag jedoch Palmatius mit anderen Ersten der Bürgergemeinde. (2,72) Am dritten Tag aber verübte er ein Gemetzel am Volk beiderlei Geschlechts."

Wunder<heilungen>.
<3. Kapitel: Das Wunder des Blut ergießenden Knochens>

3. (1) Verlesen wurde also diese Nachricht und dann auf sehr viele Blätter mit großem Triumph aller Gottgläubigen, die diese (Nachricht) hörten, geschrieben, (3,2) aber nicht fehlte dennoch selbst im Kollegium der Gottgläubigen eine abweichende Meinung der bösartig handelnden Kirche, die diese Wohltaten göttlichen Erbarmens nicht mit so großer Ehrfurcht, wie sie hätte müssen, aufnahm, (3,3) sondern, aufgehetzt durch einen bösartigen Geist, sich anmaßte, diese (Wohltaten) mit neidischen Zähnen zu zerfleischen. (3,4) Im Übrigen hat der Herr dafür gesorgt, die Zähne dieser, zumal Sünder, zu zerreiben, während er die Zeichen, die gemäß den Worten des Paulus nicht den Gläubigen, sondern den Ungläubigen gegeben worden sind, in ihrem Anblick mittels der Verdienste der wertvollen Märtyrer, über deren Auffindung sie sich nicht mitfreuten, vervielfachte. (3,5) Von diesen (Zeichen) vermerken wir also einige – auf dass wir mit den apostolischen Worten hierin übereinstimmen, nicht so sehr wegen der Unterweisung der Christusgläubigen wie gerade wegen der Ermahnung der Diener der Ungläubigkeit zum richtigen Glauben und zu der den Heiligen Gottes geschuldeten Ehrfurcht – kurz:

(3,6) Quorum primum adeo notabile, adeo memorabile, adeo etiam fuit mirabile, ut non solum si quae fuerunt mentes infidelium inde nimirum contabuissent, sed et ipsa fidelium Christi corda non minimum inde contremuissent. (3,7) Nam cum sicut praediximus facta per misericordiam Dei hac sanctorum revelatione domno nostro archiepiscopo Udoni eiusque[194] principibus placuisset, ut cripta sanctorum[195] corporum collocationi competenter amplificaretur necesse fuit, ut plurimum terrae ex eodem loco purgando portaretur[196]. (3,8) Erat autem ante id ipsum sepedicti[197] patris Paulini monasterium ex parte occidentali palus quaedam ita viantibus nocua ut monasterium illud petentibus aut[198] inde per hanc viam repedare volentibus vix angustissima relicta fuisset per illam semita. (3,9) Qua de re plerisque loci illius[199] fratribus complacuit, ut eadem terra quae ob praedictam[200] parandae criptae necessitatem de monasterio portaretur[201], ad exsiccationem paludis eiusdem locaretur.

(3,10) Quod cum fieret, et terra per sex iam dies ibi[202] deposita fuisset, accidit ut in die septimo unus aliquis[203] ex loci illius canonicis ante cuius portam palus eadem maximam inundationem faciebat, studio complanandae terrae ibidem positae[204] de domo sua egrederetur. (3,11) Cumque terram discutiendo frusta quaedam ossium inibi iacere videret, unum ex illis suscipiens in manu sua[205] in domum illud portavit[206]; (3,12) accepta etiam aqua diligenter illud purgavit[207], et purgatum cuidam mulieri[208] ad conservandum donec in monasterium referendi locum haberet commendavit. (3,13) Quod illa despective [34v] suscipiens et cur illud reverentia dignum esse iudicaret inquirens[209], posuit tamen illud in

---

194 eiusque *Drae* (eius *D*); cuiusque *false C*; huiusque *Ho (AASS, Wa)*
195 martyrum *inseruit D*
196 portaretur *C*; efferretur *D*
197 sepedicti *C*; sancti *D*
198 aut *C*; vel *D*
199 illius *omisit D*
200 praedictam *C*; predictae *D*
201 portaretur *C*; efferretur *D*
202 ibi *C*; ibidem *D*
203 aliquis *omisit D*
204 ibidem positae *omisit D*
205 suscipiens in manu sua *C*; in manu sumens *D*
206 in domum illud portavit *C*; in domum tulit *D*
207 accepta etiam aqua diligenter illud purgavit *C*; et aqua diligenter purgavit *D*
208 et purgatum cuidam mulieri *C*; et mulieri cuidam *D*
209 esse iudicaret inquirens *C*; esset inquirens *D*

(3,6) Von diesen aber war das erste dergestalt bemerkenswert, dergestalt erinnernswert, dergestalt auch bewundernswert, dass nicht nur, wenn es irgendwelche Gemüter der Ungläubigen gegeben hat, sie deshalb – nicht verwunderlich – dahingeschwunden wären, sondern auch selbst die Herzen der Christusgläubigen nicht nur sehr wenig deshalb erzittert wären. (3,7) Denn weil es – nachdem, so wie wir vorher gesagt haben, mittels der Barmherzigkeit Gottes diese Offenbarung der Heiligen geschehen war – unserem Herrn Erzbischof Udo und dessen Ersten gefallen hatte, dass die Krypta für die Beisetzung der heiligen Leiber umfassend erweitert werde, war es notwendig, dass sehr viel an Erde aus derselben Stelle durch Säubern weggetragen werde. (3,8) Es war jedoch gerade vor diesem Kloster des oft genannten Vaters Paulinus auf der <Sonnen->Untergangsseite ein gewisser Sumpf, so für Gehende nachteilig, dass denen, die jenes Kloster anstrebten oder von dort über diesen Weg zurückkehren wollten, kaum der engste Pfad durch jenen (Sumpf) geblieben war. (3,9) Und bezüglich dieser Sache gefiel es den meisten Brüdern jenes Ortes, dass dieselbe Erde, die wegen der vorgenannten Notwendigkeit, eine Krypta zu bereiten, aus dem Kloster weggetragen wurde, zur Austrocknung desselben Sumpfes hingelegt wurde.

(3,10) Als dies aber geschah und die Erde schon sechs Tage dort niedergelegt worden war, ereignete es sich, dass am siebten Tag irgendeiner von den Kanonikern jenes Ortes, vor dessen Tür derselbe Sumpf die größte Überschwemmung verursachte, im Eifer, die ebendort niedergelegte Erde einzuebnen, aus seinem Haus heraustrat. (3,11) Und als er beim Zerschlagen der Erde gewisse Stücke von Knochen daselbst liegen sah, trug er, indem er einen von jenen aufnahm, jenen in seiner Hand ins Haus; (3,12) nach Hinzunehmen auch von Wasser säuberte er jenen sorgfältig, und nach seiner Säuberung händigte er ihn einer gewissen Frau zur Aufbewahrung ein, bis er Gelegenheit habe, ihn ins Kloster zurückzutragen. (3,13) Als jene aber diesen, von oben herabblickend, [34v] annahm und nachfragte, warum er urteile, dass jener der Verehrung würdig sei, legte sie jenen dennoch

scrinio suo[210] inter panniculos[211] aliosque muliebris supellectilis usus diversos. Pigmentorum [152r] quoque species aliquae in eodem fuerunt scrinio repositae.[212]

(3,14) Cum autem vespertinali officio, sicut quadragesimalis temporis[213] ratio poscebat, frater ille cum suis in eadem domo[214] reficere vellet, coepit illa cui os commissum fuerat puella[215] nimio cordis dolore cruciari, coepit corporis et sanguinis Dominici communionem velud ad[216] exitus vicini praeparationem quibus poterat verborum signis quia ipsis nequivit verbis humiliter ac devote precari. (3,15) Cui frater ille „Fac tibi" ait „scrinium tuum[217] deferri, et si qua sit tibi[218] species pigmentaria dolori cordis profutura require." (3,16) Hoc[219] dixit, et scrinium hac de causa recludendum illi accommodare non distulit; (3,17) hoc itaque vixdum[220] recluso et cooperculo tenuiter[221] levato, mira res tanta sanguinis exundantia ab osse illo valde parvo[222] est effusa, ut facies mulieris eiusdem tota atque[223] pellicia eius manica dextra mirabiliter sit inde perfusa. (3,18) Ipsa quoque in[224] eadem hora a cordis dolore est absoluta. (3,19) Qua de re nimio percussi[225] terrore, lacrimosis precibus a divina misericordia postulabant continuo[226], quatinus[227] tam inmenso divinitatis suae praeconio, nullo eos corporis aut[228] animae dampnaret iudicio. (3,20) Quo facto, frater idem currens[229] curriculo ad aliquem fratrum quem sibi expertus erat esse fideliorem, ad huius rei eum[230] perduxit demonstrationem. (3,21) Qui veniens dum[231] scrinii eiusdem operculum introspecturus levaret, nullus sicut ipse ait qui hoc non videret credere non

---

210 posuit tamen illud in scrinio suo C; in scrinio illud ... reposuit D
211 panniculos C; panniculosos *false* Ho (AASS, Wa)
212 inter ... repositae *(16)* C; ubi pigmentorum species aliquae et diversae suppellectilis fuerunt *(8)* D
213 quadragesimalis temporis ratio C; quadragesimalis officii et temporis ratio D
214 in eadem domo *omisit* D
215 puella *omisit* D
216 velud ad D; aut ut ad C; aut ut Ho (AASS, ut Wa)
217 tuum *omisit* D
218 sit tibi D, AASS; sit ibi C (Ho, Wa)
219 Hoc ... distulit *(12) omisit* D ‚saltu oculorum' (Hoc)
220 vixdum C; vix D
221 tenuiter *omisit* D
222 valde parvo C; parvulo D
223 mulieris eiusdem tota atque C; ipsius mulieris tota et D
224 in eadem: in *omisit* D
225 percussi C; perculsi D
226 continuo *omisit* D
227 quatinus C, D; quatenus *false* Ho
228 aut C; et D
229 currens ... fideliorem *(11)* C; alio confratre accersito D
230 eum *omisit* D
231 dum ... bulliret *(36)* C; et tam mirabile factum conspiciens *(5)* D

in ihrem Schrein zwischen Lumpen und anderen verschiedenen Gebrauchsgegenständen weiblichen Hausrats. [152r] Auch von Heilsäften waren irgendwelche Arten in jenem Schrein abgelegt.

(3,14) Als jedoch beim abendlichen Amt, so wie es die Weise der vierzigtägigen (Fasten-)Zeit forderte, jener Bruder mit den Seinen sich im selben Haus erquicken wollte, fing jenes Mädchen, dem der Knochen überlassen worden war, an, durch allzu starken Schmerz des Herzens gequält zu werden, fing an, die Gemeinschaft des Leibes und Blutes des Herrn – gleichwie zur Vorbereitung des nahen Ausgangs – mit Zeichen von Worten – mit denen (Zeichen) sie es konnte, da sie es ja mit Worten selbst nicht vermochte – demütig und ergeben zu erbitten. (3,15) Doch zu dieser sagte jener Bruder: „Mach, dass dir dein Schrein gebracht wird, und wenn du irgendeine Heilsaftart, die dem Schmerz des Herzens nützen wird, hast, suche sie!" (3,16) Dies sagte er und schob es nicht auf, jener den Schrein aus diesem Grund zum Aufschließen zur Verfügung zu stellen; (3,17) nachdem daher dieser kaum aufgeschlossen war und der Deckel sacht angehoben worden war, ergoss sich – eine verwunderliche Sache! – ein so großes Überströmen von Blut von jenem sehr kleinen Knochen, dass das Gesicht derselben Frau ganz und ihr rechter Fellärmel in verwunderlicher Weise von dort übergossen wurde. (3,18) Auch sie selbst wurde in derselben Stunde vom Schmerz des Herzens erlöst. (3,19) Und wegen dieser Sache durch allzu starken Schreck durchschüttelt, erbaten sie durch tränenreiche Gebete von der göttlichen Barmherzigkeit unmittelbar darauf, dass sie sie (Brüder) wegen des unermesslichen Preisens ihrer Göttlichkeit durch keine Verurteilung des Leibes oder der Seele verdamme. (3,20) Und nachdem dies geschehen war, lief derselbe Bruder im Lauf zu einem der Brüder, von dem er die Erfahrung gemacht hatte, dass er ihm ziemlich treu sei, und führte ihn dann zum Beweis dieser Sache. (3,21) Und während dieser, als er kam, den Deckel desselben Schreins, um ihn zu betrachten, anhob, würde keiner, so wie er selbst sagte, der dies nicht sähe, nicht zu glauben vermögen, wie bis jetzt das Blut aus demselben Knochen

valeret, qualiter adhuc sanguis ex eodem osse ipsum scrinii operculum totumque quod ipso scrinio erat muliebris disciplinae instrumentum respergendo bulliret.

(3,22) Unde[232] et ipse non minimo repletus stupore, cum omnibus quae in ipso[233] erant non iam[234] deinceps muliebribus armamentis, sed potius aliquibus tam preciosi sanguinis aspersione factis sacramentis in monasterium festinanter portavit[235], illudque[236] convocatis ilico prioribus loci illius omnibus demonstravit. (3,23) Ipsi vero missis[237] mox per omnia totius civitatis monasteria huius rei nuntiis omnes abbates[238] et praepositos corepiscopos et decanos ceterosque boni testimonii fratres non paucos ad se[239] in eadem hora faciunt venire; (3,24) dominus[240] autem archiepiscopus non erat tunc in illa civitate. (3,25) Alii autem omnes loci huius priores in claustrum[241] sancti Paulini celeriter congregati, magnifico miraculi huius ostento non modico sunt laetificati. (3,26) Delato namque in praesentiam eorum scrinio cum osse sanguinem sine cessatione fundente accepit[242] aliquis ex ipsis fratribus os sanguinolentum in manus, cumque[243] illud sanguine in scrinium tranfuso *[sic]* sepius evacuasset, dicto[244] semper cicius maiori[245] sanguinis inundatione replebatur. (3,27) Facta[246] igitur inter prudentiores qui ibi convenerant huius miraculi questione, ex qua videlicet occasione quave iudicii sui occultatione tanti miraculi spiculo a divino percussi fuissent consilio, haec una omnibus ex hac re [152v] surrexit sententia de adhibenda scilicet[247] maiori propter hoc signum reverentia et ipsis sociorum ossibus et eorum cineribus. (3,28) Ad cuius[248] augmentum reverentiae dicebant pertinere, ut[249] terra quae circa sarcofaga eorum posita in locum ut dictum est coenosum antea[250] proiciebatur,

---

232 Unde et ipse non minimo repletus stupore *C*; stupore non minimo repletus *D*
233 in ipso *C*; in scrinio *D*
234 non iam ... sacramentis *(14) omisit D; superflue (error?) AASS* ornamentis *pro* armamentis
235 portavit *C*; detulit *D*
236 illudque ... Ipsi vero *(10) omisit D*
237 missis ... nuntiis *(10) C*; missisque per omnia civitatis monasteria nuntiis *(6) D*
238 omnes abbates ... ceterosque *(8) omisit C*
239 ad se in eadem hora faciunt venire *C*; ad se venire deposcunt *D*
240 dominus autem ... civitate *C*; quia dominus presul aberat *(scil.* venire deposcunt*) D*
241 in claustrum ... laetificati *(14) C*; In monasterium igitur venerabilis patris nostri congregati magnifico huius miraculi signo sunt letificati *(13) D*
242 accepit aliquis ex ipsis fratribus *C*; sumens aliquis ex fratribus *D*
243 cumque *C*; dum *D*
244 dicto semper cicius *omisit D*
245 iterum *inseruit D post* maiori
246 Facta ... percussi fuissent consilio *(26) C*; *structuram sententiae quattuor vocabulis omissis prorsus confudit Ho (AASS, Wa)*; Facto igitur inter prudentiores de hac re consilio, in talem convenere sententiam *(12) D*
247 scilicet *omisit D*
248 Ad cuius ... pertinere *(6) omisit D*
249 ut *C*; ut videlicet *D*
250 antea *C*; ante *D*

– indem es den Deckel selbst des Schreins und das ganze Gerät weiblicher Dienstleistung, das im Schrein selbst war, besprengte – spritze.

(3,22) Und daher trug auch er selbst, mit nicht nur sehr geringem Staunen erfüllt, <den Schrein> mit allem, was in ihm selbst war, nicht mehr fortan weiblichen Werkzeugen, sondern eher einigem, das durch das Besprengen mit so wertvollem Blut zu Heiltümern geworden war, hastig ins Kloster und zeigte jenen zum Beweis allen Prioren jenes Ortes, nachdem sie auf der Stelle zusammengerufen worden waren. (3,23) Sie selbst aber lassen, nachdem bald durch alle Klöster der gesamten Bürgergemeinde Boten über diese Sache geschickt worden waren, alle Äbte und vorgesetzten Chorbischöfe und Dekane und die übrigen Brüder guten Zeugnisses, nicht wenige, zu ihnen in derselben Stunde kommen; (3,24) der Herr Erzbischof jedoch war damals nicht in jener Bürgergemeinde. (3,25) Alle anderen Ersten dieses Ortes jedoch, im Kloster des heiligen Paulinus schnell zusammengeschart, wurden durch das großartige Vorzeichen dieses Wunders nicht nur mäßig froh. (3,26) Denn nachdem der Schrein vor ihre Anwesenheit gebracht worden war mit dem Knochen, der Blut ohne Nachlassen ergoss, nahm einer von den Brüdern selbst den blutigen Knochen in die Hände, und nachdem er jenen durch Gießen des Bluts in den Schrein öfter entleert hatte, füllte er sich immer rascher als gesagt mit größerer Überschwemmung an Blut. (3,27) Nachdem also unter den Klügeren, die dort zusammengekommen waren, eine Untersuchung dieses Wunders abgehalten worden war, bei welcher Gelegenheit ersichtlich oder durch welches Verheimlichen seines (Gottes?) Urteils sie durch den Stachel eines so großen Wunders vom göttlichen Plan durchdrungen worden waren, erhob sich allen aus dieser Sache [152v] diese eine Meinung, größere Ehrfurcht, versteht sich, wegen dieses Zeichens sowohl den Knochen selbst der Heiligen gegenüber als auch ihrem Staub gegenüber anzuwenden. (3,28) Und zur Vermehrung dieser Ehrfurcht, sagten sie, gehöre es, dass die Erde – die, um ihre Sarkophage gelegen, an einen, wie gesagt worden ist, schlammigen Ort geworfen wurde – darauf an irgendeinen reinen Ort ehrfürchtig gelegt

deinceps in aliquem²⁵¹ mundum locum venerabiliter collocaretur. (3,29) Cuius acervus dum Galaath hoc est acervus testimonii non inmerito vocaretur, factum in osse, quod huic subpositum fuerat terrae miraculum omni posteritati loqueretur.

(3,30) Hoc²⁵² itaque consilio dato et collaudato, illud²⁵³ etiam eidem fratrum collegio complacuit, ut scrinio in monasterium²⁵⁴ relato et²⁵⁵ super altare locato, communi cordis et oris necnon campanarum consonantia divina ab eis laudaretur prudentia²⁵⁶ quae²⁵⁷ nihil facit nisi in magna ut par est sapientia. (3,31) Ad hanc ergo laudem Dei ex²⁵⁸ tota civitate cuiuslibet ordinis et aetatis viri ac feminae iuvenes et virgines senes cum iunioribus hilariter convenientes, finita laude in sua redierunt Dominum de tam inauditi miraculi stupore benedicentes. (3,32) Contigit autem istud²⁵⁹ miraculum V.²⁶⁰ Nonas Martii et sabbatum erat. (3,33) Hora²⁶¹ vero nona cruor ille ex osse coepit manare, qui non ante terciam secundae feriae horam visus est cessare. (3,34) Fama²⁶² ergo huius miraculi longe lateque volando, plurimorum salutis facta est occasio, dum innumeri diversis languorum fatigationibus oppressi, ad huius famam miraculi undecumque exciti, venirent ad hunc locum humiles et devoti. (3,35) Cumque coram hoc positi sacramento propter peccata quibus aliquatenus multati erant, planxissent aquamque ossis huius intinctione sacratam sibi datam aliquatenus gustassent, non²⁶³ est nisi Christi fidelibus credibile, quam citissime a quacumque peste gravabantur liberati fuissent. (3,36) Si²⁶⁴ quis autem numerum et ordinem istorum a nobis curiose quesierit, per haec verba Porfirii sibi credat satis fieri: ‚In numero sunt, sed non in finito²⁶⁵.'

---

251 aliquem ... collocaretur *(5) C;* alium ... locaretur *D*
252 Hoc ... collaudato *(6) omisit D*
253 illud ... complacuit *(6) C;* Placuit etiam unanimitati ipsorum *D*
254 monasterium *C;* monasterio *D*
255 et super altare locato *omisit D*
256 prudentia *C;* clementia *D*
257 quae ... sapientia *(10) omisit D*
258 ex tota ... benedicentes *(30) C;* ex civitate convenientes multi fideles laudesque Domino acclamantes domum leti pro tanta miraculi novitate Christum benedicentes redierunt *(18) D*
259 istud *C;* illud *D*
260 V. *C;* quinta *false Ho (AASS, Wa);* quinto *D*
261 Hora vero nona cruor ille *C;* horaque nona sanguis *D*
262 Fama ergo ... gustassent *(52) C;* Fama igitur huius miraculi innumeros languentium populos ad hanc urbem accivit, quique dum devote ac humiliter Dominum in sanctis suis magnificarent aquamque ossis huius intinctione sacratam sibi datam gustassent ob gratiam obtinendae sanitatis *(33) D*
263 non est nisi Christi fidelibus credibile *C;* non est Christi fidelibus dubium *D*
264 Si quis ... in finito *(26, = § 36) omisit D*
265 in finito *C (Ho, Wa);* infinito *AASS*

werden solle. (3,29) Und während deren (Erde) Haufen Galaath, das heißt Haufen des Zeugnisses, nicht unverdient gerufen werde, solle das an dem Knochen, der unter dieser Erde gelegen gewesen war, geschehene Wunder zur gesamten Nachwelt sprechen.

(3,30) Nachdem daher dieser Rat gegeben worden war und belobigt worden war, gefiel auch jenes demselben Kollegium der Brüder, dass nach (Zurück-)Bringen des Schreins ins Kloster und seiner Platzierung über dem Altar durch gemeinsamen Zusammenklang des Herzens und des Mundes, nicht zuletzt auch der Glocken, die göttliche Klugheit von ihnen gelobt werden solle, die nichts macht außer, wie es angemessen ist, in großer Weisheit. (3,31) Zu diesem Lob Gottes also kamen aus der ganzen Bürgergemeinde Männer und Frauen, Jünglinge und Jungfern, Greise mit Jüngeren, heiter zusammen und kehrten dann nach Beendigung des Lobes zu ihrem Besitz zurück, indem sie den Herrn aus Staunen über ein so unerhörtes Wunder priesen. (3,32) Es widerfuhr jedoch dieses Wunder am 5. Tag vor den Nonen des März, und es war Samstag. (3,33) Aber zur neunten Stunde fing jenes Blut aus dem Knochen zu strömen an, das nicht vor der dritten Stunde des zweiten Wochentages nachließ, wie gesehen wurde. (3,34) Der Ruf dieses Wunders also wurde, indem er weit und breit flog, zur Gelegenheit des Heils sehr vieler, während unzählige, durch verschiedene Ermüdungen von Schlaffheiten niedergedrückt, auf den Ruf dieses Wunders von woher auch immer aufgeweckt, zu diesem Ort kamen, demütig und ergeben. (3,35) Und nachdem sie, vor dieses Heiltum gestellt, wegen der Sünden, durch die sie irgendwie bestraft worden waren, geklagt hatten und sie das Wasser, das durch das Eintauchen dieses Knochens geheiligt war, nachdem es ihnen gegeben worden war, irgendwie gekostet hatten, ist es nur für Christusgläubige glaubhaft, wie rasch sie, von welcher Pest auch immer sie belastet wurden, befreit waren. (3,36) Wenn jemand jedoch die Zahl und Reihenfolge dieser da von uns neugierig erfragen möchte, soll er glauben, dass ihm durch diese Worte des Porphyrius Genüge getan werde: ‚In der Zählung sind sie, aber nicht in begrenzter.'

Caput IV: Alia miracula ad martyrum tumbas facta

4. (1) Facta sunt [35r] praeterea miracula non pauca in[266] illa scilicet cripta, ubi sanctorum martyrum reposita sunt[267] corpora. (4,2) E quibus[268] aliqua nostrae nunc memoriae succurrentia breviter sunt designanda. (4,3) Ex his erat hoc primum, quod licet ad plurimas sanctorum contingat memorias, nolumus tamen in his quoque miraculis locum ei negare, quem divinae pietatis ordinatio ei dignata est accommodare. (4,4) Nam cum dominus archiepiscopus post auditam[269] de ossis miraculo famam, primum in illud[270] sancti Paulini monasterium orationis causa venisset, venit cum eo quidam de partibus Aquitaniae poenitens, cuius brachium dextrum ferro fuit ligatum. (4,5) Hic itaque cum domno antistite fossam[271] illam ne dicam criptam quae nondum ibi fuerat intravit, ac facta oratione ibi surgens de loco ubi humo tenus iacens oravit, sarcofaga singula in quibus[272] corpora sanctorum requiescebant, singillatim ea salutando[273] lustravit. (4,6) Quo facto, cum discessurus[274] a monasterio [153r] fossam egressus fuisset, et quasi[275] licentiam sanctorum petiturus, in[276] summo eiusdem fossae margine versus[277] ad sanctorum corpora constitisset, id ipsum ferramentum quod brachium eius dextrum diuturna[278] sui positione iam debilitaverat, et non solum carnem sed etiam nervos[279] et ossa eiusdem brachii denudaverat, in illo quo firmius erat loco discinditur[280], (4,7) saltuque mirabili in altum facto, veluti[281] omnibus qui in monasterio erant divinae pietatis magnificentiam, et sanctorum quorum hoc meritis accidit apud divinam potentiam hoc monstrando, super unum sarcofagum satis longe remotum cum clangore cecidit non minimo. (4,8) Ille[282] vero miser non minore impetu ad terram suppinus cecidit, quam ferrum saliens aeris altitudinem peciit. (4,9) Ubi tamdiu exanimis iacuit, donec tandem gustu aquae ori eius ab accurrentibus episco-

---

266 in illa ... corpora *(10)* C; ubi sanctorum martyrum requiescunt corpora *(5)* D
267 reposita sunt C *(Ho, Wa;* sunt *deest in AASS)*
268 E quibus ... accommodare *(39, = §§ 2, 3)* omisit D
269 auditam C; compertam D
270 illud sancti Paulini monasterium C; in ecclesiam sancti Paulini D
271 fossam illam ... oravit *(22)* C; locum sanctum orationis gratia adiens factaque oratione *(7)* D
272 in quibus ... requiescebant *(5)* C; sanctorum martyrum D
273 salutando C; seu osculando *addidit* D
274 discessurus a monasterio *omisit* D
275 quasi licentiam sanctorum petiturus *omisit* D
276 in summo eiusdem fossae margine C; in margine eiusdem fossae D
277 versus ad sanctorum corpora C; versus sancta corpora D
278 diuturna C; iam diutina D
279 et ossa eiusdem brachii *omisit* D
280 discinditur C; scinditur D
281 velud omnibus ... monstrando *(20)* C; ad gloriam divinae maiestatis et sanctorum merita clarificanda *(8)* D
282 Ille ... altitudinem peciit *(16)* C; Ille vero ad terram timore actus cecidit *(7)* D

<4. Kapitel: Andere an den Gräbern der Märtyrer geschehene Wunder>

4. (1) Geschehen sind [35r] außerdem nicht wenige Wunder in jener Krypta, versteht sich, wo die Leiber der heiligen Märtyrer gelegen sind. (4,2) Und von diesen müssen einige, die jetzt unserer Erinnerung begegnen, kurz bezeichnet werden. (4,3) Von diesen war dies das erste – mag dies auch die meisten Erinnerungen an Heilige berühren, wollen wir ihm dennoch auch bei diesen Wundern den Platz nicht verweigern, den ihm zu gewähren die Ordnung der göttlichen Gnade ihn gewürdigt hat. (4,4) Denn als der Herr Erzbischof nach dem Hören des Rufes über das Knochenwunder zum ersten Mal in jenes Kloster des heiligen Paulinus des Gebets wegen gekommen war, kam mit ihm aus den Gegenden Aquitaniens ein gewisser Büßer, dessen rechter Arm durch Eisen gebunden war. (4,5) Dieser betrat daher mit dem Herrn Vorsteher jene Gruft, auf dass ich nicht sage ‚Krypta', die dort noch nicht gewesen war, und als er sich nach Verrichten seines Gebets dort von dem Ort erhob, wo er bis zum Boden liegend betete, durchmusterte er die einzelnen Sarkophage, in denen die Leiber der Heiligen ruhten, indem er ihnen einzeln Heil wünschte. (4,6) Doch als er nach diesem Geschehen im Begriff, aus dem Kloster zu scheiden, [153r] aus der Gruft herausgeschritten war und, gleichsam im Begriff, die Erlaubnis der Heiligen zu erbitten, am obersten Rand derselben Gruft, gewandt zu den Leibern der Heiligen, haltgemacht hatte, bricht eben dieses Eisengerät, das seinen rechten Arm durch seine langdauernde Stellung schon geschwächt hatte und nicht nur das Fleisch, sondern auch die Sehnen und Knochen desselben Arms bloßgelegt hatte, an jener Stelle, an der es stärker war, auseinander, (4,7) und nach einem wundersamen Sprung in die Höhe fiel es – gleichsam als zeige es dadurch allen, die im Kloster waren, die Großartigkeit der göttlichen Gnade und der Heiligen, durch deren Verdienste sich dies ereignete, bei der göttlichen Macht – über einem genügend weit entfernten Sarkophag mit nicht nur sehr geringem Krachen nieder. (4,8) Jener Erbärmliche aber fiel mit nicht geringerem Streben als das springende Eisen die Höhe der Luft anstrebte, rücklings auf die Erde. (4,9) Und dort lag er so lange entseelt, bis er sich endlich, durch einen Schluck Wassers, der in sei-

pi²⁸³ hominibus infuso²⁸⁴ recreatus surrexit, et ab hoc peccati vinculo liberatus, Deum in sanctis suis magnificum benedicendo recessit.

(4,10) Post haec in die palmarum quae tunc erat proxima, quedam femina, quae cum linguae officio auditu aurium fuerat destituta, marito eius²⁸⁵ ducente eam votumque pro liberatione illius in sanctorum martyrum corporali praesentia, necnon²⁸⁶ in cleri atque populi non modica consistentia faciente officio²⁸⁷ restituta est utroque. (4,11) Est autem consuetudo loci illius²⁸⁸ congregationum ut in die palmarum in id²⁸⁹ ipsum sancti Paulini monasterium ad laudem Dei omnes cum magna populorum²⁹⁰ multitudine omni²⁹¹ anno conveniant. (4,12) Cum²⁹² ergo iuxta hunc ritum eadem die maximus et clerus et populus illuc convenissent, et consuetudinarias ibi laudes Domino dixissent, adducta est in medium mulier ista²⁹³ testis beneficiorum ibi divini\<tu\>s sibi col\<l\>atorum.²⁹⁴ Pro quibus beneficiis Dei²⁹⁵ turba multa quae ad diem festum ut dictum est²⁹⁶ convenerat speciales Deo²⁹⁷ laudes et gratiarum actiones communiter reddebat.

(4,13) Postea V.²⁹⁸ Kalendas Mai, qua die iuxta indictum²⁹⁹ Ekberti archiepiscopi plurimae circa manentium villarum turbae cum crucibus Treveros³⁰⁰ solent venire, et³⁰¹ monasteria illius civitatis omnia circuire delatus est a parentibus³⁰² puer quidam par-

---

283 episcopi *C*; archipraesulis *D*
284 infuso *D*; infusus *false C, Ho (in lectionem faciliorem* infusae *corr. ab AASS)*
285 eius *C*; ipsius *D*
286 necnon ... faciente *(9) C*; et multorum frequentia assistente *D*
287 faciente officio *omisit D*
288 loci illius *(sic Ho ex* illi.*)* congregationum *C*; congregationum Trevirensium *D*
289 id *omisit D*
290 populorum *C*; populi *D*
291 omni anno *C*; annuatim *D*
292 Cum ergo ... dixissent *(20) C*; Cum ergo ibidem consuetudinarias laudes Domino persolverunt *(7) D*
293 ista *omisit D*
294 *C*: divini\<tu\>s sibi col\<l\>atorum *suppl. Drae* (divinis sibi colatorum *false C*; divinitus sibi collatorum *iniuria Ho*); *D*: divinitus sibi collatorum *Drae* (divinis sibi collatis *false D*)
295 Dei turba multa *C*; omnis turba *D*
296 ut dictum est *omisit D*
297 Deo ... reddebat *(7) C*; Domino laudes communiter persolvebat *D*
298 V. *C*; quinto *D, Ho (AASS)*; „5.‟ *Wa*
299 indictum *C, AASS*; inductum *false Ho (Wa)*; statutum *D*
300 Treveros *C*; Treveri *D*
301 et monasteria ... circuire *(6) omisit D*
302 a parentibus *omisit D*

nen Mund von den herbeilaufenden Leuten des Bischofs gegossen worden war, erquickt, erhob und sich, von dieser Fessel der Sünde befreit, wobei er Gott in seinen Heiligen als großartig pries, entfernte.

(4,10) Danach wurde am Tag der Palmen, der damals sehr nahe war, eine gewisse Frau, die zusammen mit der Dienstleistung der Zunge vom Hören mit dem Gehör versetzt worden war – wobei ihr Ehemann sie führte und ein Gelübde für die Befreiung jener in der leiblichen Gegenwart der heiligen Märtyrer und nicht zuletzt in nicht nur mäßigem Beisein von Klerus und Volk machte –, in beidseitige Dienstleistung zurückversetzt. (4,11) Es ist jedoch Gewohnheit der Kongregationen jenes Ortes, dass am Tag der Palmen alle gerade in diesem Kloster des heiligen Paulinus zum Lob Gottes mit großer Vielzahl der Völker in jedem Jahr zusammenkommen. (4,12) Nachdem also gemäß diesem Brauch am selben Tag sehr viel sowohl Klerus als auch Volk an jenem Ort zusammengekommen waren und die gewöhnlichen Lobeserhebungen für den Herrn gesprochen hatten, wurde diese Frau da in ihre Mitte geführt, als Zeugin der Wohltaten, die dort durch göttliche Fügung auf sie gehäuft worden waren. Und für diese Wohltaten Gottes erwies der viele Haufen, der zum Festtag, wie gesagt worden ist, zusammengekommen war, Gott besondere Lobeserhebungen und Dankabstattungen gemeinsam.

(4,13) Später wurde am 5. Tag vor den Kalenden des Maies, an einem Tag, an dem gemäß einer Anordnung des Erzbischofs Egbert sehr viele Haufen der im Umkreis gelegenen Weiler mit Kreuzen zu den Trierern zu kommen und durch alle Klöster jener Bürgergemeinde herumzugehen pflegen, von seinen Eltern ein gewisser kleiner Knabe in das

vus in monasterium sepe[303] praedicti patris Paulini quod[304] amodo sanctorum quoque martyrum non inmerito potest vocari. (4,14) Perdiderat[305] autem puer idem et usum loquendi, et[306] brachii dextri aliquatenus movendi. (4,15) Cum ergo in criptam sanctorum martyrum deductus[307] sarcofaga ipsorum[308] deosculatus fuisset[309], coepit parentes desuetis diu propter linguae vinculum verbis compellare; (4,16) et quia usum brachii quoque[310] movendi receperit, levata[311] ex aliquo sarcofago candela non distulit monstrare. (4,17) Erat[312] vero eadem hora domnus archiepiscopus cum omnibus loci illius canonicorum congregationibus in eodem monasterio orationis deditus officio. (4,18) In cuius praesentiam puer ille delatus [153v] sanitatem recepisse ad ipsius[313] episcopi interrogationem est probatus.

(4,19) Deinde non multo temporis interiecto spacio apportatur[314] illuc quaedam puella. Quae[315] dum in aliquo tempore operi vacaret textrino, ita subito percussa est morbo paralitico, ut nec brachia nec crura in statu continere posset proprio. (4,20) Hanc itaque mirabili motu membrorum palpitantem iuxta sanctorum sarcofaga[316] vidimus locari. (4,21) Ubi dum matre caput illius in gremio suo retinente, patre[317] vero brachia et crura illius vix comprimente, parumper obdormisset, factum est per[318] Dei miserationem, et sanctorum ad[319] quorum memoriam iacuit intercessionem, ut post paululum evigilans de somno, [35v] toto corpore surgeret sano[320], et basibus[321] pedum nervisque brachi-

---

303 sepe praedicti patris Paulini *C*; sancti Paulini *D*
304 quod ... vocari *(9) omisit D*
305 Perdiderat ... movendi *(12) C*; qui mutus simul cum brachio arido erat *(7) D*
306 et *inseruit Drae („&" Ho)*; & usum loquendi, brachii *C*
307 deductus, sarcofaga *C*; deductus fuisset, et sarchofaga *D*
308 ipsorum *omisit D*
309 fuisset: sanctorum *addidit D*
310 quoque *omisit D*
311 levata *C*; levato *false D*
312 Erat vero ... delatus *(24) C*: In presentiam igitur archiepiscopi qui tunc causa orationis illo advenerat, puer idem oblatus *(13) D*
313 ipsius episcopi *C*; eius *D*
314 apportatur illuc *C*; perlata est ad eandem ecclesiam *D*
315 Quae dum ... percussa est *(12) omisit D*
316 sarcofaga *C (Ho), D*; sarcofagum *false AASS*
317 patre ... comprimente *(8) omisit D*
318 per Dei miserationem et sanctorum ... intercessionum *(6) C*, ...; per misericordiam Domini et per merita sanctorum martyrum *(8) D*
319 ad quorum memoriam iacuit *omisit D*
320 sano *C*; sana *D*
321 et basibus ... inde *(11) omisit D*

Kloster des oft vorgenannten heiligen Paulinus gebracht, das von da an auch <Kloster> der heiligen Märtyrer nicht unverdient gerufen werden kann. (4,14) Verloren hatte jedoch derselbe Knabe sowohl den Gebrauch des Sprechens <als auch die Fähigkeit,> den rechten Arm irgendwie zu bewegen. (4,15) Nachdem er also, in die Krypta der heiligen Märtyrer herabgeführt, deren Sarkophage abgeküsst hatte, fing er an, seine Eltern mit – wegen der Fessel seiner Zunge – lange ungewohnten Worten anzureden; (4,16) und da er ja den Gebrauch, auch den Arm zu bewegen, zurückerlangt hatte, schob er es nach Hochheben einer Kerze von irgendeinem Sarkophag nicht auf, sie zu zeigen. (4,17) Es war aber zur selben Stunde der Herr Erzbischof mit allen Kongregationen der Kanoniker jenes Ortes in demselben Kloster dem Dienst des Gebets hingegeben. (4,18) Doch nachdem jener Knabe vor dessen Anwesenheit gebracht worden war, [**153v**] wurde auf die Befragung durch den Bischof selbst erwiesen, dass er das Heil zurückerlangt habe.

(4,19) Darauf wird, nachdem nicht viel Zeitraum dazwischen vergangen war, dorthin ein gewisses Mädchen getragen. Und dieses wurde, während es sich zu irgendeiner Zeit der Webtätigkeit widmete, von so plötzlicher lähmender Krankheit durchschüttelt, dass es weder die Arme noch die Unterschenkel im eigenen Zustand halten konnte. (4,20) Dass dieses (Mädchen) daher, während es durch eine verwunderliche Bewegung der Glieder zuckte, neben die Sarkophage der Heiligen gelegt wurde, haben wir gesehen. (4,21) Und nachdem es dort, während die Mutter sein Haupt in ihrem Schoß hielt, der Vater aber die Arme und Unterschenkel jenes (Mädchens) mit Mühe zusammendrückte, ein wenig eingeschlummert war, geschah es mittels des Erbarmens Gottes und des Eintretens der Heiligen, an deren Erinnerungsstättdere es lag, dass es sich, nach einem Weilchen aufwachend aus dem Schlaf, [**35v**] mit ganzem gesunden Leib erhob und, weil die Fußsohlen

orum in[322] statu reparatis nativo, recederet inde pro restitutione salutis[323] suae Deum laudando.

(4,22) Huic[324] miraculo illud successit in ordine proximo quod[325] quidam rusticus de villa quae dicitur Sanctae Aldegundis oriundus, cui visus oculorum omnino[326] defecerat, cum suo presbitero[327] civiumque suorum numero non modico eodem deductus est. (4,23) Presbiter vero idem assumptis secum duobus[328] in loco illo fratribus, deduxit coecum[329] illum in locum sanctorum corporibus consecratum, ibique eum fecit[330] unum denarium censu annuali sanctis istis[331] persolvendum, super unum vadiare sarcofagum. (4,24) Deposito itaque ad praesens ibi uno denario, dum[332] aliis recedentibus ipse in lacrimis et orationibus aliquamdiu inibi[333] moraretur, seque[334] si illuminatus foret, deinceps correctione[335] vitam ducturum, alicui ex illo loco priori sibi de salute animae colloquenti profiteretur, coepit inter colloquendum dicere: „Videor quasi per pannum videre"; deinde paulatim in visu melioratus, recessit inde sequenti die pleniter illuminatus.

(4,25) Dehinc[336] alius quidam villanus[337] de villa quae vulgo Inda vocatur, cum ex diuturna infirmitate totum corpus ita inflatum haberet, ut[338] nec ipse nec aliquis eum ita moribundum conspiciens aliquamdiu eum supervicturum putaret, audita miraculorum fama quae[339] de istorum memoria sanctorum longe lateque processerat, se[340] eodem deduci

---

322   in *C, omiserunt AASS*
323   salutis suae Deum *C*; sanitatis Christum sanctosque martyres *D*
324   Huic … proximo *(7) omisit D; proximo C (superflue proximum Wa)*
325   quod … dicitur *(7) C*; Alter quoque de villa *D*
326   omnino *omisit D*
327   presbitero … Presbiter vero idem *(12) C*; sacerdote est adductus. Sacerdos vero *(5) D*
328   duobus in loco illo fratribus *C*; de loco illo duobus fratribus *D*
329   coecum illum … consecratum *(7) C*; cecum ad corpora sanctorum martyrum *(5) D*
330   fecit unum denarium … uno denario *(19) C*; censualem deinceps martyribus sanctis oblatione spontanea peracta devovit *(8) D*
331   istis *C*; illis *false Ho (AASS, Wa)*
332   dum *C*; Dumque *D*
333   inibi *C*; ibidem *D*
334   seque si illuminatus … pleniter illuminatus *(39) C*; et emendationem suae vitae profiteretur meritis sanctorum martyrum illuminatus est *(10) D*
335   correctione *C*; correctiorem *false legit Ho (AASS)*
336   Dehinc: *C, D*; Deinde *false AASS*
337   villanus … vocatur *(7) omisit D*
338   ut nec ipse … putaret *(13) C*; ut ab omnibus desperaretur *D*
339   quae … processerat *(8) omisit D*
340   se eodem deduci exoptabat *C*; ad locationem sacram se deduci peciit *D*

und die Sehnen der Arme im angeborenen Zustand wiedererworben waren, von dort schied, wobei es für die Wiederherstellung seines Heils Gott lobte.

(4,22) Diesem Wunder folgte jenes in nächster Anordnung unmittelbar nach, dass ein gewisser Bauer, aus einem Weiler, der der <Weiler> der heiligen Aldegundis genannt wird, stammend, dem die Sehkraft der Augen gänzlich geschwunden war, mit seinem Presbyter und einer nicht nur mäßigen Zahl seiner Mitbürger ebendorthin geführt wurde. (4,23) Derselbe Presbyter aber führte, nachdem er zwei Brüder an jener Stelle mit sich genommen hatte, jenen Blinden an den durch die Leiber der Heiligen geheiligten Ort, und dort ließ er ihn einen Denar, durch jährlichen Zins diesen Heiligen da zu zahlen, über einem Sarkophag Sicherheit leisten. (4,24) Während er, nachdem daher augenblicklich dort ein Denar niedergelegt worden war, beim Scheiden der anderen selbst in Tränen und Gebeten eine Zeitlang ebendort verweilte und irgendeinem Prior aus jenem Ort, der mit ihm über das Heil der Seele sprach, bekannte, dass er, wenn er mit <Augen->licht erhellt wäre, darauf unter Berichtigung sein Leben führen werde, fing er während des Gesprächs an zu sagen: „Ich scheine gleichsam durch ein Tuch zu sehen"; darauf allmählich in der Sehkraft verbessert, schied er von dort am folgenden Tag vollständig mit <Augen->licht erhellt.

(4,25) Darauf hat ein gewisser anderer Weilerbewohner aus dem Weiler, der allgemein Kornelimünster gerufen wird, dringend gewünscht – da er aus langdauernder Kraftlosigkeit den ganzen Leib so aufgedunsen trug, dass weder er selbst noch irgendeiner, wenn er ihn so todverfallen erblickte, meinte, er werde eine Zeitlang überleben – nach Hören vom Ruf der Wunder, der über die Erinnerung an diese Heiligen da weit und breit

exoptabat. (4,26) Quo perveniens cum[341] facto[342] ibi peccatorum poenitudine et vitae[343] rectitudine voto, ad propria se recepisset utcumque[344] factum est ut in[345] paucissimorum spacio dierum, subsidente totius cutis[346] tumore, ab omni etiam[347] liberatus sit corporis languore.

<(4,27) Benedictus[348] sit igitur Deus, qui in sanctis suis semper est gloriosus et mirabilis, cui est honor et gloria in secula seculorum. Amen.>

---

341 cum ... se recepisset *(13) C*; et <cum> ibidem votivas orationes Domino persolvisset digressus *(8) D* (cum *inseruit Drae*)

342 facto *C (Ho)*; facta *false AASS*

343 et vitae *C*; et de vitae *false Ho (AASS)*

344 utcumque factum est, ut *omisit D*

345 in paucissimorum spacio dierum *C*; infra breve spacium *D*

346 cutis *C*; corporis *D*

347 etiam liberatus sit *C*; liberatus est *D*

348 Benedictus ... Amen. *(22) D eadem manu addidit*

vorgedrungen war, dass er ebendorthin geführt werde. (4,26) Doch als er sich, dorthin kommend, – nachdem dort aus Reue über die Sünden und wegen der Richtigkeit des Lebens ein Gelübde abgelegt worden war – zu seinem Eigentum zurückgezogen hatte, ist es, wie auch immer, geschehen, dass er, weil sich im Zeitraum wenigster Tage die ganze Hautschwellung setzte, auch befreit wurde von jeder Leibesschlaffheit.

<(4,28) Gesegnet sei nun Gott, der in seinen Heiligen immer ruhmvoll ist und wunderbar, dem Ehre und Ruhm ist auf Generationen von Generationen! Amen.>

1.2 *Historia martyrum Trevirorum* (D; BHL 8284)

[30v] Lectiones de sancto Tyrso sociisque[1] eius

[30v] 1. (1) Cum inevitabilis divinae dispositionis ordo deposceret, ut et ardor malitiae, qui fuit in infidelibus, Maximiano et Diocletiano[2], a diabolo succensus effervesceret, et amor iustitiae, qui fuit in sanctis Secundo, Tyrso et Bonefacio, Mauricio sociisque ipsorum, flagrans ex lampade caritatis divinae innotesceret iuxta illud psalmistae: ‚Consumetur nequitia peccatorum et diriges iustum', hoc est, ut peccator peccaret adhuc, et iustus iustificaretur adhuc, evocatur a Maximiano, cognomento Herculio, Caesare primum, postea Augusto, orientalis regionis legio. (1,2) Quae iuxta legem militiae Romanae conscripta armisque militaribus instructa ab imperatore Romano Diocletiano ad vires hostium Romanorum conterendas est transmissa. (1,3) **II** Prelati sunt autem huic legioni duces, quorum vocabula duo ad nostram noticiam devenerunt, unus Tyrsus, alter Secundus vocatus. (1,4) Nomen vero primi pilarii legionis eiusdem, sicut a nostris antecessoribus accepimus, erat beatus Mauritius. Erant revera in legione illa alii quoque duces exercitus ac principes, pro quorum et nominum et meritorum oblivione antecessorum nostrorum negligentiam incusamus, quorum tamen diligentiam commendamus, pro eis litterarum documentis, quae de eorundem sanctorum meritis aut plumbeis aut marmoreis tabulis aut vetustissimis schedulis inscripta reperimus.

(1,5) **III** Hoc nempe in plumbea tabula, prope corpora eorundem martyrum in cripta sancti patris nostri Paulini terrae altius infossa, conscriptum reperimus, quod unus ex prefatae legionis ducibus, Tyrsus videlicet cum suis plurimis sociis et militibus in urbem Trevericam deveniret, cum suos commilitones, signifero legionis Mauricio adherentes, ydolorum culturae adquiescere nolentes, iuxta Alpium infima ab imperatore Maximiano trucidatos esse audiret. (1,6) Quare vero hunc potissimum locum cetus ille sociorum passioni suae prospexerit, prima quidem ratio occurrit predestinationis divinae inevitabilis dispositio, quae sicut absque tempore et loco continet omnia, ita temporibus et locis singulis congruentia distribuit negotia.

---

1 sociisque *Drae* (sociorumque *D*)
2 Diocletiano *C*; Diacletiano *D (err. typ.)*

1.2 Historie der Trierer Märtyrer (D)

[30v] Lesungen über den heiligen Thyrsus und seine Genossen

[30v] 1. (1) Weil die unausweichliche Reihenfolge der göttlichen Planung es forderte, dass einerseits die Glut der Schlechtigkeit – die in den Ungläubigen war, Maximian und Diokletian –, vom Teufel entzündet, aufwallt, andererseits die Liebe zur Gerechtigkeit – die in den heiligen Secundus, Thyrsus und Bonifatius, Mauritius und ihren Genossen –, flammend von der Fackel der göttlichen Nächstenliebe, bekannt wurde gemäß jenem ‹Wort› des Psalmisten: ‚Verzehrt werden wird die Nichtsnutzigkeit der Sünder, und lenken wirst du den Gerechten', das heißt, dass der Sünder sündige weiterhin und der Gerechte gerechtfertigt werde weiterhin, wird von Maximian mit dem Beinamen Herculius, zuerst Cäsar, später Augustus, eine Legion der östlichen Region aufgeboten. (1,2) Und diese wurde – gemäß dem Gesetz des römischen Soldatenwesens ausgehoben und mit soldatischen Waffen ausgestattet – vom römischen Herrscher Diokletian, um die Kräfte der Feinde der Römer zu zerreiben, herübergeschickt. (1,3) II Vorangestellt waren jedoch dieser Legion Führer, deren zwei Benennungen zu unserer Kenntnis gelangt sind: der eine Thyrsus, der andere Secundus benannt. (1,4) Der Name aber des Primipilars derselben Legion war, so wie wir es von unseren Vorgängern vernommen haben, Mauritius. Es waren in Wirklichkeit in jener Legion auch andere Führer des Heeres und Erste; doch für das Vergessen sowohl ihrer Namen als auch Verdienste beschuldigen wir die Nachlässigkeit unserer Vorgänger, deren Sorgfalt wir dennoch empfehlen, für diejenigen Dokumente kleiner Schriften, die wir über die Verdienste derselben Heiligen entweder auf bleiernen oder auf marmornen Tafeln oder auf uralten Papieren geschrieben auffinden.

(1,5) III Dies nämlich finden wir auf einer bleiernen Tafel – nahe bei den Leibern derselben Märtyrer, die (Leiber) in der Krypta unseres heiligen Vaters Paulinus ziemlich tief in die Erde eingeschachtet waren – geschrieben auf, dass einer von den Führern der vorgenannten Legion, Thyrsus ersichtlich, mit den meisten seiner Genossen und Soldaten in die Trierische Stadt gelangte, als er hörte, dass seine Mitsoldaten, die dem Zeichenträger der Legion, Mauritius, anhingen, ‹und› die sich nicht mit der Verehrung von Götzenbildern beruhigen wollten, beim untersten Grund der Alpen vom Herrscher Maximian abgeschlachtet worden seien. (1,6) Weswegen aber am ehesten diesen Ort (Trier) jene Schar der Genossen für ihr Leiden vorgesehen hat, ‹dafür› tritt jedenfalls als erster Grund die unvermeidbare Planung der göttlichen Vorherbestimmung hervor, die, so wie sie ohne Zeit und Ort alles zusammenhält, dergestalt den einzelnen Zeiten und Orten die zusammenpassenden Dinge zuteilt.

IIII (1,7) Sic namque inter alia inestimabilia Bethlehem nativitati, quae de virgine matre est, Iherusalem suae praevidit Deus et homo passioni. (1,8) Deinde non absque ratione possumus et illud ex hac re conicere, quod beatus Marcellus[3], Romanae sedis episcopus ipso tempore, inter alia miliciae christianae, quae, illis consilium eius in urbe Roma querentibus, seseque[4] ab episcopo Iherosolimitano ad fidem Christi per baptismum iniciatos esse confitentibus contulit armamenta, hec quoque necessitati eorum salubria providerit munimenta, ut, quia contra Galliarum christianos bellum suscipere cogebantur, ipsi christianitatis nomen in hoc venerentur, quo se Galliarum principibus coniungentes et cum eis crucem Domini per pacientiam mortis suscipientes, adaucto hoc modo sociorum numero, cumulata sibi passionum praemia acquirerent.

[31r] (1,9) **V** Possent et aliae convenientes et aptae ex hac re fieri coniecturae, sed praestat interea loci nomen Domini benedicere ac laudare, cuius inestimabile consilium sapientiae in benedicta sociorum istorum ad hunc perventione et benedicenda semper passione ibidem constat esse completum. (1,10) Venerunt namque in urbem Trevericam non nisi per ordinationem divinam, unde ab eiusdem civitatis christianissimis principibus, christianitatis et pacis in ipsis signa cognoscentibus, christianiter et amice, hospitaliter et honeste, summa, quae in Deo est, hoc ordinante karitate, recepti sunt.

(1,11) **VI** His quippe principibus dum causam suae ab oriente profectionis suaeque ad hunc locum perventionis flebiliter retulissent eorumque consilium simul et auxilium humiliter postulassent, flagranti adeo Sancti Spiritus ardore corda omnium et civium et hospitum in Dei amore succensa sunt, ut ad mortis magis pro Christi nomine susceptionem quam ad ydolorum venerationem vel christianorum obpugnationem se praebere, invicem exhortabantur. (1,12) Verumtamen non est dubitabile, quia, si iuncti Trevericis Thebani milites materialibus armis confligere vellent, praefecti illius Romanorum Rictiovari potentiae resistere vel etiam praevalere satis possent, praesertim cum ipsum imperatorem Romanorum Cesarem cum omnibus, quas habere poterant, militum copiis a solis civibus Trevericis diu multumque fatigatum fuisse, in Romanis ac Gallicis legamus hystoriis.

---

3   *suprascr. alia manu* Marcellinus
4   seseque *C*; sese *D*

(1,7) **IIII** So nämlich hat unter anderem Unschätzbaren Bethlehem für seine Geburt, die von einer jungfräulichen Mutter ist, Jerusalem für sein Leiden Gott und der Mensch vorgesehen. (1,8) Darauf können wir nicht ohne Grund auch jenes aus dieser Sache vermuten, dass der glückselige Marcellus, gerade zu der Zeit Bischof des römischen Sitzes, unter anderen Geräten des christlichen Soldatendienstes, die er – als jene seinen Rat in der Stadt Rom suchten <und> bekannten, dass sie vom Jerusalemer Bischof in den Glauben an Christus mittels der Taufe eingeweiht worden seien – beitrug, auch diese für ihre Not heilsamen Sicherungen vorgesehen hat, dass sie, da sie ja gezwungen wurden, gegen die Christen der gallischen <Provinzen> Krieg auf sich zu nehmen, selbst den Namen Christentum hierin achteten, wodurch sie, indem sie sich den Ersten der gallischen <Provinzen> verbanden und mit ihnen das Kreuz des Herrn durch das Ertragen des Todes auf sich nahmen, sich – nach Vermehrung der Zahl der Genossen auf diese Weise – gehäufte Belohnungen der Leiden erwarben.

[31r] (1,9) **V** Es könnten auch andere zutreffende und geeignete Vermutungen aus dieser Sache gemacht werden, aber es ist besser, inzwischen den Namen des Ortes des Herrn zu preisen und zu loben, von dessen unschätzbarem Plan der Weisheit feststeht, dass er bei der gepriesenen Ankunft dieser Genossen da an diesem <Ort> und <beim> immer zu preisenden Leiden ebendort erfüllt worden ist. (1,10) Kamen sie doch in die Trierische Stadt nur mittels göttlicher Anordnung, weswegen sie von den christlichsten Ersten derselben Bürgergemeinde, die ja die Zeichen des Christentums und des Friedens an ihnen erkannten, christlich und freundschaftlich, gastlich und ehrenhaft – weil die höchste Nächstenliebe, die in Gott ist, dies anordnete – aufgenommen wurden.

(1,11) **VI** Nachdem sie nämlich diesen Ersten den Grund ihres Aufbruchs vom Osten und ihres Kommens an diesen Ort weinend berichtet hatten und zugleich ihren Rat und Hilfe demütig erbeten hatten, wurden von so brennender Glut des Heiligen Geistes die Herzen aller sowohl Bürger als auch Gäste in der Liebe Gottes entzündet, dass sie sich gegenseitig ermunterten, sich mehr zum Aufsichnehmen des Todes für Christi Namen als zur Achtung der Götzenbilder oder Bekämpfung der Christen hinzugeben. (1,12) Aber dennoch ist es nicht zweifelhaft, dass – wenn, verbunden mit den Trierern, die Thebaner durch materielle Waffen streiten wollten – sie sich der Macht jenes Präfekten der Römer, Rictiovarus, widersetzen und sogar genügend überlegen sein könnten, zumal da der Imperator der Römer selbst, Cäsar, mit allen Truppen an Soldaten, die sie haben konnten, allein von den Trierischen Bürgern lange und viel ermüdet worden sei, wie wir in römischen und gallischen Historien lesen.

(1,13) **VII** Vixdum igitur sanctae exhortationis armis se invicem munierant, cum ecce Rictiovarus iniquitatis praefectus a praefato Maximiano transmissus, Trevirorum urbem cum suis iniquissimis satellitibus intravit. Qui vocatos ad se imprimis, quorum causa praecipue venerat, Thebeae legionis Christianos, interrogavit, utrum et ipsi deos Romanorum adorare eorumque detractores armis vellent subiugare. (1,14) Cui cum dux praefatae legionis Tyrsus responderet se suosque omnes et socios et milites pro Christi amore eiusque et religionis observatione malle mori quam huiusmodi sacrilegio pollui: quid ipse iniquus dixerit, nescimus, quid vero fecerit, scimus. (1,15) Nam sicut felicissimae memoriae homines, quorum in eternum benedictae sunt animae, notaverunt in plumbea videlicet tabula, quam in cripta sanctissimi Paulini[5] Trevirorum episcopi inventam esse iam diximus, prima die funesti ingressus ipsius in hanc urbem, quae erat quarto Nonas Octobris, occidit Tyrsum cum sociis suis.

(1,16) **VIII** Sequenti die Palmatium consulem et patricium eiusdem civitatis cum aliis principibus civitatis occidit. Quorum nomina pro rerum multitudine satis paucissima ibidem sunt inventa. (1,17) Plurima quippe in hac urbe, sicut in Romana civitate, dignitatum quoque vocabula fuerunt. (1,18) Non enim propter solam edificiorum qualitatem, sed etiam propter dignitatum emulationem hec urbs secunda Roma est appellata.

(1,19) Ex his vero omnibus et hominum et dignitatum nominibus, quod absque merore non dicimus, non nisi tredecim in plumbo reperimus. (1,20) De quibus unum ducis legionis Thebeae fuit vocabulum Tyrsus et in sinistro sancti Paulini latere versus orientem collocatus in ipsa sui positione se ab orientali plaga venisse <C: est> testatus. (1,21) In dextro autem sancti huius Paulini corpus iacet sancti Palmatii, consulis urbis Trevericae et patricii. (1,22) Hic, dum parte sui dextera te respicit, urbs Treverica, [**31v**] dextera eius iuvamina videntur tibi etiam hoc locationis modo esse porrecta.

(1,23) Ad caput vero memorati et sepius memorandi sancti Paulini septem senatorum corpora quasi totidem sunt posita candelabra, plus in domo Domini lucentia quam septem celi sydera. Quorum situs ordinatio veneranda est non minimo etiam mysterio celebranda. (1,24) Probat namque positio ista, caelestia illos fuisse animalia, dum quasi castrorum

---

5 *nomen suprascr.*

(1,13) **VII** Kaum hatten sie sich also durch die Waffen der heiligen Ermunterung gegenseitig gestärkt, als – da! – Rictiovarus, der Präfekt der Unbilligkeit, vom vorgenannten Maximian herübergeschickt, die Stadt der Trierer mit seinen unbilligsten Gefolgsleuten betrat. Und dieser befragte zuerst die zu ihm Gerufenen, derentwegen er vornehmlich gekommen war, die Christen der Thebäischen Legion, ob sie auch selbst die Götter der Römer anbeten und ihre Herabsetzer durch Waffen unterjochen wollten. (1,14) Doch als diesem der Führer der vorgenannten Legion, Thyrsus, antwortete, er und alle seine sowohl Genossen als auch Soldaten wollten eher gemäß Christi Liebe und seiner und der Religion Beachtung sterben als sich durch einen Heiligenfrevel dieser Art besudeln – was der Unbillige selbst sagte, wissen wir nicht, aber was er tat, wissen wir. (1,15) Denn so wie die Menschen glücklichsten Angedenkens, deren Seelen auf ewig gepriesen sind, vermerkt haben, ersichtlich auf einer bleiernen Tafel, von der wir vorher gesagt haben, dass sie in der Krypta des heiligsten Paulinus, des Bischofs der Trierer, gefunden worden sei, metzelte <Rictiovarus> am ersten Tag seines unheilvollen Eintritts in diese Stadt, der der vierte <Tag> vor den Nonen des Oktobers war, Thyrsus mit seinen Genossen nieder.

(1,16) **VIII** Am folgenden Tag metzelte <Rictiovarus> den Palmatius, Konsul und Patrizier derselben Bürgergemeinde, mit anderen Ersten der Bürgergemeinde nieder. Deren Namen aber – im Verhältnis zur Vielzahl der Dinge recht wenig genug – sind ebendort gefunden worden. (1,17) Sehr viele Benennungen auch von Würden gab es nämlich in dieser Stadt, so wie in einer römischen Bürgergemeinde <zu erwarten>. (1,18) Nicht allein nämlich wegen der Beschaffenheit der Gebäude, sondern auch wegen des Wetteifers um Würden wurde diese Stadt ‚zweites Rom' gerufen.

(1,19) Aber von all diesen Namen sowohl der Menschen als auch der Würden finden wir – was wir ohne Betrübnis nicht sagen – nur dreizehn in Blei auf. (1,20) Und von diesen war einer die Benennung des Führers der Thebäischen Legion, Thyrsus, und auf der linken Flanke des heiligen Paulinus gen Osten platziert, bezeugte er selbst in seiner Stellung auf gewisse Weise, dass er vom östlichen Landstrich gekommen sei. (1,21) Auf der rechten <Flanke> dieses heiligen Paulinus jedoch liegt der Leib des heiligen Märtyrers Palmatius, des Konsuls der Trierischen Stadt und Patriziers. (1,22) Während dich dieser von seiner rechten Seite her anblickt, Trierische Stadt, [31v] scheinen seine rechten Unterstützungen dir auch durch diese Weise der Platzierung dargeboten zu sein.

(1,23) Am Haupt aber des erinnerten und öfter zu erinnernden heiligen Paulinus sind die Leiber von sieben Senatoren gleichsam als ebenso viele Kandelaber aufgestellt, die mehr im Haus des Herrn leuchten als die sieben Gestirne des Himmels. Und deren zu achtende Anordnung ihrer Lage muss mit nicht sehr geringem Geheimnis gefeiert werden: (1,24) Denn es beweist diese Stellung da, dass jene himmlische Wesen waren, weil sie ja gleichsam eine geordnete Schlachtreihe eines Lagers waren; (1,25) und so wie die Wesen

acies ordinata fuerunt; (1,25) et sicut animalia celi Ezechieli apparuerunt, alas alterius ad alterum contulerunt. (1,26) Et tunc quidem a felicissimae memoriae Trevirorum archipresule Felice, Sancti Spiritus gratia cooperante illi, ita coniuncta fuerunt; (1,27) nunc autem manifestato per misericordiam Dei preciosissimo corporum ipsorum thesauro, dum cripta in honore ipsorum construeretur, ornatus eiusdem criptae poscere videbatur, ut intermisso quindecim pedum spacio, ita ab invicem separarentur, ut dextera pars criptae illius quatuor ex ipsis, sinistra autem tria iterum coniuncta sicut[6] ante corpora susciperet.

(1,28) Sed et isti septenarii numeri partes sacri mysterii videntur non esse expertes. (1,29) Id ipsum namque beatitudinis eternae mysterium, quod numeri huius summa, divinae et humanae sapientiae testantibus auctoribus, nobis pollicetur, partes quoque summae huius constitutivae, ternarius scilicet et quaternarius, teste Virgilio, paganorum poetarum revera doctissimo, continere videntur. (1,30) Qui cum perfectam corporis et animae beatitudinem per hunc numerum significari vellet ostendere, ait in quodam loco: ‚O terque quaterque beati'. (1,31) Sunt sane et alia numeri huius, quae longum est evolvere, mysteria; (1,32) quae si divina misericordia in nostra miseria per istorum merita sanctorum compleri fecerit, iste sanctorum septenarius numerus ab omni nos inquinamento carnis et spiritus purgare sufficiet solus.

(1,33) Habentur tamen in eadem cripta alia quatuor sanctorum martyrum corpora, ad quorum nomina et merita demonstranda non alia melius, quam eadem, quae in plumbo sunt, verba ponemus. Haec sunt autem festivae memoriae verba, quae sunt ibi sic insculpta:

(1,34) „Ad pedes sancti Paulini altrinsecus positi sunt quatuor viri genere et virtute clarissimi. (1,35) Qui licet tempore pacis occulte Christum colerent, tamen tempore persecutionis aperte fidem cChristianorum defendebant, adeo ut ipsi Rictiovaro in faciem resisterent, quod eos quasi exemplum aliorum diversis tormentorum generibus multum afflictos tandem in presentia sua iussit decollari. (1,36) Alter vero duorum versus austrum positorum, interior scilicet, Hormista, exterior vero Papirius vocatur. Alter vero eorum, quorum latera aquilonem respiciunt, interior item Constans, exterior Iovianus vocatur."

---

6 sicut *C*; sunt *D*

des Himmels dem Echeziel erschienen, brachten sie die Flügel, ‹die› des einen an das andere, zusammen. (1,26) Und damals jedenfalls waren sie vom Erzvorsteher der Trierer glücklichsten Angedenkens, Felix, wobei die Gnade des Heiligen Geistes mit jenem wirkte, so verbunden gewesen; (1,27) jetzt jedoch, nachdem handgreiflich geworden ist mittels der Barmherzigkeit Gottes der wertvollste Schatz ihrer Leiber, während die Krypta in ihrer Ehre errichtet wurde, schien die Ausstattung derselben Krypta zu fordern, dass sie unter Auslassung eines Raums von fünfzehn Fuß so voneinander getrennt werden, dass der rechte Teil jener Krypta vier ‹Leiber› von ihnen, der linke jedoch drei so wie vorher wieder verbundene Leiber aufnehme.

(1,28) Aber diese (Märtyrer) da scheinen als Teile der Siebenzahl nicht unteilhaftig eines heiligen Geheimnisses zu sein: (1,29) Denn gerade dieses Geheimnis ewiger Glückseligkeit, das die Summe dieser Zahl – wobei Gewährsmänner göttlicher und menschlicher Weisheit es bezeugen – uns verspricht, scheinen auch die Teile dieser konstituierenden Summe, die Drei- und die Vier‹-zahl›, versteht sich, zu enthalten, wobei Zeuge Vergil ist, der wirklich gelehrteste der heidnischen Dichter. (1,30) Als dieser nämlich zeigen wollte, dass die vollendete Glückseligkeit sowohl des Leibes als auch der Seele durch diese Zahl gekennzeichnet werde, sagte er an einer gewissen Stelle: ‚O sowohl dreimal als auch viermal Glückselige!' (1,31) Es gibt freilich auch andere Geheimnisse dieser Zahl, die (Geheimnisse) aufzurollen zu langwierig wäre; (1,32) wenn aber die göttliche Barmherzigkeit es in unserer Erbärmlichkeit vollendet haben wird, dass diese (Geheimnisse) durch die Verdienste dieser Heiligen da erfüllt werden, wird diese Siebenzahl der Heiligen da allein genügen, uns von jeder Befleckung des Fleisches und des Geistes zu reinigen.

(1,33) Bewahrt werden gleichwohl in derselben Krypta auch vier andere Leiber heiliger Märtyrer, zur Darlegung von deren sowohl Namen als auch Verdiensten wir nicht andere Worte besser als dieselben, die im Blei sind, setzen werden. Dies sind jedoch die Worte festlichen Angedenkens, die dort so eingeprägt sind:

(1,34) „Zu Füßen des heiligen Paulinus sind auf je einer Seite beigesetzt vier Männer, durch Abstammung und durch Mannhaftigkeit hochberühmt, (1,35) Und wenn diese auch zur Zeit des Friedens verborgen Christus verehrten, verteidigten sie dennoch zur Zeit der Verfolgung dermaßen offen den Glauben der Christen, widersetzten sich dermaßen selbst dem Rictiovarus ins Angesicht, dass er ihnen, nachdem sie gleichsam als Beispiel für andere durch verschiedene Arten von Foltern sehr gepeinigt worden waren, schließlich in seiner Gegenwart den Hals durchtrennen ließ. (1,36) Der eine also der zwei gen Süd Beigesetzten, der innere, versteht sich, wird Hormista, der äußere aber Papirius gerufen. Der eine aber derjenigen, deren Flanken nach Norden blicken, der innere abermals, wird Constans, der äußere Jovianus gerufen."

(1,37) Pauca itaque, ut diximus, pro rerum multitudine atque magnitudine sunt haec verba, quae divina prospiciens misericordia ex alto nostris temporibus conservavit nobisque peccatoribus nostris absconsa melioribus occulto aliquo pietatis consilio revelavit. (1,38) Ceterum significantia mysteriorum in his quamvis paucis verbis sonantium adeo est fortis et valida, ut, si quis scribendi ingenio equali cum sancto Gregorio hoc tempore polleret, vix digne passionum merita et virtutum ipsorum insignia [32r] describere valeret, nedum nostri tenuitas ingenii ad eorum vel ydoneam descriptionem vel dignam Deo gratiarum actionem pro eorum divinitus nobiscum revelatione celebrata sufficere deberet. (1,39) Quapropter melius de his silendum esse putamus quam, cum pro magnitudine rerum parum inde dicamus et res magnas parvis scribendi modis extenuare pergamus. (1,40) Illud vero qualicumque scribendi modulo posteritati transmittere debemus necessario, quali divinae praedestinationis ordinatione hac sanctorum letificati simus manifestatione: **2.** (1) Erant nempe in illa sancti Paulini canonicorum congregatione fratres aliqui sanctae religionis studio venerabiliter accensi. (2,2) Hi ergo, dum inter alia pietatis opera sacrae scripturae legendi[7] paginam operam non minimam preberent, solebant frequentius corporis et mentis aspectibus illa representare, quae videbantur ad honorem ecclesiae Trevericae, matris scilicet suae, spectare; illius forsitan, quin immo revera, non immemores praecepti quod ait: ‚Honora patrem tuum et matrem' et aliorum ad hunc modum iustam conversationem suadentium. (2,3) Inter multimoda itaque huius loci preconia passio sanctorum martyrum Gentiani et Victorici frequentius eis occurrebat; (2,4) quae quotiens auribus eorum corporeis innumerabilem stragem christianorum in urbe Treverica a Rictiovaro factam insonuit, totiens cor eorum merore simul et gaudio contremuit: Merore quidem propter ignoratum[8] tantum tamque preciosum sanctorum corporum thesaurum; gaudium gaudio[9] autem propter rerum veritatem, quam per tantam sacrae scripturae didicerant auctoritatem. (2,5) Referebat siquidem istorum passio sanctorum, quod ingresso Treverim Rictiovaro, tanta[10] ab eo sit facta ibi sanctorum sanguinis effusio, ut rivi cruoris aquae, iuxta quam occisi sunt, permixti et in Mosellam deducti, eam in suum colorem converterent, ut, naturali claritate remota, peregrino magis quam proprio colore ruberet. (2,6) Ubi et sequitur:

---

7   legendi *C*; legendo *D*
8   ignoratum *C*: ignorantium *D*
9   gaudio *C*; gaudium *D*
10 tanta *C*; tanto *D*

(1,37) Wenig sind daher, wie wir gesagt haben, im Verhältnis zur Vielzahl und Größe der Dinge diese Worte, die die göttliche Barmherzigkeit, fürsorgend blickend aus der Höhe, für unsere Zeiten bewahrt hat und, uns Sündern verborgen, unseren Besseren durch irgendeinen geheimen Plan der Gnade enthüllt hat. (1,38) Im Übrigen ist die Bedeutsamkeit der Geheimnisse, die in diesen, wiewohl wenigen, Worten widerhallen, derart stark und kräftig, dass, wenn es jemand durch ein mit dem heiligen Gregor gleichartiges Schreibtalent zu dieser Zeit vermöchte, er kaum die Kraft hätte, die ausgezeichneten Verdienste ihrer Leiden und Tugenden würdig [**32r**] zu beschreiben, geschweige denn dass die Geringheit unseres Talents sowohl zu einer geeigneten Beschreibung dieser als auch würdigen Dankabstattung an Gott für deren durch göttliche Fügung mit uns gefeierte Enthüllung ausreichen würde. (1,39) Und deswegen halten wir es für besser, hierüber schweigen zu sollen, als dass wir, wenn wir für die Größe der Dinge von daher zu wenig sagen, fortfahren, große Dinge auf dürftige Weisen des Schreibens zu verringern. (1,40) Jenes aber müssen wir – durch welch mäßige Weise des Schreibens auch immer – der Nachwelt notwendig überliefern, durch welche Anordnung der göttlichen Vorherbestimmung wir durch diese Offenbarung der Heiligen froh gemacht worden sind: **2.** (1) Es waren nämlich in jener Kongregation der Kanoniker des heiligen Paulinus einige Brüder durch den Eifer für die heilige Religion ehrfürchtig entbrannt. (2,2) Diese also pflegten, während sie zwischen anderen Werken der Frömmigkeit keine sehr geringe Mühe aufwendeten, um eine Seite einer heiligen Schrift zu lesen, häufiger jenes durch Blicke des Leibes und des Verstandes zu vergegenwärtigen, was auf die Ehre der Trierischen Kirche, ihrer Mutter, versteht sich, zu blicken schien, jenes Gebotes vielleicht – nein, sogar in Wirklichkeit – nicht uneingedenk, das besagt: ‚Ehre deinen Vater und die Mutter' und anderer (Gebote), die auf diese Art rechtlichen Wandel anraten. (2,3) Zwischen den vielfältigen Preisungen dieses Ortes also begegnete ihnen häufiger das Leiden der heiligen Märtyrer Gentianus und Victoricus; (2,4) aber sooft dieses (Leiden) in ihren leiblichen Ohren das unzählige Niederhauen von Christen, das in der Trierischen Stadt von Rictiovarus veranstaltet worden war, widerhallen ließ, ebenso oft erbebte ihr Herz von Betrübnis zugleich und von Freude: von Betrübnis zwar wegen der Unkenntnis des so großen und so kostbaren Schatzes an heiligen Leibern; von Freude jedoch wegen der Wahrheit der Dinge, die (Wahrheit) sie durch das so große Ansehen der heiligen Schrift kennengelernt hatten. (2,5) Es berichtete nämlich das Leiden dieser Heiligen da, dass, nachdem Rictiovarus Trier betreten hatte, von ihm ein so großes Vergießen des Blutes der Heiligen dort veranstaltet worden ist, dass Blutbäche des Wassers, neben dem sie niedergemetzelt wurden, vermischt und in die Mosel geführt, diese in ihre Farbe verwandelten, so dass sie nach Entfernung ihrer natürlichen Klarheit mehr durch fremde als durch ihre eigene Farbe rot war. (2,6) Und dort folgt auch:

„Inhumatis etiam tunc sanctorum corporibus unda prebebat tumulum, quo, redeunte grata compage membrorum, futuro ea iudicio representaret."

(2,7) In hac igitur positi mentis anxietate, indictis sibi aliquando biduanis aliquando triduanis ieiuniorum disciplinis, a divina postulabant pietate, ut aliquid aliquod[11] tam sancti depositi indicium eis monstrare dignaretur, per quod benedictum nomen eius a seculo et in seculum benediceretur ac laudaretur. (2,8) Ut ergo promissio Dei impleretur, quae dicit: ‚Ubi sunt duo vel tres congregati in nomine meo, in medio eorum sum', tres quippe intentionis huius fratres fuerunt, auxilium sibi a Domino ad hanc intentionem praeberi, cito senserunt. (2,9) Prius enim quam triduanum ieiunium tertia vice complessent, misit eis Dominus in adiutorium quendam sanctae conversationis laicum, nomine Folbertum, privatum visu oculorum, quem unus ex tribus prefatis fratribus, Cuono videlicet, custos monasterii sancti Paulini, studio sanctae hospitalitatis in domum suam suscipiens, sufficienti officiositate sustentabat. (2,10) Huius autem cibus vespertinus erat panis perparvus, duas partes farinae, tertiam continens cineris, cum aliquo genere herbarum, cum haustu aquae minimae mensurae.

(2,11) Tali vero adiutorii Dei consolatione non modicum letificati et ad speranda potiora Dei munera nimirum animati, huic fratri consilium, quod de hac re conceperant, [32v] apperiunt eiusque devotionis impensius studium sibi ad hoc opus suppeditari postulabant. (2,12) At ille, ut erat paratus ad omnia virium suarum supplementa omnibus prebenda, iuxta illud apostoli, qui dixit se omnibus omnia factum fuisse, solitum ieiunandi modum hac de causa adeo intendebat, quod per continuum tunc triduum nullum penitus corporis alimentum percipiebat. (2,13) Sed et interdiu omnibus urbis huius monasteriis, nudis, ut solitus erat incedere, pedibus perlustrans, noctes eorundem dierum in monasterio sepe dicti patris Paulini pervigil in oratione ducebat.

(2,14) Unde factum est, ut in tercia nocte post primum, sicut ipse nobis referebat, gallicantum, dum facie lacrimis ubertim perfusa intente et quasi cum aliqua, ut ait, precum importunitate Dominum interpellaret, in mentis extasi subito raptus, se in aliquo subterraneo monasterio, spatioso multum et pulchro, stare putabat. (2,15) Ubi dum multi-

---

11   aliquod *C*; aliquid *D*

„Den auch damals noch ‚unbeerdigten Leibern der Heiligen gewährte die Woge einen <Grab->Hügel, durch den sie (Woge), wenn das willkommene Gefüge der Glieder zurückkehre, diese (Glieder) dem künftigen Gericht darböte."

(2,7) In diese Bangigkeit des Gemüts also gestellt, erbaten sie, als ihnen irgendwann zweitägige, irgendwann dreitägige Prüfungen des Fastens angesagt worden waren, von der göttlichen Gnade, dass sie sie für würdig halte, ihnen irgendein Zeichen eines so heiligen Depositums zu zeigen, durch das ihr (der Gnade) gepriesener Name von Epoche und zu Epoche gepriesen werde und gelobt werde. (2,8) Auf dass also die Verheißung Gottes erfüllt werde, die besagt: ‚Wo zwei oder drei zusammengeschart sind in meinem Namen, bin ich in ihrer Mitte' – drei Brüder nämlich von dieser Absicht waren es –, verspürten sie rasch, dass ihnen Hilfe vom Herrn für diese Absicht gewährt werde: (2,9) Eher nämlich als sie das dreitägige Fasten zum dritten Mal erfüllt hatten, schickte ihnen der Herr zur Unterstützung einen gewissen Laien heiligen Wandels mit Namen Folbert, beraubt der Sehkraft der Augen, den einer von den drei vorgenannten Brüdern, Kuno ersichtlich, Kustos des Klosters des heiligen Paulinus, indem er ihn im Bemühen um heilige Gastlichkeit in sein Haus aufnahm, mit genügendem Pflichtbewusstsein unterhielt. (2,10) Die abendliche Speise dieses jedoch war ein sehr kleines Brot, das zwei Drittel von Mehl, ein Drittel aus Asche hatte, mit irgendeiner Gattung von Kräutern, mit einem Schluck Wassers geringster Abmessung.

(2,11) Aber durch solche Tröstung der Unterstützung Gottes nicht nur mäßig froh geworden und – nicht verwunderlich – beseelt, um stärkere Geschenke Gottes zu erhoffen, eröffnen sie diesem Bruder (Folbert) den Plan, den sie über diese Sache gefasst hatten, [32v] und baten, dass der ziemlich aufwendige Eifer seiner Hingabe ihnen für diese Sache zu Gebote stehe. (2,12) Jedoch jener, bereit wie er war, um alle Ergänzungen seiner Kräfte allen zu gewähren – gemäß jenem <Wort> des Apostels, der gesagt hat, er sei allen alles geworden –, strebte das gewohnte Maß des Fastens aus diesem Grund so sehr an, dass er damals einen zusammenhängenden Raum von drei Tagen hindurch überhaupt keine Nahrung des Leibes aufnahm. (2,13) Aber indem er tagsüber durch alle Klöster dieser Stadt mit nackten Füßen, wie er einherzuschreiten gewohnt war, zog, verbrachte er die Nächte derselben Tage im Kloster des oft genannten Vaters Paulinus sehr wachsam im Gebet.

(2,14) Und daher geschah es, dass er in der dritten Nacht nach dem ersten Hahnenschrei, so wie er selbst uns berichtete – während er mit reichlich von Tränen überströmtem Gesicht angestrengt und gleichsam mit irgendeiner, wie er sagte, Aufdringlichkeit der Bitten den Herrn störte –, von einer Verzückung des Verstandes plötzlich ergriffen, meinte, er stünde in irgendeinem gleichsam unterirdischen sehr geräumigen und schönen Kloster. (2,15) Und während er dort eine Menge von Niedergemetzelten, die (Menge) niemand zählen konnte,

tudinem, quam dinumerare nemo poterat, occisorum diversas membrorum truncationes ostendentium deambulantem oculis mentis videret, collectis per aliquod tempus animi, quas amiserat, viribus, quibusdam eorum velud ad hoc tantum ut ab eo interrogarentur se illi offerentibus dixit: (2,16) „Qui estis vos, domini, vel a quo fuistis trucidati?" (2,17) Cui unus, qui senior inter eos apparuit, dixit: „Nos fugimus huc persecutiones paganorum, et ab ipsis ad penas requisiti, istas quas vides suscepimus passiones." (2,18) Nec pluribus ab eo verbis auditis, in priorem statum rediit sobriae mentis. (2,19) Totis denique animi viribus ad agendas Deo gratiarum actiones succinctus, ab eo postulabat attentius, ut, si ab eo esset haec visio, monstrare eam dignaretur sibi tercio. Quod etiam obtinuit. (2,20) Nam duabus ante diem obdormiens vicibus in oratione, eadem letificatus est visione. (2,21) Mane itaque facto vocatis ad se tribus fratribus, visionem suam per ordinem eis narravit, eisque cum magna exhortatione hoc persuadere laboravit, ne ab cepto orationis studio prius desisterent, quam divinae solatium misericordiae sibi adesse cognoscerent, promittens eis ex eius parte qui amat longanimes in spe, infra unius anni spacium divinum eis affuturum esse in hac inquisitione solatium. (2,22) Hac facta exhortatione, gratias Deo pro fraterno quem apud eos invenerat hospitalitatis receptu referens, humiliter eos rogavit, ne quas diutius in hoc loco manendi occasiones tunc ei innecterent, quia destinatum diu iter ad limina sancti Iacobi perficere libenter vellet. Et ita quidem ipse ab eis discessit, (2,23) illi vero pro sanctae inquisitionis studio maiori in dies estuant desiderio. {2,24}[12]

(2,25) Unde contigit, ut alicui religiosae huius communionis sorori, nomine Frideburgae, in monasterio sanctae Mariae matris Domini tempore meridiano in subsellio suo quiescenti, vox clara superveniret, quae diceret: (2,26) „Vade, quere in vetustissimis scedulis aureis litteris in testimonium illis." (2,27) Cuius vocis altisonae strepitu expergefacta, dum capite de subsellio levato circumspiciens neminem videret, caput iterum in eundem locum vix quiescendi reposuit, cum vox denuo eadem apertius quam prius auribus eius insonuit. (2,28) Iterum ergo erecta et signo sanctae crucis munita, dum nullum huius vocis auctorem in prospectu haberet, non dormitura, sed tercium huius vocis adventum prestolatura, caput item reclinavit. (2,29) Tunc vero, sicut ipsa retulit, vox eadem, quasi [33r] cum quadam vocis asperitate ad illam venit, eamque iam non dormientem sed vigilantem non modicum terrefecit.

---

12 {2,24} *exclusit* D

wobei sie verschiedene Verstümmelungen der Glieder zeigten, auf und ab wandern mit den Augen seines Verstandes sah, sagte er, als nach einer Zeit die Sinneskräfte, die er verloren hatte, gesammelt waren, zu gewissen von ihnen, die sich gleichsam nur dazu jenem darboten, dass sie von ihm gefragt werden sollten: (2,16) „Wer seid ihr, Herren, oder von wem seid ihr abgeschlachtet worden?" (2,17) Und zu diesem sagte einer, der greisenhafter unter ihnen erschien: „Wir sind hierher vor den Verfolgungen der Heiden geflohen, und von ihnen selbst zu Strafen gesucht, haben wir diese Leiden da, die du siehst, auf uns genommen." (2,18) Und nachdem nicht mehr Worte von ihm gehört worden waren, kehrte er (Folbert) in den früheren Zustand nüchternen Verstandes zurück. (2,19) Schließlich mit seinen ganzen Sinneskräften zu Dankabstattungen an Gott gerüstet, erbat er von ihm nachdrücklicher, dass er – wenn von ihm diese Erscheinung komme – ihn würdige, sie ihm ein drittes Mal zu zeigen. Und das erhielt er auch. (2,20) Denn als er zweimal vor Tag beim Gebet einschlummerte, wurde er durch dieselbe Erscheinung froh. (2,21) Nachdem es daher Morgen geworden war <und> die drei Brüder zu ihm (Folbert) gerufen worden waren, erzählte er ihnen seine Erscheinung der Reihe nach und bemühte sich, sie mit großer Ermunterung hierzu zu überreden, dass sie nicht eher von dem angefangenen Eifer des Gebets ablassen sollten, als sie erkennen würden, dass der Trost göttlicher Barmherzigkeit ihnen beistünde, wobei er ihnen von der Seite dessen, der die in der Hoffnung Langmütigen liebt, verhieß, dass innerhalb des Raums eines einzigen Jahres ihnen göttlicher Trost beistehen werde in dieser Suche. (2,22) Nachdem diese Ermunterung gemacht worden war, stattete er Gott Dank ab für die brüderliche Aufnahme in Gastfreundschaft, die (Aufnahme) er bei ihnen gefunden hatte, und bat sie darauf demütig, dass sie ihm nicht irgendwelche Anlässe, länger an diesem Ort zu bleiben, damals aufzwingen sollten, da er ja den lange vorbestimmten Weg zum Grab des heiligen Jakob gern vollenden wolle. Und so schied er selbst jedenfalls von ihnen, (2,23) jene (drei Brüder) aber glühen gemäß dem Eifer für die heilige Suche mit einem von Tag zu Tag größeren Verlangen. {2,24}

(2,25) Und daher widerfuhr es, dass über irgendeine Schwester dieser religiösen Gemeinschaft, mit Namen Frideburga, während sie im Kloster der heiligen Maria, der Mutter des Herrn, zur mittäglichen Zeit in ihrem Sessel ruhte, eine deutliche Stimme kam, die sagte: (2,26) „Gehe, suche in den ältesten Blättern mit goldenen Buchstaben zum Zeugnis für jene!" (2,27) Und durch den Lärm dieser hochklingenden Stimme aufgeweckt, hatte sie, weil sie ja nach Erheben ihres Hauptes aus dem Sessel beim Umherblicken niemanden sah, ihr Haupt wiederum in dieselbe Art des Ruhens kaum zurückgelegt, als plötzlich von Neuem dieselbe Stimme offener als vorher in ihren Ohren erklang. (2,28) Wiederum also aufgerichtet und mit dem Zeichen des heiligen Kreuzes gefestigt, lehnte sie, weil sie keinen Urheber dieser Stimme im Blickfeld hatte, nicht um zu schlummern, sondern um auf die dritte Ankunft dieser Stimme zu harren, ihr Haupt wiederum zurück. (2,29) Dann aber, so wie sie selbst es berichtet hat, kam dieselbe Stimme gleichsam [33r] mit einer gewissen Rauheit der Stimme zu jener und setzte sie nicht mehr schlummernd, sondern wachend nicht nur mäßig in Schrecken.

(2,30) Surgens igitur, terrore magis quam angustia repleta, sororem, quae custos erat librarii, cum magna festinatione querens et inveniens, facto ei signo anxietatis suae, eam ad armarium, cumulum discussura scedularum, perduxit. (2,31) Nec multa prius librorum volumina revolverant, quam liber unus ymnorum vetustissimus Scotice scriptus eis in manus venit. (2,32) Quo tandem exposito, occurrebat eis quidam ymnus frequentius de sancto Paulino satis magnus, in quo gesta sanctitatis eius preclara, etsi compositionis quandam rusticitatem habere videbantur[13], rerum tamen non minima urbanitate florebant[14]. (2,33) Referebat enim, quale pro fide catholica bellum contra Arrianos sanctus iste pertulerit, qualiter in exilium ab ipsis fidei catholicae inimicis missus fuerit; (2,34) qualiter etiam ipsos, apud quos exulabat, Frigies ad fidem Christi, factis coram regibus terrae illius signis et miraculis, converterit, idem hymnus continebat. (2,35) Item post decursum viriliter vitae huius stadium <cum retributionis>[15] eternae ibidem a Domino susceperit bravium, preciosum ipsius corporis thesaurum nutu divino et miraculorum adminiculo a Treviris esse[16] receptum, ibidem fuit intextum.

(2,36) De cuius veneranda sepulturae positione, quae in eius gloriosa celebrata est receptione, haec inibi verba sunt posita: (2,37) Posuerunt eum

iuxta prolem clarissimam
Treverensem et inclitam,
ubi dormiunt corpora
peregrinorum plurima,
resurgentes ad praemia
die mundi novissima,
occurrent in ethera
Domino cum leticia.'

(2,38) Haec itaque inaudita prius sacrae scripturae testimonia cum gratiarum Deo actione ac sancta mentis exultatione lectitabant; (2,39) utrum vero monita visionis in eis resonarent, vel utrum aliquod per se querendum esse hec verba significarent, necdum intelligebant.

---

13   videbantur *Drae*; videbatur *D*
14   florebant *C*; florebat *D*
15   <cum retributionis> *suppl. ex C*
16   esse *C*; esset *D*

(2,30) Indem sie sich also erhob, mehr mit Schrecken als mit Beklemmung erfüllt, suchte und fand sie mit großer Hast die Schwester, die die Kustodin des Bücherschranks war, und nachdem ihr ein Zeichen ihrer Bangigkeit gemacht worden war, führte sie sie zum Schrein, um den Haufen von Blättern zu durchstöbern. (2,31) Aber sie hatten nicht viele Rollen von Büchern aufgerollt, bevor ein einziges sehr altes Buch von Hymnen, Schottisch geschrieben, ihnen in die Hände kam. (2,32) Und nachdem dies endlich herausgenommen worden war, begegnete ihnen häufiger ein gewisser genügend langer Hymnus über den heiligen Paulinus, in dem die sehr herrlichen Taten seiner Heiligkeit, wenn sie auch eine gewisse Plumpheit der Darstellung zu haben schienen, dennoch nicht mit nur sehr geringer Feinheit der Gegenstände prangten. (2,33) Er (Hymnus) berichtete nämlich, welchen Krieg für den katholischen Glauben gegen die Arianer dieser Heilige da ertragen hat, wie er von den Feinden des katholischen Glaubens selbst in die Verbannung geschickt worden ist; (2,34) wie er sogar die Phrygier selbst, bei denen er in Verbannung weilte, zum Glauben Christi bekehrt hat, nachdem im Angesicht der Könige jenes Landes Zeichen und Wunder geschehen waren, enthielt derselbe Hymnus. (2,35) Dass ebenso nach dem mannhaften Durchlaufen der Rennbahn dieses Lebens, <als er> ebendort den Siegespreis ewiger <Vergeltung> vom Herrn empfangen hat, der kostbare Schatz seines Leibes durch göttlichen Wink und durch Unterstützung der Wunder von den Trierern aufgenommen worden sei, war ebendort eingefügt.

(2,36) Und über die zu achtende Stellung seines Begräbnisses, das bei seiner ruhmreichen Aufnahme gefeiert wurde, sind daselbst diese Worte gestellt: (2,37) Gestellt haben sie ihn (Paulinus)

‚neben die berühmteste Nachkommenschaft
– die Trierer – und die erlauchte,
wo Leiber schlummern
von Fremden, sehr viele,
wenn sie sich erheben werden zu den Belohnungen
am letzten Tag der Welt,
werden sie in den Äther entgegenlaufen
dem Herrn mit Fröhlichkeit.'

(2,38) Diese zuvor ungehörten Zeugnisse der heiligen Schrift lasen sie daher immer wieder mit Dankabstattung an Gott und heiligem Jubeln des Sinnes; (2,39) ob aber die Mahnungen der Erscheinung in ihnen widerklangen oder ob diese Worte kennzeichneten, dass irgendetwas von sich aus gesucht werden müsse, erkannten sie noch nicht.

(2,40) Quapropter vocato ad se uno de tribus quos prediximus fratribus, ei et ammonitionem vocis procul dubio angelicae, quam praefata soror acceperat, narraverunt, et librum ymnorum, quem instinctu vocis eiusdem inter vetustissima, ut ita dixerimus, veterum volumina repererant, monstraverunt. (2,41) Qui simul ac communem eorum[17] orationis intentionem auditamque et visam divinae visionis consolationem in mente tractavit, voluntatem[18] Dei miserationis in hoc esse estimavit; (2,42) ut hunc ideo libellum, memoriam facientem peregrinorum, eis accommodaret, quo nobis eorundem amplius querendi desiderium hoc modo inspiraret, <rogavit>[19]. Quod et factum est.

(2,43) Nam mox ut liber iste ymnorum in conventum fratrum delatus est et unus ibidem recitatus, ita corda omnium ibi presentium fratrum ad inquirenda plura adhuc eiusmodi testimonia sunt accensa, ut una omnium prudentiorum apud ipsos esset sententia de frangenda propter hanc inquisitionem sancti Paulini cripta. (2,44) Qua de re communicato cum principibus civitatis consilio, licentiam huius rei a domno archiepiscopo Udone postulabant, et vix nimirum impetrabant. (2,45) Ita namque ex industria eadem cripta fuit munita, ut nisi moto principali altari eiusdem monasterii nullus locus daretur eam confringendi. (2,46) Unde non indebito gravitatis suae consilio [33v] non facilis erat dominus archiepiscopus, tanti sanctuarii frangendi licentiam differendo.

(2,47) Fracta igitur cripta, inventa sunt circa sarchofagum sancti Paulini sex sarchofaga, quorum duo lateribus eius annexa fuerunt, quatuor vero pedibus eius ita altrinsecus adheserunt, quod utrimque duo ex eis steterunt. (2,48) Item ad caput sancti patris nostri septem sarchofaga sanctorum martyrum, totidem corporibus aromatizantia, fuerunt locata. (2,49) Hec vero omnia sic colligaverat locantium industria, ut factis fornicibus[20] singulis super sarchofagis binis, nullus, ut dictum est, locus daretur eis movendis, nisi moto prius altari precipuo monasterii.

(2,50) Fecerat preterea non huius criptae conditor operosus, sed huius loci ut eorum que ibi sunt sanctorum corporum aliquis studiosus, altare quoddam non magnum ad pedes

---

17 eorum *C*; earum *D*
18 voluntatem *C*; voluntatemque *D*
19 <rogavit> *inseruit solus Wa in C*
20 fornicibus *C*; cornicibus *D*

(2,40) Und nachdem deswegen einer von den drei Brüdern, die wir zuvor erwähnt haben, zu ihnen (Schwestern) gerufen worden war, erzählten sie ihm einerseits die Ermahnung der – fern von Zweifel – engelhaften Stimme, die die vorgenannte Schwester empfangen hatte, andererseits zeigten sie das Buch der Hymnen, das sie durch Eingebung derselben Stimme unter den – auf dass wir es so sagen möchten – ältesten Rollen der alten (Rollen) aufgefunden hatten. (2,41) Sobald dieser (Bruder) aber die gemeinsame Absicht ihres Gebets und den Trost der göttlichen Erscheinung, der gehört worden war und erschienen war, im Sinn hin und her überlegt hatte, erachtete er, dass der Wille des Erbarmens Gottes darin sei; (2,42) dass er daher dieses Büchlein, das eine Erinnerung an Fremde hervorrief, ihnen (Brüdern) überlassen dürfe – wodurch er uns ein gesteigertes Verlangen, nach denselben (Fremden) zu suchen, auf diese Weise eingab –, <erbat er>. Und dies ist auch geschehen.

(2,43) Denn sobald als dieses Buch der Hymnen da in die Zusammenkunft der Brüder gebracht und der eine Hymnus ebendort vorgetragen worden war, wurden so die Herzen aller dort anwesenden Brüder entfacht, um noch mehr derartige Zeugnisse zu suchen, so dass es eine einzige Meinung aller Klugen bei ihnen selbst gab über das Aufbrechen der Krypta des heiligen Paulinus wegen dieser Suche. (2,44) Und bezüglich dieser Sache verlangten sie, nachdem der Plan mit den Ersten der Bürgerschaft gemein gemacht worden war, die Erlaubnis zu dieser Sache vom Herrn Erzbischof Udo und erreichten sie – nicht verwunderlich – mit Mühe. (2,45) Denn so ist mit Absicht dieselbe Krypta befestigt gewesen, dass – außer nach Bewegen des Hauptaltars desselben Klosters – kein Platz gegeben war, sie aufzubrechen. (2,46) Und daher war der Herr Erzbischof einem seinem Gewicht nicht ungebührenden Plan [33v] nicht leicht zugänglich, indem er die Erlaubnis, ein so großes Heiligtum aufzubrechen, aufzuschieben versuchte.

(2,47) Nachdem also die Krypta aufgebrochen worden war, wurden um den Sarkophag des heiligen Paulinus herum sechs Sarkophage gefunden, von denen zwei an seine Seiten gereiht waren, vier aber an seinen Füßen so beiderseits anhingen, dass auf beiden Seiten zwei von ihnen standen. (2,48) Ebenso waren am Haupt unseres selben heiligen Vaters sieben Sarkophage der heiligen Märtyrer, ebenso viele durch die Leiber duftend, platziert. (2,49) Diese alle aber hatte der Fleiß der Platzierenden so verbunden, dass, nachdem je ein Bogen über je zwei Sarkophagen gemacht worden war, kein Platz, wie gesagt worden ist, gegeben wurde, um sie zu bewegen, wenn nicht zuerst der vornehmliche Altar des Klosters bewegt worden war.

(2,50) Gemacht hatte außerdem nicht der geschäftige Erbauer dieser Krypta, sondern irgendein um diesen Platz und die Leiber der Heiligen, die dort sind, Bemühter, einen

sancti patris nostri sarchofago eius compactum. (2,51) Huius denuo remotio et aliqua sub ipso terrae effossio plena fuit nostrae exspectationis consolatio. (2,52) Inventa est siquidem ibi tabula marmorea, qua sublevata apparuit eiusdem latitudinis tabula plumbea. (2,53) Hec levata multaque aquae effusione multaque setae porcinae confricatione tandem purgata, retulit nobis et istorum martyrum vocabula et martyrii tempora, persecutorum quoque nomina, aliaque perplura summae festivitatis preconia. (2,54) Hunc ergo textum inventionis hic volumus plene inserere:

(2,55) „In hac cripta iacent corpora sanctorum secundum seculi dignitatem nobilissimorum, secundum autem Dei voluntatem martyrum preciosorum. (2,56) Nam Rictiovarus Maximiani imperatoris prefectus legionem Thebeam iussu ipsius circumquaque persecutus, hanc etiam urbem propter ipsos est ingressus. (2,57) Quorum innumeros cum hic occidisset, hos quoque huius civitatis principes fidei christianae confessores cum ipsis occidit, quorum hic corpora circumcirca sunt collocata. (2,58) In medio vero ipsorum sancti Paulini clarissimi Trevirorum archiepiscopi corpus est ferreis cathenis suspensum, quod ibi sanctus Felix huius sedis presul a Frigia magnis laboribus translatum tertio Idus Mai honorifice suspendit, (2,59) qui et istud monasterium in honore sanctae Dei genetricis semperque virginis Mariae nec non eorundem martyrum construxit. (2,60) Nam propter horum principum corpora innumerabilia eiusdem multitudinis corpora in hoc monasterio sunt comprensa, quorum nomina sicut innumerabilis populi et peregrini non potuerunt experiri, excepto uno ducis vocabulo, qui Tyrsus vocabatur. (2,61) Huius itaque et eorum martyrum vocabula, quorum hic videri possunt sarcofaga, aureis litteris in huius criptae pariete conscripta fuerunt. (2,62) Quae inde devoti qui tunc erant christiani huc transtulerunt, quando Nortmannos hanc urbem sicut ceteras undique urbes depopulaturos esse presciverunt.

(2,63) Is ergo qui in dextro sancti Paulini latere est repositus, Palmatius vocabatur, qui consul et patritius toti huic civitati principabatur. (2,64) In sinistro autem latere ipsius qui iacet Tyrsus vocatur, cuius nomen solius de tanta multitudine ideo est notatum, quia eiusdem legionis gerebat ducatum. (2,65) Ad caput autem huius sancti Paulini septem iacent huius urbis senatores nobilissimi, martyrio cum ipsis Thebeis coronati. (2,66) Quorum medius vocatur Maxentius, iuxta quem dextrorsum qui iacet proximus nomen habet Constantius, [34r] post quem est Crescentius, postea Iustinus. (2,67) In latere autem sinistro Maxentii qui iacent tres erant fratres germani. Quorum maior natu proxime Maxentii est Leander, iuxta quem Alexander, postea Sother. (2,68) Ad pedes vero sancti

gewissen nicht großen Altar, der zu Füßen unseres heiligen Vaters an seinen Sarkophag angefügt war. (2,51) Die Wegbewegung dieses wiederum und ein Ausgraben von Erde unter ihm war der volle Trost unserer Erwartung. (2,52) Gefunden wurde nämlich dort eine marmorne Tafel, nach deren Entfernung eine bleierne Tafel von derselben Ausdehnung erschien. (2,53) Diese, ebenso gehoben und durch vieles Darübergießen von Wasser und durch vieles Reiben mit Schweineborste endlich gereinigt, berichtete uns die Bezeichnungen sowohl dieser Märtyrer da als auch die Zeiten des Martyriums, auch die Namen der Verfolger, und sehr viele andere Preisungen höchster Festlichkeit. (2,54) Diesen Text des Fundes also wollen wir hier vollständig einflechten:

(2,55) „In dieser Krypta liegen die Leiber der heiligen – gemäß der Würde der Welt vornehmsten, gemäß dem Willen Gottes jedoch wertvollen – Märtyrer. (2,56) Denn als Rictiovarus, der Präfekt des Herrschers Maximian, die Thebäische Legion auf dessen Befehl wo auch immer ringsum verfolgte, betrat er auch diese Stadt ihretwegen. (2,57) Nachdem er aber von diesen unzählige hier niedergemetzelt hatte, metzelte er auch diese Ersten dieser Bürgerschaft, Bekenner des christlichen Glaubens, mit ihnen selbst nieder, deren Leiber hier ringsum platziert sind. (2,58) In ihrer Mitte aber ist der Leib des heiligen Paulinus, des herrlichsten Erzbischofs der Trierer, an eisernen Ketten aufgehängt, den dort der heilige Felix, der Vorsteher dieses Sitzes, aus Phrygien mit großen Mühen überführt, am dritten Tag vor den Iden des Maies ehrenhaft aufgehängt hat, (2,59) der auch dieses Kloster da in der Ehre der heiligen Gottesgebärerin und immer jungfräulichen Maria und nicht zuletzt derselben Märtyrer errichtet hat. (2,60) Denn wegen der Leiber dieser Ersten sind unzählige Leiber derselben Menge in diesem Kloster umfasst, deren Namen so wie <die Namen> unzählbaren Volks und Fremde nicht aufgefunden werden konnten, mit Ausnahme einer Benennung des Führers, der Thyrsus gerufen wurde. (2,61) Daher sind die Benennungen dieses und dieser Märtyrer, deren Sarkophage hier gesehen werden können, mit goldenen Buchstaben an der Wand dieser Krypta geschrieben gewesen. (2,62) Aber diese (Benennungen) übertrugen von dort (Wand) ergeben die Christen, die damals lebten, hierhin (Tafel), da sie vorherwussten, dass die Normannen diese Stadt so wie die übrigen Städte von allen Seiten vollständig mit Kriegsvolk überziehen werden.

(2,63) Dieser also, der auf der rechten Seite des heiligen Paulinus beigesetzt ist, wurde Palmatius gerufen, der als Konsul und als Patrizier für diese ganze Bürgergemeinde die erste Rolle spielte. (2,64) Jedoch der, der an seiner linken Seite liegt, wird Thyrsus gerufen, von dem als Einzigem der Name aus einer so großen Menge deshalb vermerkt ist, da er ja die Führung derselben Legion ausübte. (2,65) Am Haupt jedoch dieses heiligen Paulinus liegen die sieben vornehmsten Senatoren dieser Stadt, die durch das Martyrium mit den Thebäern selbst gekrönt sind. (2,66) Und der mittlere dieser wird Maxentius gerufen, neben dem der, der als nächster nach rechts hin liegt, den Namen Constantius hat, [34r] hinter dem Crescentius ist, danach Justinus. (2,67) Die jedoch an der linken Seite

Paulini altrinsecus positi sunt quatuor viri, genere et virtute clarissimi. (2,69) Qui licet tempore pacis occulte Christum colerent, tempore tamen persecutionis constanter fidem christianorum defendebant, adeo ut ipsi Rictiovaro in faciem resisterent, propter quod eos quasi ad exemplum aliorum diversis tormentorum generibus multum afflictos, tandem in presentia sua fecit decollari. (2,70) Alter vero duorum versus austrum positorum, interior scilicet, Hormista, exterior autem Papyrius vocatur. <Alter autem eorum, quorum latera aquilonem respiciunt, interior item Constans, exterior Iovianus vocatur.>[21]

(2,71) Ingressus est autem Treverim Rictiovarus quarto Nonas Octobris, et eadem die occidit Tyrsum cum sociis suis, sequenti autem die Palmatium cum aliis principibus civitatis. (2,72) Tercia vero die cedem exercuit in plebem sexus utriusque."

3. (1) Lecta igitur est hec epistola et in plurimas mox cartas cum magno omnium fidelium hanc audientium tripudio conscripta; (3,2) nec tamen defuit in ipso fidelium Dei collegio ecclesiae malignantis dissensio, quae hec divinae miserationis beneficia non quanta debebat reverentia suscipiebat, (3,3) sed spiritu instigata maligno, dentibus ea lividis laniare presumebat. (3,4) Ceterum dentes eorum, utpote peccatorum, Dominus conterere curavit, dum signa iuxta Pauli apostoli verba quae non fidelibus, sed infidelibus data sunt, in conspectu eorum per merita martirum pretiosorum, quorum inventioni non congaudebant[22], multiplicavit. (3,5) Ex his igitur aliqua, ut dictis apostolicis in hoc consentiamus, non tantum propter fideles Christi instruendos, quantum propter eosdem infidelitatis ministros ad fidem rectam et reverentiam sanctis Dei debitam commonendos[23], breviter notamus.

(3,6) Quorum primum adeo notabile, adeo memorabile, adeo etiam fuit mirabile, ut non solum si quae fuerunt mentes infidelium inde nimirum contabuissent sed et ipsa fidelium Christi corda non minimum inde contremuissent. (3,7) Nam cum sicut praediximus facta per misericordiam Dei hac sanctorum revelatione, domno nostro archiepiscopo Udoni

---

21 <Alter ... vocatur> *suppl. ex C (D omisit ,saltu oculorum')*
22 congaudebant *C*; congaudebat *D*
23 commonendos *C*; commonendam *D*

<des Hauptes> des Maxentius liegen, waren drei leibliche Brüder. Und deren ältester, am nächsten bei Maxentius, ist Leander, neben dem Alexander, danach Sother <liegt>. (2,68) Zu Füßen aber des heiligen Paulinus sind auf je einer Seite beigesetzt vier Männer, durch Abstammung und durch Mannhaftigkeit hochberühmt. (2,69) Und wenn diese auch zur Zeit des Friedens verborgen Christus verehrten, verteidigten sie dennoch zur Zeit der Verfolgung offen und standhaft den Glauben der Christen, dermaßen dass sie sich selbst dem Rictiovarus ins Antlitz widersetzten, weswegen er ihnen, nachdem sie gleichsam zum Beispiel für andere durch verschiedene Arten von Foltern sehr gepeinigt worden waren, schließlich in seiner Gegenwart den Hals durchtrennen ließ. (2,70) Der eine also von den zwei gen Süd Beigesetzten, der innere, versteht sich, wird Hormista, der äußere jedoch Papirius gerufen. <Der eine jedoch von denen, deren Flanken nach Norden blicken, der innere abermals, wird Constans, der äußere Jovianus gerufen.>

(2,71) Betreten hat jedoch Trier Rictiovarus am vierten Tag vor den Nonen des Oktobers, und am selben Tag metzelte er Thyrsus mit seinen Genossen nieder, am folgenden Tag jedoch Palmatius mit anderen Ersten der Bürgergemeinde. (2,72) Am dritten Tag aber verübte er ein Gemetzel am Volk beiderlei Geschlechts."

3. (1) Verlesen wurde also diese Nachricht und dann auf sehr viele Blätter mit großem Triumph aller Gottgläubigen, die diese (Nachricht) hörten, geschrieben; (3,2) aber nicht fehlte dennoch selbst im Kollegium der Gottgläubigen eine abweichende Meinung der bösartig handelnden Kirche, die diese Wohltaten göttlichen Erbarmens nicht mit so großer Ehrfurcht, wie sie hätte müssen, aufnahm, (3,3) sondern aufgehetzt durch einen bösartigen Geist, diese (Wohltaten) mit neidischen Zähnen zu zerfleischen sich anmaßte. (3,4) Im Übrigen hat der Herr dafür gesorgt, die Zähne dieser, zumal Sünder, zu zerreiben, während er die Zeichen, die gemäß den Worten des Apostels Paulus nicht den Gläubigen, sondern den Ungläubigen gegeben worden sind, in ihrem Anblick mittels der Verdienste der wertvollen Märtyrer, über deren Auffindung sie sich nicht mitfreuten, vervielfachte. (3,5) Von diesen (Zeichen) vermerken wir also einige – auf dass wir mit den apostolischen Worten hierin übereinstimmen, nicht so sehr wegen der Unterweisung der Christusgläubigen wie wegen der Ermahnung gerade der Diener der Ungläubigkeit zum richtigen Glauben und zu der den Heiligen Gottes geschuldeten Ehrfurcht – kurz:

(3,6) Von diesen aber war das erste dergestalt bemerkenswert, dergestalt erinnernswert, dergestalt auch bewundernswert, dass nicht nur, wenn es irgendwelche Gemüter der Ungläubigen gegeben hat, sie deshalb – nicht verwunderlich – dahingeschwunden wären, sondern auch selbst die Herzen der Christusgläubigen nicht nur sehr wenig deshalb erzittert wären. (3,7) Denn weil es – nachdem, so wie wir vorher gesagt haben, mittels der Barmherzigkeit Gottes diese Offenbarung der Heiligen geschehen war – unserem Herrn

eiusque[24] principibus placuisset ut cripta sanctorum martyrum corporum collocationi competenter amplificaretur necesse fuit ut plurimum terrae ex eodem loco purgando efferretur. (3,8) Erat autem ante id ipsum sancti patris Paulini monasterium ex parte occidentali palus quedam ita viantibus nocua, ut monasterium illud petentibus vel inde per hanc viam repedare volentibus, vix angustissima relicta fuisset per illam semita. (3,9) Qua de re plerisque loci fratribus complacuit, ut eadem terra quae ob praedictae parandae criptae necessitatem de monasterio efferretur ad exsiccationem eiusdem paludis locaretur.

(3,10) Quod cum fieret, et terra per sex iam dies ibidem deposita fuisset, accidit ut in die septimo unus ex loci illius canonicis ante cuius portam palus eadem maximam inundationem faciebat, studio complanandae terrae de domo sua egrederetur. (3,11) Cumque terram discutiendo frusta quedam ossium inibi iacere videret, unum ex illis in manu sumens in domum tulit, (3,12) et aqua diligenter purgavit, et mulieri cuidam ad conservandum donec in monasterium referendi locum haberet commendavit. (3,13) Quod illa despective [34v] suscipiens, et cur illud reverentia dignum esset inquirens, in scrinio illud ubi pigmentorum species aliquae et diversae suppellectilis fuerunt reposuit.

(3,14) Cum autem vespertinali officio sicut quadragesimalis officii et temporis ratio poscebat, frater ille cum suis reficere vellet, cepit illa cui os commissum fuerat, nimio cordis dolore cruciari cepit corporis et sanguinis Dominici communionem velud ad exitus vicini praeparationem quibus poterat verborum signis quia ipsis nequivit verbis humiliter ac devote precari. (3,15) Cui frater ille: „Fac tibi" ait „scrinium deferri, et si qua sit tibi species pigmentaria dolori cordis profutura require." (3,16) <Hoc dixit, et scrinium hac de causa recludendum illi accommodare non distulit.>[25] (3,17) Hoc itaque vix recluso, et cooperculo levato, mira res tanta sanguinis exundantia ab osse illo parvulo est effusa, ut facies ipsius mulieris tota et pellicie eius manica dextra mirabiliter sit inde perfusa. (3,18) Ipsa quoque eadem hora a cordis dolore est absoluta. (3,19) Qua de re nimio perculsi terrore, lacrimosis precibus a divina misericordia postulabant, quatinus tam immenso divinitatis suae preconio nullo eos corporis et animae dampnaret iudicio. (3,20) Quo facto idem frater alio confratre accersito ad huius rei perduxit demonstrationem, (3,21) qui veniens et tam mirabile factum conspiciens, (3,22) stupore non minimo repletus, cum omnibus quae in scrinio erant, in monasterium festinanter detulit, (3,23) missisque per omnia civitatis monasteria nuntiis, boni testimonii fratres non paucos, (3,24) quia dominus presul

---

24   eiusque *Drae*; eius D
25   <Hoc ... distulit> *suppl. ex C (D omisit ‚saltu oculorum' in Hoc)*

Erzbischof Udo und seinen Ersten gefallen hatte, dass die Krypta für die Beisetzung der heiligen Leiber umfassend erweitert werde, war es notwendig, dass sehr viel an Erde aus derselben Stelle durch Säubern weggetragen werde. (3,8) Es war jedoch gerade vor diesem Kloster des oft genannten Vaters Paulinus auf der <Sonnen->Untergangsseite ein gewisser Sumpf, so für Gehende nachteilig, dass denen, die jenes Kloster anstrebten oder von dort über diesen Weg zurückkehren wollten, kaum der engste Pfad durch jenen (Sumpf) übrig geblieben war. (3,9) Und bezüglich dieser Sache gefiel es den meisten Brüdern des Ortes, dass dieselbe Erde, die wegen der Notwendigkeit, die vorgenannte Krypta zu bereiten, aus dem Kloster weggetragen wurde, zur Austrocknung desselben Sumpfes hingelegt wurde.

(3,10) Als dies aber geschah und die Erde schon sechs Tage dort niedergelegt worden war, ereignete es sich, dass am siebten Tag einer von den Kanonikern jenes Ortes, vor dessen Tür derselbe Sumpf die größte Überschwemmung verursachte, im Eifer, die ebendort niedergelegte Erde einzuebnen, aus seinem Haus herausschritt. (3,11) Und als er beim Zerschlagen der Erde gewisse Stücke von Knochen daselbst liegen sah, trug er einen von jenen, indem er ihn in seine Hand nahm, ins Haus, (3,12) und er säuberte jenen sorgfältig mit Wasser und händigte ihn einer gewissen Frau zur Aufbewahrung ein, bis er Gelegenheit, ihn ins Kloster zurückzutragen, habe. (3,13) Als jene aber diesen, von oben herabblickend, [34v] annahm und nachfragte, warum jener der Verehrung würdig sei, legte sie jenen dennoch in einem Schrein, wo sich irgendwelche Arten von Heilsäften und von verschiedenem Hausrat befanden, ab.

(3,14) Als jedoch beim abendlichen Amt, so wie es die Weise der vierzigtägigen (Fasten-) Zeit forderte, jener Bruder mit den Seinen sich erquicken wollte, fing jene, der der Knochen überlassen worden war, an, durch allzu starken Schmerz des Herzens gequält zu werden, fing an, die Gemeinschaft des Leibes und Blutes des Herrn – gleichwie zur Vorbereitung des nahen Ausgangs – mit Zeichen von Worten – mit denen (Zeichen) sie es konnte, da sie es ja mit Worten selbst nicht vermochte – demütig und ergeben zu erbitten. (3,15) Doch zu dieser sagte jener Bruder: „Mach, dass dir dein Schrein gebracht wird, und wenn du irgendeine Heilsaftart, die dem Schmerz des Herzens nützen wird, hast, suche sie!" <(3,16) Dies sagte er und schob es nicht auf, jener den Schrein aus diesem Grund zum Aufschließen zur Verfügung zu stellen.> (3,17) Nachdem daher dieser kaum aufgeschlossen war und der Deckel angehoben worden war, ergoss sich – eine verwunderliche Sache! – ein so großes Überströmen von Blut von jenem sehr kleinen Knochen, dass das Gesicht der Frau selbst ganz und ihr rechter Fellärmel in verwunderlicher Weise von dort übergossen wurde. (3,18) Auch sie selbst wurde in derselben Stunde vom Schmerz des Herzens erlöst. (3,19) Und wegen dieser Sache durch allzu starken Schreck durchschüttelt, erbaten sie durch tränenreiche Gebete von der göttlichen Barmherzigkeit, dass sie sie (Brüder) wegen des unermesslichen Preisens ihrer Göttlichkeit durch keine Verurteilung des Leibes und der Seele verdamme. (3,20) Und nachdem dies geschehen war, führte derselbe Bruder nach Herbeiholen eines anderen Mitbruders ihn dann zum Beweis dieser Sache, (3,21) der, als er kam und ein so verwunderliches Geschehnis er-

aberat ad se venire deposcunt. (3,25) In monasterium igitur venerabilis patris nostri congregati magnifico huius miraculi signo sunt letificati. (3,26) Delato namque in presentiam eorum scrinio cum osse sanguinem sine cessatione fundente, sumens aliquis ex fratribus os sanguinolentum in manus, dum illud sanguine in scrinium transfuso sepius evacuasset, maiori iterum sanguinis inundatione replebatur. (3,27) Facto igitur inter prudentiores de hac re consilio, in talem convenere sententiam, de adhibenda maiori propter hoc signum reverentia et ipsis sanctorum ossibus et eorum cineribus, (3,28) ut videlicet terra quae circa eorum sarchofaga posita, in locum ut dictum est cenosum ante proiciebatur, deinceps in alium mundum locum venerabiliter locaretur; (3,29) cuius acervus dum Galaad, hoc est acervus testimonii, non immerito vocaretur, factum in osse quod huic subpositum fuerat terrae, miraculum omni posteritati loqueretur.

(3,30) Placuit etiam unanimitati ipsorum, ut scrinio in monasterio relato, communi cordis et oris necnon campanarum consonantia divina ab eis laudaretur clementia. (3,31) Ad hanc ergo laudem Dei ex civitate convenientes multi fideles, laudesque Domino acclamantes, domum leti pro tanta miraculi novitate Christum benedicentes redierunt. (3,32) Contigit autem illud miraculum quinto Nonas Martii, et sabbatum erat, (3,33) horaque nona sanguis ex osse cepit manare, qui non ante tertiam secundae feriae horam visus est cessare. (3,34) Fama igitur huius miraculi innumeros languentium populos ad hanc urbem accivit, quique dum devote ac humiliter Dominum in sanctis suis magnificarent (3,35) aquamque ossis huius intinctione sacratam sibi datam gustassent ob gratiam obtinendae sanitatis, non est Christi fidelibus dubium, quam citissime a quacumque peste gravabantur liberati fuissent. {3,36}[26] 4. (1) Facta sunt [35r] preterea miracula non pauca, ubi sanctorum martirum requiescunt corpora. {4,2}, {4,3}[27]

(4,4) Nam cum domnus archiepiscopus post compertam de ossis miraculo famam primum in ecclesiam sancti Paulini orationis causa venisset, venit cum eo quidam de par-

---

26 {3,36} *exclusit* D
27 {4,2}, {4,3} *exclusit* D

blickte, (3,22) mit nicht nur sehr geringem Staunen erfüllt, <den Schrein> mit allem, was im Schrein war, hastig ins Kloster trug, (3,23) und nach Schicken von Boten durch alle Klöster der Bürgergemeinde fordern sie, dass nicht wenige Brüder guten Zeugnisses, (3,24) da ja der Herr Vorsteher abwesend war, zu ihnen kommen. (3,25) Im Kloster unseres ehrwürdigen Vaters also zusammengeschart, wurden sie durch das großartige Zeichen dieses Wunders nicht nur mäßig froh. (3,26) Denn nachdem der Schrein vor ihre Anwesenheit gebracht worden war mit dem Knochen, der Blut ohne Nachlassen ergoss, nahm irgendeiner von den Brüdern den blutigen Knochen in die Hände, und nachdem er jenen durch Gießen des Blutes in den Schrein öfter entleert hatte, füllte er sich wiederum mit größerer Überschwemmung an Blut. (3,27) Nachdem also unter den Klügeren über diese Angelegenheit eine Beratung abgehalten worden war, kamen sie zu einer solchen Meinung, größere Ehrfurcht wegen dieses Zeichens sowohl den Knochen selbst der Heiligen gegenüber als auch ihrem Staub gegenüber anzuwenden, (3,28) dass ersichtlich die Erde – die, um ihre Sarkophage gelegen, an einen, wie gesagt worden ist, schlammigen Ort geworfen wurde – darauf an einen anderen, reinen Ort ehrfürchtig gelegt werden solle; (3,29) und während deren (Erde) Haufen Galaath, das heißt Haufen des Zeugnisses, nicht unverdient gerufen werde, solle das an dem Knochen, der unter dieser Erde gelegen gewesen war, geschehene Wunder zur gesamten Nachwelt sprechen.

(3,30) Es gefiel auch der Einmütigkeit ihrer selbst, dass nach (Zurück-)Bringen des Schreins ins Kloster durch gemeinsamen Zusammenklang des Herzens und des Mundes, nicht zuletzt auch der Glocken, die göttliche Milde von ihnen gelobt werden solle. (3,31) Während also zu diesem Lob Gottes aus der Bürgergemeinde viele Gläubige zusammenkamen und Lobsprüche dem Herrn zuriefen, sind sie nach Haus fröhlich, indem sie für die Neuigkeit eines so großen Wunders Christus priesen, zurückgekehrt. (3,32) Es widerfuhr jedoch dieses Wunder am fünften Tag vor den Nonen des Märzes, und es war Samstag, (3,33) und zur neunten Stunde fing das Blut aus dem Knochen zu strömen an, das nicht vor der dritten Stunde des zweiten Wochentags nachließ, wie gesehen wurde. (3,34) Der Ruf dieses Wunders also zog unzählige Völker von Schlaffen zu dieser Stadt; und während diese demütig und ergeben den Herrn in seinen Heiligen erhöhten (3,35) und das Wasser – das durch das Eintauchen dieses Knochens geheiligt war, nachdem es ihnen gegeben worden war – gekostet hatten wegen der Gnade, die Gesundheit zurückzuerhalten, ist es für Christusgläubige nicht zweifelhaft, wie rasch sie, von welcher Pest auch immer sie belastet wurden, befreit waren. {3,36} **4.** (1) Geschehen sind [35r] außerdem nicht wenige Wunder, wo die Leiber der heiligen Märtyrer ruhen. {4,2} {4,3} (4,4)

Denn als der Herr Erzbischof nach dem Erfahren des Rufes über das Knochenwunder zum ersten Mal in die Kirche des heiligen Paulinus des Gebets wegen gekommen war, kam mit ihm aus den Gegenden Aquitaniens ein Büßer, dessen rechter Arm durch Eisen gebunden

tibus Aquitaniae penitens, cuius brachium dextrum ferro fuit ligatum. (4,5) Hic itaque cum domno antistite locum sanctum orationis gratia adiens, factaque oratione, sarcofaga singula sanctorum martyrum singillatim ea salutando seu osculando lustravit. (4,6) Quo facto cum fossam egressus fuisset, et in margine eiusdem fossae versus sancta corpora constitisset, id ipsum ferramentum quod brachium eius dextrum iam diutina sui positione iam debilitaverat, et non solum carnem sed etiam nervos denudaverat, in illo quo firmius erat loco scinditur, (4,7) saltuque mirabili in altum facto, ad gloriam divinae maiestatis et sanctorum merita clarificanda super unum sarcofagum satis longe remotum cum clangore cecidit non minimo. (4,8) Ille vero ad terram timore actus cecidit, (4,9) ubi tam diu exanimis iacuit, donec tandem gustu aquae ori eius ab accurrentibus hominibus archipresulis infuso recreatus surrexit, et ab hoc peccati vinculo liberatus, Deum magnificum in sanctis suis benedicendo recessit.

(4,10) Post hec in die palmarum quae tunc erat proxima quedam femina, quae cum linguae officio auditu aurium fuerat destituta, marito ipsius eam ducente, votumque pro liberatione illius in sanctorum martyrum corporali presentia et multorum frequentia faciente, officio[28] restituta est utroque. (4,11) Est autem consuetudo congregationum Trevirensium ut in die palmarum in ipsum sancti Paulini monasterium ad laudem Dei omnes cum magna populi multitudine annuatim conveniant. (4,12) Cum ergo ibidem consuetudinarias laudes Domino persolverunt, adducta est mulier in medium, testis beneficiorum ibi divini<tu>s sibi col<l>atorum.[29] Pro quibus beneficiis omnis turba quae ad diem festum convenerat, speciales Domino laudes communiter persolvebat.

(4,13) Postea quinto Kalendas Maii qua die iuxta statutum Ekberti archiepiscopi plurimae circa manentium villarum turbae cum crucibus Treveri solent venire, delatus est puer quidam parvus in monasterium sancti Paulini, (4,14) qui mutus simul cum brachio arido erat. (4,15) Cum ergo in criptam sanctorum martyrum fuisset deductus, et sarchofaga deosculatus fuisset sanctorum, cepit parentes desuetis diu propter vinculum linguae verbis compellare; (4,16) et quia usum brachii movendi receperit, levata[30] ex aliquo sarcofago candela, non distulit monstrare. {4,17}[31] (4,18) In presentiam igitur archiepiscopi qui tunc causa orationis illo advenerat, puer idem oblatus, sanitatem recepisse ad eius interrogationem est probatus.

---

28   faciente officio *C*; assistente *D*
29   divini<tu>s … col<l>atorum *suppl. Drae*; divinis … collatis *D;* divinis … colatorum *C*
30   levata *C*; levato *D*
31   {4,17} *exclusit D*

war. (4,5) Als dieser daher mit dem Herrn Vorsteher an den heiligen Ort um eines Gebets willen herangig und das Gebet verrichtet worden war, durchmusterte er die einzelnen Sarkophage der heiligen Märtyrer, wobei er ihnen einzeln Heil wünschte oder sie küsste. (4,6) Doch als er nach diesem Geschehen aus der Gruft herausgeschritten war und am Rand derselben Gruft, gewandt zu den heiligen Leibern, haltgemacht hatte, zerbricht eben dieses Eisengerät, das schon seinen rechten Arm durch seine langdauernde Stellung schon geschwächt hatte und nicht nur das Fleisch, sondern auch die Sehnen bloßgelegt hatte, an jener Stelle, an der es stärker war, (4,7) und nach einem wundersamen Sprung in die Höhe fiel es zum Ruhm der göttlichen Großartigkeit und <zur> Verherrlichung der Verdienste der Heiligen über einem genügend weit entfernten Sarkophag mit nicht nur sehr geringem Krachen nieder. (4,8) Jener aber fiel, von Furcht getrieben, auf die Erde, (4,9) wo er so lange entseelt lag, bis er sich endlich, durch einen Schluck Wassers, der in seinen Mund von den herbeilaufenden Leuten des Erzvorstehers gegossen worden war, erquickt, erhob und sich, von dieser Fessel der Sünde befreit, wobei er Gott in seinen Heiligen als großartig pries, entfernte.

(4,10) Danach wurde am Tag der Palmen, der damals sehr nahe war, eine gewisse Frau, die, zusammen mit der Dienstleistung der Zunge, vom Hören mit dem Gehör versetzt worden war – wobei ihr Ehemann sie führte und ein Gelübde für die Befreiung jener in der leiblichen Gegenwart der heiligen Märtyrer und im Beisein vieler machte –, in beidseitige Dienstleistung zurückversetzt. (4,11) Es ist jedoch Gewohnheit der Trierischen Kongregationen, dass am Tag der Palmen alle gerade in diesem Kloster des heiligen Paulinus zum Lob Gottes mit großer Vielzahl des Volkes jährlich zusammenkommen. (4,12) Nachdem sie also ebendort die gewöhnlichen Lobeserhebungen für den Herrn eingelöst hatten, wurde die Frau in ihre Mitte geführt, als Zeugin der Wohltaten, die dort durch göttliche Fügung auf sie gehäuft worden waren. Und für diese Wohltaten löste der ganze Haufen, der zum Festtag zusammengekommen war, besondere Lobeserhebungen für den Herrn gemeinsam ein.

(4,13) Später wurde am fünften Tag vor den Kalenden des Maies, an einem Tag, an dem gemäß einer Satzung des Erzbischofs Egbert sehr viele Haufen der im Umkreis gelegenen Weiler mit Kreuzen nach Trier zu kommen pflegen, ein gewisser kleiner Knabe in das Kloster des heiligen Paulinus gebracht, (4,14) der – zugleich mit einem gelähmten Arm – stumm war. (4,15) Nachdem er also in die Krypta der heiligen Märtyrer herabgeführt worden war und die Sarkophage der Heiligen abgeküsst hatte, fing er an, seine Eltern mit – wegen der Fessel seiner Zunge – lange ungewohnten Worten anzureden; (4,16) und da er ja den Gebrauch, den Arm zu bewegen, zurückerlangt hatte, schob er es nach Hochheben einer Kerze von irgendeinem Sarkophag nicht auf, <sie> zu zeigen. {4,17} (4,18) Nachdem also derselbe Knabe vor die Anwesenheit des Erzbischofs, der damals wegen des Gebets dorthin gekommen war, gebracht worden war, wurde auf die Befragung durch diesen (Erzbischof) erwiesen, dass er (Knabe) das Heil zurückerlangt habe.

(4,19) Deinde non multo temporis interiecto spatio, perlata est ad eandem ecclesiam quedam puella <percussa>[32] morbo paralytico, ut nec brachia, nec crura in statu continere posset proprio. (4,20) Hanc itaque mirabili motu membrorum palpitantem iuxta sanctorum sarcophaga vidimus locari. (4,21) Ubi dum matre caput illius in gremio suo retinente, parumper obdormisset, factum est per misericordiam Domini et per merita sanctorum martyrum ut post paululum evigilans de somno, [35v] toto corpore surgeret sana, pro restitutione sanitatis Christum sanctosque martyres laudando.

(4,22) Alter quoque de villa Sanctae Aldegundis oriundus, cui visus oculorum defecerat, cum suo sacerdote huc est adductus. (4,23) Sacerdos vero, assumptis secum de loco illo duobus fratribus, deduxit cecum ad corpora sanctorum martyrum, ibique eum censualem deinceps martyribus sanctis oblatione spontanea peracta devovit. (4,24) Dumque aliis recedentibus ipse in lacrimis et orationibus ibidem aliquamdiu moraretur, et emendationem suae vitae profiteretur, meritis sanctorum martyrum illuminatus est.

(4,25) Dehinc alius quidam, cum ex diuturna infirmitate, totum corpus ita inflatum haberet, ut ab omnibus desperaretur, audita miraculorum fama, ad locationem sacram se deduci peciit. (4,26) Quo perveniens, et <cum>[33] ibidem votivas orationes Domino persolvisset, digressus infra breve spatium, subsidente totius corporis tumore, ab omni liberatus est corporis languore: (4,27) Benedictus sit igitur Deus, qui in sanctis suis semper est gloriosus et mirabilis, cui est honor et gloria in secula seculorum. Amen.

---

32   <percussa> *C; omisit D*
33   <eum> *C; omisit D*

(4,19) Darauf wurde, nachdem nicht viel Zeitraum dazwischen vergangen war, zur selben Kirche ein gewisses Mädchen getragen, durchschüttelt von lähmender Krankheit, so dass es weder die Arme noch die Unterschenkel im eigenen Zustand halten konnte. (4,20) Dass dieses (Mädchen) daher, während es durch eine verwunderliche Bewegung der Glieder zuckte, neben die Sarkophage der Heiligen gelegt wurde, haben wir gesehen. (4,21) Und nachdem es dort, während die Mutter sein Haupt in ihrem Schoß hielt, ein wenig eingeschlummert war, geschah es mittels des Erbarmens Gottes und mittels der Verdienste der Heiligen, dass es sich, nach einem Weilchen aufwachend aus dem Schlaf, [**35v**] an ganzem Leib gesund erhob, wobei es für die Wiederherstellung seines Heils Christus und die heiligen Märtyrer lobte.

4,22) Auch ein anderer, aus dem Weiler der heiligen Aldegundis stammend, dem die Sehkraft der Augen gänzlich geschwunden war, wurde mit seinem Priester hierher geführt. (4,23) Der Priester aber führte, nachdem er zwei Brüder von jener Stelle mit sich genommen hatte, den Blinden zu den Leibern der heiligen Märtyrer, und dort gelobte er ihn darauf als zinspflichtig den heiligen Märtyrern durch Vollzug eines selbstgewählten Opfers. (4,24) Und während er beim Scheiden der anderen selbst in Tränen und Gebeten ebendort eine Zeitlang verweilte und Fehlerlosigkeit seines <künftigen> Lebens bekannte, wurde er durch die Verdienste der heiligen Märtyrer mit <Augen->licht erhellt.

(4,25) Darauf hat ein gewisser anderer, weil er aus langdauernder Kraftlosigkeit den ganzen Leib so aufgedunsen trug, dass die Hoffnung auf ihn von allen aufgegeben wurde, nach Hören vom Ruf der Wunder erstrebt, dass er an die heilige Stätte geführt werde. (4,26) Doch dorthin kommend und – <nachdem> er ebendort einem Gelübde entsprechende Gebete an den Herrn eingelöst hatte – wieder abgereist, wurde er innerhalb eines kurzen Zeitraums, da sich die ganze Leibesschwellung setzte, befreit von jeder Leibesschlaffheit: (4,27) Gesegnet sei nun Gott, der in seinen Heiligen immer ruhmvoll ist und wunderbar, dem Ehre und Ruhm ist auf Generationen von Generationen! Amen.

96 1.2 *Historia martyrum Trevirorum*

‚Die Lage der hl. Leiber ist diese, wie in der unten ausgebreiteten Gestalt'
‚Die Lage der hl. Leiber in der Krypta'
‚Die Gestalt der Krypta des hl. Paulinus'

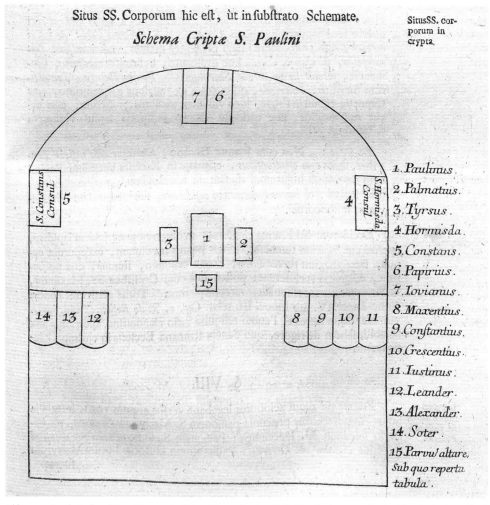

Abb. 1, aus: Hontheim (1757) S. 93 (Nr. 15: ‚sehr kleiner Altar, unter dem die Tafel gefunden <wurde>', gehört oberhalb von Nr. 1).

1.2 Historie der Trierer Märtyrer 97

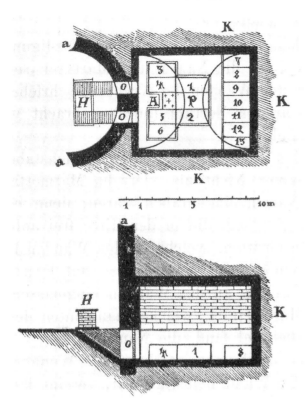

Abb. 2, aus: Beissel (1887) S. 35.
a, a: Apsis; H: Hochaltar; o, o: Öffnungen; K, K, K: Kirchhof;
A: ?; +: kleiner Altar; P: Paulinus; 1: Palmatius (Konsul); 2: Thyrsus (Thebäer);
3: Jovianus; 4: Konstans; 5: Hormista; 6: Papirius [3–6: vier vornehme Trierer];
7: Justinus; 8: Crescentius; 9: Konstantius; 10: Maxentius; 11: Leander; 12: Alexander; 13: Soter [7–13: sieben Trierer Senatoren].

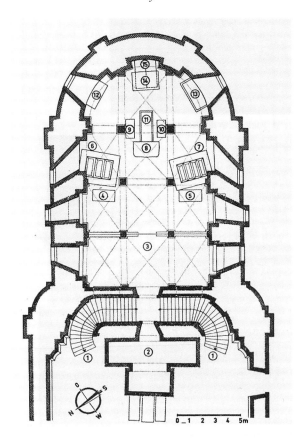

Abb. 3, aus: Das Heiligtum des Bischofs und Märtyrers Paulinus in Trier, Trier (Bischöfl. Museum) 1958, Abb. 31 (2019 bearb. von Harald Schmidt und [Legende:] Paul Dräger).

1 Treppen
2 alte Krypta (ganz unten: Sarkophage der Bischöfe Bonosius, Auspicius, Abrunculus)
3 neue Krypta (1738)
4 Altar des hl. Josef
5 Altar des hl. Johannes von Nepomuk
6 Sarkophage der drei Trierer Senatoren (von außen:) Soter, Alexander, Leander (6, 7: sieben Trierer Senatoren)
7 Sarkophage der vier Trierer Senatoren (von außen:) Justinus, Crescentius, Constantius, Maxentius
8 Altar des hl. Paulinus
9 Sarkophag des Thebäer–Führers Thyrsus
10 Sarkophag des Trierer Konsuls Palmatius
11 Tumba des hl. Paulinus (oberhalb angebaut läge der kleine Altar mit Bleiplatte)
12 Sarkophag des Constans
13 Sarkophag des Hormisdas
14 Marienaltar
15 Sarkophage des Jovianus und Papirius (12, 13, 15: vier vornehme Trierer)

1.2 Historie der Trierer Märtyrer

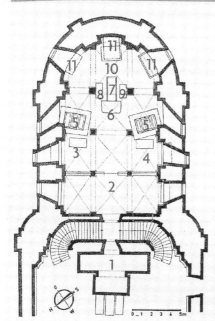

Abb. 4, aus: Baumeister/Diözesanmuseum (2010) S. 37 (der kleine Altar fehlt).

Abb. 5 (Foto: Credner 2019): Paulinus (Mitte), Thyrsus (rechts vom Betrachter aus), Palmatius (links).

Abb. 6 (Foto: Credner 2019): Vierergruppe Justinus, Crescentius, Constantius, Maxentius.

Abb. 7 (Foto: Credner 2019): Crescentius (SENATOR TREVIRENSIS ET MARTYR).

1.2 Historie der Trierer Märtyrer

Abb. 8 (Foto: Credner 2019): Vierergruppe (wie Abb. 6).

Abb. 9 (Foto: Credner 2019): Dreiergruppe Soter, Alexander, Leander (von außen nach innen).

1.3 Kommentar zur *Historia martyrum* (C/D)

Didaktische Vorbemerkung: Der Kommentar geht von der chronologischen Reihenfolge *Gesta Treverorum – Historia martyrum Treverensium* (1072) – *Passio martyrum Trevirensium* (doch s. die Anm. 20 und 27 der Einführung) aus (s. die Einführung und *passim* den Komm.); zu meiner Datierung (einer ‚Urfassung') der *Gesta* (gegen die *Opinio communis* [ca. 1102]) auf ca. 1062 oder sogar auf ca. 1052/1059 s. meine Ausgabe S. 414 f. – Der Kommentar galt ursprünglich nur für Rez. C (KTJ 2019); nach Berücksichtigung von D wurde alles Relevante eingefügt (*unbezeichnet*: C).

(**Titulus**) C: *Incipit passio sanctorum Trevirorum martyrum* (‚An fängt das Leiden der heiligen Trierer Märtyrer', so eher als schwerfälliges ‚... der heiligen Märtyrer der Trierer'); D: *Lectiones de sancto Tyrso sociorumque [lies sociisque] eius* (‚Lesungen über den heiligen Thyrsus und seine Genossen'); in C (147v, *in marg. sinist.*, in gleicher Höhe wie c. 1,1: *Cum igitur inevitabilis ...*) findet sich, von Ho unbemerkt, kaum leserliches: *<Le>genda sancti Tyrsi sociorumque eius/eiusdem* (‚Lesung vom heiligen Thyrsus und seinen Genossen' bzw.'den Genossen desselben'). Zu *lectio* bieten Habel/Gröbel u.a. „Vorlesen, Vorlesung, Predigt, Perikope, Text", zu *legenda* „kirchl. Lesung, ein einzelner Leseabschnitt, Geschichte, Heiligenerzählung".

(**Prologus**) nur in C, aber Text nicht im Exzerpt (C) von Waitz (und Migne); die AASS geben dem *prologus* (‚Vorrede, Vorwort') einen Untertitel (Inhaltsangabe): *Auctor Deum scriptionis suae principium facit*, (‚Der Verfasser macht Gott zum ersten Anfang seiner Schrift'), gebildet aus Pr 10: *ut ... hoc etiam principium faceremus, eius scilicet breviloquii* (s. zu Pr 10). – *zum ersten Anfang (prin-cipium)*: aus *primus + capere = incipere* (‚anfangen'). – Zur Funktion des Prologs (sowie rückwirkend zu *principium*) s. unten zu Pr 10 und die Einführung. – Rez. D (s. oben 1.2) lässt den Prolog weg.

(**Pr 1**) *Quámquam Scrípturá Sacrá testánt(e) in príncipió (apud Deum):* fast ein (wohl eher zufällig) vollständiger, nur aus Spondeen bestehender Hexameter (vgl. Tacitus, *Ann.* 1,1: *Úrbem Rómam a príncipió regés habuére*, ‚Die Stadt Rom hatten vom ersten Anfang an Könige inne'; Livius, *Praef.* 1: *Fácturúsne operáe pretiúm sim sí [a principio]*, ‚Ob ich etwas der Mühe Wertes machen werde, wenn <ich> vom ersten Anfang an'); für einen konzessiven Werkeingang s. z.B. Cicero, *off.* 1,1,1: *Quamquam te, Marce fili, ... oportet* (‚Obwohl es sich für dich, mein Sohn Marcus, ... ziemte'); Horaz, *Serm.* 1,17,1: *Quámvis, Scáeva, satís per té tibi cónsulis ét scis* (‚Obgleich du, Scäva, genügend durch dich zugunsten deiner sorgst und du weißt, ...'); einziges *quamquam* in *Hist. mart.* und *Pass. mart.*; zu einem vollständigen Hexameter s. unten 1,22. – *unter Bezeugung der Heiligen Schrift am ersten Anfang von Gott ... das Gesamte zugleich erschaffen worden ist, so wie geschrieben ist (Scrip-*

tura Sacra testante in principio apud Deum ... cuncta simul creata fuerint, sicut scriptum est): Es folgt wörtliches Zitat aus (AASS 373 Anm. a: *Ecclesiasticus* 18,1 =) AT Sir 18,1 ([nicht in der zitatfreudigen *Passio*] Luther: „Der ewig lebt, hat alles miteinander geschaffen"), so dass mit *Scriptura Sacra* (Ho; *Scriptura sacra* AASS) die Bibel gemeint ist (nur hier; zu einer anderen *sacra scriptura* [2,2] bzw. *scriptura sacra* [2,4; 2,38] s. zu 2,2). – Unabhängig von diesem Zitat liegt natürlich eine Anspielung auf AT Gen 1,1 vor: *In principio creavit Deus ...* (‚Am ersten Anfang erschuf Gott ...'). – *von Gott (apud Deum):* Vgl. MLWB I s.v. ‚apud', 831,50, II „*ab – von*", B „*de auctoribus*", z.B. 68 f.: *hoc decretum est apud regem et principes eius et apud cunctum populum* (‚Dies ist entschieden worden vom König und dessen Ersten und vom gesamten Volk').

(Pr 2) *so wie ... Prosper ... bezeugt (sicut ... Prosper ... testatur):* Dazu verweisen die AASS (373 Anm. b) auf S.<anctus> Prosper, *liber Sententiarum ex operibus S.<ancti> Augustini delibatarum* [‚der ... exzerpierten'; Bedeutung fehlt im MLWB s.v. ‚delibo'], *sententia* 40 (irreführender Zitierfehler in den AASS: „4" statt „XL" [40]), PL 51, Sp. 433: *De intemporali scientia Dei* (‚Über das zeitlose Wissen Gottes'; wo es aber statt *apud eum, qui condidit* (Ho, AASS) wie bei Augustinus heißt: *apud Deum, qui condidit tempora*, ‚bei Gott, der die Zeiten begründet hat', womit auch ein Akkusativobjekt vorhanden wäre); mit weiterem Verweis auf Augustinus (354–430), *Epist.* 138 (an Marcellinus),7 (CSEL [Corpus Scriptorum Ecclesiasticorum Latinorum] Bd. 2,3). Gemeint ist Prosper Aquitanus (5. Jh.; zu Aquitanien s. zu 4,4), s. Rudolf Helm: Prosper Nr. 1, in: RE XXIII 1, (1957), 880–897; an unserer Stelle Bischof von Regium (Reggio in der Emilia), was zu Helm im Widerspruch stünde (881,26–33: „Das *decretum Gelasianum* [...] nennt ihn neben den *episcopi* und *presbyteri* nur *religiosissimus*, und die Charakterisierungen als *vir religiosus, vir eruditus et sanctus* u. a. [...] lassen natürlich keinen Schluß zu. Sicherer ist noch, daß er nicht Bischof gewesen ist"): Schon gemäß Krönert (La construction 544 Anm. 494) hat unser Autor beide Prosperi miteinander verwechselt. – *in seinem Exzerpt (in suo ... deflorato):* substantiviertes *Part. perf. pass.*; so (mit unserer Stelle) auch MLWB s.v. ‚defloro' („Auszug, Florileg"); s. auch zu 1,6 (*distribuit*).

(Pr 3) *Auf die unzählige Art dieser göttlichen Anordnung ... daher (Ad innumerabilem itaque divinae huius dispensationis rationem):* Siehe zu Pr 10. – *am sechsten Tag ... der Mensch (sexta die ... homo):* Vgl. AT Gen 1,26–1,31. – *in der sechsten Epoche der Welt ... Gott ... zu Fleisch geworden ist (in sexta mundi aetate ... Deus ... incarnatus est):* Gemäß den AASS (373 Anm. c) schließt sich unser Anonymus hier dem Hermannus Contractus (1013–1054) und Lambertus Schafnaburgensis ([Hersfeldensis] 11. Jh.) an – neben deren es aber auch andere Einteilungen gebe –, die folgende sechs Epochen der Welt unterscheiden: 1. von der Schöpfung bis zu Noah; 2. bis zu Abraham; 3. von Abraham bis zu David; 4. von David bis zur Babylonischen Wanderung; 5. von der Babylonischen Wanderung bis zur Ankunft des Herrn; 6. die gegenwärtige Generation (Nr. 3, 4 und 5 sind mit NT Matth.

1,17 identisch und dauern je 14 Geschlechter). – *vorherbezeichnet (praesignatus):* nur noch in Pr 9; d.h. präfiguriert (so wie z.B. der Messias des AT als ‚Vorläufer' des Heilands des NT gilt, d.h. ihn ‚präfiguriert'). – *dem (cui):* d.h. Christus. – über allen Schmuck des Himmels und der Erde (super omnes *coeli ac terrae ornatus*): Vgl. AT Gen 2,1: *igitur perfecti sunt caeli et terra et omnis ornatus eorum* (,Also wurden vollendet die Himmel und die Erde und ihr [Himmel/Erde] ganzer Schmuck'; Luther: „Himmel und Erde mit ihrem ganzen Heer").

(Pr 4–9) Für das Beispiel Noahs und seiner drei Söhne liegt inhaltlich AT Gen 9,18–9,29 (Lutherbibel: „Noahs Fluch und Segen über seine Söhne") zugrunde: Noah, Erfinder des Weinbaus, schläft weintrunken und mit aufgedecktem Geschlechtsteil in seinem Zelt, wo er in diesem Zustand von seinem jüngsten (*minor*) Sohn Ham gesehen wird; Ham berichtet es seinen Brüdern Sem und Japhet, die sich darauf mit einem Mantel auf den Schultern rückwärts ihrem Vater nähern, um ungesehen seine Blöße zu bedecken. Noah, wach geworden, verflucht Ham und seine Nachkommen dazu, seinen Brüdern Sem und Japhet, die von Noah gesegnet werden, Sklave (*servus servorum*; Luther: „ein Knecht aller Knechte") zu sein.

(Pr 4) *Abraham, der Vater vieler Stämme (Abraham pater multarum gentium):* Die Auslassung von *pater* durch Ho (und AASS) macht das Kolon grammatisch unerklärbar. – *Isaak, der seinem Vater gehorchte (Isaac patri oboediens):* Siehe vorzugsweise AT Gen 22,1–19 (Isaak als vorgesehenes Opfertier Abrahams). – *wurde ... mehr als Noah durch den Kelch des Leidens trunken (plus quam Noe calice passionis inebriatus est):* Zum Ausdruck s. AT Gen 9,21: *bibensque vinum inebriatus est et nudatus in tabernaculo suo* (,und da er [Noah] Wein trank, wurde er berauscht und entblößt<e sich> in seinem Zelt'); danach wäre *a filio suo Cham denudatus* in der *Hist. mart.* zu korrigieren, s. schon die AASS (373 Anm. d): „*Cham patrem non denudavit, sed denudatum invenit*" (,Cham hat seinen Vater nicht entblößt, sondern hat ihn als entblößt vorgefunden'). – *wurde ... durch den Kelch des Leidens trunken; und im jüdischen Volk ... entblößt (calice passionis inebriatus est; et in Judaico populo ... denudatus):* Die Konstruktion (die Kopula nur beim ersten Prädikat) wiederholt sich sogleich in Pr 5 (*infirmitas nudata est atque manifestata*). – *von den angehörigen Juden seines Geschlechts selbst (ab ipsis generis sui domesticis Iudeis):* Das für das Verständnis notwendige Wort *Iudeis* fehlt bei Ho (und AASS). – *die Verhüllung des Fleisches gleichsam als irgendein Zelt (carnis velamentum quasi aliquod ... tabernaculum):* Zur Vorstellung des Körpers als Zelt s. NT 2 Petr 1,13: *quamdiu sum in hoc tabernaculo* (Luther: „solange ich in diesem Leib lebe"; revidiert 2017: „solange ich in dieser Hütte bin").

(Pr 5) *wurde die Kraftlosigkeit seiner Sterblichkeit entblößt (mortalitatis eius infirmitas nudata est):* nämlich durch die Kreuzigung; Krönert (*La construction* 544) paraphrasiert den Satz mit: „à ce moment-là, lui fut révélée l'infirmité de la condition des êtres mortels."

(Pr 6) *der Prophet ... vorausgesagt hatte (propheta ... praedixerat):* Die AASS (373 Anm. e) sehen hier möglicherweise eine Anspielung auf AT Jes 63,15: *ubi est zelus tuus et fortitudo tua* (Luther: „Wo ist nun dein [Gottes] Eifer und deine Macht?").

(Pr 7) *Noah, ... durch den prophetischen Geist belehrt (Noe, ... prophetico spiritu edoctus):* Gemeint ist Noahs Geist; im AT heißt es nur (Gen 9,24): *cum didicisset* (‚nachdem er erfahren hatte'). – *der das Abbild des Herrn trug (qui typum Domini gessit):* d.h. der (bzw. einer von dessen Nachkommen) die Präfiguration (s. zu Pr 3) des Herrn war; *typus* wohl nicht zufällig in der *Hist. mart.* nur hier (in der *Passio* gar nicht) und auch nur einmal in der Bibel, und zwar schon dort in Verbindung mit David, AT 2 Kön [Luther: 2 Sam] 12,31: *divisitque cultris et transduxit in typo laterum* ([David führte das Volk heraus] und teilte sie mit Messern/zu Pflügen ein und führte sie in der Form von Ziegeln herüber'; Luther: „... und ließ sie an den Ziegelöfen arbeiten"). – *die Unfrömmigkeit der Juden (Iudeorum impietatem):* weil sie die Göttlichkeit Christi nicht anerkennen (im NT sogar als Christusmörder gelten). – *indem er über jene sagte (de illis dicens):* Es folgt ein wörtliches Zitat von AT Ps LXX 67,2 (1. Hälfte): *Exsurgat Deus et dissipentur inimici eius* (Luther 68,2: „Gott steht auf [Sinn: ‚Auf<er>stehen soll Gott'?]; so werden seine Feinde zerstreut").

(Pr 8) *vervielfacht zu werden (multiplicari):* im Sinn von AT Gen 9,7: *vos autem crescite et multiplicamini ...* (‚Ihr jedoch wachset und vervielfachet euch ...!'; Luther: „Seid fruchtbar und mehret euch ...!").

(Pr 9) *von deren (quorum):* D.h. der kurz zuvor (Pr 8) genannten *humiliter venerantes.* – *von deren zukünftiger Nennung ... und ihrer Verbreitung ... in den Namen derselben Söhne Noahs (quorum ... futurae ... nominationis et dilatationis ... in eorundem filiorum Noe nominibus):* D.h. die Namen Sem und Japhet, s. AT Gen 9,27 (Noah redet): *dilatet Deus Iaphet et habitet in tabernaculis Sem sitque Chanaan servus eius* (‚Verbreiten soll Gott Japhet [Luther: „Gott schaffe Jafet weiten Raum"], und wohnen soll er in den Zelten Sems, und es sei Kanaan [9,18: Sohn Hams] sein Sklave!'); dazu die AASS (373 Anm. g): ‚Sem bedeutet dasselbe wie *Nomen* [‚Name'] oder *Nominatus* [‚benannt']; Japhet dasselbe wie *dilatatio* [‚Verbreitung']'. Ho's falsch gelesenes *dilationis* wird schon von den AASS (373 Anm. * in marg. dex.) zum richtigen *dilatationis* konjiziert. Im Übrigen können beide [schon biblischen] Wörter ‚Verbreitung' und ‚Aufschub' bedeuten, s. MLWB s.vv., wo [III 648,31 s.v. ‚1. dilatio'] unsere Stelle unter „Erstreckung, Weite, Größe" subsumiert wird, allerdings in falscher Gefolgschaft der AASS). Ho, der für sein falsch gelesenes *dilationis* anders als die AASS nicht auf *Gen.* 9,27 verweist, denkt vielleicht an ‚Aufschub' (d.h. späte Auffindung), worauf die Stellung seiner Anm. a (mit der ‚deutlicheren' Parallele aus der *Passio S.<ancti> Felicis,* s. zu Pr 10) erst am Ende von Pr 9 weisen könnte.

(Pr 10) Zur Konstruktion: Hauptsatz (*praelibavimus*) – zwei parallele Finalsätze: 1. *ut et ... faceremus ...* (darin zwei Relativsätze *qui est* und *quod ... faciemus*) und 2. *et, ut ... monstraremus* – Relativsatz *qui ... evocavit*, mit eingeschobenem Komparativsatz (*ut credimus*) – zwei parallele Finalsätze: *ut et ... susciperet* und *et ... efficeret*. – *haben wir ... vorausgeschickt* (*praelibavimus*): erstes Hervortreten des anonymen Autors, s. auch sogleich zu *ut credimus*. – *zu diesem ersten Anfang* (*hŏc ... prin-cipium*): als *hōc* grammatisch auch als Ablativ möglich: ‚hierdurch/deswegen zum ersten Anfang'. – *über die heiligen Märtyrer der Trierischen Bürgergemeinde* (*de sanctis Trevericae civitatis martyribus*): D.h. die Thebäer (Ho 110 Anm. b, mit Verweis auf das folgende *qui* [*deus*] *eos perinde ... de ultimis terrarum finibus evocavit*), denn die Trierer hätte er nicht erst kommen zu lassen brauchen. – *die Reihenfolge seiner (Gottes) unveränderlichen Planung* (*eius incommutabilis dispositionis ordinem*): Zu ähnlichen Wendungen s. schon oben Pr 3; ferner c. 1,1; 1,6; 1,9; 1,10; 1,38; 1,40; vgl. 2,55; 4,3; 4,7; s. die Einführung (mit Anm. 12). – *wie wir glauben* (*ut credimus*): Siehe schon kurz zuvor *praelibavimus* sowie die weiteren Prädikate *facere-mus, facie-mus, monstrare-mus*; zur Haltung (Stellungnahme, Augen- und Ohrenzeuge, aktiv Beteiligter) des anonymen Verfassers s. noch 2,14; 2,29; 2,42; 2,51; 2,53; 4,20. – *aus den äußersten Gebieten der Länder* (*de ultimis terrarum finibus*): Gemeint ist das (Gott zugeschriebene) Herbeiholen der christlichen Thebäischen Legion aus Ägypten, s. unten c. 1,10. – *aufgeboten hat* (*evocavit*): Zu diesem *Terminus technicus* s. unten zu 1,1 *evocatur*. – *damit er ... ihre fetten Brandopfer ... empfange* (*ut ... eorum holocausta medullata ... susciperet*): *medullatus* eigentlich ‚markig' (*medulla* ‚Inneres <der Knochen>, Mark'); schon biblische Junktur, AT Ps LXX 65,5: *holocausta medullata offeram tibi* (‚Fette Brandopfer will ich dir bringen [‚opfern']'). – *weil diese ... hegen* (*foventes*): Für das (nur) in C (Ho) stehende Partizip *focientes* lässt sich weder in der Bibel noch im ThlL noch im MLWB ein Verb (*fotĕre/fotire?*) belegen. – *zu Teilhabern des ihren Gläubigen zugestandenen Friedens* (*concessae fidelibus suis pacis participes*): ‚ihren' (der Bewohner?) oder ‚seinen' (Gottes) Gläubigen? – *pacis participes per eorum patrocinium*: Eine nachdrückliche vierfache (harte) p-Alliteration beschließt den Prolog. – *Abgewickelt ist der Prolog* (*Explicit prologus*): nur in C, weggelassen von Ho (AASS); Gegenstück zum Anfang *Incipit passio ...* – Mit der Einordnung in Gottes Planung erhält die *Hist. mart.* eine ganz neue (und bisher nicht beachtete) Funktion: Gott lässt die christlichen Thebäer zu den Trierern kommen und sie zusammen mit der christlichen Führungselite dieser Stadt den Märtyrertod erleiden, damit er (Gott) an den den Blutzeugen dargebrachten Opfern Anteil habe und im Gegenzug den Trierern ständigen Frieden verschaffe (zu einer weiteren Gabe Gottes [*misericordia/miseratio*] s. zu 1,27); zu der Trier zugedachten Rolle s. auch c. 1,10; der Vorstellung zugrunde liegt das *Do-ut-des*-Prinzip, s. die Einführung. Das *principium* des *Titulus* ist daher nicht nur eine Bitte an Gott um Hilfe bei der Abfassung der Schrift (im Sinn einer antiken Musen-*Invocatio*), sondern kann nachträglich auch auf Gottes Wunsch nach Opfern als Inhalt der Schrift bezogen werden. – Zu kurz greift daher in jedem Fall Ho (ohne eigene Prolog-Überschrift) 109 f. Anm. a: „Prolixus iste prologus est mera anteoccupatio, excusatura tam seram hujus reliquiarii thesauri inventionem" (,Dieser weitschweifige Prolog da ist reine Vorwegnahme <möglicher Einwände>, um die so späte Auffindung dieses Reliquienschatzes zu entschuldigen' > AASS 373, wo an den Seitenrändern folgende Worte verteilt sind: „Serae / Martyrum inventionis / excusatio", ,Entschuldigung der späten Auffindung der Märtyrer'). Ho 109 f. Anm. a verweist weiter auf die ,deutlichere' („Clarius") Darstellung in der *Passio S.<ancti> Felicis* [386–398 Bischof von Trier, s. Komm. zu *Gesta* 20,14 Dräger] zum 26. März, wo es um den ,Mann Gottes' Felix als Erbauer des Paulinus-Klosters, in dem die Reliquien der Thebäischen Märtyrer (s. Ho 110 Anm. b) zum Vorschein kamen, geht (s. *Gesta* 22,3–5; unten 1,26; 2,58), c. II n. 5: „Caeterum, quia omnia tempora tempus habent, et quia evidentibus Scripturae Sacrae patet indiciis, quod nihil in conditione rerum a conditore et provisore omnium Deo, *nisi suis quibusque fieri solet temporibus*, prospiciens ab alto benedictus per omnia Deus, qui pro peccatorum salute de sinu Patris ex utero Matris mundum intravit, nostrae quoque miseriae tempora per suam misericordiam visitavit, et super omnia aromata pretiosum thesaurum in monasterio (S.<ancti> Paulini) ab hoc viro Dei (Felice) constructo manifestavit (,Im Übrigen hat – da ja alle Zeiten ihre Zeit haben und da ja durch ersichtliche Anzeichen der Heiligen Schrift offenkundig ist, dass [nichts ... wenn nicht] alles bei der Begründung der Dinge vom Begründer und Vorsorger von allem, Gott, nur zu seinen jeweiligen Zeiten zu geschehen pflegt, – fürsorgend blickend aus der Höhe <und> gepriesen durch alles, Gott, der für das Heil der Sünder vom Busen des Vaters aus dem Schoß der Mutter die Welt betreten hat, auch die Zeiten unserer Erbärmlichkeit durch seine Barmherzigkeit besucht und über alle Wohlgerüche hinaus den kostbaren Schatz im Kloster [des h.<eiligen> Paulinus], das von diesem Mann Gottes [Felix] errichtet worden war, handgreiflich gemacht'); s. auch oben zu Pr 9.

(c. 1, Titulus) Da weder C noch D eine durchgängige Kapitelzählung (abgesehen vom rudimentären II bis VIII in D), geschweige denn ,Zwischenüberschriften' aufweisen, übernehme ich zur Orientierung des Lesers Ho's (AASS) Kapitelzählung 1–4 (unterteile sie aber zur besseren Verständigumg in Paragrafen) und füge zur Bequemlichkeit des Lesers die *Tituli* der AASS ein (die Ho's s. im Komm.). – AASS 373: „SS. [Sanctorum] Martyrum *passio et sepulturae locus*"; Ho 111 etwas ausführlicher „*Historia martyrii Thebaeorum et civium Trevirensium*" (,Historie des Martyriums der Thebäer und der Trierischen Bürger').

(1,1–1,40) Hauptquelle für Kap. 1 der *Hist. mart. Trev.* könnten, teilweise mit wörtlichen Entlehungen (s. die Einführung mit Anm. 22), die *Gesta Trev.* bzw. deren gemeinsame Vorlage sein.

(1,1) Zur Konstruktion: Kausalsatz (*Cum ... deposceret*) – untergeordneter zweiteiliger Konsekutivsatz mit *Part. coniuncta* (*ut et ... succensus effervesceret et ... flagrans ... innotesceret*) und untergeordnetem Relativsatz (zweimal *qui fuit*) – Bibelzitat (*iuxta illud ...*) – zweiteiliger Konsekutivsatz als Exegese (*hoc est, ut ... peccaret ... et ... iustificaretur*) – Hauptsatz (*evocatur*

... legio). – die unausweichliche Reihenfolge der göttlichen Planung (inevitabilis divinae dispositionis ordo): ähnlich schon Pr 10: *eius incommutabilis dispositionis ordinem ...* (,dass die Reihenfolge seiner unveränderlichen Planung ...'); so auch noch 1,10; vgl. zu Pr 3, Pr 10 und Einführung mit Anm. 12. – *in ... Maximian und Diokletian (in ... Maximiano et Diocletiano):* Maximian 285–310 reg. als römischer Kaiser, mit dem Beinamen Herculius (s. sogleich); Diokletian reg. 284–305 als römischer Kaiser; letzte von zehn Christenverfolgern (303–304), s. *Gesta* 16,13 (–16,17) Dräger mit Komm.; von Christenverfolgungen in Trier in dieser Zeit (der drei Gründerbischöfe Eucharius, Valerius, Maternus) ist aber nichts bekannt, wie auch in unserem Thebäer-Trierer-Martyrium (286/292) weder ein Bischof noch überhaupt ein Kleriker genannt werden, das heißt. „die Geistlichkeit völlig fehlt" (Heyen, Öffnung 44; vgl. Stift 314 f.). – *in den heiligen Secundus, Thyrsus, Mauritius (in sanctis Secundo Tyrso Mauritio):* Secundus nur noch 1,3; Thyrsus [so immer in meinen Übersetzungen und Kommentaren] ab 1,3 *passim*; Mauritius nur noch 1,4; 1,5; Hs D fügt noch Bonifatius ein (und korrigiert wohl bei dieser Gelegenheit das unkonstruierbare *sociorumque* seiner Vorlage C). – *und ihren Genossen (sociisque ipsorum): sociisque* D; die AASS (374 *in marg. sinis.*) haben im Gegensatz zu Ho den Fehler in *sociorumque* (C) erkannt. – *gemäß jenem <Wort> des Psalmisten (iuxta illud Psalmistae):* Es folgt wörtliches Zitat von AT Ps LXX 7,10; statt *consumetur* (< *consumere* ,verzehren'; Luther: „Lass enden der Gottlosen Bosheit, den Gerechten aber lass bestehen"; Peultier s.v. ,consumo') gibt es auch die Lesart *consummetur* (so in Webers Vulgata–Text; < *consummare* ,zusammenrechnen, vollenden'), die vom Fortgang her eigentlich erwartet wird. – *dass der Sünder weiterhin sündige und der Gerechte weiterhin gerechtfertigt werde (ut peccator peccaret adhuc, et iustus iustificaretur adhuc):* offenkundig Anspielung auf NT Apk 22,11: *qui nocet noceat adhuc, et qui in sordibus est sordescat adhuc, et iustus iustitiam faciat adhuc, et sanctus sanctificetur adhuc* (,wer schadet, schade weiterhin, und wer im Schmutz ist, sei im Schmutz weiterhin, und der Gerechte tue Gerechtigkeit weiterhin, und der Heilige werde geheiligt weiterhin'). – *wird ... aufgeboten (evocatur):* im Lat. vor allem *Terminus technicus* für das Aufrufen bereits ausgedienter Soldaten (Veteranen) zum freiwilligen Kriegsdienst bei großen Gefahren, nur noch oben Pr 10. – *von Maximian mit dem Beinamen Herculius (a Maximiano cognomento Herculio):* oder ,mit dem Herkulischen Beinamen'; Jupiters Sohn Herkules war von Maximian als Schutzgott gewählt worden, weil Jupiter der Schutzgott Diokletians war. – *eine Legion der östlichen Region (orientalis regionis legio):* Vgl. *Gesta* 17,1, die – historisch stimmig zu Maximian (285–310) – das Jahr 291 nennen, ebenso *Pass. mart.* S. 66,12 Heyen (unten 3,97 Dräger); Krönert 254 (374: Ende 3. Jh.); die Jahre 286 oder 292 bietet alternativ Heyen, Öffnung 23, Stift 308. Gemeint ist die sog. *Thebaea legio* (1,13; ,Thebäische Legion'), benannt nach ihrem Standort Theben in Oberägypten; s. zu diesem ganzen Komplex außer den Anm. Ho's und der AASS sowie den Anm. zu *Gesta* 17 (s. jetzt meinen Komm. S. 239–242) Heyen 31–36 (zumeist spekulativ); Thomas 28–33 (ebenso spekulativ), 144–149 (beide Verf. mit Einbeziehung der *Pass. mart.*); Heinen (ohne Nennung der *Passio*; zur Thebäischen Legion 46 [45 Anm. 2: frz. Spezialliteratur, entnommen aus Thomas 31 Anm. 18]).

(1,2) *ausgehoben (conscripta):* D.h. wörtlich ‚<in Listen> eingeschrieben'. – *um die Kräfte der Feinde der Römer zu zerreiben (ad vires hostium Romanorum conterendas):* AASS (375 Anm. d) nennen nach Ho's Vorgang (111 Anm. c) zweifelnd die Bagauden (große Räuberbanden aus verarmten Bauern, entlaufenen Sklaven und ausgedienten Soldaten, vgl. meinen Komm. zu *Gesta* 17,1), einen gewissen Carausius (Usurpator) oder aufrührerische Gallier; zu Letzteren s. *Gesta* 17,1: *propter frequentes Gallorum tumultus* („wegen der häufigen Unruhen der Gallier").

(1,3) Hs D hat von 1,3 bis 1,16 eine (nicht zu Ende geführte) Zählung mit roten röm. Ziffern von II bis VIII. – *Vorangestellt waren (Praelati sunt):* Die Wortstellung (vorgezogenes Prädikat) spiegelt den Inhalt wider. – *der eine Thyrsus, der andere Secundus (unus Tyrsus, alter Secundus):* so auch *Gesta* 17,3; der Name Thyrsus/Θύρσος (Pape/Benseler „Stengel"; unter anderem Märtyrer in der griech. ‚Kirchengeschichte' des Sozomenos [5. Jh. n. Chr.]) von θύρσος (ein aus Efeuholz oder Narthexrohr oder einer Weinrebe zubereiteter, mit Efeu umwundener, an der Spitze mit einem Pinienzapfen versehener Stab, Hauptkultinstrument der Bakchantinnen/Dionysos-Verehrerinnen).

(1,4) *des Primipilars ... Mauritius (primipilarii ... Mauritius):* Rangbezeichnung des röm. Heeres; s. Klotz s.v.: „Hauptmann der Triarier"; Wyttenbach/Müller (zu *Gesta*) 43 Anm. a: „primus centurionum" (,Erster der Zenturionen'; s. schon Ho 111 Anm e; vgl. unten 1,5. – *so wie wir es von unseren Vorgängern vernommen haben (sicut a nostris antecessoribus accepimus):* Dazu stimmt *Gesta* 17,3 f.; Kenntnisse über Mauritius könnten aus der *Passio Mauritii* (BHL 5737) stammen (vgl. Krönert 378). – *entweder auf bleiernen oder auf marmornen Tafeln (aut plumbeis aut marmoreis tabulis):* Vgl. unten 2,52 (wo aber die marmorne Tafel unbeschriftet ist). – *oder auf uralten Papieren (aut vetustissimis schedulis):* Dazu gehört (Ho 112 Anm. k; AASS 375 Anm. g) z.B. der unten 2,32 genannte Hymnus auf Paulinus (der in den *Gesta* nicht vorkommt).

(1,5) *unseres heiligen Vaters Paulinus (sancti patris nostri Paulini):* hier erstmals erwähnt; ca. 347–358 sechster Bischof Triers, s. *Gesta* 19,14–17; 22,4; unten 2,31–39. – *die ... ziemlich tief in die Erde eingeschachtet waren (terrae altius infossa):* oder einfach ,tiefer'; zum Ausdruck vgl. *Gesta* 27,19: *altius terrae infoderunt* („schachteten sie tiefer in die Erde"). – *einer von den Führern der vorgenannten Legion, Thyrsus ersichtlich (unus ex praefatae legionis ducibus, Tyrsus videlicet):* oben § 2. – *dem Zeichenträger der Legion, Mauritius (signifero legionis Mauricio):* Zur Erklärung des militärischen *Terminus technicus* s. Ho 112 Anm. o; daher kein Gegensatz zu seiner Bezeichnung als Primipilar oben § 4. – *beim untersten Grund der Alpen ... abgeschlachtet worden seien (iuxta Alpium infima ... trucidatos esse):* genauer *Gesta* 17,4, wo auch der Ort dieses Martyriums präzisiert wird (St.-Maurice-en-Vallais, St. Moritz/Schweiz; s. mit Lit. Heyen, Öffnung 31 f. Anm. 18, Stift 310 f.; Fälschung 411 mit Anm. 14): *Mauricius vero apud Agaunum oppidum cum sociis suis pro Christo victimatus* occubuit („Mauricius aber erlag bei dem befestigten Platz Agaunum, mit seinen Genossen für Christus geopfert"); vgl. Beissel 26–31 („Beweise für den Martyrtod der Legion zu Agaunum"); auch das vorgenannte *Victimilium* (Ventimiglia, s. Heyen, Stift 311) kommt in der *Hist. mart.* nicht vor; ausgiebige Spekulationen bei Ho 112 Anm. p (vgl. AASS 375 Anm. h); vgl. Heyen, Öffnung 33–36; Stift 310 f., mit Lit.

(1,6) *am ehesten diesen Ort jene Schar der Genossen (hunc potissimum locum coetus ille sociorum):* D.h. Trier; Aufnahme von § 5: *cum suis plurimis sociis et militibus in urbem Trevericam* (,mit den meisten seiner Genossen und Soldaten in die Trierische Stadt'). – *die unausweichlich Planung der göttlichen Vorherbestimmung (praedestinationis divinae inevitabilis dispositio):* nach Pr 3, Pr 10 und c. 1,1 zum vierten Mal (unten 1,40 zum fünften Mal) die Betonung des hinter dem Trierer Martyrium stehenden göttlichen Plans; die AASS (375 Anm. i) fühlen sich bemüßigt, ,einen anderen, und zwar mehr bestimmten' *(alia, eaque magis determinata)* Grund zu suchen (Grenzsicherung und Christenverfolgung durch Maximian). – *sie ... den einzelnen Zeiten und Orten die zusammenpassenden Dinge zuteilt (temporibus et locis singulis congruentia distribuit negotia):* so (Dativ) eher als Ablativ (,sie ... die gemäß einzelnen Zeiten und Orten zusammenpassenden Dinge zuteilt', wobei *distribuit* ohne Dativobjekt bliebe); zur Syntax (mit Dativ) und zum Gedanken vgl. Pr 2 (einziges weiteres Vorkommen von *distribuere*).

(1,7) *hat ... Gott und der Mensch ... vorgesehen (praevidit Deus et homo):* als Einheit (Christus) gedacht (singular. Prädikat). – *Bethlehem für seine Geburt, Jerusalem für sein Leiden (Bethlehem nativitati, Jerusalem ... passioni):* der in Bethlehem geborene und in Jerusalem gekreuzigte Christus.

(1,8) Zur Konstruktion: Hauptsatz *(possumus ... conicere)* – fakt. *quod (quod ... providerit)* – darin eingeschachtelt Relativsatz *(quae ... contulit armamenta)* mit zwei PC im Dativ *(querentibus, ...que ... confidentibus)* – Konsekutivsatz *(ut ... venerarentur)* – darin eingeschachtelt Kausalsatz *(quia ... cogebantur)* und Relativsatz *(quo ... adquirerent)* mit zwei *Partic. coniuncta (coniungentes et ... suscipientes)* und einem *Abl. abs. (adaucto ... numero).* – *nicht ohne Grund (non absque ratione):* dieselbe (verstärkende) Litotes auch 1,19: *absque merore non* (,ohne Betrübnis nicht'); *absque* nur noch 1,6; *sine* (,ohne') nur Pr 2; c. 3,26. – *der glückselige Marcellus, zur selben Zeit Bischof des römischen Sitzes (beatus Marcellus, Romanae sedis eodem tempore episcopus):* Gesta 17,2 nennen Marcellinus (Papst 296–304); zu den chronologischen Schwierigkeiten s. Ho (112 f. Anm. s); AASS (375 f. Anm. k, l); *Marcellinus* in D von anderer Hand darüber geschrieben. – *unter anderen Geräten des christlichen Soldatendienstes, die ... er beitrug (inter alia miliciae christianae, quae ... contulit armamenta):* quae C, D (qua in AASS Druckfehler); *armamenta* (hier vielleicht geweihte Waffen oder Reliquien) nur noch unten 3,22 (s. Komm.). – *dass sie vom Jerusalemer Bischof in den Glauben an Christus mittels der Taufe eingeweiht worden seien (sese ... ab episcopo*

Hierosolimitano ad fidem Christi per baptismum initiatos esse): so auch *Gesta* 17,2; doch s. AASS 375 f. Anm. l, mit Bischofsnamen): „*Nihilo solidior est ista assertio, quam praecedens*" ('Um nichts solider ist diese Behauptung da als die vorangehende'). – *der gallischen <Provinzen> (Galliarum)*: Gemeint ist *Treveris*, was aus den folgenden *Part. coniuncta* 'indem sie sich den Ersten der gallischen <Provinzen> verbanden und ... auf sich nahmen' (*se Galliarum principibus coniungentes et ... suscipientes*) hervorgeht; dazu kleinlich Ho (113 Anm. t; vgl. AASS 376 Anm. m) „Valde improprie" ('sehr unpräzise') für „Viri Consulares, et Senatorii Trevirorum" ('die konsularischen und senatorischen Männer der Trierer' [doch *consul* kommt in *Hist. mart.* nur dreimal, aber immer im Sing. vor, *consularis* nie]).

(1,9) *andere ... Vermutungen (aliae ... coniecturae)*: Bezug auf *conicere* ('vermuten') 1,8. – *geeignete (apte)*: In Beiden Hss ist zwar eindeutig *aperte* (in Abbreviatur: waagerechter Querstrich durch den Balken des *p*) überliefert (was Ho und AASS ohne Hinweis falsch als *aptae* drucken), aber 'offene Vermutungen' passt nicht so recht; anders 1,35 *apte* (*in brev.*) = *aperte*. – *den Namen des Ortes des Herrn (loci nomen Domini)*: so aufgrund der Wortstellung eher als 'den Namen des Herrn des Ortes'; gemeint ist jedenfalls Trier als Wirkungsstätte Gottes. – *von dessen unschätzbarem Plan der Weisheit ... (cuius inestimabile consilium sapientiae ...)*: Vgl. zu Pr 3. – *bei der gepriesenen Ankunft ... an diesem <Ort> (in benedicta ... ad hunc perventione)*: Die Ergänzung ergibt sich außer aus dem Kontext auch aus 1,11: *suaeque ad hunc locum perventionis*.

(1,10) *Kamen sie doch in die Trierische Stadt nur mittels göttlicher Anordnung (Venerunt namque in urbem Trevericam non nisi per ordinationem divinam)*: Siehe zu Pr 3; vgl. die ('ideologisierte') *Hyst. Trev.* 1,21: *tandem divino ductu Treberim ... pervenerunt* („gelangten <Eucharius, Valerius, Maternus> ... endlich durch göttliche Führung nach Treberis"); in der 'nicht-ideologisierten' Vorlage (*Gesta Trev.* 14,12; 15,1) fehlt die göttliche Führung noch (s. Dräger S. 411). – *Und deswegen wurden sie ... aufgenommen (Unde ... recepti sunt)*: so gut wie wörtlich (aus einer gemeinsamen Vorlage?) auch *Gesta* 17,6 (dort *Ubi* statt *Unde*; *in Deo* statt *in Domino*; s. Komm.); zu *christianitatis et pacis signa* s. oben zu 1,8 (*inter alia miliciae christianae ... armamenta*). – *des Friedens (pacis)*: Siehe zu Pr 10 und die Einführung. – *wurden sie ... aufgenommen (recepti sunt)*: D.h. sie sind schon innerhalb des Mauerberings, während in *Gesta* 17,5 Thyrsus sein Lager auf dem (in *Hist. mart.* und *Pass. mart.* nicht genannten) Marsfeld, aufschlägt, das gemäß *Gesta* 3,3 vor der Porta Nigra liegt, also außerhalb der Stadt, Richtung Norden/Paulinskirche; vgl. auch zu 2,5; Heyen 48.

(1,11) Strukturell und semantisch größtenteils identisch mit der (gemeinsamen?) Vorlage *Gesta* 17,7 (s. Komm.).

(1,12) *Aber dennoch ist es nicht zweifelhaft, dass ... (Verumtamen non est dubitabile, quin ...)*: Diese Reflexion steht mit ähnlichen Worten in der (gemeinsamen?) Vorlage erst am Schluss des dreitägigen Gemetzels, *Gesta* 17,18–17,22, dort (statt auktorialer Aussage) passender als *Occupatio* (möglicher Einwand eines Lesers) eingeleitet durch *Quaerit aliquis* („Es fragt jemand"). – *die Thebaner* (*Thebani*): das zu *Thebae* in Böotien gehörige Wort wohl irrtümlich statt ‚Thebäer' (*Thebaei*), in der *Hist. mart.* nur hier, in den *Gesta* und der *Pass. mart.* nie. – *durch materielle Waffen* (*materialibus armis*): in der *Hist. mart.* nur hier, in den *Gesta* und der *Pass. mart.* nie. – *jenes Präfekten der Römer, Rictiovarus* (*praefecti illius Romanorum Rictiovari*): erklärt durch *Gesta* 17,8: *Rictiovarus a Maximiano imperatore Trebirorum praefectura donatus* („Rictiovarus – vom Herrscher Maximian mit der Präfektur der Trebirer beschenkt"). – *dass ... der Imperator der Römer selbst, Cäsar, ... allein von den Trierischen Bürgern lange und viel ermüdet worden sei, ... in römischen und gallischen Historien ...* (*ipsum Romanorum imperatorem Caesarem ... a solis civibus Tevericis diu multumque fatigatum fuisse, in Romanis ac Gallicis ... historiis*): Anspielung auf die Kämpfe Gaius Julius Cäsars (und seines Unterfeldherrn Labienus) gegen die von Indutiomarus angeführten Treverer (54–53 v. Chr.), s. (‚römische Historien') Cäsar, *Gall.* 5–6 (vgl. AASS 376 Anm. p, die aber im Text *caesarem* schreiben; C *caesarem*; D *cesarem*); dagegen *Caesarem* Ho, dem ich hier folge) und (‚gallische Historien') *Gesta* 9–10 (mehr oder minder wörtliche Übernahme aus Cäsar, s. dort den Komm. *passim*); s. jetzt Verf.: Cäsar und die Treverer, Trier 2020. – *Dies <sei> bis hierher <gesagt>!* (*Haec hactenus.*): Über diese schon klassische Abschlussfloskel s. Komm. zu *Gesta* 24,29 (*Et de his actenus*, „Und über dies bis hierher").

(**1,13**) entspricht strukturell und größtenteils auch semantisch der (gemeinsamen?) Vorlage *Gesta* 17,8 f. – *der heiligen Ermunterung gegenseitig* (*sanctae exhortationis ... invicem*): Bezug auf 1,11 (*invicem exhortarentur*). – *als – da!, Rictiovarus* (*cum ecce Rictiovarus*): so auch *Gesta* 17,8; *ecce* in der *Hist. mart.* nur an dieser Stelle (zweimal in der *Pass. mart.*; häufig in den *Gesta*). – *der Präfekt der römischen – auf dass ich es so sage – Unbilligkeit* (*Romanae, ut ita dicam, iniquitatis praefectus*): zur Abschwächung eines ungewöhnlichen oder gewagten Ausdrucks dienender parenthetischer Finalsatz (nie in der *Pass. mart.*); s. auch unten 2,40 (*ut ita dixerimus*); 4,5 (*ne dicam criptam*). – *vom vorgenannten Maximian* (*a praefato Maximiano*): bisher genannt in 1,1 und 1,5.

(**1,14**) Nur der erste Teil (bis *pollui*) entspricht (der gemeinsamen Vorlage?) *Gesta* 17,10 (wo sofort der Mordbefehl folgt). – *der vorgenannten Legion* (*legionis praefatae*): Bezug auf 1,13. – *gemäß Christi Liebe und seiner und der Religion Beachtung* (*pro Christi amore eiusque et religionis observatione*): Die Erweiterung gegenüber *Gesta* 17,10 (nur *pro Christi amore*) ist gegen Thomas 29 Anm. 36 („da entweder *et* oder *eius q u e* ohne Bezugspunkt ist") nicht zu beanstanden, denn in diesem abundanten Stil kann sich *eius* auf *Christi* beziehen (Ho und AASS ändern nicht). – *was er selbst sagte, wissen wir nicht* (*quid ipse diceret nescimus*): Eine von Thomas 29 f. konstatierte ‚Störung der grammatischen Konstruktion' (mit Spekulationen über Abhängigkeitsverhältnisse der beiden Stellen; ähnlich spekulativ S. 30–36) besteht nicht, wie auch eine (gegenüber dem lebendigen Original lahme) Übersetzung zeigen würde (‚Als Thyrsus antwortete ..., wissen wir nicht, was Rictiovarus sagte, aber was er tat, wissen wir').

(1,15) *(sie) vermerkt haben (notaverunt):* AASS (376 Anm. r) nennen als ‚ziemlich wahrscheinlich' (*"Probabilius"*) das Jahr 882 (Normannensturm). – *von der wir vorher gesagt haben (quam ... praediximus):* oben 1,5. – *gefunden worden sei (inventam esse):* gemäß AASS (376 Anm. s) *Anno 1071 vel potius seq<uenti>* (‚im Jahr 1071 oder eher im folgenden' (s. Heyens Aufsatz-Überschrift: „im Jahre 1072"). – *der der vierte <Tag> vor den Nonen des Oktobers war (quae erat quarta Nonas Octobris):* D.h. der 4. Oktober (statt *quarto* in den AASS [doch s. meinen textkrit. App.] bietet Ho das römische Zahlzeichen *IIII.*); so auch unten 2,71, *Pass. mart.* 1,37 und *Gesta* 17,14.

(1,16) *Am folgenden Tag (Sequenti ... die):* D.h. am 5. Oktober; so auch unten 2,71, *Pass. mart.* 2,59 und *Gesta* 17,14. – *den Palmatius, Konsul und Patrizier (Palmatium consulem et patricium):* dieselben, durch *Interpretatio Romana* auf römische Verhältnisse (vgl. zu 1,17) übertragenen Amts- und Standesbezeichnungen auch in *Gesta* 17,14 und *Pass. mart.* 2,2; s. auch unten 1,21; der Name Palmatius/Παλμάτιος (‚Palmer' [s. den Künstlernamen Lilli Palmer]; röm. Ritter, bei Hesych [6. Jh. n. Chr.]) von πάλμα (‚Palme'); s. *Passio* 2,4 mit Komm.

(1,17) *sehr viele Benennungen auch von Würden ..., so wie in einer römischen Bürgergemeinde <zu erwarten> (plurima ... sicut in Romana civitate dignitatum quoque vocabula):* (Noch nicht bemerkte) Vorlage ist offenkundig die *Hyst. Trev.* (zur Datierung nach den *Gesta*, aber vor der *Passio Albani* [1060/1062] s. Dräger, Gesta S. 400–422), 3,2 f. (Römische Lebensweise und Einrichtungen in Trier): *secundum Romanas consuetudines cultum et officia ac diversa dignitatum nomina, consilium ducens instituit* („richtete er [der fiktive Römer Arimaspes im 3./2. Jh. v. Chr. in Trier] entsprechend römischen Gewohnheiten verfeinerte Lebensart und Ämter und verschiedene Namen von Würden ein, wobei er den Rat anführte").

(1,18) *wegen der Gleichheit (propter ... aequalitatem):* D bietet *qualitatem* (‚Beschaffenheit'). – *wegen des Wetteifers um Würden (propter dignitatum aemulationem):* entsprechend dem römischen *cursus honorum* (‚Laufbahn der <Ehren–>Ämter'). – ‚*zweites Rom*' *(secunda Roma):* Zu dieser seit dem 10. Jh. belegten Formel s. Komm. zu *Gesta* 8,2 (mit Lit.); Krönert 244 mit Anm. 1407; 251.

(1,19–36) *dreizehn Namen (tredecim nomina):* Die Zahl 13 ergibt sich auch aus der Addition in 2,47 f. (6+7 bzw. 4+2+7) und 2,63–68 (1+1+7+4), die mit 1,19–36 (1+1+7+4) völlig übereinstimmen. – Bei den elf Namen in *Gesta* 17,14 sind die schon genannten Thyrsus und Palmatius nicht mehr mitgezählt; eine genaue Lagebezeichnung der Sarkophage (offenkundig Erfindung der *Hist. mart.*?) gibt es in den *Gesta* noch nicht, auch nicht in der *Passio* (die dieselben Namen nennt, aber mit *undecim* [2,2; 2,90] bzw. *duodecim* [2,54] arbeitet).

(1,19) *wir ohne Betrübnis nicht sagen (absque merore non dicimus):* Zur Litotes s. zu 1,8; zu einem ähnlichen Gedanken s. 1,4.

(1,20) *des heiligen Paulinus (sancti Paulini):* Siehe zu 1,5. – *Thyrsus … auf der linken Flanke … gen Osten platziert … vom östlichen Landstrich (Tyrsus … in sinistro … latere versus orientem collocatus … ab orientali plaga):* D.h. Thyrsus (dieselbe Lage auch 2,64) aus Theben in Oberägypten (s. zu 1,1); Schmitt 130 f.; Heyen 26; dazu Ho 114 Anm. dd (> AASS 376 Anm. y): „*Merus ingenii lusus*" (‚Reines Spiel des Geistes'), denn gemäß Ho (> AASS) ‚blicke Thyrsus in Wirklichkeit zum *aquilo* (Nordwind) so wie Palmatius (s. sogleich) zum *auster* (Südwind)'; die beiden einzigen Stellen jedoch, an denen diese Winde in der *Hist. mart.* genannt werden (1,36 = 2,70; nie in der *Pass. mart.*), beziehen sich auf die vier Märtyrer Constans, Jovianus; Hormista und Papirius (von denen in Hontheims Zeichnung und Beschreibung [S. 93 f.: zeitgenössischer Zustand? s. meine Abb. 2] Constans und Hormisda ‚Konsuln' sind und ihre Sarkophage, getrennt von Papirius und Jovianus, nicht zu Paulinus' Füßen, sondern links und rechts von ihm an den Seitenwänden stehen).

(1,21 f.) *Auf der rechten <Flanke> … der Leib des … Palmatius … von seiner rechten Seite (In dextero … corpus … Palmatii … parte sui dextera):* dieselbe Lage des Palmatius auch 2,63; s. auch zu 1,20 (Ho), Schmitt 130 f., Heyen 26.

(1,21) *des Konsuls der Trierischen Stadt und Patriziers (consulis Trevericae urbis et patricii):* ähnlich schon 1,16; auch *Pass. mart.* 2,2.

(1,22) *dich dieser [Palm.] von seiner rechten Seite her anblickt (Hic … parte sui dextera te respicit):* Die Stelle zeigt, dass mit allen Seitenbezeichnungen und Himmelsrichtungen (immer) die Blickrichtung des Märtyrers gemeint ist (in allen vier ‚Grundrissen' bei Hontheim, Beissel, Schmidt und Baumeister Thyrsus immer zu Paulinus' Linken, Palmatius immer zu seiner Rechten), nicht die (dann seitenverkehrte) des vor ihm stehenden Betrachters/Fotografen oder Ausgräbers (so Vierbuchens Legenden der Fotos S. 134 f.: ‚links von Paulinus steht Palmatius, rechts von Paulinus sehen wir Thyrsus'); vgl. Beissel 36: „Weil der Fundbericht [2,45–54] sagt, der Altar bei A [s. Abb. 3] habe sich zu Füssen des hl. Paulinus befunden, und weil derselbe jedenfalls orientirt [geostet, nach Osten gerichtet] war, so muss das Haupt des hl. Paulinus nach Osten hin gelegen haben, seine rechte Seite war also nach Norden, die linke nach Süden gewandt"). – *o Trierische Stadt (o urbs Treverica):* einzige Apostrophe in unserem Text (1,30 *o terque …* ist Vergilzitat, s. unten; *o* nur an diesen beiden Stellen; dreimal in *Passio:* 2,80; 2,83; 2,84); *híc, dum párte suí dextrá te réspicit, ó urbs* wäre ein Hexameter (mit Hiat vor dem letzten Fuß). – *von seiner rechten Seite her … seine rechten Unterstützungen (parte sui dextera … dextera eius iuvamina):* auch im Deutschen (im Lat. noch durch Chiasmus hervorgehobenes) mögliches Wortspiel mit der ‚eigentümlichen' (*proprie:* ‚rechter') und ‚übertragenen' (*translate:*

‚günstig, erfolgreich') Bedeutung; *pars* (‚Seite') hier variierend zu 1,20 (und öfter) *latus* (‚Flanke').

(1,23) *Am Haupt … die Leiber von sieben Senatoren (Ad caput … septem senatorum corpora)*: Zu den hier nicht genannten Namen (Maxentius, Constantius, Crescentius, Justinus; Leander, Alexander, Sother), s. ausführlich unten 2,65–67; ‚sieben Senatoren' auch *Passio* 2,39. – *des öfter erinnerten, häufiger zu erinnernden Paulinus (memorati sepius, memorandi frequentius Paulini)*: bisher 1,5; 1,20; 1,21; nächste Erwähnung 1,34; zur Kombination *Part. Perf. Pass./Gerundivum* vgl. 1,9: *in benedicta sociorum istorum ad hunc <locum> perventione et benedicenda semper passione*. – *die Leiber von sieben Senatoren gleichsam als ebenso viele Kandelaber …, die mehr im Haus des Herrn leuchten als die sieben Gestirne des Himmels (septem senatorum corpora, quasi totidem… candelabra, plus in domo Domini lucentia, quam septem caeli sidera)*: Anspielung auf NT Apk 1,20, wo sieben Sterne und sieben goldene Leuchter für die sieben Gemeinden stehen; *in domo Domini*: im Lat. Paronomasie; *septem caeli sidera*: Schon im geozentrischen Weltbild bei Cicero, *Somnium Scipionis* 17 (*De re publica* B. 6), folgen auf die äußerste, himmlische (*caelestis*) Sphäre die sieben Planeten Saturn, Jupiter, Mars, Sonne, Venus, Merkur, Mond und als Neuntes die unbewegliche Erde als Fixstern und Mittelpunkt. – *mit nicht sehr geringem Geheimnis (non minimo misterio)*: so statt des zweideutigen ‚nicht mit dem geringsten Geheimnis' [*ne minimo quidem*, ‚nicht einmal mit dem geringsten']); s. auch 2,2; 3,6; 3,22; 4,7.

(1,24) *himmlische Wesen (caelestia … animalia)*: Anspielung auf AT Ezech c. 1 (Luther, zu 1,4: „Der Prophet schaut die Herrlichkeit des Herrn"); s. auch zu 1,25. – *gleichsam eine geordnete Schlachtreihe eines Lagers (quasi castrorum acies ordinata)*: Vgl. AT Cant 6,3: *ut castrorum acies ordinata* (‚wie …'; Luther: „überwältigend wie die Bilder am Himmel"; Cant 6,9 ohne *castrorum*); nicht verstanden von Krönert 245 (mit fehler- und lückenhaftem lat. Text [*positio ista*] in Anm. 1408).

(1,25) *so wie die Wesen des Himmels dem Echeziel erschienen, brachten sie die Flügel zusammen, <die> des einen an das andere (sicut animalia celi Iezechieli apparuerunt, alas alterius ad alterum contulerunt)*: Anspielung auf AT Ezech 1,9: *iunctaeque erant pinnae eorum alterius ad alterum* (‚und verbunden waren ihre Schwingen, <die> des einen an das andere').

(1,26) *vom Erzvorsteher … Felix (a … archipraesule Felice)*: 386–398 neunter Bischof von Trier, s. *Gesta* 22,3–5 (Bestattung der Märtyrer und des Paulinus [† ca. 358] in der von Felix auf dem Marsfeld erbauten Marien-Basilika, d.h. in der späteren (und heutigen) Paulinuskirche, s. Komm. ad l.; Heyen, Stift 308; s. schon oben zu ‚Prologus'); vgl. unten zu 2,58. – *wobei die Gnade des Heiligen Geistes mit jenem wirkte (Sancti Spiritus gratia illi cooperante)*: Vgl. NT Mark 16,20: *Domino cooperante* (‚unter Mitwirkung des Herrn'). – *so verbunden (ita coniuncta)*: wie in Abb. 3 (Beissel).

(1,27) *nachdem handgreiflich geworden ist ... der ... Schatz (manifestato ... thesauro):* Eine Änderung des *Part. Perf. Pass.* (C, D) zum Adjektiv *manifesto* (AASS 375 *in marg.*) ist nicht nötig, auch wenn *manifesto* als nominaler *Abl. abs.* (wie z.B. *nuntiato*) aufgefasst werden kann („da der Schatz jetzt handgreiflich vorliegt"); zu daraus gezogenen Schlüssen s. schon Ho 114 Anm. ee (Autor ist Zeitgenosse der Auffindung); AASS 376 Anm. aa („geschrieben um 1072, als die Krypta erweitert wurde"); s. schon 376 Anm. s. – *mittels der Barmherzigkeit Gottes (per misericordiam Dei):* D.h. durch jeweils drei gottgesandte Visionen und eine Engelsstimme, s. unten 2,14–29; zur *misericordia Dei* als Leitbegriff und einendes Band der *Hist. mart.* (1,32; 1,37; 2,21; 2,41; 3,2; 3,7; 3,19; 4,21) s. die Einführung (mit Anm. 14). – *unter Auslassung eines Raums von fünfzehn Fuß (intermisso quindecim pedum spacio):* D.h. circa viereinhalb Meter, s. Abb. 2 (Hontheim), Abb. 4 (Schmidt) und Abb. 5 (Baumeister). – *separarentur:* so Hs D, von der *Consecutio temporum* verlangt. – *der rechte Teil ... vier <Leiber> ... der linke ... drei ... Leiber (dextera pars ... quatuor ... sinistra ... tria ... corpora):* Ursprünglich waren um einen zentralen Sarkophag (Maxentius, Nr. 10 Beissel) symmetrisch je drei angeordnet (2,65–67, mit den Namen); nach dem Ausbau blieb links die frühere Dreiergruppe zusammen (Leander, Alexander, Soter = Nr. 12–14 Hontheim, so auch Nr. 5 Baumeister zu verstehen).

(1,28–32) (fantasierender) Exkurs über die vorgebliche Bedeutung der Siebenzahl (Hebdomade); die an dreizehn (1,19) noch fehlenden vier Märtyrer folgen erst unten 1,33–36.

(1,28) *der Siebenzahl (septenarii numeri):* Zu Einfluss und Kraft der ‚heiligen' Siebenzahl (Hebdomade) in der Welt s. Gellius (2. Jh.) 3,10; Orosius (5. Jh.), *Historiae adversus paganos* [‚Geschichtsschreibung gegen die Heiden'] 7,2,9 (*septenarius ille numerus, quo iudicantur omnia*, ‚jene Siebenzahl, durch die alles beurteilt wird'); vgl. auch M. Terentius Varros (116–27 v. Chr.) *Imagines* oder *Hebdomades* (s. meinen Komm. zu Ausonius, *Mos.* 305–307a). – *als Teile ... nicht unteilhaftig (partes ... non ... expertes):* Das etymologische Wortspiel (Paronomasie) unterstreicht, verstärkt durch die Litotes, die Aussage.

(1,29) Zur Syntax: Der Numerus des Prädikats (*continere videntur*) zeigt, dass *misterium* (vorgezogenes) Akkusativobjekt ist, während das Subjekt (*partes*) erst folgt (umgestellt: ‚auch die Teile scheinen das Geheimnis zu enthalten'). – *dieser konstituierenden Summe (summae huius constitutivae):* D.h. drei und vier als Summanden von sieben (zu *constitutivae* s. MLWB II 1629 f. s.v. ‚constitutivus', mit unserer Stelle); drei ist zum Beispiel die erste ‚echte' ungerade Zahl, vier die erste ‚echte' Quadratzahl (mathematisch gesehen, ist auch die Eins eine ungerade und Quadratzahl). – *Gewährsmänner göttlicher und menschlicher Weisheit (divinae et humanae sapientiae ... auctoribus):* Vielleicht ist an die Vertreter der sog. ‚sieben freien (d.h. eines Freien würdigen) Künste' (*artes liberales*) gedacht, bestehend aus Trivium (Grammatik, Dialektik, Rhetorik) und Quadrivium (Geometrie, Arithmetik, Astronomie, Musik), z.B. Boethius (ca. 480–524) oder Martianus Capella (Anfang 5. Jh.). – *wobei Zeuge*

Vergil ist, der wirklich gelehrteste der heidnischen Dichter (teste Vergilio paganorum poetarum revera doctissimo): Der heidnische Dichter *par excellence* ist für Christen Vergil (70–19 v. Chr.), zumal wegen der ‚messianischen' 4. Ekloge (Geburt eines Knaben).

(1,30) *an einer gewissen Stelle (in quodam loco):* Es folgt wörtliches Zitat (Versschluss) aus Vergil, *Aen.* 1,94, wo Äneas in einem Seesturm die bereits vor Troia Gefallenen in Apostrophe (vgl. oben zu 1,22) glückselig preist; bei diesem Makarismos (‚dreimal/viermal') handelt es sich um einen literarischen Topos (Vorlage ist Homer, *Odyssee* 5,306, analoge Situation: Odysseus im Seesturm).

(1,31) *zu langwierig wäre (longe est):* mit *longum* schon klassische *Praeteritio* bei Aufzählungen, z.B. Quintilian (ca. 35–100 n. Chr.), *Inst.* 10,1,118: *quos persequi longum est* (‚die zu verfolgen zu langwierig wäre').

(1,32) *die göttliche Barmherzigkeit ... in unserer Erbärmlichkeit (divina misericordia in nostra miseria):* durch Juxtaposition hervorgehobene Paronomasie (*miseri-cordia*/*miseria*); vgl. 1,37; zur Sache s. zu 1,27 und die Einführung (mit Anm. 14).

(1,33) *auch vier andere Leiber heiliger Märtyrer (alia quoque quatuor sanctorum martyrum corpora):* Die Zahl ergibt sich aus dreizehn (1,19) nach Abzug von Thyrsus/Palmatius (1,20 f.) und der sieben (1,23), vgl. zu 1,19. – *im Blei (in plumbo):* Siehe schon oben § 5, 15, 19. – *Dies sind jedoch die Worte ..., die dort eingeprägt sind (Haec sunt autem ... verba, quae ibi sunt insculpta):* Vgl. die ähnliche Einleitung 2,53 f.: *... huius plumbi cecinit nobis sculptura. Huius ergo textum sculpturae hic volumus pleniter inserere* (‚... tat uns die Prägung dieses Bleis kund. Den Text dieser Prägung also wollen wir hier vollständig einflechten').

(1,34–36) wörtlicher Auszug (76 Wörter) aus der Inschrift der Bleitafel 2,55–72, nämlich 2,68–70.

1,34 *Zu Füßen ... sind auf je einer Seite beigesetzt vier Männer (Ad pedes ... altrinsecus positi sunt quatuor viri):* ~ 2,68; doch so auch schon 2,47: *IIII vero pedibus eius ita altrinsecus adheserunt* (‚4 aber an seinen Füßen so beiderseits anhingen'); *altrinsecus* nur hier (MLWB s.v. ‚1. altrinsecus' nur „an, auf beiden Seiten, beiderseits"; ohne unsere Stellen). – *durch Abstammung und durch Mannhaftigkeit hochberühmt (genere et virtute clarissimi):* Zum ‚politischen' Kontext s. zu 2,68.

(1,35) *ihnen ... den Hals durchtrennen ließ (eos ... fecit decollari):* ~ 2,69 (*loci unici*; in *Passio* nur 2,26); beim Wüten des Rictiovarus 1,15 f. war nur allgemein zweimal von *occidere* (‚niedermetzeln') die Rede; die *Gesta* (19,17) verwenden *decollari* nur bei der Enthauptung des Paulinus in Phrygien.

(1,36) *gen Süd ... nach Norden (versus austrum ... aquilonem):* ~ 2,70. Gemäß klassischem Brauch sind die Himmelsrichtungen durch deren Hauptwinde (männliche Gottheiten) *Auster* (Südwind) und *Aquilo* (Nordwind) bezeichnet; wenn die Märtyrer in entgegengesetzte Richtungen blicken, müssten zwei Sarkophage um 180 Grad gedreht sein. – *der innere abermals (interior item): item* im Sinn des vorhergehenden *interior scilicet* (,der innere, versteht sich', d.h. ,nämlich'). Die vier hier paarweise Genannten sind in Abb. 3 (Beissel) richtig eingezeichnet: (5 Süd innen Hormista; 6 Süd außen Papirius; 4 Nord innen Constans; 3 Nord außen Jovianus); bei Hontheim (Abb. 2) zwar auch in paarweiser Entsprechung (4 Hormista/5 Constans; 6 Papirius/7 Jovianus), aber auf drei Stellen (4–5–6/7) verteilt (danach wohl Abb. 4 [Schmidt] und Abb. 5 [Baumeister]).

(1,37) *Pauca ... pro rerum multitudine parva pro rerum magnitudine:* durch einhämmernden Parallelismus ausgedrückter Gegensatz; vgl. 1,16. – *wie wir gesagt haben (ut diximus):* 1,16: *pro rerum multitudine satis paucissima.* – *die göttliche Barmherzigkeit (divina ... misericordia):* Siehe zu 1,27 und zur Einführung (mit Anm. 14). – *fürsorgend blickend (prospiciens):* um beide Bedeutungen abzudecken (das Verb nur an dieser Stelle, doch s. oben zu Pr 10). – *für unsere Zeiten bewahrt hat (nostris temporibus conservavit):* oder zu verbinden ,fürsorgend blickend auf unsere Zeiten'? – *uns Sündern verborgen (nobis ... peccatoribus ... absconsa):* So verbindet Ho 115 Anm. ff, auch wenn sich das nicht auf die Syntax dieser schwierigen Stelle beziehen sollte (aus der Ho den Schluss zieht, dass vor 1071 und ohne göttliche Enthüllung [*citra revelationem divinam*] nichts von diesem Schatz durch menschliche Überlieferung in Trier bekannt gewesen sei; zitiert in AASS 376 Anm. cc, die jedoch hinzufügen, dass man von ihm vor dem Normanneneinfall des Jahres 882 gewusst habe). – *unseren Besseren (nostris ... melioribus):* oder ,den besseren Unsrigen' bzw. ,Besseren als den Unsrigen'? (am Wortlaut von C/D ist nicht zu rütteln). – *durch irgendeinen geheimen Plan der Gnade (occulto aliquo pietatis consilio):* Gleich das erste unter fünf Vorkommen von *pietas* ist nicht eindeutig; die ,Schulbedeutung' ,Frömmigkeit' passt nur 2,2 (,Werke der Frömmigkeit') wie das zweimalige *impietas* (,Unfrömmigkeit', Pr 7); die dreimalige Junktur *divina pietas* (2,7; 4,3; 4,7) übersetze ich mit ,Gnade'; da an unserer Stelle *divina ... misericordia* vorausgeht, wähle ich gleichfalls ,Gnade' (zu *pietas* als Leitbegriff s. die Einführung, mit Anm. 16). Im klass. Latein bezeichnet der ,römische Wertbegriff' *pietas* ein Nahverhältnis zwischen z.B. Menschen und Göttern, Bürgern und Staat, Kindern und Eltern, Schülern und Lehrern.

(1,38) *durch ein mit dem heiligen Gregor gleichartiges Schreibtalent (scribendi ingenio aequali cum sancto Gregorio):* der bedeutende lat. Kirchenschriftsteller Gregor der Große (ca. 540–604), s. BBKL II 296–304 (F. W. Bautz); LexMA IV 1663–1666 s. v. ,1. Gregor I. der Große. I. Leben und Wirken' ([Richards]; "hl., *Papst* und Kirchenlehrer"). – *die Geringheit unseres Talents (nostri tenuitas ingenii):* Selbstherabsetzung des Autors (Bescheidenheitstopos), fortgesetzt in § 39 f.; vgl. auch *Passio* Pr 29; 2,87. – *würde (deberet):* Zu *debere* (statt

‚müssen') als modalem Hilfsverb (‚können, wollen') oder zum Ausdruck des Konjunktivs oder Futurs s. Stotz V § 65.3; IX § 61.7; MLWB III 1,55,44 f. („velle – wollen").

(1,39) *große Dinge auf dürftige Weisen des Schreibens zu verringern (res magnas parvis scribendi modis extenuare)*: aus Horaz, *Carm.* 3,3,72 (Schlussvers der Ode): *magna modis tenuare parvis* (‚Großes durch dürftige Weisen zu verringern'); die *Hist. mart.* unterstreicht die Aussage durch Chiasmus (*res magnas parvis ... modis*). – *durch göttliche Fügung (divinitus)*: Siehe schon zu Pr 3.

(1,40) [... *Illud vero* (‚... Jenes aber'): Hiermit setzt S. 220 Waitz' Exzerpt aus Hontheim ein.] – *durch welche Anordnung der göttlichen Vorherbestimmung (quali divinae praedestinationis ordinatione)*: Siehe schon zu Pr 3 und die Einführung mit Anm. 12.

(c. 2, Titulus) Ho 115: „*De inventione Martyrum Trevirensium Seculo XI. [undecimo] et apertione cryptae S.<ancti> Paulini*" (‚Über die Auffindung der Trierischen Märtyrer im 11. Jahrhundert und <über> die Öffnung der Krypta des hl. Paulinus').

(2,1) *Es waren ... entbrannt (Erant ... accensi):* in C und D direkter Anschluss an *manifestatione* 1,40 (Doppelpunkt dahinter in D); zum typischen Episoden- bzw. Märchenanfang *Erant* (‚Es gab einmal ...') s. Komm. zu *Gesta* 22,18; das weitestmögliche Hyperbaton (über 13 Wörter hinweg) unterstreicht die Intensität des Eifers. – *in jener Kongregation der Kanoniker des heiligen Paulinus (in illa sancti Paulini canonicorum congregatione)*: D.h. in der Paulinuskirche, s. 1,5; 1,15; zur Geschichte des Klosters s. AASS 378 Anm. a; *congregatio* (noch 4,11; 4,17: nie in *Passio*) entweder „(religiöse) Gemeinschft" (MLWB II 1411,26 f.) oder „Kloster, Stift" (1411,57); am nächsten kommt 4,17: *cum omnibus loci illius canonicorum congregationibus in eodem monasterio* (‚mit allen Kongregationen der Kanoniker jenes Ortes in demselben Kloster'); zu substantivischem *canonicus* (auch unten 2,24; 3,10; 4,17; nie in *Passio*) s. MLWB s. v. canonicus, II 180,47–49: „*clericus ordinatione regulari ad ecclesiam (cathedralem) pertinens* [PD: ‚ein Kleriker, der durch regelgerechte Ordinierung zu einer (Kathedral-)Kirche gehört'] ... – festbestallter Kleriker einer (Dom-)Kirche"; 180,61: „Mitglied eines Dom- oder Stiftskapitels, Kanoniker"; s. auch Ho und AASS ad l. – *einige Brüder (fratres aliqui)*: Genaueres s. 2,8 f. (drei Brüder, darunter der Kustos Kuno).

(2,2) *keine sehr geringe Mühe (operam non minimam)*. So statt des zweideutigen ‚nicht die geringste Mühe' [*ne minimam quidem*, ‚nicht einmal die geringste']); s. schon zu 1,23. – *eine Seite einer heiligen Schrift (sacrae scripturae ... paginam)*: hier (und 2,4; 2,38) nicht die Bibel (so Pr 1), sondern hagiografische Werke, z.B. Leben und Leiden der Heiligen, s. sogleich § 3. – *zu lesen (legendi)*: so C und alle Hgg.; der Dativ *legendo* (D), schwerfällig mit Akk.-Objekt *paginam*, hinge ab von *operam praebere = dare*. – *durch Blicke des Leibes und des Geistes ... zu blicken (corporis ac mentis aspectibus ... spectare)*: wohl beabsichtigtes Wortspiel. – *nein, sogar (quin immo):* Selbstkorrektur; *immo* in der *Hist. mart.* nur hier (zweimal in *Passio*). – *nicht uneingedenk (non immemores):* zur Verstärkung dienende Litotes (wie schon *operam non minimam*). – *jenes Gebotes (illius ... praecepti):* Es folgt wörtliches Zitat aus AT Deut 5,16 (Exod 20,12 [AASS 379 Anm. d fälschlich 20,21] setzt noch *tuam* zu *matrem*).

(2,3) *Preisungen dieses Ortes (loci huius praeconia):* D.h. Lobschriften auf Trier. – *das Leiden der heiligen Märtyrer Gentianus und Victoricus (passio sanctorum martyrum Gentiani et Victorici):* Ein dritter (ohne Kenntnis unseres Textes [Ho, AASS, Waitz]) z.B. von Heyen 27–29 (vgl. schon 25), Heinen 48 und Krönert 378 an dieser Stelle stillschweigend eingemogelter Märtyrer Fuscianus (in den AASS 376 steht er mit Gentianus nur *in marg. dex.*) stammt aus der *Vita Agritii* (BHL 178, 179; Sauerland 190; s. auch Embach 315 f.): *In urbe autem Treberica quam innumerabilia sanctorum milia huius tyrannidis fervente procella fuerint occisa, in sanctorum martirum Fusciani, Victorici et Gentiani passione hoc ordine verborum aperte docemur* („Wie unzählige Tausende von Heiligen jedoch in der Trierischen Stadt niedergemetzelt worden sind, als der Sturm dieser Tyrannis glühte, darüber werden wir im Leiden der heiligen Märtyrer Fuscianus, Victoricus und Gentianus in folgender Anordnung der Worte offen belehrt'); Ho 115 Anm. c (so statt b zu lesen) weist zu ihnen auf das *Martyrologium Romanum*; s. auch Heinen 48 f. (aus Sauerland: von Rictiovarus in Amiens/Nordfrankreich hingerichtete Märtyrer, die erst später als Wandermotiv nach Trier übertragen wurden, vgl. zu Rictiovarus' Itinerar Beissel 50–54; zu ursprünglich getrennten Martyrien der Thebäer und Trierer s. Thomas 30 f., mit Verweis auf Sauerland und Heyen; zu etymologischen Spekulationen über den Namen „Rictius–Varus" s. Beissel 49 f.).

(2,4) *erbebte (contremuit):* wie 3,6 (*contremuissent*; nie in *Passio*) eher von *contremiscere* (Verbum incohativum) als vom (gleichbedeutenden: „[er]zittern, [er]beben": MLWB s.v. ‚contremisco' und ‚contremo', ohne unsere beiden einzigen Stellen) Verb *contremere*. Auch die Vulgata kennt nur *contremiscere* (Peultier; beide Lemmata als Verlegenheitslösung bei Dutripon). – *der heiligen Schrift (scripturae sacrae):* Siehe 2,2.

(2,5 f.) Wörtlich aus der *Vita Agritii* (Sauerland 190 [185: *Incipit adventus sancti Agricii*, ‚An fängt die Ankunft des heiligen Bischofs Agricius']; vgl. auch *Gesta* 17,11 f. (s. gleich).

(2,5) *Es berichtete (Referebat):* Zu diesem Imperfekt s. zu 2,14. – *Blutbäche des Wassers, neben dem sie niedergemetzelt wurden, vermischt und in die Mosel geführt (rivi cruoris aquae iuxta quam occisi sunt permixti et in Mosellam deducti):* D.h. das (dicke/zähe: *cruor*) Blut fließt erst mittelbar in einen Bach oder Nebenfluss; anders *Gesta* 17,11, wo das (dünn[flüssig]e: *sanguis*) Blut direkt oder unmittelbar in die Mosel fließt: *sanguinis rivuli defluentes in Mosellam aquae permixti* („Bächlein von Blut, die in die Mosel herabflossen, nach Vermischung mit deren Wasser"); vgl. *Passio* 2,74; zu Spekulationen (unter Annahme von Interpolationen) über zwei konkurrierende Klosterversionen (an der Mosel Benediktinerabtei St. Marien *ad/supra litus/ad martyres*; dagegen ca. einen Kilometer vom Fluss entfernt St. Paulinuskirche [wie St. Maximin]) bei Heyen 27–29 (vgl. Stift 313 f.); Thomas 30–33. – *Und dort folgt auch (Ubi et sequitur):* Die ‚Exaktheit' des folgenden Zitats (ähnlich *Gesta* 17,12, aber nicht als Zitat) wird bezweifelt von Ho 116 Anm. f.

(2,6) *Den auch damals noch unbeerdigten (Inhumatis etiam tum):* so auch *Gesta* 17,12; zu Spekulationen darüber s. Heyen (25: *etiam tunc* ‚schon früher interpoliert', der Satz dadurch „unlogisch", 28 f.); gemeint ist jedenfalls bis zur Bautätigkeit des Bischofs (386–398) Felix, s. *Gesta* 22,3: *Hic fecit basilicam grandem in honore Dei genitricis in campo Martio 410 pedum longitudinis, 120 latitudinis, in qua corpora martirum a Rictiovaro passorum, ad usque sua tempora disiecta et incomposita, honorifice tumulavit* („Dieser schuf eine gewaltige Basilika in der Ehre der Gottesgebärerin auf dem Marsfeld, von 410 Fuß an Länge, 120 an Breite, in der er die Leiber der Märtyrer, die unter Rictiovarus gelitten hatten, bis zu seinen Zeiten zerstreut und ungeordnet, ehrenvoll bestattete"); mit der ‚Marienbasilika' ist die spätere (und heutige) Paulinkirche gemeint; ausführlich *Vita S. Felicis* (I: BHL 2893; II: BHL 2892; AASS Mart. III 623; von mir zitiert zu *Gesta* 22,3). *Gesta* 17,17 nennen noch einen stillgelegten Brunnen (*puteus*), der als zeitweiliger Aufbewahrungsort der Märtyrergebeine diente (nicht in der *Hist. mart.*; Spekulationen bei Heyen 48; Thomas 31). – *redeunte grata compage:* so C und D; verlesen von Ho (*redintegrata compage*). dem AASS und Waitz auf den Leim gehen.

(2,7) *In diese Bangigkeit des Geistes (In hac ... mentis anxietate):* Bezug auf 2,2: *corporis ac mentis aspectibus.* (‚durch Blicke des Leibes und des Geistes'). – *von der göttlichen Gnade (a divina ... pietate):* diese Junktur noch 4,3; 4,7; zur Übersetzung s. zu 1,37. – *eines so heiligen Depositum (tam sancti depositi): depositum* im Sinn von *thesaurus* MLWB III 358 s.v. ‚2. depositum'. – *ihr gepriesener Name ... gepriesen werde und gelobt werde (benedictum nomen eius ... benediceretur ac laudaretur):* Gemeint ist die göttliche Gnade (*divina pietas*; zu *pietas* als Leitbegriff s. die Einführung (mit Anm. 16); zum (abundanten) Ausdruck vgl. 1,9 (noch gesteigert): *nomen Domini benedicere ac laudare ... in benedicta ... perventione et benedicenda semper passione.* – *von Epoche bis zu Epoche (s saeculo in saeculum):* D hat schwerfälliges *et in saeculum* (‚und bis zu Epoche').

(2,8) *unbewegt bleibe (immota permaneret):* so *C*; in D versimpelt zu *impleretur* (‚erfüllt werde'); C klingt an Vergil, *Aeneis* 1,257 f. an (Jupiter zu Venus über ihren Sohn Äneas): *Manent immota tuorum | fata tibi* (‚Es bleiben unbewegt der Deinen Göttersprüche dir'). – *die besagt (quae dicit):* Es folgt fast wörtliches Zitat von NT Matth 18,20. – *drei Brüder (tres ... fratres):* Präzisierung gegenüber 2,1 (*fratres aliqui*).

(2,9) *schickte ihnen Gott (misit eis Deus):* gemäß Ho (116 Anm. h) ‚die zweite Stufe des Aufspürens der Schlafstätten der heiligen Märtyrer'; vgl. zu 2,25.

(2,11) *durch solche Tröstung göttlicher Unterstützung (Tali ... adiutorii divini consolatio:* Ho verfälscht zu *consolatione*, da er (AASS, Waitz) *consolatium* nicht kennt; zu Gottes *solatium/consolatio* (noch 2,21 *bis*; 2,41; 2,51; nur in *Passio* 2,18 *Dei consolationes*, ‚Gottes Tröstungen') als Leitbegriff (synonym mit *misericordia*) s. die Einführung (mit Anm. 15). – *nicht nur mäßig froh geworden (non modicum letificati):* ‚nur' eingefügt zur Vermeidung von Zweideutigkeit; der Akkus. Neutrum statt des Adverbs *modice*; ähnlich 3,25; 4,10; 4,22. – *nicht verwunderlich (nimirum):* noch 2,44; 3,6 (nie in *Passio*); eigentlich ‚wenn nicht (*ni* < *nisi*) Wunderbares/Verwunderliches <eintritt>'.

(2,12) *des Lehrers der Völker (doctoris gentium):* oder Paulus als Lehrer ‚der Heiden'. – *er sei allen alles geworden (se omnibus omnia factum esse):* gemäß NT 1 Kor 9,22 (nicht in der zitatfreudigen *Passio*): *omnibus omnia factus sum* (‚allen bin ich alles geworden').

(2,13) *im Kloster des oft genannten Vaters Paulinus (in monasterio sepe dicti patris Paulini):* Siehe schon den Beginn des Kapitels (2,1) sowie z.B. 3,8.

(2,14) *so wie er selbst uns berichtete (sicut ipse nobis referebat):* D.h. auch dem anonymen Verfasser als Zeitgenossen – und wohl mehrfach (iteratives Imperfekt; vgl. 2,5: *Referebat ... passio sanctorum*); s. noch 2,29; 2,42; 2,51; 2,53; als Augenzeuge: 4,20 (*vidimus*),

(2,15) *mit den Augen seines Geistes (oculis mentis):* ähnlich schon 2,2 *mentis aspectibus* (‚durch Blicke ... des Geistes').

(2,18) *nüchternen Geistes (sobriae mentis):* als Gegensatz zu 2,14 *in mentis extasi* (‚von einer Verzückung des Geistes').

(2,19) *wenn von ihm diese Erscheinung komme (si ab ipso haec esset visio):* eher vom Verstümmelten (wie das vorige *ab ipso*) als von Gott. – *ein drittes Mal zu zeigen (monstrare ... tertio):* oder wegen der Wortstellung *dignaretur tertio* ‚ein drittes Mal würdige'; *tertio* steht im Sinn von ‚dreimal', d.h. noch zweimal (s. 2,20 *duabus vicibus*); zu drei Erscheinungen des Bonifatius s. Heyen 34 f.; zu dreimaliger Warnung als epischem Motiv s. z.B. schon Herodot 7,19,1 (Traum).

(2,21) *Trost (solatium):* schon § 11; auch ‚Beistand'. – *göttlicher Barmherzigkeit (divinae ... misericordiae):* Siehe zu 1,27 und die Einführung (mit Anm. 14). – *der die in der Hoffnung Langmütigen liebt (qui amat longanimes in spe):* D.h. Gott; kein Bibelzitat (doch s. AT Jdt 13,17), aber Gott selbst *longanimis* (Luther: „geduldig"): AT 2 Esra 9,17; Ps LXX 102,8. – *innerhalb (infra):* Zu *infra* (eigentlich ‚unterhalb' im Sinn (‚innerhalb, binnen') von *intra* s. Habel/Gröbel s.v.

(2,22) *Nachdem diese Ermunterung gemacht worden war (Hac facta exhortatione):* Aufnahme von 2,21: *cum magna exhortatione*. – *für die brüderliche Aufnahme in Gastfreundschaft (pro fraterno ... hospitalitatis receptu):* Bezug auf 2,9: *studio sanctae hospitalitatis ... recipiens*. – *den ... Weg zum heiligen Jakob (iter ad sanctum Iacobum):* D bietet: *ad limina sancti Iacobi* („zum Grab [eigentlich ‚Schwellen, Haus'] des heiligen Jakob'); d.h. (wie aktuell) das Pilgern auf dem Jakobsweg in Spanien. – *Et ita ipse quidem ab eis discessit:* Der kurze Satz spiegelt die Abruptheit der Abreise wider.

(2,23) *jene aber glühen gemäß dem Eifer für die heilige Suche mit einem von Tag zu Tag größeren Verlangen (illi vero pro sanctae inquisitionis studio maiori in dies estuant desiderio):* Steigerung gegenüber dem Anfang des Kapitels (2,1), s. auch nächstes Lemma.

(2,24) (in D ausgelassen, wodurch dort in 2,25 *religiosae huius communionis* seinen Bezug verliert) *von den heiligen Nonnen, religiösen Frauen (a sanctis monialibus feminis religiosis):* so C (Ho/AASS); Waitz versimpelt zu *a sanctimonialibus feminis religiosis* („von den religiösen heiligen Klosterfrauen); doch s. das Lemma *monialis* („Nonne") bei Habel/Gröbel und im MLLM. – *von den Kanonikern (a canonicis):* Siehe zu 2,1. – *auf Fasten ... mehr als am ersten Anfang (ieiuniis ... plus quam in principio):* Steigerung parallel zu 2,23; zum Fasten s. 2,7; 2,9.

(2,25) *Und daher widerfuhr es (Unde contigit):* gemäß Ho (117 Anm. o) ‚die dritte Stufe' des Aufspürens der Schlafstätten der heiligen Märtyrer; vgl. zu 2,9. – *im Kloster der heiligen Maria (in monasterio sanctae Mariae):* das Kloster Ören (*Horrea*), s. AASS und Ho ad l.; heute Stift St. Irminen; vgl. *Gesta* 24,13; 29,4; zu den fünf Marienkirchen in Trier s. Heyen 24 Anm. 3 (Ören: Nr. 4).

(2,26) *für jene (illis):* D.h. für die Märtyrer.

(2,28) *auf die dritte Ankunft dieser Stimme (tercium huius vocis adventum):* Zur epischen Dreizahl s. schon zu 2,19.

(2,29) *so wie sie selbst es uns berichtet hat (sicut ipsa retulit nobis):* ähnlich der Anonymus schon 2,14. – *von Herrschergewalt (imperiositatis):* einziger Beleg für dieses Wort im MLWB s.v. ‚imperiositas' (IV 9,1401,52–54. „*vis imperatoria*   herrschaftliche Macht"). – *nicht nur mäßig (non modicum):* Siehe zu 2,11.

(2,30) *die Kustodin des Bücherschranks (custos ... librarii):* Vgl. oben 2,9 Bruno, den Kustos eines Klosters (*custos monasterii*). – *um den Haufen von Blättern zu durchstöbern (cumulum discussura scedularum):* entsprechend dem Auftrag der Stimme in 2,26: *quere in vetustissimis scedulis* (*scedula* nur an diesen beiden Stellen).

(2,31) *sie hatten ... Rollen ... aufgerollt (volumina revolverant):* Die *Figura etymologica* unterstreicht die hastige Suche. – *Schottisch (Scotice [= ę]):* willkürlich (s. Beissel 38) Ho's (117 Anm. s > AASS 377 *in marg. dex.*) Änderung zu *Gothice* ('Gotisch') oder Schmitt 121 ein „wahrscheinlich deutsches Liederbuch"; näher liegend Beissel 32 („in schottischer Mönchsschrift"); Pelster 552 Anm. 44 („der insularen Schrift"); Waitz 221 Anm. 42: „id est littera Scotica" ('das heißt, mit schottischem Buchstaben/in schottischer Schrift'); daraus wohl Heyen, Fälschung 409: „wohl iro-schottischen Handschrift in St. Irminen (das bekanntlich einst in engen Beziehungen zur Willibrord-Abtei Echternach gestanden hatte)"; „écriture irlandaise" (Krönert 246); s. zu diesem Komplex Embach 27 f. („Die iro-angelsächsische Mission: Willibrord und Kloster Echternach").

(2,32) *die sehr herrlichen Taten seiner Heiligkeit (gesta sanctitatis ipsius praeclara):* Zu Paulinus als sechstem Bischof (ca. 347–358) Triers s. *Gesta* 19,14–17 (mit Komm. zu 19,14); 22,4; zum Paulinus-Hymnus s. Heyen 29–31; gemeint ist die *Laudatio Paulini* (BHL 6567), s. Krönert 246, 401 f. – *eine gewisse Plumpheit der Darstellung hatten, ... nicht mit nur sehr geringer Feinheit der Gegenstände prangten (compositionis quandam rusticitatem ... rerum habebant, ... non minima urbanitate florebant):* Gemeint sind wohl Komposition (Aufbau) und sprachlich-stilistische Ausarbeitung (wiewohl man dann statt *rerum* eher etwas wie *verborum* erwartete), ausgedrückt durch den alten Stadt-Land-Gegensatz von *urbanitas* (Zivilisation, städtische/feine Art) und *rusticitas* (ländliches/bäurisches Wesen).

(2,33) *gegen die Arianer (contra Arrianos):* Anhänger des als Häretiker (Ketzer) geltenden Arius, des Bischofs († 335) von Alexandria. – *wie er ... in die Verbannung geschickt worden ist (qualiter in exilium ... missus fuerit):* vom Arianer Constantius II. (Sohn Konstantins I.) 353/354 nach Kleinasien, s. *Gesta* 19,16.

(2,34) *wie er ... zum Glauben Christi bekehrt hat (qualiter ... ad fidem Christi ... converterit):* Siehe *Gesta* 19,17. – *die Phrygier (Frigies):* C/D (Ho/AASS, die beide den korrekten griech. Akk. **Phrygas* an den Rand setzen; Waitz 'normalisiert' willkürlich zu *Frigios*); die *Gesta Trev.* kennen nur die Landesbezeichnung *Frigia* (heute Türkei).

(2,35) *den Siegespreis ewiger Vergeltung vom Herrn (retributionis aeternae ... a Domino ... bravium):* Paulinus wurde in Phrygien von den Heiden enthauptet, s. *Gesta* 19,16 f. – *Dass ... der kostbare Schatz seines Leibes durch göttlichen Wink und durch Unterstützung der Wunder von den Trierern aufgenommen worden sei (preciosum corporis ipsius thesaurum nutu divino et miraculorum adminiculo a Treviris esse receptum):* Gemeint ist wohl ein Gottesurteil; anders (und rätselhaft?) die *Gesta* 22,4: *Corpus quoque sancti Paulini, quod suo tempore populus Trebirorum cum copiis ex toto regno adunatis de Frigia detulerat* („Auch den Leib des heiligen Paulinus, den zu seiner Zeit das Volk der Trebirer mit aus dem ganzen Königtum vereinigten Truppen [Mitteln?] aus Phrygien herbeigebracht hatte");

s. Komm. ad l. und unten zu 2,58 (Schmitt 122 paraphrasiert: „unter Beihilfe [>Heyen 26: „mit Unterstützung"] des ganzen Reiches". – Der Wortlaut in D muss mithilfe von C korrigiert werden (Einfügung von *cum retributionis* und Änderung von *esset* zu *esse*).

(2,36) *Und über die zu achtende Stellung seines Begräbnisses (De cuius veneranda sepulturae positione)*: D.h. Lage seines Grabes; *positio* noch dreimal in der *Hist. mart.* (nie in der *Pass. mart.*): 1,20: *in ipsa sui positione* („selbst in seiner Stellung'); 1,24: *positio ista* („diese Stellung da'); 4,6: *diuturna sui positione* („durch seine langdauernde Stellung'); s. auch in unmittelbarer Nähe 2,36: *haec ... verba sunt posita* („sind ... diese Worte gestellt'); 2,37: *Posuerunt eum* („Gestellt haben sie ihn').

(2,37) Die Gliederung in (außer *Posuerunt eum*) acht Kola hat offensichtlich nur Beissel 37 gesehen (38: „In dem erwähnten Hymnus reimen sich je zwei Zeilen so, daß die letzten Vokale gleichlautend sind und die letzten Silben sich gleichen" [in Wirklichkeit reimen sich, liest man *-am* wie schon in der Spätantike nasal, alle acht Kola auf -*a*]); aber willkürlich und damit verfehlt ist sein Versuch (38–40), „dass man aus der Bleitafel eine in ähnlicher Art gereimte Inschrift ausheben kann." Waitz 221 druckt (einschließlich *Posuerunt eum*) den Hymnus in fünf Zeilen. – *neben die berühmteste Nachkommenschaft | – die Trierer – und die erlauchte, | ... Leiber ... | von Fremden, sehr viele (iuxta prolem clarissimam | Treverensem et inclitam, | ... corpora | peregrinorum plurima)*: Gemeint sind die durch Rictiovarus ermordeten Trierer Ratsherren und („Fremden') ägyptischen Thebäer (in falscher Reihenfolge Heinen 48: „daß die neben dem Grabe des Bischofs entdeckten Gräber diejenigen der thebäischen und trierischen Märtyrer sein müssen"; unzutreffend ist „nächst dem vornehmsten und berühmten trierischen Sproß [*prolem*]", was auf einen Singular führen würde; und Heinens Fuscianus kommt in der *Hist. mart.* nicht vor, s. schon oben zu 2,3); vgl. Heyen, Öffnung 43 („die Leiber der Thebäer" und „die Vorgänger der *principes civitatis* ihrer Zeit"); 56; Stift 312 f., Fälschung 409 f.; Krönert 246 („à côté des citoyens très fameux de Trèves et des étrangers"). – Ho (118 Anm. u) schwankt bei *proles* zwischen entweder Palmatius allein oder „duodecim martyres indigenae" („zwölf einheimische Märtyrer'); Vermutungen bzw. Fantastereien zu *peregrini* 118 Anm. x.

(2,38) *der heiligen Schrift (scripturae sacrae)*: Siehe zu 2,2.

(2,39) *ob ... oder ob (utrum ... aut utrum)*: nun hier statt klassisch *utrum ... an*; die Antwort auf die Doppelfrage liegt im ersten Glied („die Mahnungen der Erscheinung'). – *in ihnen (in eis)*: Gemeint sind entweder „die Zeugnisse der heiligen Schrift' (2,38: *scripturae sacrae testimonia*) oder die lesenden Mönche selbst.

(2,40) *von den drei Brüdern, die wir zuvor erwähnt haben (de tribus quos praediximus fratribus)*: Siehe 2,8 und (ohne Zahl) schon 2,1. – *der – fern von Zweifel – engelhaften Stimme (vocis procul dubio angelicae)*: 2,25–29; in 2,29 wird ihr (ohne dass ein Widerspruch vorliegen müsste) ‚eine gewisse Herbheit von Herrschergewalt' zugeschrieben. – *die vorgenannte Schwester (praefata soror)*: Frideburga (2,25). – *auf dass wir es so sagen möchten (ut ita dixerimus)*: Zu Abschwächungen gewagter oder sostwie auffälliger Ausdrücke (hier dreifache Alliteration *vetustissima … veterum volumina*) s. zu 2,13.

(2,41) *des Erbarmens Gottes (miserationis Dei)*: Siehe zu 1,27.

(2,42) *eine Erinnerung an Fremde (memoriam … peregrinorum)*: der Thebäer, s. 2,37 *(corpora peregrinorum)*. – *dass er … überlassen dürfe (Ut … accommodaret)*: Siehe (ohne unsere Stelle) MLWB I 98,54–99,1 s.v. ‚accommodo' (u.a. ‚geben, gewähren, zur Verfügung stellen, überlassen'); vgl. zu 3,16; 4,3. – *uns (nobis)*: Zum anonymen Autor als Zeitgenossen, sogar Beteiligten an den Ereignissen s. zu 2,14. – *Verlangen, nach denselben zu suchen (eorundem querendi desiderium)*: [‚Verlegenheitslösung', wenn man nicht gewaltsam zu *eosdem* ändern will] Von *desiderium* hängen zwei *Genetivi obiectivi* ab: ‚Verlangen nach der Suche' und ‚Verlangen nach denselben'. – *erbat er (<rogavit>)*: (nur bei Waitz 221 Anm. c ergänzter) Hauptsatz, ohne den in C und D ein Anakoluth vorläge.

(2,43) *aller Klügeren (omnium prudentiorum)*: Überbewertung des topischen Komparativs (‚alle ziemlich Klugen', auch 3,27) bei Ho 118 Anm. y (einige Kanoniker seien nicht einverstanden gewesen); *prudentium* (‚Klugen') D.

(2,44) *mit den Ersten der Bürgerschaft (cum principibus civitatis)*: D.h. (in *Interpretatio Romana*) ‚Senatoren' oder Ähnliches; dieselbe Junktur schon 1,10; 1,16; ferner 2,57; 2,71 (verfehlt Schmitts Paraphrase, 121: „mit den vornehmsten Geistlichen der Stadt"; verfehlt auch Thomas 149 („als auch … freie Vasallen der Trierer Kirche"); zur städtischen Verfassung Triers vgl. Heyen 43 f. und unten zu 2,68. – *vom Herrn Erzbischof Udo (a domno archiepiscopo Udone)*: Zu Udo (1067–1078 der 50. Bischof Triers) s. *Gesta* 33,4 (1 Satz, s. Komm.), mit Ergänzung in *Cont.* I 9,11–9,13, wo aber nirgends etwas über das Aufbrechen der Paulinuskrypta während seiner Amtszeit gesagt wird; Udo in *Passio* nie erwähnt. – *nicht verwunderlich (nimirum)*: Siehe zu 2,11.

(2,45) *ist … befestigt gewesen (fuit munita)*: Die AASS 379 Anm. r vermuten ‚nicht lange vor dem Normannensturm' [882, s. *Gesta* 28,1–5, mit Komm.]. – *des Hauptaltars (principali … altari)*: in 2,49 *altari praecipuo* (‚des vornehmlichen Altars') genannt; in Hontheims Plan (Abb. 2) nicht eingezeichnet; in Beissels Plänen (Abb. 3) als „Hochaltar" (H) deklariert; in Schmidts Plan (Abb. 4) Nr. 8; in Baumeisters Plan (Abb. 5) Nr. 6. Vgl. Heyen 30: „daß der Hochaltar über einer kleinen, wahrscheinlich auch erkennbaren Öffnung der Krypta stand. Wollte man diese Öffnung erweitern, mußte man den Altartisch auf die Seite rücken" (Verweis auf Beissels Rekonstruktionsskizze).

(2,46) *einem seinem Gewicht nicht ungebührenden Plan (non indebito gravitati suae consilio)*: oder ohne Sinnänderung mit dem Genetiv *gravitatis* der Hs D; Udo ist zwar zuständiger und standesgemäßer (*indebitus* nur hier) Ansprechpartner, sucht aber das Vorhaben zu verhindern, zumindest aufzuschieben. Grund ist vielleicht die durch das Entfernen drohende ‚Entweihung' (Schmitt 122) des Altars.

(2,47–49) Die Namen fehlen konsequent, da die Tafel erst zuallerletzt (2,52) gefunden wird.

(2,47 f.) *sechs Sarkophage ... sieben Sarkophage (sex sarcofaga ... septem sarcofaga)*: Zu den insgesamt 13 Sarkophagen s. schon oben zu 1,19–36.

(2,47) *Nachdem also die Krypta aufgebrochen worden war (Fracta igitur cripta)*: Mit blühender Fantasie Schmitt 122: „Das that man und stieg nun mit Leuchten in das dunkle Gewölbe hinab, wo seit neunzig Jahren [(1072 minus 90 = 982?] kein Mensch geathmet hatte."

(2,48) *ebenso viele durch die Leiber duftend (totidem corporibus aromatizantia)*: D.h. alle sieben dufteten; angenehmer Geruch der Leiche bildet einen Topos der Hagiografie; *aromatizans* nur an unserer Stelle (s. MLWB s.v. ‚aromatizans') und einmal in der Bibel (AT Eccl 20,24), aber z.B *odor suavitatis* (‚Wohlgeruch der Annehmlichkeit') ist ab AT Gen 8,21 häufige biblische Junktur (auch z.B. Hieronymus, *Epist.* 148,30,4; 149,4,3); s. auch *Passt. mart.* 2,48.

(2,49) *Diese alle (Haec ... omnia)*: D.h. die sieben Sarkophage durch sechs Bögen (*fornix* „Bogen" MLWB, mit unserer Stelle, „*de loculo*" [‚Sarg']; in der *Hist. mart.* nur hier (nie in *Passio*); rätselhaft Schmitt 122: „sieben Särge, drei in der Mitte und zwei auf jeder Seite unter einem besondern Gewölbe"). – *wie gesagt worden ist (ut dictum est)*: 2,45; so noch 3,28; 4,12. – *wenn nicht zuerst der vornehmliche Altar ... bewegt worden war (nisi moto prius altari praecipuo)*: der ‚Hauptaltar' (2,45: *principale altare*); das Adjektiv nur noch 1,13 als Adverb *praecipue* (‚vornehmlich'). Beissel 36 scheint „Bogen" auf die Särge zu Paulinus' Füßen zu beziehen oder auch dort Bogen anzunehmen (ohne dass seine weitere Erklärung falsch würde): „Aus der Thatsache, dass sich über den paarweise zu Füssen des hl. Paulinus aufgestellten Sarkophagen (3, 4 und 5, 6) Bogen befanden, und man nur durch Aufbrechen derselben in die Krypta gelangen konnte, folgt, dass zwei Eingänge oder Oeffnungen vorhanden waren. Weil ferner die Entdecker nach Entfernung des Hochaltars durch die Oeffnungen zuerst zu den westwärts liegenden Sarkophagen 3–6 kamen, muss die Krypta sich hinter dem Hochaltar befunden haben. Warum sie in der Zeichnung [meine Nr. 3] hinter die Apsis und in den Erdboden K [Kirchhof], K, K gelegt ist, wird später bei Besprechung der Grabstätten der Trierer Bischöfe [S. 179–240, bes. 204–209] angegeben werden."

(2,50) *der geschäftige Erbauer dieser Krypta (huius criptae conditor operosus):* die letzten beiden Wörter nur hier; gemeint ist Bischof Felix, s. zu ihm 1,26; 2,6. – *irgendein ... Bemühter (aliquis studiosus):* Aus der Affäre ziehen sich Schmitt (122: „Zu seinen Füßen stand ein ganz kleiner Altar") > Beissel (32: „Vor dem Bischofsgrab stand ein Altar"). – *um diesen Platz und die Leiber ... Bemühter (huius loci et ... corporum ... studiosus):* oder mit *ut* der Hs D: ‚wie um ...'. – *einen gewissen nicht großen Altar (altare quoddam non magnum):* oder gemäß klass. Gebrauch von *quidam* bei Adjektiven: ‚einen ganz kleinen Altar, ein winziges Altärchen'. – *der ... angefügt war (compactum):* MLWB s.v. ‚1. compingo/compactus' (III 1062,41 f., unsere Stelle: „angebaut [von mir vermieden wegen *conditor* ‚Erbauer'], benachbart"). Vgl. dazu AASS 379 Anm. t: *Incertum, quo tempore: verosimiliter tamen paulo post acceptam a Normannis cladem* (‚Ungewiss, zu welcher Zeit: wahrscheinlich dennoch kurz nach der von den Normannen empfangenen Niederlage'). Der ‚kleine' Altar steht in Abb. 3 (Beissel) richtig zwischen A und P; in Abb. 2 (Hontheim, Nr. 15) steht er, sogar mit Abstand, fälschlich am Kopfende; in Abb. 4 (Schmitt, Nr. 14) und Abb. 5 (Baumeister, Nr. 10) ist an seiner ungefähren Stelle jeweils ein „Marienaltar" eingetragen.

(2,51) *wiederum (denuo):* Eine solche Bedeutungsnuance von *denuo* (gewöhnlich ‚von Neuem') fehlt im MLWB s.v. – *unserer Erwartung (nostrae expectationis):* Siehe zu 2,14.

(2,52) *Gefunden wurde ... (Inventa est ...):* Das Signalwort (Prädikat) steht voran und macht gespannt auf das Subjekt. – *eine marmorne Tafel ... eine bleierne Tafel (tabula marmorea ... tabula plumbea):* Der Fortgang (Nichtreinigung der Marmortafel) zeigt, dass diese wohl unbeschriftet war (Ho 119 Anm. cc; AASS vermuten ursprünglich goldene, aber durch die Feuchtigkeit etc. verzehrte Buchstaben); zu beschrifteten Tafeln s. oben 1,4. – *von derselben Ausdehnung (eiusdem latitudinis):* „Breite" (Beissel 32) lässt wie beim einzigen weiteren Vorkommen des Wortes in 2,10 (Brot) das Komplement (‚Länge') vermissen (richtig Schmitt 122: „eine eben so große Bleitafel").

(2,53) *die Bezeichnungen ... dieser Märtyrer da ... die Zeiten des Martyriums, ... die Namen der Verfolger, und sehr viele andere Preisungen höchster Festlichkeit (istorum martyrum vocabula ... martyrii tempora, persecutorum ... nomina, aliaque perplura summae festivitatis praeconia):* Vgl. *Gesta* 27,17 (die geplante Bleitafel): „die Namen derselben Märtyrer, ... wer sie gewesen seien, woher sie gekommen seien, wann sie auf welche Weise von wem niedergemetzelt worden seien" (*nomina eorundem martirum, ... qui fuerint, unde venerint, quando quomodo a quo occisi sint*). – *tat uns ... kund (cecinit nobis):* Der Verbalstamm *can-/ce-/cin-* (dreimal in *Passio*) nur noch in *galli cantum* (‚Hahnenschrei'), oben 2,14 (dort auch zur 1. Person).

(2,54) *hier vollständig (hic ... pleniter):* vielleicht mit Blick auf den schon zitierten Auszug in 1,34–36. – Die unklassische Form *pleniter* (doch s. schon Ennodius [5./6. Jh.]) findet sich noch 4,24; ‚korrektes' *plene* kommt in unserem Text nur in 2,54 Hs D vor (beide nicht in *Passio*).

(2,55–72) die vieldiskutierte ominöse Bleitafel (380 Wörter): vollständige Fassung dessen, wovon oben 1,34–36 (76 Wörter ~ 2,68–70 [80 Wörter]) schon ein so gut wie wörtlicher Auszug (mit nur belanglosen Unterschieden) gegeben worden ist, s. zu 1,33–36; zu der in 2,55–72 nicht genannten Zahl 13 (die sich aber aus der Addition der Namen 1+1+7+4 ergibt) s. zu 1,19–36. – Den Wortlaut der Bleitafel drucken von den *Historia*-Herausgebern nur Ho 119 f. und die AASS 378 (sowie Kraus 330); Waitz verweist S. 222 Anm. 43 auf S. 166 [f.] Anm. * der *Gesta Trev.* (27,18, S. 74 Dräger [ohne Abdruck, da wie Waitz die Rez. A zugrunde legend, s. meinen Komm. ad l.]; jetzt folge ich C/D). Vorlage sind wohl *Gesta*-Handschriften der Klassen B3 (gemäß Waitz, Gesta S. 125: Ende 12. Jh.) und C (z.B. zweiteiliges C1 gemäß Waitz S. 126 f.: 12./13.; 14. Jh.). – Übersetzung des Tafeltextes bei Schmitt 122–124 (> Beissel 33–35 [aber durch ständige Annahme von Interpolationen verdorbener lat. Text]), daraus fehlerhaft Heyen 26 f. (Unkenntnis des röm. Kalenders; 27: Norden und Süden verwechselt). – Abgesehen davon, dass eine Bleitafel, geschweige denn eine aus Marmor, mit 380 Wörtern kaum realistisch ist (die *Gesta* 27,18 bieten gegen ihren eigenen Kontext eine Kurzfassung mit 22 Wörtern, wobei auch noch unter den 13 Namen der des einzigen Thebäers Thyrsus fehlt), reichen die Spekulationen von naiver Gläubigkeit bis zur Annahme völliger Erfindung bzw. ‚Inszenierung' (‚mise en scène': vgl. Krönert 377), d.h. Fälschung; vgl. z.B. Hontheim 103–105; AASS 335–348; Beissel 32–46; Kraus 331; Heyen, Öffnung 42–45, Stift 309; Fälschung 414 f.; Thomas 28 f.; Krönert 240–249, 376; zum Stand der Frage s. Heyen, Stift 309: „Angeblich wurde die Tafel um 880 [PD: d.h. kurz vor dem Normanneneinfall 882: s. 2,62] angefertigt und 1072 gefunden. Ihr Vorhandensein ist außer in der Historia martyrum und den von dieser abhängigen Quellen nirgends bezeugt. Zumindest ist sie schon bald nach 1072 verschwunden. Es kann heute [1972] nicht mehr bezweifelt werden, daß es sich um eine Fälschung handelt, wobei lediglich strittig ist, ob die Tafel tatsächlich existiert hat (d. h. 1072 angefertigt wurde) oder nicht"; s. schon Kraus 331: „kein Epigraphiker wird diese Tafel jetzt [1894] mehr ernst nehmen" (meines Wissens hat noch niemand die Einbeziehung des Erzbischofs Udo [2,44–46; 3,7] berücksichtigt, dem man doch so oder so trotz aller sonstigen Akribie in Details [vgl. zu 3,32] einen Bären aufgebunden hätte ...); zumindest die vorherige mündliche oder schriftliche Existenz der Namen ist durchaus möglich (s. schon meine Einführung mit Anm. 26), zumal sie ohne Ausnahme bereits antik oder zumindest christlich sind und auch leicht etymologisiert werden können (selbst Hormista/-da, s. Pape/Benseler s.v. Ὁρμίσδας [< ὅρμινον ‚Salbei'; Menander [342–291] bei Zosimos [5. Jh. n. Chr.]; s. schon oben 1,3 zu Thyrsus; 1,16 zu Palmatius). – Für seine Behauptung, der Verfasser der *Hist. mart.* sei verschieden von dem der Bleitafel, bleibt Krönert (377, „*III. Examen critique*") jeden Beweis schuldig; meinen Beobachtungen zufolge gibt es keine signifikanten sprachlich-stilistischen Unterschiede zwischen beiden Texten (wie z.B. die Eigentümlichkeit des ‚nachhinkenden Gliedes', s. dazu Dräger, Gesta S. 405–407).

(2,55) *der heiligen – ... – Märtyrer (sanctorum ... martyrum):* Möglich sind auch andere (inhaltlich irrelevante) Schreibweisen und Verbindungen (s. z.B. Schmitt 122 > Heyen 26: „Gebeine von Heiligen, die ..."). – *gemäß dem Willen Gottes (secundum Dei ... voluntatem):* Siehe zu Pr 3.

(2,56–72) *Denn als Rictiovarus, der Präfekt des Herrschers Maximian, die Thebäische Legion ... verfolgte (Nam Rictiovarus Maximiani imperatoris praefectus legionem Thebeam ... persecutus):* Siehe zur ‚historischen' Erzählung (einschl. der Bleitafel) oben 1,1–36 (mit Komm.). Zu anderen Mordtaten des Rictiovarus s. Ho 119 (Anm. ee), der ebd. in Anm. ff darauf hinweist, dass dies die erste und älteste Erwähnung der Thebäischen Legion in Trierischen Zeugnissen sei; Beissel 50–54.

(2,56) *ihretwegen (propter ipsos):* Der maskuline Plur. in *Constructio ad sensum* eher bezogen auf die Einwohner der Stadt (*urbs*) als auf die Soldaten der Thebäischen Legion.

(2,57) *auch diese Ersten dieser Bürgerschaft (hos quoque huius civitatis principes):* z.B. ‚Senatoren', s. 2,44.

(2,58) *ist der Leib des heiligen Paulinus ... an eisernen Ketten aufgehängt (sancti Paulini ... corpus est ferreis catenis suspensum):* Vgl. *Gesta* 27,16: *Erat itaque in monasterio sancti Paulini cripta, ubi circa ipsius sancti sarcophagum ferreis catenis suspensum 13 [tredecim] iacebant corpora martirum, quorum nomina aureis litteris in eiusdem criptae parietibus erant descripta* („Es war nun im Kloster des heiligen Paulinus eine Krypta, wo rings um den an eisernen Ketten aufgehängten Sarkophag des Heiligen selbst dreizehn Leiber von Märtyrern lagen, deren Namen mit goldenen Buchstaben an den Wänden derselben Krypta geschrieben waren"). – *der heilige Felix, der Bischof dieses Sitzes (sanctus Felix huius sedis episcopus):* 386–398 Erzbischof von Trier, s. zu 1,26; derselbe Wortlaut *Pass.* 2,92. – *aus Phrygien mit großen Mühen überführt (a Phrigia magnis laboribus translatum):* Siehe oben zu 2,35; das bei Ho und in den AASS stehende *regni* (s. meinen textkrit. App,) hat sich offenbar Ho aus den Fingern gesogen (oder aus *Gesta* 22,4). – *am 3. Tag vor den Iden des Maies (III [tertio <die>] Idus Mai):* am 13. Mai; ohne Kenntnis des römischen Kalenders Heyen 26: „an den 3. Iden des Mai"; ähnlicher Unsinn 27 (2,71: „an den 4. Nonen"; ebenso Heyen, Stift 308).

(2,59) *dieses Kloster da (istud monasterium):* Siehe *Gesta* 22,3 (zitiert oben zu 2,6). – *und nicht zuletzt (necnon):* so noch 3,30; 4,10; dreimal in *Passio*.

(2,60) *wegen (propter):* so *C* in abbrev. (*ppt*, so auch 2,56); Hontheims Vorschlag *praeter* ist unnötig (vgl. Beissel 33), s. auch Heyen, Öffnung 26 Anm. 8 (der dann doch in seiner chaotischen Arbeitsweise *praeter* mit „wegen" übersetzt); die Verwirrung kommt daher, dass beide Hss mit Abbreviaturen arbeiten C: *ppt*; D. *ptt*, jeweils mit Balken übet dem *p*). – *derselben Menge (eiusdem multitudinis):* D.h. der Trierer. – *aufgefunden werden (reperiri): experiri* (D) ist Passiv von *experire* ‚(auf)finden', s. MLWB s.v. ‚experior/experio'.

(2,61) *sind ... mit goldenen Buchstaben an der Wand dieser Krypta geschrieben gewesen (aureis litteris in huius criptae pariete conscripta fuerunt):* Vgl. *Gesta* 27,16 (zitiert oben zu 2,58); dieselbe Junktur *aureis litteris* auch oben 2,26 (Paulinus-Hymnus).

(2,62) *übertrugen von dort ... hierhin (inde ... huc transtulerunt): inde* (nicht übersetzt bei Schmitt 123 und somit auch nicht bei Beissel 34, s. auch 36, 37) eher lokal als temporal (*deinde,* ‚darauf'); *huc* ist in Hs D (zu Unrecht) durchgestrichen (*Term. techn.: inducere*); ich füge es wieder ein. – *ergeben die Christen, die damals lebten (devoti qui tunc erant cristiani):* oder attributiv statt prädikativ: ‚ergebene Christen, die ...'; ähnlich *Gesta* 27,17: *Religiosi igitur qui tunc erant christiani* (‚fromm die Christen, die ...' oder ‚fromme Christen, die ...' [meine Übers. der *Gesta* ist entsprechend zu korrigieren]). – *dass die Normannen (Nordmannos):* nur hier genannt; zum Normannensturm 882 (s. oben zu 1,15) s. *Gesta* 28,1–5, mit Komm.; *Pass.* 2,93. – *so wie die übrigen Städte (sicut ceteras ... urbes):* Siehe die Aufzählung Reginos, in den AASS 379 Anm. ee; vgl. *Gesta* 27,14.

(2,63–70) Zur Anordnung der (1+1+7+2+2=) 13 Sarkophage s. besonders Abb. 1 (Hontheim), Abb. 3 (Beissel) und Abb. 4 (Schmidt); alle 13 Namen auch in der *Pass.* genannt.

(2,63) *Palmatius ... als Konsul und als Patrizier (Palmatius ... consul et patritius):* Siehe zu 1,16.

(2,64) *Thyrsus ... die Führung derselben Legion (Thyrsus ... eiusdem legionis ... ducatum):* Siehe 1,14: (‚der Führer der vorgenannten Legion, Thyrsus'). – *von dem als einzigem der Name ... vermerkt ist (cuius nomen solius ... est notatum):* So schon 2,60: *excepto uno ducis vocabulo;* ähnlich *Passio* 1,44 f.

(2,65) *die sieben vornehmsten Senatoren dieser Stadt (septem ... huius urbis senatores nobilissimi):* Zur Bedeutung der Siebenzahl (Hebdomade) s. 1,28–32, mit Komm. zu 1,28. Seit mindestens Kraus (1894) sieht man hier ein ‚antikisierendes' Gegenstück zu ‚Zuständen und Verfassung Triers des 11. Jahrhunderts', 331 (*consul et patricius* ~ „Scultetus"; sieben Senatoren ~ „Scabini"); s. z.B. Heyen 43 (auch zitiert von Thomas 146, doch s. zu ihm unten): „Schon Kraus hat darauf hingewiesen, daß diese Deutung nichts weiter als eine Übernahme der städtischen Trierer Verfassung – Schultheiß und 7 Schöffen – sei. Gerade das aber war ein wesentlicher Bestandteil der neuen Feststellungen, die auf das Martyrium der Trierer Bevölkerung abzielte"; ähnlich Stift 308; 312; Fälschung 410–412; Krönert 242 f.; anders (und meines Erachtens kaum richtig) Thomas 146–149 (bischöfliche Vasallen, auch die Ministerialen der Trierer Kirche; der *consul* Palmatius als Trierischer Vogt und Burggraf; die sieben Senatoren als Vorfahren eines Schöffenkollegiums, nämlich das des Palastgerichts aus Vasallen und Ministerialität). – Beiläufig sei vermerkt, dass auf dem bekannten Trebetas-Gemälde (Abb. bei Dräger, Gesta, 184) am linken und rechten Bildrand je 13 (!) Trierer Ratsherren mit ihren Namen und Wappen abgebildet sind. Siehe auch unten zu 2,68 (mit Heyen und Thomas).

(2,66) *Maxentius ... Constantius ... Crescentius ... Justinus (Maxentius ... Constantius ... Crescentius ... Iustinus):* in der *Hist. mart.* nur hier genannt.

(2,67) *drei leibliche Brüder ... Leander ... Alexander ... Sother (tres ... fratres germani):* in der *Hist. mart.* nur hier genannt. – *als ältester (maior natu):* Komparativ statt Superlativ in mittellat. Verwendung.

(2,68–70) Fast wörtlich schon oben 1,34–36 im Auszug, s. dort den Komm.

(2,68) *vier Männer, durch Abstammung und durch Mannhaftigkeit hochberühmt (quatuor viri genere et virtute clarissimi):* „reine Verlegenheitslösung, die aber anderseits wieder beweisen kann, daß die Särge tatsächlich vorgefunden wurden": Heyen 43 (47 „unmotiviert den 7 *senatores* angehängt"; so Stift 312); (fehlerhaft) zitiert von Thomas 146.

(2,70) *Alter ergo ... vocatur. Alter autem ... vocatur:* Hs D hat durch ‚Augensprung' das zweite Glied (13 Wörter) ausgelassen.

(2,71) *am 4. Tag vor den Nonen des Oktobers (IIII [quarta <die>] Nonas Octobris):* am 4. Oktober (so auch *Pass.* 1,37), s. oben 1,15; vgl. zu 2,58. – *am folgenden Tag (sequenti ... die):* D.h. am 3. Tag vor den Nonen des Oktobers = 5. Oktober (so auch *Pass.* 2,55), s. oben 1,16.

(2,72) *Am dritten Tag (Tercia ... die):* D.h. am 6. Oktober (ohne Bezug auf die Nonen des Oktobers; es wäre *pridie Nonas Octobris*, ‚am Vortag vor den Nonen des Oktobers'; *Pass.* 2,59: ‚am folgenden Tag'); keine Entsprechung in 1,15 f. – *am Volk beiderlei Geschlechts (in plebem sexus utriusque):* Ähnlich endet auch das *Explicit* der *Passio.* – *Wunder<heilungen> (Miracula):* C (in Rot).

(c. 3, Titulus) C: *Miracula,* s. oben; D geht mit roter Initiale *L(ecta)* in das nächste Kap. über. – Ho (C) 120 bietet „*Miraculum ossis sanguinem stillantis in inventione reliquiarum*" (‚Das Wunder des bluttriefenden Knochens bei der Auffindung der Reliquien').

(3,1) *diese Nachricht (haec epistola):* so („*memoria – Nachricht*") auch MLWB s.v. ‚epistula' (I 1326,53–56) mit Verweis auf 2,52–54 (*apparuit ... tabula plumbea ...*); gemeint ist mit *epistola* (das Wort in der *Hist. mart.* nur hier, in der *Pass.* gar nicht; „Bericht" Heyen 27) der Wortlaut der Bleitafel 2,55–72. – *auf sehr viele Blätter ... geschrieben (in plurimas ... cartas ... transcripta): carta* (‚Blatt, Bogen') nur hier (richtig paraphrasiert Schmitt 124: „Man drängte sich von allen Seiten heran, Abschrift dieser Tafel zu erhalten"); s. Ho 120 Anm. a (> AASS 381 Anm. a): *„Quae solae extant, plumbo originali deperdito"* (‚die allein vorhanden sind nach vollständigem Verlust des ursprünglichen Bleis').

(3,2) *selbst im Kollegium der Gottgläubigen (in ipso fidelium Dei collegio):* Die AASS (381 Anm. b) denken an das Paulinuskloster; vgl. Ho 121 Anm. b: *„apparet saltem, rei novae non esse protinus habitam communem ac indubitatam fidem"* (‚Deutlich ist zumindest, dass der neuen Sache nicht sofort allgemeiner und unbezweifelter Glaube geschenkt wurde'). – *der bösartig handelnden Kirche (ecclesiae malignantis):* Beispiele bei Ho 121 Anm. c; AASS S. 381 Anm. b. – *göttlichen Erbarmens (divinae miserationis):* Vgl. zu 1,27 sowie zur Einführung (mit Anm. 14).

(3,3) *mit neidischen Zähnen ... zu zerfleischen (dentibus ... lividis laniare):* Zu diesem horazianischen Ausdruck (*Carm.* 4,3,16: *et iam dente minus mordeor invido,* ‚und schon werde ich vom missgünstigen Zahn weniger gebissen') vgl. Otto s.v. ‚dens' („vom schmähsüchtigen Zahn des Neides. Der Neidische wird mit einem zähnefletschenden Hunde verglichen, der die Menschen heimtückisch von hinten angreift"); Horaz schon oben 1,39 zitiert.

(3,4) *der Herr ... die Zähne dieser, zumal Sünder, zu zerreiben (dentes eorum, utpote peccatorum, Dominus conterere):* aus AT Ps LXX 3,8 (nicht in *Pass.*): *dentes peccatorum contrivisti* (‚die Zähne der Sünder hast du zerrieben'; Luther: „du ... zerschmetterst der Frevler Zähne"). – *gemäß den Worten des Paulus (iuxta Pauli verba):* aus NT 1 Kor 14,22 (nicht in *Pass.*): *itaque linguae in signum sunt non fidelibus sed infidelibus* (‚Daher sind die Zungen zum Zeichen nicht für die Gläubigen, sondern für die Ungläubigen'; Luther: „Darum ist die Zungenrede ein Zeichen nicht für ..."). – *sie sich nicht mitfreuten (non congaudebant):* so C; dagegen D fälschlich: *non congaudebat* (‚er sich nicht mitfreute').

(3,5) *Von diesen vermerken wir also einige ... kurz (Ex his igitur aliqua ... breviter notamus):* Ähnlich 4,2: *E quibus aliqua ... breviter sunt designanda* (‚Und von diesen müssen einige ... kurz bezeichnet werden'). – *mit den apostolischen Worten (dictis apostolicis):* D.h. mit den gerade zitierten Worten des Apostels *par excellence*, Paulus. – *commonendos:* C; *commonendam* fälschlich D (verführt durch *rectam ... reverentiam ... debitam*).

(3,6) *Von diesen aber war das erste (Quorum primum ... fuit):* Aufgenommen erst in 4,1: *Facta sunt* praeterea *miracula non pauca* (‚Geschehen sind *außerdem* nicht wenige Wunder'); s. auch 4,3: *Ex his erat hoc primum* (,Von diesen war dies das erste'). – *dergestalt bemerkenswert, dergestalt erinnernswert, dergestalt auch bewundernswert (adeo notabile, adeo memorabile, adeo etiam ... mirabile):* Das anaphorische Trikolon hämmert nachdrücklich ein. – *nicht verwunderlich (nimirum):* Siehe zu 2,11. – *sie ... dahingeschwunden wären (contabuissent):* das Verb nur hier; das MLWB s.v. ,contabesco' ordnet unsere Stelle weniger passend unter „*sich grämen, bestürzt, betroffen sein*" ein (II 1677,51). – *nicht nur sehr wenig (non minimum):* Siehe zu 1,23.

(3,7) *so wie wir vorher gesagt haben (sicut praediximus):* Der Verweis kann sich nur auf den folgenden vorzeitigen *Abl. abs. (facta per misericordiam Dei hac sanctorum revelatione)* beziehen, vgl. 1,27: *manifestato per misericordiam Dei preciosissimo corporum ipsorum thesauro*; denn von einem Beschluss Udos und seiner ,Ersten' über die Erweiterung der Krypta war bisher nicht die Rede (einzige vorherige Erwähnung Udos: 2,44). Vgl. Schmitts Paraphrase unserer Stelle, S. 124: „Auf Geheiß des Bischofes U d o wurde sogleich nach Auffindung der Bleitafel die Gruft vergrößert." – Zur Funktion der *misericordia Dei* s. zu 1,27 sowie zur Einführung (mit Anm. 14). – *und dessen Ersten (eiusque principibus):* Siehe den textkrit. App. – *umfassend (competenter):* nur hier, in *Passio* nie; mit *corporum collocationi* auffällige dreifache *c*-Alliteration (C/D). – *durch Säubern (purgando, C/D):* Alternativen: als finaler Dativ (,zur Säuberung'); als *Participium necessitatis: ex eodem loco purgando* (,aus derselben zu säubernden Stelle'), vgl. 1,23: *memorandi frequentius Paulini* (,des ... häufiger zu erinnernden Paulinus').

(3,8) *gerade vor diesem Kloster des oft genannten Vaters Paulinus (ante id ipsum sepedicti patris Paulini monasterium):* Vgl. 2,13: *in monasterio sepe dicti patris Paulini.*

(3,9) *wegen der vorgenannten Notwendigkeit (ob praedictam ... necessitatem, C):* Siehe 3,7: *necesse fuit.*; D's *praedictae* bezöge sich auf *criptae.* (,die vorgenannte Krypta zu bereiten'.

(3,10) *am siebten Tag (in die septimo):* das Numerale vielleicht wegen der Bedeutung der Hebdomade (s. zu 1,28) gewählt. – *im Eifer, die ... Erde einzuebnen (studio complanandae terrae):* Gemeint ist der Kanoniker (falsch paraphrasiert von Schmitt 124: „zusehend, wie man diese ... Erde ebnete").

(3,11) *beim Zerschlagen (discutiendo):* Ablativ des Gerundiums in mittellat. Sprache als *Part. praes. act. (discutiens)* verwendet. – *einen von jenen (unum ex illis):* D.h. Knochen (*ōs*, C/D), vgl. 3,17: *ab osse illo valde parvo* (,von jenem sehr kleinen Knochen'); daher nicht ,einen Splitter/ein Stück' (*frustum*, das Wort nur hier).

(3,12) *säuberte er ..., und nach seiner Säuberung (purgavit, et purgatum, C/D):* schon aus dem archaischen und klassischen Latein (und Griechisch) bekannte partizipiale

Wiederaufnahme in der Logografie (Geschichtsschreibung), s. Beispiele im Komm. zu *Gesta* 1,5 f.

(3,13) (in D syntaktisch verändert und stark gekürzt) *Lumpen (panniculos):* nur hier (*pannus* nur 4,24); vgl. (Klotz) Apuleius (2. Jh. n. Chr.), *Metamorphosen* 4,12,4: *paupertinas pannosasque resculas* („ärmliche und zerlumpte Sächelchen' ~ ‚Lumpenkram'). – *weiblichen Hausrats (muliebris supellectilis):* Vgl. unten 3,21: *muliebris disciplinae instrumentum* („Gerät weiblicher Dienstleistung'); 3,22: *cum omnibus muliebribus armamentis* („mit allen weiblichen Werkzeugen'); vgl. Schmitt 124: „eine Lade, worin sie allerlei Tüchelchen, Riechwasser und kleine Arzneien hatte". – *von Heilsäften ... irgendwelche Arten (pigmentorum ... species aliquae):* Schon Ho (121 Anm. e > AASS S. 381 Anm. g) verweist auf *pigmentarius* („qui vendit liquores medicinales", ‚der Heilsäfte verkauft'); zu allgemein MLLM s.v.: „Kräuter- und Gewürzhändler", wohl aus Habel/Gröbel: „Salbenhändler, Spezereienhändler"); so verwendet unten 3,15: *qua ... species pigmentaria* („irgendeine Heilsaftart').

(3,14) *beim abendlichen Amt (vespertinali officio):* D.h. bei der Abendmesse (Vesper). Ho 121 Anm. f (> AASS S. 381 Anm. h) weist darauf hin, dass sich dieser Zeitpunkt der Speisung in Trier bis zum 11. Jh. gehalten habe. – *die Weise der vierzigtägigen (Fasten-)Zeit (quadragesimalis temporis ratio):* die vierzigtägige Fastenzeit vor Ostern. – *sich ... erquicken (reficere, C/D):* hier im Lat. intransitiv (statt *se reficere*). – *jenes Mädchen, dem der Knochen überlassen worden war (illa cui os commissum fuerat puella):* 3,12, wo es aber eine *mulier* war (Schmitt 124: „Haushälterin"). – *die Gemeinschaft des Leibes und Blutes des Herrn (corporis et sanguinis dominici communionem):* die Kommunion, hier als Sterbesakrament. – *gleichwie zur Vorbereitung (velud ad ... praeparationem):* Siehe den textkrit. App.

(3,15) *du ... hast (sit tibi):* als *Dat. poss.* so *D* (AASS); das Ortsadverb *ibi* („dort': *C*; Ho, Wa) scheint als Bezug auf die Lade weniger passend. – *irgendeine Heilsaftart (qua ... species pigmentaria):* Siehe zu 3,14.

(3,16) Der Satz ist in D wegen ‚Augensprungs' (*Hoc* in 16/17) des Schreibers ausgefallen. – *zur Verfügung zu stellen (accommodare, C/D):* Siehe zu 2,42; hier als Verb des Gebens passend mit prädikativem Gerundivum (*recludendum*).

(3,17) *ihr rechter Fell*ärmel *(pellicia eius manica dextra, C/D):* kaum richtig Schmitt 124 („Pelzhandschuh"); *pellicius* biblisch, AT Gen 3,21: *tunicas pellicias* (Luther: „Röcke von Fellen").

(3,19) *von der göttlichen Barmherzigkeit (a divina misericordia, C/D):* Zu diesem Leitbegriff s. zu 1,27 und zur Einführung (mit Anm. 14).

(3,20–25) in D unter syntaktischen und semantischen Änderungrn stark zusammengestrichen.

(3,20) (in D stark verkürzt) *lief ... im Lauf ... und (currens curriculo, C):* Derselbe Wortstamm (*Figura etymologica*) unterstreicht die Eile.

(3,21) (In D sind die 36 Wörter *dum ... bulliret* ersetzt durch die fünf Wörter *et tam mirabile factum conspiciens* [‚und als er ein so verwunderliches Geschehnis erblickte']) *Deckel (operculum):* in 3,17 als Kompositum *co-operculum*. – *das ganze Gerät weiblicher Dienstleistung (totum ... muliebris disciplinae instrumentum):* Siehe zu 3,13. – *das im Schrein selbst war (quod ipso scrinio erat, C):* mit Präposition 3,22 (C: *quae in ipso erant;* D: *quae in scrinio erant*); statt (mit AASS 380 *in marg. dex.*) *in* zu ergänzen, wäre auch *inerant* möglich.

(3,22) *trug ... er ... <den Schrein> (portavit):* Das im Latein. (C/D) fehlende Akkusativobjekt ergibt sich aus dem Zusammenhang. – *mit nicht nur sehr geringem Staunen (non minimo ... stupore):* Zur Übersetzung von *non minimus* s. zu 1,23. – *cum ... muliebribus armamentis* (‚mit ... weiblichen Werkzeugen'): Siehe zu 3,13; *armamentum* gemäß MLWB s.v. (mit unserer Stelle) synonym zu *instrumentum* (3,21) und *supellex* (3,13); überflüssig (oder Irrtum) *ornamentis* AASS. – *zu Heiltümern (sacramentis, C):* D.h. Reliquien (s. Hermann Paul, Deutsches Wörterbuch, Tübingen 1897/1966, s.v. Heiltum; nicht im Duden); so (auch 3,35) statt des üblichen ‚Heiligtümer'. – *zeigte ... zum Beweis (demonstravit):* Vgl. 3,20: *ad ... demonstrationem* (‚zum Beweis').

(3,23) *alle Äbte und vorgesetzten Chorbischöfe und Dekane und die übrigen Brüder guten Zeugnisses (omnes abbates et praepositos corepiscopos et decanos ceterosque boni testimonii fratres):* so C, wo nur zwischen *praepositos corepiscopos* kein ‚und' steht (Ho [Wa] setzt willkürlich ein Komma, das die AASS ebenso willkürlich gegen ihre Vorlage Ho fortlassen [‚Pröpste, Chorbischöfe']). – *Chorbischöfe (corepiscopos):* MLWB II 546,1 s.v. ‚chorepiscopus' (mit Lit.): „Land-, Chorbischof" (chori episcopus, χωρεπίσκοπος); zur Funktion s. MLLM s.v.: „Geistlicher, der als Gehilfe des Bischofs, der sich in der Stadt aufhält, den beschöflichen Pflichten auf dem Lande nachkommt"; aber *praepositi chorepiscopi* scheint es nicht zu geben. – *Dekane (decanos):* Dekan oder Dechant (von *decem*, ‚zehn'). – Das Riesenaufgebot an angesehenen Zeugen dient dem zeitgenössischen Autor zur Bekräftigung seiner Glaubwürdigkeit (Ho 122 Anm. g > AASS S. 381 Anm. i).

(3,24) *der Herr Erzbischof (dominus ... archiepiscopus):* Udo, s. zu 2,44. – *war damals nicht in jener Bürgergemeinde (non erat tunc in illa civitate):* D: *quia dominus presul aberat ad se venire deposcunt* (‚da ja der Herr Vorsteher abwesend war, bitten sie, dass zu ihm kommen') bezieht sich auf ‚nicht wenige Brüder guten Zeugnisses', die an seiner Statt kommen sollen.

(3,25) *wurden ... nicht nur mäßig froh (non modico sunt laetificati):* ähnlich schon 2,11: *non modicum letificati* (‚nicht nur mäßig froh geworden'); dort auch zur Einfügung des ‚nur'; der Ablativ Neutrum *modico* steht nur hier statt des regulären Adverbs *modice* (nicht in *Hist.* und *Pass. mart.*).

(3,26) *rascher als gesagt (dicto ... cicius, C):* „kaum gesagt": Otto s.v. ‚dicere 5', mit Beispielen aus den Klassikern Livius, Vergil, Horaz und anderen.

(3,27) Zur Konstruktion (C) Beginn mit einem *Abl. abs.* (*Facta ... questione*), in den ein Relativsatz (*qui ... convenerant*) eingeschachtelt ist und an den (*Abl. abs.*) ein zweigeteilter indirekter Fragesatz (*ex qua ... occasione quave ... occultatione ... percussi fuissent*) anschließt; darauf Hauptsatz (*haec una ... surrexit sententia*); stillschweigend tilgt Hontheim (gefolgt von den AASS und Waitz [sowie von mir in KTJ 2019]) die offenbar von ihm nicht verstandenen Worte *quave iudicii sui occultatione*, womit er den 2. indirekten Fragesatz beseitigt; dazu zieht er den Relativsatz vom *Abl. abs.* weg in den verbliebenen Fragesatz. Noch radikaler ‚kürzt' D: *Facto igitur inter prudentiores de hac re consilio, in talem convenere sententiam* (‚Nachdem also unter den Klügeren über diese Angelegenheit eine Beratung abgehalten worden war, kamen sie zu einer solchen Meinung'). – *unter den Klügeren (inter prudentiores):* Vgl. zu 2,43. – *bei welcher Gelegenheit ... oder durch welches Verheimlichen seines Urteils (ex qua ... occasione quave iudicii sui occultatione):* wohl irrelevant, ob das zweite *qua(ve)* auch noch von *ex* abhängt oder *Abl. instr.* ist. – *sie ... vom göttlichen Plan durchdrungen worden waren (a divino fuissent percussi consilio, C):* Die Präposition (*a*) zeigt, dass der göttliche Plan als personifiziert (Gott als Verursacher des Martyriums) gedacht ist; die rahmende Wortstellung (aBA) bildet den Inhalt ab. – *der Genossen (sociorum):* D.h. der späteren Märtyrer; *socii* s. ab 1,1 (1,5; 1,6; 1,8; 1,9; 1,14; 1,15; 2,71). – *ihrem Staub gegenüber (eorum cineribus): cinis* hier (anders als 2,10: Brot aus ‚Asche') im Sinn von „Staub, Pulver, zerfallene Substanz", „sterbliche Überreste" (MLWB II 583,53; 584,3 f. s.v. ‚2. cinis' II).

(3,28) *an einen schlammigen Ort (in locum ... coenosum):* Siehe 3,9: *ad exsiccationem paludis eiusdem* (‚zur Austrocknung desselben Sumpfes').

(3,29) *Und während deren Haufen Galaath, das heißt Haufen des Zeugnisses, ... gerufen werde (cuius acervus dum Galaath hoc est acervus testimonii ... vocaretur):* (D: *Galaad*) aus AT Gen 31,48 (nicht in *Passio*): *tumulus iste testis erit inter me et te hodie, et idcirco appellatum est nomen eius Galaad id est tumulus Testis* (‚Dieser Hügel da wird Zeuge sein zwischen mir und dir heute, und deswegen ist sein Name Galaad genannt worden, das heißt Hügel des Zeugen'; dazu S. 34 in einer Anm. : „Steinhaufe des Zeugnisses"). Zur Realität vgl. Ho 122 Anm. i (zu *Acervus testimonii*): „Non comparet is amplius" (‚Nicht erscheint dieser weiter'). – *nicht unverdient (non immerito):* Dieselbe (hervorhebende) Litotes auch 4,13.

(3,30) *die göttliche Klugheit ... die nichts macht außer ... in großer Weisheit (divina ... prudentia, quae nihil facit nisi in magna ... sapientia, C)*: Bibelzitat? am nächsten kommt vielleicht AT Spr 10,23: *sapientia autem est viro prudentia* (‚Weisheit jedoch ist für einen Mann Klugheit'; Luther: „aber der einsichtige Mann <hat Lust> an Weisheit").

(3,31) In D (21 Wörter) gegenüber C (35) stark verkürzt.

(3,32) *am 5. Tag vor den Nonen des März (V. [quinta] Nonas Martii)*: am 3. März. – *und es war Sabbat (et sabbatum erat, C/D)*: AASS (1768/1866) 381 Anm. n: „*Hinc colligitur, miraculum istud contigisse anno* 1072" (‚Hieraus wird geschlossen, dass dieses Wunder da [blutender Knochen] im Jahr 1072 widerfahren ist') > Waitz (1848) 223 Anm. 44. Wie der Schluss gezogen wurde, s. Schmitt (1853) 459 f. Anm. 5: „Die chronologischen Angaben stimmen genau mit der Berechnung überein. Nach dieser fiel Ostern im Jahre 1072 auf den 8. April; folglich war am 3. März Samstag, es war der Samstag nach Fastnacht. Palmsonntag fiel auf den 1. April; am 27. April [3. Wunderheilung, s. 4,13] war Bannfreitag"; ausführlich jetzt Krönert 248 f., 379 (Wunder: Winter 1071/1072, eher Anfang 1072 [unzuverlässig Sigebert von Gembloux]; Abfassung der *Hist. mart.*: Herbst 1072). – Der eigentliche Sinn des Datumszusatzes *et sabbatum erat* ist bisher aus mangelnder Bibelkenntnis nicht erkannt worden, s. NT Joh 9,14 (Wunderheilung eines Blinden durch Jesus): *erat autem sabbatum, quando lutum fecit Iesus et aperuit oculos eius* (‚Es war jedoch Sabbat, als Jesus den Kot [Luther: „Brei"] machte und seine Augen öffnete'): Die biblische Wunderheilung Jesu am jüdischen Sabbat (‚Samstag'), der Entsprechung zum christlichen Sonntag, garantiert und adelt den Erfolg der Wunderheilungen der Trierer Märtyrer (3,34 f.; Kap. 4); zu den demonstrativen Sabbat-Heilungen Jesu trotz des Tadels der Schriftgelehrten und Pharisäer s. NT Matth 12,10: *si licet sabbatis curare* (‚ob es erlaubt ist, am Sabbat zu heilen'); ähnlich Mark 3,2; Luk 6,7; 13,14; 14,3; Joh 5,16.

(3,33) *des zweiten Wochentages (secundae feriae, C/D)*: D.h. am Montag. – In Schmitts Paraphrase S. 125 sind die Stundenangaben 3 und 9 vertauscht (entsprechend auch S. 124 falsch: „Gegen 3 Uhr ... nach der Vesper").

(3,34–35) In D (30 Wörter) gegenüber C (66) syntaktisch und semantisch stark verändert und gekürzt.

(3,34) Zur Konstruktion (C): Hauptsatz (*Fama ... facta est*) mit Gerundium (*volando*) als *Part. coniunctum* – Temporalsatz (*dum ... venirent*) mit 2 PC (*oppressi ... exciti*). – *demütig und ergeben (humiles et devoti)*: als Adverbien zusammengestellt schon 3,14: *humiliter ac devote* (‚demütig und ergeben').

(3,35) Zur Konstruktion (C, ohne den Anfang identisch D): Temporalsatz (*Cumque ... planxissent ... aquamque ... gustassent*), darin bis *planxisset* eingeschachtelt PC (*positi*) und

Relativsatz (*quibus ... multati erant*), nach *planxissent* 2 PC zu *aquam* (*sacratam ... datam*) – Hauptsatz (*est ... credibile*) – indirekter Fragesatz (*quam ... liberati fuissent*) mit untergeordnetem Relatisatz (*a quacumque ... gravabantur*). – *vor dieses Heiltum* (*coram hoc ... sacramento, C*): Zu dieser Übersetzung (~ ‚Reliquie') s. zu 3,22.

(3,36) in D (26 Wörter; Porphyriuszitat) weggelassen. – *dieser da* (*istorum*): nämlich der Heilung Suchenden. – *des Porphyrius* (*Porfirii*): griech. Philosoph (3. Jh. n. Chr.) des Neuplatonismus. – *soll er glauben* (*credat*): oder statt Coniunct. iussivus auch C. potentialis (‚dürfte er wohl glauben'). – *In der Zählung sind sie, aber nicht in begrenzter* (*In numero sunt, sed non in finito, C*): D.h. (Litotes), ‚in unbegrenzter'; so Ho/Wa; dagegen AASS: *sed non infinito* (‚aber nicht <in/von> unbegrenzter', d.h. ‚begrenzter'); s. auch die Quelle (einen im Mittelalter weit verbreiteten Text: Hinweis von Dr. Johannes Schwind, Trier), *Porphyrii Introductio in Aristotelis Categorias a Boethio translata*, in: *Commentaria in Aristotelem Graeca*, vol. IV, pars I, ed. A. Busse, Berlin 1887/ND 1957, S. 31,18 (Teil einer Periode): *... in numero quidem quodam sunt, non tamen infinito* (,... sind zwar in einer gewissen Zählung, dennoch nicht unbegrenzter'); s. auch das Original, *Porphyrii Isagoge et in Aristotelis Categorias Commentarium*, ebd. S. 6,12: ἐν ἀριθμῷ μέν τινι, οὐ μὴν ἀπείρῳ (‚zwar in einer gewissen Zählung, aber nicht unbegrenzter'). Da der griech./lat. Porphyrius im Widerspruch zum Märtyrertext steht, ist wohl in C im Zeilenumbruch *in-finito* in éinem Wort zu lesen (s. AASS).

(c. 4, **Titulus**) C und D schließen jeweils in derselben Zeile unmittelbar an den *Textus currens* an (C an 3,36; D an 3,35, da 3,36 fehlt). – Ho 123 bietet „*De miraculis factis ad tumbas martyrum in crypta S.<ancti> Paulini quiescentium*" (‚Über die Wunder, die geschehen sind an den Gräbern der Märtyrer, die in der Krypta des hl. Paulinus ruhen'). – Wunder sind ein integraler Bestandteil der Vita eines Heiligen, die dessen fortdauernde Wirksamkeit verbürgten und damit seinen Kult rechtfertigten.

(4,1) *außerdem* (*praeterea*): Entsprechung zu 3,6 *primum*.

(4,2–3) fehlen in D (39 Wörter); vgl. zu 4,4–9.

(4,2) *einige* (*aliqua*): insgesamt sechs, gliedert mit Konnektoren: 1. *primum* (4,3), 2. *Post haec* (4,10), 3. *Postea* (4,13), 4. *Deinde* (4,19), 5. *in ordine proximo* (4,22), 6. *Dehinc* (4,25). – *sucurrentia* Ho wohl nur *error typ*.

(4,3) *das erste* (*primum*): 1. Wunderheilung. – *die meisten Erinnerungen an Heilige* (*ad plurimas sanctorum memorias*): Es handelt sich wie bei allen folgenden Wunderheilungen um hagiografische bzw. biblische (s. schon zu 3,32) *Topoi*. – *zu gewähren* (*accommodare*): Siehe oben zu 2,42. – *die Ordnung der göttlichen Gnade* (*divinae pietatis ordinatio*): Zu diesem Leitbegriff s. oben zu Pr 3 und zur Einführung (mit Anm. 16).

(4,4–9) Der Text des 1. Wunders ist in D (s. schon den Wegfall von 4,2–3) stark gekürzt sowie teilweise semantisch und syntaktisch verändert.

(4,4) *der Herr Erzbischof (domnus archiepiscopus):* so auch 4,17, ähnlich 3,4; gemeint ist Udo, s. zu 2,44. – *über das Knochenwunder (de ossis miraculo, C/D):* Das nicht zu konstruierende *miraculi* (Ho, Wa; verursacht durch *ossis* oder Lesefehler Ho's?) wird schon in den AASS (381, *in marg. dex.*) zu *miraculo* korrigiert. – *Aquitaniens (Aquitaniae):* Landschaft im Südwesten Galliens (s. schon Pr 2). – *durch Eisen gebunden war (ferro fuit ligatum):* Er trug einen eisernen Ring zur Selbstkasteiung.

(4,5) *mit dem ... Vorsteher (cum ... antistite, C/D):* antistes nur hier (in *Passio* nie) verwendetes Synonym für *archiepiscopus*. – *jene Gruft, auf dass ich nicht sage ‚Krypta' (illam fossam, ne dicam criptam, C):* Die Bauarbeiten dauerten noch an; daher Selbstkorrektur *ne dicam* (s. zu 1,13); 4,15 ohne die Einschränkung; ‚Gruft' ist Lehnwort von mittellat. *crypta/cripta*. – *ruhten (requiescebant):* so C (Ho; *quiescebant* AASS *false*; Text nicht bei Waitz).

(4,6) *stärker (firmius, C/D):* oder (Komparativ ohne Vergleich) ‚ziemlich stark'.

(4,7) *die Großartigkeit der göttlichen Gnade (divinae pietatis magnificentiam):* Siehe zu Pr 3 und 4,3. – *mit nicht nur sehr geringem (cum non minimo):* Siehe zu 1,23.

(4,8) *die Höhe der Luft ... rücklings auf die Erde (ad terram supinus ... aeris altitudinem):* gegenläufige Bewegungen des Eisens und des Büßers (aus stilist. Gründen in der Übersetzung umgedreht).

(4,9) *durch einen Schluck Wassers, der ... gegossen worden war (gustu aquae ... infuso):* so D; C's (Ho) nicht zu konstruierendes *infusus* ist wohl verursacht durch das umgebende Homoioteleuton *hominib-us* <*infus-us*> *recreat-us*; s. auch den textkrit. App. – *wobei er Gott in seinen Heiligen als großartig pries (Deum in sanctis suis magnificum benedicendo):* Die Heiligen sind nur die Folie, durch die Gott als Verursacher des Märtyrertums wirkt (s. Einführung); so auch 4,12 und 4,21. – Der Verweis in den AASS (382 Anm. f) auf Ho bezieht sich nicht auf unsere Stelle 4,9, sondern auf 4,4.

(4,10–12) 2. Wunder in D gekürzt gegenüber C.

(4,10) *Danach (Post haec):* 2. Wunderheilung; zur Gliederung s. zu 4,2. – *am Tag der Palmen (in die palmarum):* am Palmsonntag, d.h. am 1. April 1072 (s. zu 3,32; AASS 382 f. Anm. g; Waitz 223 *in marg. dex.*), woraus (arbeitsfreier Sonntag) sich der zahlreiche Besuch (4,11 f.) erklärt; vgl. zu 4,13. – *zusammen mit der Dienstleistung der Zunge vom Hören mit dem Gehör versetzt (cum linguae officio auditu aurium ... destituta):* D.h. eine Taubstumme

1.3 Kommentar zur *Historia martyrum* C/D

(stilistisch unterstrichen durch Chiasmus ABBAC und etymologische Paronomasie *auditu aurium*, ‚vom Hören mit dem Gehör'); sicher auch beabsichtigte Paronomasie *cum linguae officio ... fuerat destituta* [‚versetzt'] *... officio restituta est* [‚zurückversetzt'] *utroque*. – *in nicht nur mäßigem (non modica):* Siehe zu 2,11. – *Beisein (consistentia):* einziger Beleg für diese Bedeutung im MLWB s.v. – D hat bei der Kürzung von C die zwei (syntaktisch nicht zusammengehörigen) Wörter *faciente officio* zu Unrecht mit weggelassen.

(4,11) *Gewohnheit (consuetudo):* Zu einer Veränderung s. ausführlich Ho 123 Anm. d (> AASS 383 Anm. i): „Desiit ista pridem ..." (,Aufgehört hat diese da schon lange ...'). – *der Kongregationen (congregationum):* Siehe zu 2,1.

(4,12) *divini<tu>s:* Das (schwer lesbare, aber) eindeutig in C und D überlieferte *divinis* ließe sich (allerdings mit Bedenken wegen der Wortstellung) nur im Junktim mit *beneficiis ... collatis* halten (,als Zeugin für die auf sie gehäuften göttlichen Wohltaten'); s. textkrit. App. – *Wohltaten Gottes (beneficiis Dei):* Siehe zu 4,9. – *wie gesagt worden ist (ut dictum est):* 4,11; s. zu 2,49.

(4,13–18) 3. Wunderheilung; in D gegenüber C stark gekürzt (4,17 ganz weggelassn) sowie umgestellt und verändert.

(4,13) *Später (Postea):* Zur Gliederung s. zu 4,2. – *am 5. Tag vor den Kalenden des Maies (V. Kalendas Maii):* am 27. April (Ho 124 Anm. e vermutet (willkürlich) ‚am siebten Tag', also am 25. April, dem Festtag des hl. Markus); *quinto* (Ho, AASS; „5." Wa) trotz des folgenden formelhaften *qua die* (,an welchem Tag/Termin'). – *gemäß einer Anordnung des Erzbischofs Egbert (iuxta indictum Ekberti archiepiscopi):* 977–993 der 45. Bischof Triers, s. Gesta 29,10–17 (wo aber nichts von dieser Anordnung steht). Unbelegtes *inductum* (Ho, übernommen durch Wa) dürfte Druckfehler sein (s. Ho 124 Anm. e: *indictum*). – *sehr viele Haufen der im Umkreis gelegenen Weiler (plurimae circa manentium villarum turbae):* Dann kann es nur ein arbeitsfreier Sonn- oder Feiertag gewesen sein (gemäß Schmitt im Komm. zu 3,32 „Bannfreitag"); vgl. schon zu 4,10. – *des oft vorgenannten Vaters Paulinus (sepe praedicti patris Paulini):* zuletzt 4,11; vgl. 3,9 *praedictam*. – *von da an (amodo):* dieses Adverb nur hier (nie in *Passio*). – *nicht unverdient (non immerito):* Zu dieser Litotes s. zu 3,29.

(4,14) *<die Fahigkeit>:* aus stilistischen Gründen für *usum* (,Gebrauch') ersetzt. – *irgendwie (aliquatenus):* so schon 3,35 bis.

(4,15) *in die Krypta (in criptam):* anders (*fossam*) 4,5.

(4,17) (in D weggelassn, s. schon zu 4,13–18) *der Herr Erzbischof (domnus archiepiscopus):* so schon 4,4 (s. auch 4,5), ähnlich 3,24; gemeint ist Udo, s. zu 2,44. Der wiederholte Hinweis auf die Anwesenheit des Erzbischofs (4,4; 4,5; 4,17; 4,18; 4,27) dient der Betonung der Glaubwürdigkeit der Wunder (vgl. Ho 124 Anm. f > AASS 383 Anm. l).

(4,18) *vor dessen Anwesenheit gebracht (In cuius praesentiam ... delatus)*: dieselbe Junktur schon 3,26.

(4,19–21) 4. Wunderheilung; in D gekürzt und leicht verändert gegenüber C.

(4,19) *Darauf (Deinde)*: Zur Gliederung s. zu 4,2.

(4,20) *haben wir gesehen (vidimus)*: Zum Verfasser als Augenzeugen s. zu 2,14. – *mit allen Kongregationen (cum omnibus ... congregationibus)*: Siehe zuletzt zu 4,11.

(4,21) *mittels des Erbarmens Gottes und des Eintretens der Heiligen (per Dei miserationem et sanctorum ... intercessionem)*: Zum Leitbegriff *miseratio* s. zu 1,27 und die Einführung (mit Anm. 14); zu Gott/Heilige s. zu 4,9. – *mit ganzem gesunden Leib (toto corpore ... sano)*: so C; dagegen D im Nominativ: *sana* (,an ganzem Leib gesund'). – *die Fußsohlen (basibus pedum)*: so unsere Stelle im MLWB s.v. ,basis' (I 1389,8).

(4,22–24) 5. Wunderheilung; in D stark gekürzt sowie syntaktisch und semantisch verändert.

(4,22) *in nächster Anordnung (in ordine proximo)*: Zur Gliederung s. zu 4,2. Überflüssig Wa's (C) Nominativ *proximum* (,in der Anordnung nächstes'). – *der heiligen Aldegundis (sanctae Aldegundis)*: ca. 630–698, Gründerin und Äbtissin des Klosters Maubeuge (Frankreich); Sankt Aldegund heißt heute ein Ort an der Mosel zwischen Trier und Koblenz (Schmitt 127: „an der Untermosel"). – *dem die Sehkraft der Augen gänzlich geschwunden war (cui visus oculorum omnino defecerat)*: ähnlich 2,9: *privatum eundem visu oculorum* (,zugleich beraubt der Sehkraft der Augen'); allein *visus* (,Sehkraft') 4,24. – *mit seinem Presbyter (cum suo presbitero)*: von Ho (124 Anm. h > AASS) mit *parochus* (,Pfarrer') gleichgesetzt (Schmitt 127: „Pastor"). – *mit einer nicht nur mäßigen (cum ... non modico)*: Siehe zu 2,11.

(4,23) *Sicherheit leisten (vadiare, C)*: von Ho (124 Anm. i > AASS) mit „obligare ad censum annuum" (,verpflichten zu einem jährlichen Zins') paraphrasiert; vgl. D (nicht im MLWB): *eum censualem ... devovit* (,gelobte er ihn als zinspflichtig').

(4,24) *Ich scheine gleichsam durch ein Tuch zu sehen (Videor quasi per pannum videre)*: *Videor ... videre*: im Lat. ein durch Alliteration bzw. Paronomasie sowie Hyperbaton verstärktes Wortspiel; gemäß der Diagnose von Dr. med. Walter Eul (Leverkusen, Jan. 2020)

„korrekte Beschreibung der *Neuritis nervi optici retrobullaris*; vorübergehende Erblindung; Rückkehr zur vollen Sehkraft über einen Schleierzustand." – *vollständig (pleniter)*: Zu dieser Form s. zu 2,54.

(4,25–26) 6. Wunderheilung; in D gegenüber C stark gekürzt und syntaktisch verändert.

(4,25) *Darauf (Dehinc)*: Zur Gliederung s. zu 4,2. – *Kornelimünster (Inda [nur in C; auch andere Lesarten möglich])*: als *Hinda* auch *Gesta* 27,14 genannt (Katalog der im Normannensturm des Jahres 882 vernichteten Städte, s. Komm. sowie AASS 383 Anm. q), am Flüsschen Inde (daher der Name), Abtei südwestlich von Aachen (heute zum Teil Stadtbezirk von Aachen). – *aufgedunsen (inflatum)*: Gemäß der Diagnose von Dr. med. Walter Eul, Leverkusen (Jan. 2020), handelt es sich um „Hautwassersucht (*Hydrops ana sarka* [,über der Muskulatur']); ätiologisch vielfältig." – *weit und breit (longe lateque)*: diese alliterierende Junktur schon 3,33. – *ebendorthin (eodem)*: so C; dafür D *ad locationem sacram* (PD *temptatim*: ,an die heilige Stätte'), so nur hier, keine klass. Bedeutung; klassisch ,das Hinstellen/Anordnen', s. 1,22 in C/D (,Platzierung').

(4,26) *als er sich ... zu seinem Eigentum zurückgezogen hatte (cum ... ad propria se recepisset)*: ähnlich 3,31: *in sua redierunt* (,kehrten ... zu ihrem Besitz zurück'). – *nachdem dort aus Reue über die Sünden und wegen ... ein Gelübde abgelegt worden war (facto ibi peccatorum poenitudine et ... voto)*: Die stillschweigende Änderung in den AASS (*facta* statt *facto*) konstruiert fälschlich einen *Abl. abs.* (den aber *facto ... voto* bildet), während *poenitudine* einfacher *Abl. causae* ist. – *wegen der Richtigkeit des Lebens (de vitae rectitudine)*: Vgl. 4,24: *correctione vitam* (,unter Berichtigung sein Leben'). – *die ganze Hautschwellung (totius cutis tumore)*: so C; unpräziser D: *totius corporis tumore* (,die ganze Leibesschwellung'). – *von jeder Leibesschlaffheit (ab omni ... corporis languore)*: Das entscheidende Wort steht (auch in der Übers.) am Ende des Textes (C) bzw. Satzes (D).

(4,27) (konventioneller Zusatz in D) *Gesegnet sei ... Gott ... in seinen Heiligen ... auf Generationen von Generationen (Benedictus sit ... Deus ... in sanctis suis ... in secula seculorum)*: Vgl. AT Dan 3,56: *benedictus es in firmamento caeli et laudabilis et gloriosus in saecula* (,gesegnet bist du/ sei du in der Festung des Himmels und löblich und ruhmvoll auf Generationen'); zu *in sanctis suis* vgl. AT Ps LXX 150,1: *Laudate Dominum in sanctis eius* (,Lobt den Herrn in dessen Heiligen!') und oben 3,34; 4,9.

1.4 Einführung zur *Historia martyrum Treverensium* (BHL 8284)

1.4.1 Quelle und Verfasser

In der Trierer Pfarrgemeinde Sankt Paulin werden, belegbar seit dem 13. Jahrhundert,[1] alljährlich Anfang Oktober die Märtyrertage festlich begangen.[2] Sie dienen der Erinnerung an die als Blutzeugen für ihren Glauben hingerichteten christlichen Angehörigen der aus Theben in Oberägypten stammenden Thebäischen Legion unter Führung des Thyrsus sowie der Erinnerung an die Trierer Ratsherren mit dem ‚Konsul und Patrizier' Palmatius an der Spitze, deren Namen auch noch in den Bezeichnungen mancher Straßen im Umfeld der Paulinskirche weiterleben: Thebäer-, Thyrsus-, Palmatiusstraße, im weiteren Bereich noch Leander- und Soterstraße; letztlich gehört auch die Paulinstraße selbst in diesen Rahmen, denn Paulinus, ca. 347–358 der sechste Bischof Triers, starb 358 in seinem Verbannungsort Phrygien wahrscheinlich den Märtyrertod und wurde nach Trier überführt (s. Komm. zur *Hist. mart.* 2,35).

Haupt- und umfangreichste literarische[3] Quelle unserer Edition[4] der Rez. C ist die *Historia martyrum Trevirensium*[5] (‚Historie der Trierischen Märtyrer', BHL 8284), lesefeh-

---

1 Vgl. Heyen, Öffnung (1964) 24: „Erst die 1962 promulgierte Neufassung des Trierer Diözesanpropriums [s. Anm. 4] kennt an Stelle der seit dem 13. Jahrhundert in den Trierer Kalendarien [s. Anm. 5] bezeugten Einzelfeste am 4. (Thyrsus und seine Gefährten), 5. (Palmatius und seine Gefährten) und 6. (die ungezählten Trierer Märtyrer) Oktober nur noch ein Fest aller heiligen Trierer Märtyrer am 5. Oktober"; Öffnung 51; 56; Stift 322 f. mit Anm. 1. Heinen schreibt noch 1996: „Alljährlich werden vom 4. bis 6. Oktober in der Kirche St. Paulin die ‚Trierer Märtyrertage' begangen"; „die auch heute noch begangenen Trierer Märtyrertage").

2 Die Realität sieht anders aus (2019, Pfarrbüro): „Samstag, 5. Okt., Messe für die Pfarreiengemeinschaft; Sonntag, 6. Okt., Ratsherrenmesse; Mittwoch, 9. Okt., Messe für alle Senioren der Stadt Trier, mit Kaffee und Kuchen."

3 „Die imposanteste Darstellung der Trierer Märtyrerlegende sind aber ohne Zweifel die 1743 von Christoph Thomas Scheffler geschaffenen Fresken an der Decke der neuen St. Paulinskirche" (Heyen, Stift [1972] 322; vgl. Öffnung [1964] 55 f.; Fälschung [1988] 414, mit Lit. in Anm. 18); s. jetzt Vierbuchen (1994) und Baumeister (2010) 9–25; s. auch die 12 ältesten Illustrationen aus einem Pariser Kodex bei Heyen, Öffnung, nach S. 32 (vgl. 52, 55).

4 Überblick bei Krönert 377, 4.*II* (Éditions). – Zu den (abgesehen von Rez. D) vier anderen schriftlichen Quellen (*Relatio Treverensium de passione et de inventione an<no>. 1072* [BHL 8282; älteste Quelle, 11./12. Jh., Cod. Pal. lat. 482]; Brief Erzbischof Udos [BHL 8282b]; Bleitafel [8283]; *Passio martyrum Trevirensium* [8284c]) s. das „Dossier" bei Krönert 373–381 (doch zu Krönerts Übergehung der *Gesta Treverorum* s. unten mit Anm. 25).

5 So der heute übliche (falsche, von mir beibehaltene) Titel für Rez. C, s. den ersten Herausgeber, Hontheim (1757), S. 87 (*Historia Martyrum Treverensium*), aber S. 109 heißt es gemäß der ältesten Handschrift (C) *Incipit passio sanctorum Trevirorum martyrum* (doch zum heute *Passio martyrum Trevirensium* genannten Text s. oben Anm. 4); vgl. Waitz (1848, 220: *Ex historia martyrum Treverensium*; daraus Migne

lerübersät und z.T. willkürlich verändert herausgegeben erstmals 1757 von Hontheim; sein in fünf Abschnitte (Vorrede, Kap. 1–4)[6] gegliederter und mit Zwischenüberschriften versehener Text liegt, mit Änderungen in Orthografie (z.B. *i* statt *j* oder statt *y*), Interpunktion, Lesarten oder Konjekturen, auch den Editionen der AASS (zuerst 1768), der MGH (1848, Waitz, ‚fragmentarisch'[7] und ohne Zwischenüberschriften) und leider auch meiner Erstausgabe (KTJ 59, 2019) zugrunde.

Verfasst wurde der Text der Rez. C wohl von einem beharrlich anonym bleibenden Trierer Kanoniker oder Kleriker, jedenfalls einem Augen- und Ohrenzeugen, ja sogar an den geschilderten Ereignissen Beteiligten[8], wahrscheinlich noch 1072,[9] im Jahr der (vorgeblichen) Auffindung der Märtyrer-Sarkophage. Gleiches gilt für Rez. D (anderer Schreiber).

1.4.2 Die *Historia martyrum*: sachlich berichtend oder ideologisierend?

Die Tatsache, dass Struktur und besonders Intention dieser Schrift bis heute nicht richtig erkannt bzw. das Wissen um sie seit 1072 wieder in Vergessenheit geraten ist, liegt – abgesehen vom Fehlen einer Übersetzung dieser in zugegeben anspruchsvollem Latein

---

1853). Die AASS (1768) bieten als Titel *De SS. [Sanctis] Tyrso et sociis, item de SS. Bonifacio et sociis MM. [militibus] forte* [‚einmal'] *Thebaeis apud Treviros* (S. 330) oder einfach *Acta* (S. 373; irreführend Krönert 240 mit Anm. 1384: *Passio, inventio et miracula*); vgl. Krönert 373–381. Die vor mir noch nie edierte Rez. D trägt den handschriftlichen Titel *Lectiones de sancto Tyrso sociisque eius* ([von Coens S. 205 Nr. 6 unglaublich verschandelt] ‚Lesungen über den heiligen Thyrsus und seine Genossen'). Zu *Hystoria Treverorum* (‚Historie') und *Gesta Treverorum* s. Dräger, *Gesta*.

6 Krönert 378 (s. schon 247) zieht zu Unrecht das dritte Kapitel (blutender Knochen) mit dem vierten zusammen (sechs Wunder), so dass er auf drei Abschnitte (eine angeblich „composition ... soignée", mit nun sieben Wunderheilungen) kommt; denn wenn er dann „L'absence d'épilogue" beklagt, ‚signalisiert' er damit, dass er Aufbau und Intention der Schrift nicht verstanden hat (s. auch unten mit Anm. 11 zu „interpolation"; zur Funktion der Wunder s. zu c. 4, Titulus).

7 Waitz („très lacunaire": Krönert 240 Anm. 1386) 220: *Haec vero fragmenta ex Hontheimiana editione repeto* (‚Diese Bruchstücke aber wiederhole ich aus der Hontheimschen Ausgabe'); s. schon AASS 373 *sinistr.*: *Ex editione Hontheimii* (‚Aus der Ausgabe Hontheims'). Ich folge jetzt (textkritisch) den beiden Original-Handschriften aus der Stadtbibliothek Trier; für alle Texte habe ich eine Paragrafierung der Kapitel eingeführt (die zu grobe Zählung der AASS (§§ 1–32) fällt dafür weg). Mignes Edition (PL 154, wörtlich aus Waitz) wird von Heyen (Öffnung 25 mit Anm. 6) übergangen, obwohl BHL 8284 (s. Krönert 377) sie verzeichnet, und so wird sie z.B. auch von Thomas, Embach oder Heinen nicht erwähnt, von Rez. D (der Forschung völlig unbekannt) ganz zu schweigen.

8 Zur Beteiligung des anonymen Verfassers s. Komm. zu Pr(ologus) 10.

9 In der neueren Literatur (bis hin zu Heyen, Thomas, Heinen oder Embach) bleibt der Leser apodiktisch mit dem bloßen Jahr auf sich gestellt; vor Krönert (2010, S. 248 f., 379) begründet es (durch die Berechnung des Ostertermins) zuletzt wohl Schmitz (1853), s. unten meinen Komm. zu 3,32 (dort auch AASS, Waitz und Krönert).

verfassten ‚Historie' – vor allem an der beharrlichen Vernachlässigung des (in Rez. D fehlenden) ‚Prologs', für den es in der Forschungsliteratur entweder gar keine oder nur nichtssagende (z.B. Heyen 25: „nach einem kurzen Prolog"), ja sogar mehr oder minder eklatant falsche[10] Äußerungen gibt. Dabei liegt in ihm, und noch nicht einmal in einem sprachlich besonders schwierigen Paragrafen (Pr 10[11]), der Schlüssel zur Lösung *expressis verbis* vor Augen:

‚Dies haben wir jedoch deshalb kurz vorausgeschickt, ... damit wir zeigen, dass die Reihenfolge seiner (Gottes) unveränderlichen Planung auch in ihnen (Märtyrern) erfüllt ist, mit Unterstützung seiner (Gottes) selbst, *der* sie daher, wie wir glauben, aus den äußersten Gebieten der Länder (Thebais/Ägypten) *herbeigerufen hat, damit er sowohl* ihre fetten Brandopfer – auf dass *er* sie durch ständigen Frieden *vergelte* – endlich auch an diesem Ort (Trier) *empfange, als auch* die Bewohner desselben Ortes, weil sie die so wertvollen Reliquien ihrer Heiligen hegen, zu Teilhabern des ihren Gläubigen zugestandenen Friedens durch deren väterlichen Schutz *mache*.'

Mit der Einordnung in Gottes Planung[12] erhält die *Hist. mart.* eine ganz neue (und bisher nicht konsequent weiter aufgedeckte) Funktion (beachte die oben durch Kursivierung hervorgehobenen Prädikate in der 3. Person Singular mit Gott als Handlungsträger): Gott lässt die christlichen Thebäer zu den Trierern kommen und sie zusammen mit der christlichen Führungselite dieser Stadt den Märtyrertod erleiden, damit er (Gott) an den den

---

10 Z. B. Hontheim 109 Anm. a: ‚Jener weitschweifige Prolog ist reine Vorwegnahme <möglicher Einwände>, um die so späte Auffindung dieses Reliquienschatzes zu entschuldigen'; Waitz 220: ‚nach Vorausschicken eines Prologs, in dem er [ein Trierer Kleriker] nichts über sich selbst oder über die Absicht/den Plan/Zweck des Werks [*de operis consilio*] überliefert hat' – und so druckt Waitz den Prolog (und Kap. 1) ‚folgerichtig' nicht einmal, ebenso beginnt Schmitt 119 seine Paraphrase erst mit c. 2; Pelster 552 Anm. 45 zitiert Hontheim erst ab S. 111 (c. 1). – Nichts in den ‚weitschweifigen' Auslassungen bei Heyen, Thomas oder Heinen; Embach hat kein gesondertes Kap. über die *Historia martyrum*, sondern erwähnt sie einmal (395 mit Anm. 55) unter *Gesta Treverorum*. Auch bei Stroh (2014: Scripta Treverorum) sucht man Trierer Märtyrer vergeblich (in meiner Rez. [KTJ 54, 2014, 454–465], nachzutragen). Zu Krönert s. die nächsten zwei Anm.

11 Krönert, La construction 544 f. (s. auch L'exaltation 379) macht die ‚Exegese' der alttestamentarischen Stelle über Noah und seine Söhne („Prol. 2" = unsere §§ 4–9) gewaltsam zu einer „interpolation": Das Ende des Prologs (§ 10) schließe direkt an den Anfang (§§ 1–3) an; dabei weiß Krönert, dass dieser Passus schon in der ältesten Handschrift steht (C: Trier, Stadtbibliothek, Nr. 388/1152, 11./12. Jh.); doch s. zur Funktion der Namen Sem/Japhet und damit des biblischen Exempels den Komm. zu Pr 9.

12 Für Krönert (L'exaltation 244 mit Anm. 1405 [falscher Verweis], 379; s. schon La construction 544 f. [sinnentstellende lat. Errata in den Anm.]) ist der ganze „prologue" nur „une brève réflexion sur la prédestination", auch wenn dieser Term (‚Vorherbestimmung') gar nicht vorkomme (doch s. Pr 9: *est praesignatus*); wie der gesamte Schöpfungsplan („plan de la création") sei auch das Martyrium Teil eines „plan de salut" (‚Heilsplan'): Krönert übersieht dabei das oben dargelegte persönliche Interesse Gottes. – Die offensichtlich von niemandem wirklich berücksichtigte Hs D (Tochter von Hs C, s. unten) lässt den Prolog (ohne dass sich der Gesamttenor der Schrift änderte) weg.

Blutzeugen dargebrachten Opfern und Dankabstattungen, die die wundersam Gesundeten seinen Heiligen überbringen, Anteil habe und im Gegenzug den Trierern ständigen Frieden verschafe: Der Vorstellung zugrunde liegt das *Do-ut-des*-Prinzip (heute in der Religionsgeschichte üblich zur Bezeichnung eines in Rechtsbegriffen verstandenen Verhältnisses zwischen Mensch und Gottheit).

Dabei ist ‚die Reihenfolge seiner (Gottes) unveränderlichen Planung' (*eius incommutabilis dispositionis ordo*: Pr 10) nicht nur ein einmal aufgestelltes Axiom oder Postulat, sondern der Verfasser hat sie gleichsam leitmotivisch wie ein Netz über die ganze Schrift ausgebreitet: Schon in Pr 3 war im Zusammenhang mit Gottes Schöpfungsplan allgemein von ‚der unzähligen Art dieser göttlichen Anordnung' (*innumerabilis divinae huius dispensationis ratio*) die Rede. – In c. 1,1 fordert ‚die unausweichliche Reihenfolge der göttlichen Planung' (*inevitabilis divinae dispositionis ordo*) namentlich vom römischen Kaiser (285–310) Maximian das Aufgebot einer Legion des Orients. – In c. 1,6 wird für das Abschlachten eines Teiles dieser Legion auf dem Marsch durch die Alpen ‚die unausweichliche Planung der göttlichen Vorherbestimmung' (*praedestinationis divinae inevitabilis dispositio*) verantwortlich gemacht. – In c. 1,9 führt ‚dessen (Gottes) unschätzbarer Plan der Weisheit' (*cuius inaestimabile consilium sapientiae*) den Rest der Thebäer in die Trierische Stadt (c. 3,27 C wird den Kanonikern angesichts des blutenden Knochens der ‚göttliche Plan' [*divinum consilium*], das heißt, Gott als Verursacher des Martyriums, schlagartig bewusst). – In c. 1,10 kommen die Thebäer schließlich ‚nur mittels göttlicher Anordnung' (*non nisi per ordinationem divinam*) in diese Stadt. – In c. 1,38 wird die Auffindung der Sarkophage als ‚durch göttliche Fügung' (*divinitus*) veranlasst bezeichnet. – In c. 1,40 wird die Freude der Zeitgenossen (‚wir') über die Auffindung der Sarkophage als ‚durch eine Anordnung der göttlichen Vorherbestimmung' (*divinae praedestinationis ordinatione*) geschehen erklärt. – In c. 4,3 C zeigt sich bei Wunder(heilunge)n ‚die Ordnung der göttlichen Gnade' (*divinae pietatis ordinatio*). – In c. 2,55 liegen in der Paulinus-Krypta ‚die Leiber der heiligen – ... gemäß dem Willen Gottes jedoch wertvollen – Märtyrer' (*corpora sanctorum ... secundum Dei autem voluntatem martyrum preciosorum*).

Auf ein weniger selbstsüchtiges, vielmehr einem Gott der ‚christlichen Nächstenliebe' (1,1: *caritatis divinae*[13]) angemesseneres Verhalten führt die Verfolgung einer anderen, fast noch deutlicher hervortretenden Leitidee: Gottes ‚Barmherzigkeit' (*misericordia*, sechsmal, nur mit *Dei/divina*) oder sein ‚Erbarmen' (*miseratio*, dreimal, nur mit *Dei/divina*)[14]; ihr gegenüber steht paronomastisch unsere, der Menschen, ‚Erbärmlichkeit' (nur 1,32, *nostra miseria* vs *divina misericordia*) bzw. die eines einzelnen ‚Erbärmlichen' (*miser*, nur

---

13 Zum zweiten Vorkommen von *c(h)aritas* s. 1,10: *summa, quae in Domino est, charitate*. – 1,11 *in Dei amore* dürfte eher *Gen. obiect.* sein (‚in der Liebe zu Gott'). – Ab hier wird das Vorkommen der Wörter auch in Rez. D nicht eigens angemerkt.

14 *misericordia Dei/divina*: 1,27; 1,32; 1,37; 2,21; 3,7; 3,19; *miseratio Dei/divina*: 2,41; 3,2; 4,21; Wörter vom Stamm *miser-* nie in *Pass. mart.*

4,8, ein Büßer). – Fast synonym damit ist die Vorstellung von Gottes ‚Trost/Tröstung' (*solatium/consolatio*, fünfmal,[15] s. besonders die Kombination 2,21: *divinae solatium misericordiae*). – Schließlich lässt sich unter diese Begrifflichkeit auch *pietas*, als Gottes ‚Gnade' aufgefasst (vier- von fünfmal[16]), subsumieren.

Diese religiös vertiefte, teleologisch-ideologische Durchdringung des Stoffes zeigt, dass es sich bei der vorliegenden Fassung der *Historia martyrum Treverensium* nur um eine planvolle Umarbeitung[17] einer schon bestehenden (teilweise vielleicht nur mündlichen) Überlieferung, nicht etwa um eine originale *ad-hoc*-Erfindung aus einem Guss handeln kann. Stellen wir die Frage – die die bisherige Forschung nicht gestellt hat, ja gar nicht stellen konnte, da sie den teleologischen Überbau nicht erkannte, sondern das Vorliegende für die ‚Urfassung' hielt[18] – nach einer ‚historisch' darstellenden, möglichst ‚ideologiefreien' Vorlage für die auf 1072/1073 datierbare *Historia martyrum Treverensium*, so kommt als ältester Zeuge der ‚Bericht der Trierer über das Leiden und über die Auffindung im Jahr 1072' infrage:[19]

Relatio Treverensium de passione et de inventione an.<no> 1072

(1) Rictiovarus Maximiani imperatoris prefectus legionem Thebeam iussu ipsius circumquaque persecutus Treverim propter ipsos IIII [ante diem quartam] Nonas Octobris est ingressus et eadem die occidit ibi ducem eiusdem legionis Tersium [*sic*] cum omnibus illum comitantibus. (2) Sequenti autem die Palmonam [*sic*] Trevirensis civitatis consulem et patricium cum omnibus eiusdem civitatis principibus interfecit. (3) Tercia vero die cedem exercuit in plebe sexus utriusque. (4) Horum autem martyrum corpora innumera-

---

15 Gottes *solatium/consolatio*: 2,11; 2,21 *bis*; 2,41; 2,51 (Auffindung der Bleitafel). Wörter vom Stamm *sola*- in *Pass. mart.* nur 2,18 (*dei consolationes*).

16 Göttliche *pietas*: 1,37 (*occulto aliquo pietatis consilio*; vorhergeht *divina misericordia*); 2,7; 4,3; 4,7; nur 2,2 *alia pietatis opera* (‚andere Werke der Frömmigkeit'). *Pietas* in der *Pass. mart.* nur Pr 12 (Christus).

17 Ähnlich hatte ich schon in der (jüngeren) *Hystoria Treverorum* eine gegenüber den älteren *Gesta Treverorum* planvolle ‚ideologisierende' Tendenz nachzuweisen versucht, *Gesta* S. 411 f.

18 Typisch für diese Fehldeutung z.B. Heyen 47, der sämtliche Hinweise auf den Heilsplan bzw. auf Gott überliest, weil er die Bearbeitung für das Original hält: „Die Pauliner H i s t o r i a m a r t y r u m war *ein sachlich referierender Bericht* [meine Kursive] über die Vorgeschichte der Auffindung der Särge in der Krypta von St. Paulin, über die Öffnung dieser Krypta, die Auffindung der Bleitafel und die unmittelbar nach der Öffnung geschehenen Wunder"; vgl. Heyen, Stift 308 f. (319: krasses Fehlurteil als Folge: „Die Erzählung der Historia martyrum ist später kaum noch verändert worden" [PD: doch siehe die jetzt gleichfalls religiös vertiefte *Passio martyrum*]); auch Heikkilä (2002) 103 sieht in der *Hist. mart.* „einen sachlichen Bericht über die Entdeckung der Reliquien". Gleichfalls kein Wort vom religiösen Überbau bei Krönert (2003/2010; s. Anm. 12), der noch 2010 die *Hist. mart.* als „la version définitive de la légende" bezeichnet, die von der *Pass. mart.* nur ‚sehr leicht' geändert worden sei (252).

19 Vatican, BAV, Pal. lat. 482 (63v–64r, meine Paragrafen-Einteilung), 11./12. Jh.; s. Sauerlands programmatischen Titel „Der älteste Bericht über die *Inventio* …" (von Krönert 2010, 433 dreifach verfälscht [lies „Volbert", „vom", „1072" statt „1972"]); noch gesteigert durch Pelster 553 („allerältesten Bericht"; Heyen 45 f.; Krönert 373; BHL 8282); §§ 1–3 ~ *Hist. mart.* 2,56; 2,71 f.

bilia in sancti Paulini iacent ecclesia, quorum tredecim et nomina et merita in plumbo inscripta noviter sunt iuxta corpora ipsorum reperta: (5) Palmatius videlicet et Thyrsus, Maxentius, Constantius, Crescentius et Justinus, Leander, Alexander, Sother, Hormista et Papirius, Constans et Jovianus. (6) Dum autem ex cripta, ubi hec iacent sanctorum corpora terra portaretur, os quoddam incaute proiectum sanguinem effudit non modicum et usque in hodiernum diem permanet sanguinolentum.

(1) ‚Denn als Rictiovarus, der Präfekt des Herrschers Maximian, die Thebäische Legion auf dessen Befehl wo auch immer ringsum verfolgte, betrat er Trier wegen ihrer selbst (Thebäer?) am vierten <Tag> vor den Nonen des Oktobers, und am selben Tag metzelte er dort den Führer derselben Legion, Thyrsus, mit allen, die jenen begleiteten, nieder. (2) Am folgenden Tag jedoch machte er Palmatius, Konsul und Patrizier, mit allen Ersten derselben Bürgergemeinde nieder. (3) Am dritten Tag aber verübte er ein Gemetzel im Volk beiderlei Geschlechts. (4) Unzählige Leiber dieser Märtyrer jedoch liegen in der Kirche des heiligen Paulinus, von denen sowohl dreizehn Namen als auch Verdienste, in Blei geschrieben, kürzlich dort neben den Leibern ihrer selbst entdeckt worden sind: (5) Palmatius ersichtlich und Thyrsus, Maxentius, Constantius, Crescentius und Justinus, Leander, Alexander, Sother, Hormista und Papirius, Constans und Jovianus. (6) Während jedoch aus der Krypta, wo diese Leiber der Heiligen liegen, Erde herausgetragen wurde, ließ ein gewisser Knochen, unvorsichtig hingeworfen, nicht nur mäßiges Blut verströmen und bleibt bis zum heutigen Tag blutig.'

Hier handelt es sich um eine ‚ideologiefreie' historisch-dokumentierende, sozusagen ‚amtlich-offizielle' Version eines objektiven Berichterstatters, angefangen vom dreitägigen Gemetzel des Rictiovarus am 4.–6. Oktober 291 in Trier, über die Auffindung der Sarkophage und der Bleitafel mit 13 Namen der Märtyrer Anfang 1072, bis zum Blut vergießenden Knochen am 3. März 1072 (*Hist. mart.* 3,32).

Daran schließen sich im Vatikanischen Kodex der Wortlaut der ‚historisch' berichtenden Inschrift der Bleitafel (64r–64v, BHL 8283; identisch mit *Hist. Mart.* 2,55–72) sowie ein Brief Erzbischof Udos an seinen (wohl leiblichen) ‚Bruder B.' (Burchard), der von einem traurigen Ereignis betroffen war: dem Tod seines Sohns, also eines Neffen Udos. Aus dem ersten Teil des Briefs geht hervor, dass Burchard seinen Bruder, den Erzbischof, gebeten hatte, Totenmessen für den Sohn und Neffen zu halten; im Schlussteil des Briefs kommt Udo kurz auf den Fund der Särge sowie der Bleitafel, von der er eine Kopie mitschickt (*transmisimus*: epistolographisches Tempus), zu sprechen und lädt den Briefpartner zu einem Besuch ein, bei dem dieser in direktem Gespräch mehr erfahren könne:[20]

---

20   Vatican, BAV, Pal. lat. 482 (64v–65r, BHL 8282b; Text: Holder-Egger 489; Pelster 553 f.; meine Paragrafen-Einteilung). – Zu Erzbischof (1067–1078; Trier II 594 s.v. Udo) Udos Rolle beim Aufbrechen der

(1) U. Dei gratia Trevirorum archiepiscopus fratri B. dilectionem cum omni bono. (2) Cum propter karitatem tuam tristem eventum tuum etiam nos ipsi graviter feramus, propter eandem tamen, quam ipse dicis causam, voluntatem scilicet divinam tristiciae nostrae solacium abnegare non debemus. (3) Modesto ergo ferre debemus quicquid molestiae nobis a iusto deo irrogatur, ne immoderate dolendo culpam nostram non recognoscere et illius iusticiam accusare videamur. (4) Quod autem nos animae nepotis nostri recordari obsecras, etiam si ammoniti non fuissemus, illud minime negligeremus.

(5) Quod vero de sanctorum inventione quaeris, criptam illam, in qua beati Paulini sepulchrum apparebat, ad meliorandum dirui et in ea fodi permisimus, ubi sub altari uno plumbeam tabulam et in ea litteras invenimus, quarum exemplar tibi transmisimus. (6) Venies autem ad nos quantocius poteris, ubi de omnibus quae volueris nos plenius alloqui poteris. Vale.

(1) ‚U.<do>, durch Gottes Gnade Erzbischof der Trierer, <entbietet> seinem Bruder B.<urchard> Hochschätzung mit allem Guten. (2) Obwohl auch wir selbst wegen deiner Liebe an deinem trübseligen Ereignis schwer tragen, dürfen wir dennoch nicht wegen desselben Grundes, den du selbst nennst, des göttlichen Willens, versteht sich, unserer Trübsal den Trost verweigern. (3) Mit Maßen müssen wir also tragen, was auch immer an Beschwerlichkeit uns von einem gerechten Gott auferlegt wird, damit wir nicht durch unmäßige Schmerzempfindung unsere Schuld nicht anzuerkennen und die Gerechtigkeit jenes (Gott) anzuklagen scheinen. (4) Was jedoch das anbetrifft, dass du uns beschwörst, der Seele unseres Neffen zu gedenken, so würden wir jenes, auch wenn wir nicht gemahnt worden wären, keineswegs vernachlässigen.

(5) Was du aber über die Auffindung der Heiligen zu erfahren suchst: Dass jene Krypta, in der das Grab des glückseligen Paulinus erschien, zur Ausbesserung niedergerissen werde und dass in ihr gegraben werde, haben wir zugelassen, wo wir unter einem Altar eine bleierne Tafel und in ihr eine Schrift gefunden haben, von der wir dir eine Kopie übersandt haben. (6) Kommen wirst (sollst) du jedoch zu uns, je eiliger du können wirst, wo du uns über alles, was du willst, vollständiger ansprechen können wirst. Bleib bei Kräften!'

Krypta s. auch *Hist. mart.* 2,44–46; 3,7. – Die Reihenfolge der Texte ist also im vatikanischen Kodex 1. *Relatio* (63v–64r) – 2. Inschrift (64r–64v) – 3. Brief (64v–65r); Krönert 373 dreht Nr. 2 und Nr. 3 um (falsch 240 Anm. 1389); daran schließt er in seinem „Dossier" der „Martyres Treverenses" (die er 391 statt 291 sterben lässt) 4. *Hist. mart.* (unseren Text) und 5. *Pass. mart.*, womit er vielleicht der durch die BHL vorgegebenen (chronologischen?) Zählung folgt (8282 *Relatio*; 8282b Brief; 8283 Inschrift; 8284 *Hist. mart.*; 8284c *Pass. mart.*).

1.4.3 Die *Historia martyrum* und ihre Beziehung zu den *Gesta Treverorum*

Weder Krönert noch sonst ein anderer haben bisher das Hauptwerk der Trierischen Geschichte, die *Gesta Treverorum*, unter unserer Zielsetzung (Suche nach einer objektiv dokumentierenden Märtyrer-,Urfassung') ins Spiel gebracht. Und das ist aus deren Sicht auch nicht verwunderlich: Datiert doch die *Opinio communis* die *Gesta* einmütig erst auf die frühesten Anfangsjahre des 12. Jahrhunderts (ca. 1102),[21] das heißt *nach* der *Historia martyrum* (1071/1072), so dass – längst bemerkte – Parallelen[22] zwischen beiden Werken zwangsläufig in umgekehrtem Sinn (Abhängigkeit der *Gesta* von der *Historia martyrum*) gedeutet wurden.[23] Es wäre geradezu unmöglich, dass ein so aktuelles Ereignis wie die spektakuläre Invention von 13 Märtyrer-Sarkophagen[24] (1071/1072) nicht seinen Niederschlag im zeitgenössischen Schrifttum gefunden hätte – gehen wir also die (vorgeblich ca. 1102 entstandenen) *Gesta* mit besonderem Augenmerk auf Leichname und Sarkophage von Märtyrern durch! Hier sind es vor allem drei Passagen (c. 17; c. 22,3 f.; c. 27,15–20), die infrage kommen:[25]

1) Kap. 17 berichtet von der Ankunft der christlichen Thebäischen Legion mit ihrem Führer Thyrsus im Jahr 291 auf dem Marsfeld in Trier, ihrer Aufnahme durch die christliche Führungselite Triers unter dem ,Konsul' Palmatius und vom Gemetzel, das der römische Statthalter Triers, der Präfekt Rictiovarus, am 4.–6. Oktober an Thyrsus und Gefährten, an Palmatius und elf namentlich genannten Standesgenossen (,Senatoren')[26] sowie

---

21 1102 als vorgebliches Datum der *Gesta* (33,6 f. Tod Bischof Egilberts 1101; Amtsantritt Bischof Brunos 1102) z.B. bei Winheller 82 f., Heyen 39, 48; Thomas 23–39; Heyen, Stift 319; ders., Fälschung 407, 413); Trier II 594 s.v. Egilbert; Krönert 242, 253, 254, 255, 380.

22 Zu Parallelen zwischen beiden Werken s. meinen Komm. zu (längere wörtliche Übereinstimmungen **fett**) *Hist. mart.* 1,1 (Ge 17,1); 1,2 *bis* (17,1); 1,3 (17,3); 1,4 (17,3 f.); 1,5 *bis* (27,19; 17,4); 1,8 *bis* (17,2); **1,10** (17,6); **1,11** (17,7); **1,12** (17,18–17,22); 1,12 (17,18); **1,13** (17,18 f.; 17,8); 1,14 (17,10); 1,15 (17,14); 1,16 *bis* (17,14); 1,19–36 (17,14); 1,26 (22,3–5); 1,33–36 (27,18); **2,5 f.** (17,11 f.); **2,6** *bis* (17,12); 2,33 (19,16); 2,34 (19,17); 2,35 (19,16 f.; 22,4); 2,53 (27,17); 2,58 (27,16); 2,61 (27,16); 2,62 (27,17); vgl. Thomas 29 f.

23 So z.B. mindestens seit Waitz, MGH SS VIII (1848) 119 (Quellen der *Gesta Treverorum*): „*Ex his et Historia martyrum Treverensium magna antiquae historiae ecclesiasticae pars ad verbum est descripta*" (,Aus diesen [Heiligen-Viten und Trierischen Historien] und <aus> der Historie der Trierischen Märtyrer [Anm. 80: *Gesta* c. 17, S. 149–151 MGH] ist ein großer Teil der alten Kirchengeschichte [durch den *Gesten*-Autor] wörtlich ausgeschrieben worden'); vgl. Thomas 29–32 mit Anm. 34.

24 Vgl. Krönert 240: „L' invention de corps de martyrs à Saint-Paulin en 1072 a peut-être été l'événement le plus marquant dans toute l'histoire de l'abbaye."

25 Von den oben (Anm. 22) genannten Parallelen fallen nur *Hist. mart.* 2,33/2,34 (Paulinus' Missionieren als Inhalt des Paulinus-Hymnus) heraus, denn die entsprechenden Stellen der *Gesta* (19,16/19,17) berichten auktorial von Paulinus' Exil und Tod in Phrygien.

26 *Gesta* 17,15: *quorum nomina haec sunt: Maxentius, Constantius, Crescentius, Iustinus, Leander, Alexander, Soter, Hormisda, Papirius, Constans, Iovianus.* – Die Namen setzen nicht zwingend das Auffinden der Bleitafel voraus, s. Heyen 44 („Sie [Namen] können echt sein, d.h. sie können aus einer Überlieferung stam-

an der Trierischen Bevölkerung veranstaltet; die Leichen finden ihr ‚Grab' in der Mosel bzw. werden später von geflohenen Christen nach deren Rückkehr in einem verfallenen Brunnen ‚begraben'. – Das alles findet sich auch, weitaus ausführlicher (bei mir 40 Paragrafen), im 1. Kap. der *Hist. mart.* (zum ‚Grab' in der Mosel s. 2,5 f.; der Brunnen fehlt), die sich aber für die (mit dem Thebäer Thyrsus) 13 Trierer Namen schon auf die Bleiplatte in der Krypta des Paulinus-Klosters beruft und die genaue Anordnung der (mit Paulinus) 14 Sarkophage schildert.

2) In Kap. 22,3 f. erbaut Erzbischof (386–393) Felix in Trier auf dem Marsfeld eine Marien-Basilika ([die spätere Paulinuskirche] anknüpfend an 17,13), in der er die Märtyrer-Leichname, ‚bis zu seinen Zeiten zerstreut und ungeordnet' (*ad usque sua tempora disiecta et incomposita*), ehrenhaft bestatten lässt; nach Erschaffung der Krypta wird in der Mitte der Krypta der <Sarg mit dem> Leichnam des in seinem kleinasiatischen Exil gestorbenen Bischofs (ca. 347–358) Paulinus, den Felix hatte zurückholen lassen, an eisernen Ketten aufgehängt. <Die Namen der dreizehn Märtyrer werden mit goldenen Buchstaben an die Wände der Krypta geschrieben: 27,17>. – Das alles findet sich auch in der *Hist. mart.* 1,26 (Felix); 2,57–61.

3) In Kap. 27,15–20 (Rückgriff auf 22,3 f.) der *Gesta* treffen die Trierer in Erwartung des Normannensturms (882) Vorsichtsmaßnahmen zum Schutz des ‚kirchlichen Vermögens oder Schmucks'; zu diesem Zweck entfernt man die goldenen Buchstaben von den Wänden der Krypta; statt dessen werden die Namen der Märtyrer und deren ‚Personalien' auf eine Bleiplatte geschrieben <die mit den Sarkophagen in der Erde versenkt wird>; der *Gesta*-Autor zitiert dann offensichtlich nur eine Kurzfassung (22 Wörter) der Inschrift (27,18: *In hac cripta iacent corpora sanctorum quorum nomina haec sunt, Palmacius, ...*) mit den zwölf Namen der [Trierer] Märtyrer [Thyrsus als Thebäer fehlt]. – Vgl. dazu *Hist. mart.* 2,52–54 (Fund der Bleitafel); 2,55–72 (angeblich vollständiger Wortlaut der Tafel, darin 2,62 Erwartung des Normannensturms).

Nach *Gesta* Kap. 27 kommt kein Wort vom Stamm *martir-/martyr-* mehr vor, und auch *sarcophagum* erscheint nur noch zweimal, im Zusammenhang mit dem ‚schwebenden' Sarg des Paulinus, im darauffolgenden Kap. 28. Ebenso wie die Märtyrer-Sarkophage einschließlich der Bleitafel mit den Namen der Getöteten erstmals anlässlich des Normannensturms 882 c. 27 (s. schon meinen Komm. zu 27,15) urplötzlich aus dem Nichts aufgetaucht sind, verschwinden sie auch wieder spurlos.

---

men, die wir nicht mehr kennen, sei es aus schriftlichen Aufzeichnungen [...] sei es wie auch immer gearteten Bezeichnungen der Särge. Sie können auch erfunden sein"); Stift 312 („Selbst wenn die Namen der 13 Toten in irgendeiner Form überliefert gewesen sein sollten, was immerhin noch möglich wäre") mit Anm. 1 („Ich möchte daher vermuten, daß doch Namen oder Namenhinweise in irgendeiner Form vorhanden waren, die man dann ‚deutete'"); von einer ‚älteren (mündlichen) Legende' spricht auch Thomas 32 f., 144 f.

Fazit: Die *Gesta* (mit 1102 als präsumptivem *Terminus post quem*) haben von einem so eklatanten Ereignis wie der (vorgeblichen) Auffindung von 13 Märtyrer-Sarkophagen (1072) und den sofort daran anschließenden spektakulären Wundern (*Hist. mart.* c. 3 f.) offensichtlich nichts gewusst (zur potenziellen Präexistenz von Namen oder einer Bleitafel s. oben mit Anm. 26). Und wenn auch in der *Continuatio I* (*Terminus post quem* 1132) der *Gesta* in dem Passus, der Erzbischof (1067–1078) Udo gewidmet ist (I 9,11–9,13), immer noch nicht von der Graböffnung die Rede ist, so liegt das daran, dass in den drei kargen Paragrafen die Rede von Udos ‚Taten' ist – die Initiative zur Graböffnung aber ist nicht nur nicht von Udo ausgegangen, sondern er hat sie sogar kraft seines Amtes mit allen Mitteln aufzuschieben, wenn nicht gar zu verhindern gesucht (*Hist. mart.* 2,44–46).

Ergebnisse: 1) Die bisher als Hauptfassung unserer Legende geltende *Historia martyrum Treverensium* (BHL 8284, ca. 1072) ist in Wirklichkeit bereits eine religiös vertiefende, teleologisch ideologisierende Umarbeitung einer historisch dokumentierenden ‚Urfassung', deren Faktengerüst die oben behandelten Texte (*Relatio*; Brief Udos) sowie für Traditionelles natürlich auch die Bleitafel, die *Passio martyrum* (BHL 8284c) sowie die *Gesta Trev.* bilden[27]; die *Historia* wäre dann gleichsam zweimal (Schöpfungsplan; Eigeninteresse Gottes) religiös umgeformt (*Passio–Historia*).

2) Die bis 2019 geltende Abfolge (1072 *Hist. mart.*; 1102 *Gesta Trev.*) ist mithilfe der *Gesta* als *Argumentum e silentio* umzudrehen (*Gesta–Passio–Historia mart.*). Und das trifft sich mit meinem kürzlich (2017) unter Heranziehung der *Passio Albani* (1062) und der *Hystoria Treverorum* (vor 1062) unterbreiteten Versuch, eine erste Redaktion der sukzessiv entstandenen *Gesta* – sozusagen eine ‚Urfassung', die noch Augustin Calmet in der Neuzeit (1728) vorgelegen hat – auf ca. 1062 oder sogar ca. 1052/1059 zu datieren![28]

1.4.4 Überlieferung der *Historia martyrum* und Editionsprinzipien

Die zwei ältesten Handschriften (C, mit ‚Abschrift' bzw. ‚Bearbeitung' D) liegen in der Stadtbibliothek Trier; die ältere der beiden (C) ist katastrophal ediert durch Hontheim

---

27 Nicht kategorisch auszuschließen ist, dass die Reihenfolge *Historia-Passio* umzudrehen ist, denn die *Passio* kennt zwar Gottes Schöpfungs- bzw. ‚Heilsplan' für die Welt, aber (noch) nicht sein persönliches Interesse gerade an den Trierer Märtyrern (s. oben Anm. 14–16) gemäß dem *Do-ut-des*-Prinzip.

28 Dräger, *Gesta* S. 414 f.; zum stilistischen Bruch in/nach c. 25 s. S. 405–407; s. auch unten die ‚Didaktische Vorbemerkung' zu meinem Komm.; der Komm zu *Gesta* 17,1; 22,4 ist, da ich seinerzeit die ‚Trierer Märtyrer' nur dem Titel nach kannte, zu korrigieren.

1757 (1768 abgedruckt durch die AASS, 1848 auszugsweise durch die MGH und daraus 1853 durch die *Patrologia Latina*); D hat noch keine *Editio princeps* ‚erlitten'.[29]

C = Hs Trier, StB (heute:) 388/1152gr2 (147r–153v; Keuffer, Liturg S. 26, Nr. 388, f. 120; Coens S. 165/168, Nr. 42; Krönert S. 377); gemäß Keuffer S. 26 (frei zitiert): „Holzdeckel in Schweinsleder, Messingbeschläge, eiserne Buckel, die beiden Lederschließen abgerieben, f., 320 × 432 mm (Coens: „ca. 425×320"); Pergament, 351 Blätter, eingeritztes Linienschema, zweispaltig, rubriziert, Minuskel, 2. Hälfte 11. Jh. (Coens: 12. Jh.) – *Passionale ecclesiae s. Simeonis* (4 Teile: August bis November). – f. 120 *Kalendar zum Oktober*. Dort u.a. vita Remigii et vita s. Nicetii, archiep. trev., passio s. Leodegarii episcopi et martyris, passio ss. martyrum trevirensium", ferner Vita des hl. Gallus, des hl. Quintinus etc. – Mein textkrit. Apparat zu C schließt auch D ein.

Kodex C gehörte einst der Kirche St. Simeons von Trier (s. das *Passionale*); 1804 ging er in den Besitz der Trierer Stadtbibliothek über (f. 2). Siehe meine eigene Abb. 10.

D = Hs Trier, StB (heute:) 1151/456 4° (30v–35v; Keuffer S. 221/224, Tomus IV, f. 30–35; Coens S. 205, Nr. 6 [schwer fehlerhaft]; Krönert S. 377 [durch Wegfall des röm. Zahlzeichens V falsche Bandzahl „1151,I" statt richtig „1151,IV"]); gemäß Keuffer 221 und 224 (frei zitiert): „Holzdeckel in Schweinsleder mit prachtvoller Renaissance-Pressung und der Jahreszahl 1749, Messingschließen, 4 Bde. fol., Pergament; 244×332 mm [Coens 205: „337×232"], Anfang des 13. Jh., mit Initialen reich verziert. *Acta Sanctorum* per circulum anni, zweispaltig"; Band IV (Oktober) enthält nach Remigius (f. 1–19), Nicetius, Leodegarius, Ewald, Caprarius und Fides (f. 28–30) auf f. 30–35 unsere „passio, inventio, miracula Thyrsi, Bonifatii et sociorum mart. Treverensium (in D heißt der *Titulus*: *Lectiones de sancto Tyrso sociorumque eius* [lies: *sociisque eius*]); darauf folgen noch ca. drei Dutzend andere Märtyrer. – D weist neben der Bibliotheks-Paginierung (30v–35v) für den Anfang (ca. ein Fünftel) der ‚Liturgischen [?] Lesung' eine vermutlich noch nie erwähnte eigene Zählung in röm. Zahlzeichen von II, III, IIII bis VIII auf (das entspricht in der von mir eingeführten Kapitel- und Paragrafenzählung 1,3 bis ca. 1,18). – Mein textkrit. Apparat zu D umfasst nur Lesarten, die nicht zu halten sind (für alle Abweichungen s. den Apparat zu C).

Der Kodex gehörte einst dem Kloster St. Maximin (Signatur), wurde aber 1827 durch D. Hermes der Trierer Stadtbibliothek geschenkt (vgl. Coens S. 205). Siehe meine eigene Abb. 11.

---

29   Das Folgende nach Keuffer und Coens; alles überprüft durch Autopsie. Mit meiner Klassifikation der *Historia* in C und D schließe ich an Heyens Klassifikation der *Passio* in A und B an (s. unten Kap. 2.3.2 mit Anm. 9).

Grundlage meiner Edition von C ist, anders als Hontheims enttäuschende *Editio princeps* im KTJ 2019, die Handschrift C selbst (ohne die nicht originalen Zwischenüberschriften ca. 250 Zeilen); Rezension D ist eine von anderer Hand geschriebene Be- bzw. Umarbeitung von C, die (D) dazu noch stark verkürzt: Ohne den ganz ausgelassenen Prolog umfasst D (einschließlich des angehängten Schlussparagrafen 4,27) ca. 150 Zeilen. Die Streichungen (und semantischen sowie syntaktischen Umarbeitungen) in D nehmen zum Schluss hin immer weiter zu: Am Anfang (Kap. 1–2) kaum spürbar, hat man ab Kap. 3 und besonders in Kap. 4 den Eindruck, der Schreiber wolle möglichst schnell zum Ende kommen und lasse daher alles für den Kontext nicht unbedingt Notwendige weg (z.B. Verweise, attributive Relativsätze, Appositionen etc.).

Trotz der Tilgung des Prologs in D ist die teleologisch-ideologisierende Tendenz (Gottes Schöpfungs-/‚Heilsplan' für die Welt) erhalten geblieben; nur das dem *Do-ut-des-Prinzip* verpflichtete persönliche Interesse Gottes an Opfern wird in D nicht mehr explizit erwähnt (einfach weil der Prolog gestrichen ist?).

Zu den Editionsprinzipien s. das unten in Kap. 2.3.2 zur *Passio* Gesagte.

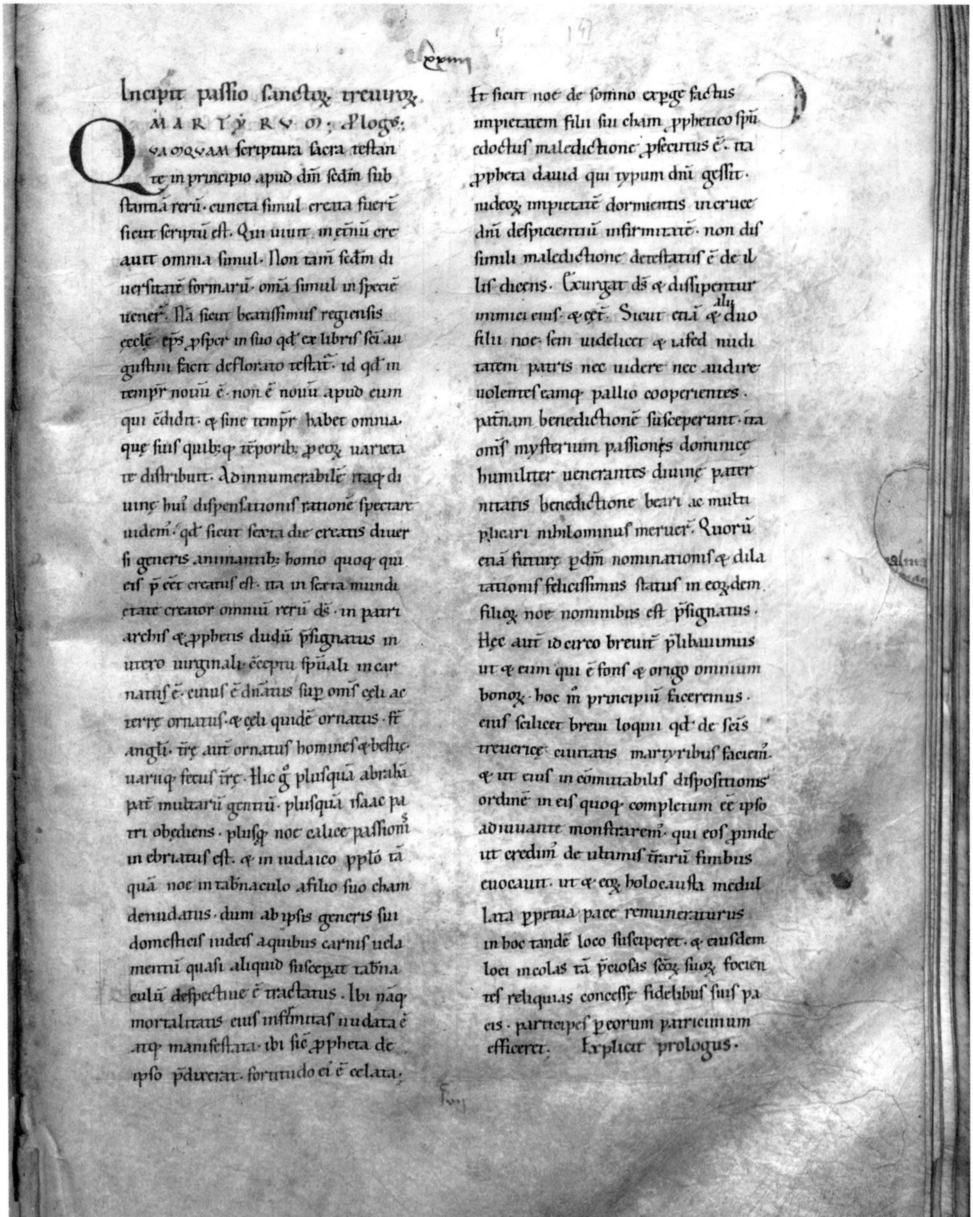

Abb. 10: Historia, Hs C, 147r: Incipit passio – Quamquam – Explicit prologus (Hist C, prol 1, S. 16 Dräger).

Abb. 11: Historia, Hs D, 30v: Lectiones – Cum inevitabilis – praemia acquirerent (Hist D, cap. 1,1, S. 66 Dräger).

2

Passio martyrum Trevirensium (BA; BHL 8284c)

Das Leiden der Trierer Märtyrer (BHL 8284c)

Inhaltsübersicht: Das Leiden der Trierer Märtyrer

Incipit der Handschriften zum *Prologus*

Prologus Vorrede
- Pr 1–4   Der Mensch im Schöpfungsplan zwischen Gott und Teufel
- Pr 5–6   Christus als Vermittler
- Pr 7–13 Entsendung der Apostel; Petrus in Rom
- Pr 14–17 Entsendung des Apollinaris und anderer Jünger durch Petrus
- Pr 18–23 Entsendung des Eucharius, Valerius und Maternus nach Trier; Christianisierung Triers
- Pr 24–32 Bedeutung Triers; Silvester-Privileg; Bischof Agritius
- Pr 33–38 Schutz Triers durch seine Märtyrer

Incipit der Handschriften zur Passio des Thyrsus und Genossen

Kap. 1: Passio der heiligen Thyrsus und seiner Genossen
- 1,1–11   Thebäische Legion, Passio des Mauritius in Agaunum
- 1,12–28 Passio des Thyrsus und Genossen in Trier durch Rictiovarus
- 1,29–34 Selbstreflexion des Verfassers
- 1,35–37 Enthauptung des Thyrsus und seiner Genossen
- 1,38–45 Selbstreflexion des Verfassers

Kap. 2: Passio des Palmatius und seiner Genossen
- 2,1–8   Tötung des Konsuls und Patriziers Palmatius durch Rictiovarus
- 2,9–38   Rictiovarus lässt vier Senatoren (von 11: 2,2) töten; Symbolik der Vierzahl
- 2,39–58 Rictiovarus lässt die weiteren sieben Senatoren töten; Symbolik der Sieben- und der Dreizahl
- 2,59–70 Feste Gläubigkeit Triers
- 2,71–82 Wüten des Rictiovarus in Trier; sein Vergleich mit dem Christus-Verfolger Herodian und mit Cäsar im Bürgerkrieg

Epilog:
- 2,83–89 Seligpreisung (Makarismos) Triers; Ungenugen des Lobredners

Anhang:
- 2,90–97 Lage der (1+1+11) 13 Sarkophage in der Krypta der Paulinuskirche; Jahr (291) des Trierer Martyriums

Explicit der Handschriften

2.1 *Passio martyrum Trevirensium* (BA; BHL 8284c)

[**193r**] [241] Incipit prologus in passionem martyrum Trevirensium

(Prol 1) Post orbis disposicionem cunctarumque rerum ordinationem, ut sacra nobis refert scriptura, ‚deus hominem de limo terre formavit' et spiritu oris sui vivificavit. (Pr 2) Post hec posuit eum in paradysum, ut illum custodiret et in eo vivendo eius preceptis obediret[1], sed tamen non tali conditione, quod semper ibi maneret et preceptis eius constringeretur, sed ut post paradysi iocunditatem sine gustu mortis alteritate quadam tantum ad celestem transferretur eternitatem. (Pr 3) Verum cum diabolus tantam hominis dignitatem consideravit, invidia tactus, ira commotus, dolore conturbatus nitebatur, ut eum suo creatori per precepti transgressionem inobedientem[2] efficeret et sue dicioni iure pro tali culpa subiceret. (Pr 4) Dolosis igitur ac fraudulentis eum aggressus verbis, dei preceptorum ceu intendebat transgressorem effecit et ita per quinque mundi etates omni humano generi dominabatur.

(Pr 5) In sexta vero etate dominus pater antiquum eius consilium ‚temporibus eternis', ut ait apostolus, ‚tacitum' verum fieri volens, [242] misit filium suum in hunc mundum, ut peccati cirographum deleret et nos a iugo diabolice dominationis liberaret. (Pr 6) Hic voluntati patris in omnibus obediens, suo cruore nostras conscientias ab operibus mortuis mundavit et contra mortis potum[3] vite nobis propinavit antidotum.

(Pr 7) Peracta autem sue passionis, resurrectionis, ascensionis dispensatione discipulos suos per spiritum sanctum [**193v**] illuminatos in universum mundum misit dicens: ‚Ite, predicate evangelium omni creature.' (Pr 8) Quam legationem atque mandatum dum perficere niterentur, unusquisque sibi destinatam adiit provinciam, in qua domino cooperante et sermonem confirmante sequentibus signis[4] predicabat, et qui crediderunt, eos in nomine patris et filii et spiritus sancti baptizabat. (Pr 9) Unde Petrus princeps apostolorum primariam totius mundi civitatem, Romam scilicet, adiit, ut[5], que prius monar-

---

1 *obediret* A; *obbediret* B (von Heyen nicht vermerkt; salviert durch S. 57).
2 *inobedientem* A; *inobbedientem* B (von Heyen nicht vermerkt)
3 *potum* Dräger, *pot*[rasura]*um* B, *potirium* A (falsch Heyens *potorium*)
4 *signis* fehlt in B
5 *ut* fehlt in B (nicht bemerkt von Heyen)

2.1 Das Leiden der Trierer Märtyrer (BA; BHL 8284c)

[193r] An fängt die Vorrede zum Leiden der Trierischen Märtyrer

(Prol 1) Nach Einteilung des <Erd->Kreises und Ordnung der gesamten Dinge ‚hat', wie uns die Heilige Schrift berichtet, ‚Gott den Menschen aus dem Schlamm der Erde geformt', und er hat ihn durch den Hauch seines Mundes lebendig gemacht. (Pr 2) Danach hat er ihn ins Paradies gestellt, auf dass er jenes bewache und, in ihm lebend, seinen (Gottes) Geboten gehorche, aber dennoch nicht unter solcher Bedingung, dass er immer dort bleibe und durch seine Gebote gebunden werde, sondern dass er nach der Annehmlichkeit des Paradieses ohne einen Geschmack des Todes durch eine gewisse Veränderung nur zur himmlischen Ewigkeit gebracht werde. (Pr 3) Aber als der Teufel eine so große Würde des Menschen bedachte, strengte er sich, durch Neid berührt, durch Zorn bewegt, durch Schmerz verstört, an, dass er ihn seinem Schöpfer durch Übertretung des Gebotes ungehorsam mache und seiner Gewalt mit Recht für solche Schuld unterwerfe. (Pr 4) Indem er also mit listigen und betrügerischen Worten gegen ihn antrat, machte er ihn, wie er erstrebte, zum Übertreter der Gebote Gottes und herrschte so durch fünf Epochen der Welt über das ganze menschliche Geschlecht.

(Pr 5) In der sechsten Epoche aber schickte der Herr, der Vater – da er wollte, dass sein alter Plan, ‚seit ewigen Zeiten', wie der Apostel sagt, ‚verschwiegen', wahr werde – seinen Sohn in diese Welt, auf dass er den Schuldschein der Sünde tilge und uns vom Joch der teuflischen Herrschaft befreie. (Pr 6) Da dieser dem Willen des Vaters in allem gehorsam war, reinigte er durch sein Blut unsere Gewissen von den toten Werken und prostete uns gegen den Trank des Todes das Gegenmittel des Lebens zu.

(Pr 7) Nachdem jedoch die Anordnung seines Leidens, Wiederauferstehens, Aufstiegs <in den Himmel> durchgeführt worden war, schickte er seine Jünger, nachdem sie durch den Heiligen Geist [193v] erleuchtet waren, in die gesamte Welt, wobei er sagte: ‚Geht, predigt das Evangelium jedem Geschöpf!' (Pr 8) Und indem sie sich anstrengten, diese Gesandtschaft und Beauftragung zu vollenden, ging ein jeder in die ihm bestimmte Provinz, in der er, während der Herr mitwirkte und die Rede bestärkte durch nachfolgende Zeichen, predigte, und diejenigen, die glaubten, im Namen des Vaters und des Sohnes und des Heiligen Geistes taufte. (Pr 9) Und daher ging Petrus, der Erste (*princeps*) der Apostel,

chiam secularis obtinuit potestatis, per⁶ eum⁷ spiritualis principatum possideret dignitatis et ut prius paganis, ita postea in domino dominaretur omnibus Christianis. (Pr 10) Hanc tantam tamque spiritalem gratiam deus pater, in nativitate filii sui secundum carnem, ut historia refert, dignatus est Romanis ostendere, cum fons olei per totum nativitatis ipsius diem Rome apud meritoriam tabernam meare non cessavit. (Pr 11) Quem fons iste olei designavit Romanis nisi Ihesum Christum, fontem inexhauste⁸ pietatis? (Pr 12) De quo propheta loquitur dicens: ,Erit fons patens domui David habitantibus Hierusalem in ablutionem peccatoris et menstruate.' (Pr 13) Merito igitur gratiam, laudes et gloriam deo patri sancta refert ecclesia, quod hanc civitatem de portis mortis [243] exaltavit et in adnuntiatione verbi divini in portis filie Syon clarificavit.

(Pr 14) Postquam autem beatus Petrus aliquamdiu verbum vite Rome predicavit, vidit messem multam per regiones, operarios vero [194r] paucos, suos discipulos spiritu sancto repletos, in messem mittere disposuit, ut tandem cum exultatione venientes reportarent manipulos animarum. (Pr 15) Primo autem⁹ ad civitatem Ravennam Apollinarem direxit, que etiam idcirco primitiva sancti Petri filia partibus in illis vocari meruit. (Pr 16) Deinde circumquaque vere fidei doctores predicare precepit. (Pr 17) Ut autem per vicina loca ceu sapiens architectus fundamentum sancte fidei posuit, per remotiora etiam loca vomere predicationis corda hominum excolere disposuit.

(Pr 18) In occidentalem ergo Franciam in illius nomine, quem Abraham in tribus vidit personis et unum adoravit, tres viros opere et sermone in domino perfectos, scilicet Eucharium, Valerium atque Maternum, verbum vite misit predicare, qui sicut veri cultores dei postposito tribulationis timore post resurrectionem Materni, quem quadraginta dies in sepulchro mortuum iacuisse ferunt, magnam tunc et pre ceteris regionis illius potentem civitatem, Treverim nomine, fiducialiter ingressi principem huius mundi verbis et exemplis foras eicere laboraverunt, quod et postea compleverunt. (Pr 19) Hec civitas fama,

---

6   *per ... dignitatis* in A am Fuß der Seite (von anderer Hand) mit falschem *possederat* (statt *possideret* B) nachgetragen

7   *eum* AB; falsch Heyens Änderung *eam*

8   *inexhauste* B; *immense* A, von anderen Händen -*que* und *inexhauste* (,unerschöpflicher und unermesslicher') in A *supra lineam* nachgetragen

9   *autem* B; *igitur* (,also') A

zur erstrangigen Bürgergemeinde der ganzen Welt, Rom, versteht sich, auf dass die, die zuerst die Alleinherrschaft der weltlichen Macht innehatte, durch ihn die Erststellung der geistlichen Würde besitze und wie zuerst über die Heiden, so später im Herrn herrsche über alle Christen. (Pr 10) Diese so große und so geistige Gnade hat Gott, der Vater, bei der Geburt seines Sohnes gemäß dem Fleisch, wie die Historie berichtet, den Römern zu zeigen sich herabgelassen, da eine Quelle von Öl den ganzen Tag seiner Geburt hindurch in Rom bei der Hetärenschenke zu fließen nicht aufgehört hat. (Pr 11) Wen bezeichnete diese Quelle von Öl den Römern wenn nicht Jesus Christus, die Quelle unerschöpflicher Gnade? (Pr 12) Denn über diesen spricht der Prophet, indem er sagt: ‚Es wird eine Quelle offenstehend sein dem Haus Davids, den Bewohnern Jerusalems, zur Abwaschung des Sünders und der durch Menstruation befleckten <Frau>.' (Pr 13) Verdientermaßen stattet also Dank, Lob und Ruhm Gott, dem Vater, die heilige Kirche ab, da er diese Bürgergemeinde von den Toren des Todes erhöht hat und bei der Verkündung des göttlichen Wortes an den Toren der Tochter Zion berühmt gemacht hat.

(Pr 14) Nachdem jedoch der glückselige Petrus eine Zeit lang das Wort des Lebens in Rom gepredigt hatte, viel Ernte in den Regionen gesehen hatte, aber [194r] wenige Werkarbeiter, gedachte er, seine Jünger, weil sie durch den Heiligen Geist voll waren, zur Ernte zu schicken, auf dass sie schließlich mit Jubel kommend, Scharen von Seelen zurückbrächten. (Pr 15) Zuerst jedoch lenkte er Apollinaris zur Bürgergemeinde Ravenna, die auch deswegen die erste Tochter des heiligen Petrus in jener Gegend genannt zu werden verdiente. (Pr 16) Darauf gebot er, dass ringsumher Lehrer des wahren Glaubens predigen sollten. (Pr 17) Sobald er jedoch an den benachbarten Orten wie ein weiser Baumeister den Grund des heiligen Glaubens gelegt hatte, gedachte er, auch an den entfernteren Orten durch den Pflug der Predigt die Herzen der Menschen zu bearbeiten.

(Pr 18) In das westliche Franken also schickte er im Namen jenes, den Abraham in drei Personen sah und als eine anbetete, drei Männer, durch Wirken und Predigt im Herrn vollendet, Eucharius, Valerius und Maternus, versteht sich, um das Wort des Lebens zu predigen, die – nachdem sie so wie wahre Verehrer Gottes unter Hintansetzung der Furcht vor Drangsal nach der Wiederauferstehung des Maternus, von dem man berichtet, dass er vierzig Tage im Grab tot gelegen habe, eine damals große und vor den <Bürgergemeinden> jener Region mächtige Bürgergemeinde, Trier mit Namen, zuversichtlich betreten hatten – sich bemühten, den Fürsten (*princeps*) dieser Welt durch Worte und Beispiele hinauszuwerfen, was sie auch später erfüllten. (Pr 19) Diese Bürgergemeinde

potentia, nobilitate tantum apud augustos et populum Romanum obtinuit honoris, ut secunda vocaretur Roma. [244] (Pr 20) Treverim autem dictam quidam autumant a tribus potentibus viris, qui eam tunc inhabitabant, quod et hystorie confirmant, alii a [194v] Trebeta, Nini primi regis filio, qui eam condidit, ut estimant. (Pr 21) Huic autem civitati non erat tunc preter dominam Romanam urbem secunda in omni paganismo, qua de causa ad diruendam erroris sui magnitudinem decuit magnos habere pathronos, qui eam auctore Christo perfecte consociarent Christianismo. (Pr 22) In hac tanta tamque populosa civitate hi sancti viri die noctuque vigiliis, ieiuniis, orationibus atque doctrina laborantes vix tandem eius incolas signis et prodigiis coegerunt, quod colla eorum iugo fidei submiserunt. (Pr 23) Ut autem verbum fidei corporis auribus et cordis perfecte perceperunt, in Christo Ihesu baptizati, de[10] virtute in virtutem gloriose crescebant in altum velud cedrus[11] Libani.

(Pr 24) Nam sicut hec civitas tunc temporis[12] cunctas gentili precellebat superstitione, ita nunc supereminet[13] in his partibus Christiana religione, et ut tunc secunda Roma dicebatur, ita nunc apud nos beati Petri primitiva filia vocatur. (Pr 25) Unde usque hodie primas vocatur presul Trevericus, quod nomen tante dignitatis et honoris conprovincialium presulum excepto illo[14] habet nullus. (Pr 26) Hanc dignitatem confirmat sancti Silvestri privilegium, quo renovatur in honorem pristinum acquisitum[15] per archiepiscopum Agritium. – (Pr 27) Exemplar privilegii. Privilegium[16] Agritii patriarche Antiocheni et Trevirorum archiepiscopi.

(Pr 28) ‚Sicut in gentilitate propria virtute, sortire et nunc, Trevir primas,[17] super Gallos spiritualem et Germanos [245] prioratum, quem tibi pre omnibus harum gentium

---

10 Von *de virtute in virtutem* bis *in eiusdem seminis germine* (Pr 32) reicht der in A zwecks Aufnahme des Silvesterprivilegs überarbeitete Text, s Heyen 58, [falsche] Anm. 8.

11 [vertauschte Fußnoten 7/8 in Heyens chaotischer Edition] *velud cedrus* B; *velut cedri* A

12 *tunc temporis* A; unlateinisches *tunc temporibus* B (von Heyen nicht vermerkt)

13 *semper eminet* B; *supereminet* A („überragt sie ‹sie›")

14 *excepto illo* B; *plus* („mehr") in A im Text sublinear getilgt und (unter Hinweis durch Punkte) am linken Rand durch *excepto illo* ersetzt

15 *acquisitum* B; in A am rechten Rand und interlinear links ergänzt

16 *Privilegium Agritii patriarche Antiocheni et Trevirorum archiepiscopi* B; in A am linken Rand nachgetragen

17 *Trevir primas,* Dräger; *Trevir, primas* Heyen inepte (AB *absque ulla interpunctione*)

hatte durch Ruf, Macht, Adel so viel an Ehre bei den Erhabenen und dem römischen Volk, dass sie das ‚zweite Rom' gerufen wurde. (Pr 20) Trier (*Treveris*) jedoch sei sie genannt worden, vermuten einige, nach drei mächtigen Männern (*tres viri*), die sie damals bewohnten, was auch die Historien bekräftigen, andere nach [**194v**] Trebetas, des ersten Königs Ninus Sohn, der sie gründete, wie sie meinen. (Pr 21) Diese Bürgergemeinde jedoch besaß damals außer der Herrin, der römischen Stadt, keine zweite <Herrin> im ganzen Heidentum, aus welchem Grund es sich ziemte, zur Zerstörung der Größe ihres Irrtums große väterliche Schutzherrn zu haben, die sie auf Veranlassung Christi vollendet mit dem Christentum verbünden sollten. (Pr 22) In dieser so großen und so volkreichen Bürgergemeinde zwangen diese heiligen Männer, indem sie sich Tag und Nacht durch (Nacht-)Wachen, Fasten, Gebete und Lehre anstrengten, schließlich mit Mühe ihre Einwohner durch Zeichen und durch Vorhersagen, dass sie ihre Nacken dem Joch des Glaubens unterwarfen. (Pr 23) Sowie sie jedoch das Wort des Glaubens mit den Ohren des Leibes und des Herzens vollkommen wahrgenommen hatten, wuchsen sie, in Christus Jesus getauft, von Tugend zu Tugend ruhmreich in die Höhe wie eine Zeder des Libanon.

(Pr 24) Denn so wie diese Bürgergemeinde zur damaligen Zeit sämtliche <Bürgergemeinden> durch heidnischen Aberglauben übertraf, so ragt sie jetzt immer in dieser Gegend durch christliche ‚Religion' hervor, und wie sie damals ‚zweites Rom' genannt wurde, so wird sie jetzt bei uns erste Tochter des glückseligen Petrus gerufen. (Pr 25) Und daher wird bis heute der Trierische Vorsteher ‚Erster' (*primas*) gerufen, welchen Namen von so großer Würde und Ehre keiner der zur selben Kirchenprovinz gehörigen Vorsteher hat – mit Ausnahme jenes. (Pr 26) Diese Würde bekräftigt das Vorrecht des heiligen Silvester, durch das sie (Würde) zur früheren Ehre erneuert wird, erworben (Ehre) durch Erzbischof Agritius. – (Pr 27) Abschrift des Vorrechts. Vorrecht des Agritius, des antiochenischen Patriarchen und Erzbischofs der Trierer:

(Pr 28) ‚So wie <du> im Heidentum durch eigene Mannhaftigkeit <erlost hast,> erlose auch jetzt, Trierer Primas, über Gallier und Germanen den geistigen Priorat, den dir

episcopis in primitivis [195r] christiane religionis doctoribus, scilicet Euchario, Valerio et Materno per baculum capud ecclesie Petrus signavit habendum, suam quodammodo minuens dignitatem[18], ut te participem faceret. (Pr 29) Quem ego Silvester servus eius successioneque indignus per patriarcham Antiochenum Agritium renovans confirmo ad honorem patrie[19] domine Helene auguste, eiusdem metropolis indigene, quam ipsa felix per apostolum Mathiam Iudea translatum ceterisque reliquiis, scilicet tunica et clavo domini et capite Cornelii pape et dente sancti Petri[20] et sandaliis[21] Andree apostoli multisque aliis donis ditavit spiritualiterque provexit. (Pr 30) Huius privilegii nocivi emuli communione dirimantur, quoniam anathemate maculantur.

[246] (Pr 31) Sume prioratum post Alpes, Trevir, ubique,

quem tibi lege nova[22] Roma dat et veteri.'

(Pr 32) Hoc privilegium ideo disposuimus hic innectere, quatenus excellentia, dignitas et primi doctores eiusdem urbis posterorum commendentur[23] memorie et ut aperte cognoscant[24], qualiter ibi tunc laboratum sit in divini verbi semine, quod etiam multiplex fructus demonstrat cottidie in eiusdem seminis germine.

(Pr 33) Nam pene omnes ipsius urbis episcopi, qui ad nostram notitiam pervenerunt, incomparabili fulserunt sanctitate, qui pariter illud apostolicum veridica voce poterant pronuntiare: ‚Spectaculum facti sumus huic mundo et angelis et hominibus.' (Pr 34) Unde non dubitamus, quin iam anima tandem et corpore percipiant ‚inmarcescibilem coronam glorie, cum', ut idem apostolus ait, ‚princeps [195v] [247] pastorum aparuerit.' (Pr 35) Horum patrum patrocinio et aliorum innumerabilium Christi testium, qui diversis temporibus trucidati ‚stolas suas in sanguine agni laverunt', ad huc eadem civitas sublimatur et[25] eos se patronos habere gloriatur. (Pr 36) Quorum quam plurium nomina simul et

---

18 *dignitatem* BA (fehlerhaft Heyens *dignatatem*)
19 *patrie domine helene auguste* A (fehlerhaft Heyen); *domne helene patrie auguste* B
20 *et dente sancti Petri* A, fehlt in B
21 ursprüngliches *scandaliis* in AB durch Rasur korrigiert (fehlerhaft Heyen)
22 *lege nova* A; unmetrisches *nova lege* B (vom prosodie-unkundigen Heyen wohl als ‚Variante' nicht vermerkt)
23 *commendentur* A; unlateinisches *commendenter* B
24 *cognoscant* B; synonymes *agnoscant* A
25 *et* A; *ut* B

vor allen Bischöfen dieser Stämme unter den ersten [195r] Lehrern der christlichen Religion, Eucharius, Valerius und Maternus, versteht sich, mittels seines Stabes das Haupt der Kirche, Petrus, zum Besitz zugewiesen hat, wobei er auf gewisse Weise seine Würde verminderte, auf dass er dich zum Teilnehmer mache! (Pr 29) Und indem ich, Silvester, sein Diener und des Nachrückens unwürdig, diesen (Priorat) vermittels des antiochenischen Patriarchen Agritius erneuere, bekräftige ich ihn zu Ehren der Vaterstadt der erhabenen Herrin Helena, einer Eingeborenen derselben Mutterstadt, die die Glückselige selbst mittels Überführung des Apostels Matthias aus Judäa und durch die übrigen Reliquien, durch die Tunika und durch den Nagel des Herrn und durch das Haupt des Papstes Cornelius und durch einen Zahn des heiligen Petrus und durch die Sandalen des Apostels Andreas, versteht sich, und durch viele andere Geschenke bereichert hat und in besonderer Weise befördert hat. (Pr 30) Schädliche Rivalen dieses Vorrechts sollen von der Gemeinschaft getrennt werden, da sie ja durch einen Fluch befleckt werden!

(Pr 31) Nimm den Priorat hinter den Alpen, Trierer, überall,

den dir durch neues Gesetz Rom gibt und durch altes!'

(Pr 32) Dieses Vorrecht hier einzufügen haben wir deshalb beabsichtigt, auf dass das Herausragen, die Würde und die ersten Lehrer derselben Stadt der Erinnerung der Nachfahren empfohlen werden und dass sie offen erkennen, wie man sich dort damals abgemüht hat in der Saat des göttlichen Wortes, was auch der vielfache Ertrag täglich zeigt im Hervorsprossen derselben Saat.

(Pr 33) Denn fast alle Bischöfe der Stadt selbst, die zu unserer Kenntnis gelangt sind, blitzten in unvergleichlicher Heiligkeit, die (Bischöfe) in gleicher Weise jenes apostolische <Wort> mit Wahres sagender Stimme verkünden konnten: ‚Ein Schauspiel sind wir geworden für diese Welt und für die Engel und für die Menschen.' (Pr 34) Und daher zweifeln wir nicht, dass sie endlich schon durch die Seele und durch den Leib ‚empfangen den unverwelklichen Kranz des Ruhms, wenn', wie derselbe Apostel sagt, ‚der Fürst [195v] der Hirten erschienen sein wird.' (Pr 35) Durch den väterlichen Schutz dieser Väter und unzähliger anderer Zeugen Christi, die, zu verschiedenen Zeiten abgeschlachtet, ‚ihre Gewänder im Blut des Lammes gewaschen haben', wird bisher dieselbe Bürgergemeinde erhöht und rühmt sich, dass sie diese als väterliche Schutzherren hat. (Pr 36) Mögen auch

corpora licet hominibus tum vetustate tum negligentia tum penuria scriptorum sint incognita, tamen illi sunt nota, qui ‚dinumerat multitudinem stellarum' et electos suos libro vite celestis ascribit[26]. (Pr 37) Sunt etiam inibi deo et hominibus dilecti martyres, quorum nomina fidelis ille populus adhuc in memoria fideliter retinet, quorum suffragia cottidie nominatim poscit et in quibus specialiter sperat, quoniam eorum defensio numquam eis in necessitatibus deerat. (Pr 38) Ex his quidam[27] qualiter martyrio triumphassent in Christo, suffragantibus illorum meritis fideli stilo pandere desideramus Christianis.

c. 1: Incipit passio sanctorum Tyrsi ac sociorum eius.[28]

(c. 1,1) Igitur ferocissimi Christianorum persecutores Diocletianus et Maximianus Romanum tenentes imperium maximas persecutiones summaque tormenta per se suosque ministros Christi fidelibus intulerunt, quoniam, ut Iudei prius, sic isti tunc Christi nomen extinguere proposuerunt. (1,2) Unde contigit, ut Diocletianus in oriente, Maximianus in occidente perturbarent ecclesiam ut[29] cum martyrii corona quam multos in diversis locis christianos de hac peregrinatione ad eternam transmitterent patriam. (1,3) Dum crudeles tyranni sic in sanctos dei seviebant, [196r] Maximianus ex orientali regione Thebeos, fortissimos et nobilissimos [248] milites, in auxilium accersivit. (1,4) Qui ab Ierosolimitano presule baptizati facti sunt christianorum nobilissimi et nobilium christianissimi simulque edocti, ‚deo que dei sunt, regi que regis sunt reddere', corde et animo leti Romanum tandem pontificem adiere. (1,5) Hic, ut eos ex orientalibus compertus est advenisse partibus, orienti ex alto videlicet domino deo cepit obnixe commendare et ut a sana doctrina numquam deviarent exhortari, certiora premia, ampliores divitias, maiorem gloriam in Christo, quam in seculari triumpho eis promittens. (1,6) Igitur fide fundati, spe confirmati, karitate uniti iter quod ceperant arripiunt regalique imperio parere cupientes Alpes transcendunt. (1,7) At vero postquam Maximianus

agmine nubiferam rapto superevolat Alpem,

---

26 *ascribit* B; *asscribit* A (fehlerhaft Heyen)
27 *quidam* AB (grob falsch Heyens *quidem* sowie sein Semikolon hinter *in Christo*)
28 der Satz in B im *textus currens*, in A am rechten Rand
29 *ut* B; *et* A

in sehr vielen Fällen zugleich deren Namen und Leiber den Menschen bald durch Alter, bald durch Nachlässigkeit, bald durch Mangel an Schriftstellern unbekannt sein, sind sie dennoch jenem bekannt, der ‚die Menge der Sterne zählt' und seine Erlesenen in das Buch des himmlischen Lebens schreibt. (Pr 37) Es sind ebendort auch von Gott und den Menschen hochgeschätzte Märtyrer, deren Namen jenes gläubige Volk bis jetzt in der Erinnerung gläubig festhält, deren Hilfeleistungen es täglich namentlich erbittet und auf die es besonders hofft, da ja deren Verteidigung ihnen niemals in Notlagen fehlte. (Pr 38) Wie einige von diesen durch das Martyrium in Christus triumphiert hatten unter Hilfeleistung der Verdienste jener, ersehnen wir in gläubigem Stil den Christen auszubreiten.

c. 1: An fängt das Leiden der heiligen Thyrsus und seiner Genossen.

(1,1) Nun brachten die wildesten Verfolger der Christen, Diokletian und Maximian, als sie die römische Herrschaft innehielten, die größten Verfolgungen und höchsten Foltern durch sich und ihre Diener den Christusgläubigen bei, da ja, wie die Juden früher, so damals diese da den Vorsatz hatten, den Namen Christi auszulöschen. (1,2) Und daher widerfuhr es, dass Diokletian im Osten, Maximian im Westen die Kirche verwirrten, auf dass sie mit dem Kranz des Martyriums möglichst viele Christen an verschiedenen Orten von dieser Wanderschaft zum ewigen Vaterland hinüberschickten. (1,3) Während die grausamen Tyrannen so gegen die Heiligen Gottes wüteten, [196r] holte Maximian aus der östlichen Region die Thebäer, sehr tapfere und sehr vornehme Soldaten, zur Hilfe herbei. (1,4) Nachdem diese vom Jerusalemer Vorstand getauft worden waren, wurden sie unter den Christen die Vornehmsten und unter den Vornehmen die Christlichsten, und zugleich belehrt, ‚Gott, was Gottes ist, dem König, was des Königs ist, zu geben', gingen sie, im Herzen und im Gemüt fröhlich, schließlich zum römischen Pontifex. (1,5) Sobald dieser erfahren hatte, dass sie aus der östlichen Gegend gekommen seien, aus der östlichen Höhe ersichtlich, fing er an, sie dem Herrn, Gott, angestrengt zu empfehlen und zu ermuntern, dass sie niemals von der heilsamen Lehre abgehen sollten, indem er ihnen sicherere Belohnungen, umfänglichere Reichtümer, größeren Ruhm in Christus als im weltlichen Triumph versprach. (1,6) Daher durch Glauben begründet, durch Hoffnung gestärkt, durch Nächstenliebe vereint, nehmen sie den Weg, den sie angefangen hatten, eilends auf sich, und dem königlichen Befehl zu gehorchen wünschend, übersteigen sie die Alpen. (1,7) Jedoch nachdem aber

> ‚Maximian nach eiligem Aufsichnehmen des Marsches die wolkentragenden Alpen überflogen hatte',

Christi milites Agaunis venerunt ad certamen.[30] (1,8) Ibi imperator edixit, ut totus exercitus diis inmortalibus immo demonibus hostias immolaret quatinus placati tantis sacrificiis eos remunerarent victorie beneficiis. (1,9) Hoc edictum ut sancta legio cognovit, omnes uno animo, una voce voverunt, ut prius mortem subirent, quam tam nefandis preceptis obedirent. (1,10) Quod ut imperator cognovit, ira fervens Mauritium et eius exercitum primo bis decimari iussit. (1,11) Deinde cum eos[31] in fide stabiles et inmutua martyrii exhortatione sapientes intellexit, mentis nequitiam et cordis sevitiam operis effectu complens more bidentum omnes capite plecti iussit.

[196v] (1,12) Nec[32] tamen in hac detestabili[33] cede eius deferbuit [249] ira, sed missis circumquaque militibus pari crudelitate socios ac compares illorum morti destinavit. (1,13) Huius sevitie ministrum suum prefectum Rictiovarum omni belua crudeliorem constituit, qui persecutus Tyrsum et[34] socios eius in civitate Treverensi locatos reperit. (1,14) Hos cum iuxta preceptum nefandissimi imperatoris mutis sacrificare simulacris coegisset, evangelicis atque apostolicis instructi[35] testimoniis „Nullum", inquiunt, „mortalium imperatori preponimus, a quo temporalis militie stipendia sumpsimus, deo autem vivo et vero, a quo stipendia eterne sumpsimus militie, omnem secularem postponimus potestatem. (1,15) ‚Nemo aliud in nobis potest ponere fundamentum preter id quod positum est, quod est dominus noster Ihesus Christus.' (1,16) Gladium igitur spiritus, quod est verbum dei, tenentes cum psalmista canimus dicentes: ‚Dominus mihi adiutor, non timebo, quid faciat mihi homo.' (1,17) Pro vita quidem eterna certamus, ‚dissolvi et esse cum Christo' suspiramus, ubi gaudium nobis erit eternum, si vincimus. (1,18) Sin autem metu temporalis mortis cesserimus, scimus, quod ignem inextinguibilem, qui paratus est diabolo et angelis eius, eternaliter subimus. (1,19) ‚Magis igitur deo quam hominibus oportet obedire'". (1,20) Quibus ille, „Quenam" inquid, „vesania mortem vos[36] non timere docuit?" (1,21) Cui, secundum quod sapientia dicit, ‚lingua sapientum ornat scientiam', respondent[37]: (1,22) „Nulla nos inopia mentis seducit, [197r] ut putas, sed idcirco non timemus temporalem, sed eternam mortem, quoniam id nos evangelica docuit veritas dicens: ‚Nolite timere eos, qui occidunt corpus', [250] et post hec non habent quid faciant vobis.

---

30 „Der Satz in A auf Rasur (gleichzeitig)" Heyen
31 *eos* A; *eo* (durch *cum* verursacht) B (von Heyen nicht vermerkt)
32 *nec* AB (grob falsch Heyens *Ne*)
33 *detestabili* AB (falsch Heyens *detestabile*)
34 *et* AB (grob falsch Heyens *te*)
35 *instructi* A; *instructu* B
36 *mortem vos* B; *vos mortem* A
37 *respondent* A; *respondit* B

kamen die Soldaten Christi in Agaunum zum Wettstreit. (1,8) Dort ordnete der Herrscher an, dass das ganze Heer den unsterblichen Göttern, nein Dämonen, Schlachttiere opfern solle, auf dass sie (Götter), besänftigt durch so große heilige Gaben, es ihnen durch die Wohltaten des Sieges vergelten sollten. (1,9) Sobald die heilige Legion diese Anordnung erfahren hatte, gelobten alle einmütig, einstimmig, dass sie eher den Tod auf sich nähmen, als <dass> sie so unsäglichen Vorschriften gehorchen. (1,10) Sobald das aber der Herrscher erfahren hatte, befahl er, von Zorn brausend, dass Mauritius und sein Heer zuerst zweimal dezimiert werden. (1,11) Weil er sie darauf im Glauben als standhaft und durch die wechselseitige Ermunterung zum Martyrium als weise erkannte, befahl er, indem er die Nichtsnutzigkeit seines Sinns und die Raserei seines Herzens durch die Wirkung des Werkes erfüllte, dass nach Art von Zweizahnern alle mit dem Kopf<-Abschlagen> bestraft werden.

[196v] (1,12) Doch nicht einmal in diesem verabscheuenswerten Gemetzel verbrauste sein Zorn, sondern nachdem überall ringsum Soldaten geschickt worden waren, bestimmte er mit gleicher Grausamkeit die Genossen und Gefährten jener zum Tod. (1,13) Als Diener seines Wütens setzte er seinen Präfekten Rictiovarus, grausamer als jedes Untier, ein, der auf seiner Verfolgung Thyrsus und seine Genossen in der Trierer Bürgergemeinde sich aufhaltend vorfand. (1,14) Nachdem er diese gemäß der Vorschrift des unsäglichsten Herrschers gezwungen hatte, stummen Abbildern heilige Opfer zu bringen, sagten diese, durch evangelische und apostolische Zeugnisse unterwiesen, „Keinen der Sterblichen stellen wir dem Herrscher voran, von dem wir die Zahlungen zeitweisen Soldatendienstes angenommen haben: Dem lebendigen und wahren Gott jedoch, von dem wir die Zahlungen ewigen Soldatendienstes angenommen haben, stellen wir jede weltliche Macht hintan. (1,15) ‚Niemand kann in uns eine andere Grundlage legen außer der, die gelegt worden ist, die unser Herr Jesus Christus ist.' (1,16) Indem wir also ‚das Schwert des Geistes, welches ist das Wort Gottes', halten, singen wir mit dem Psalmisten, wobei wir sagen: ‚Der Herr <ist> mir Unterstützer, nicht werde ich fürchten, was mir ein Mensch tut.' (1,17) Für das ewige Leben streiten wir doch, ‚aufgelöst zu werden und mit Christus zu sein', seufzen wir, wo uns ewige Freude sein wird, wenn wir siegen. (1,18) Wenn wir jedoch aus Furcht vor dem zeitlichen Tod weichen sollten, wissen wir, dass wir das unauslöschliche Feuer, das bereitet ist dem Teufel und seinen Engeln, ewig auf uns nehmen. (1,19) ‚Mehr also Gott als den Menschen zu gehorchen ziemt sich.'" (1,20) Aber zu diesen sagte jener: „Welcher Wahnsinn hat euch denn gelehrt, den Tod nicht zu fürchten?" (1,21) Doch diesem – gemäß dem, was die Weisheit sagt: ‚Die Zunge der Weisen schmückt das Wissen' – antworten sie: (1,22) „Kein Mangel des Geistes verführt uns, [197r] wie du meinst, sondern deswegen fürchten wir nicht den zeitlichen, sondern den ewigen Tod, da uns ja die evangelische Wahrheit dies gelehrt hat, indem sie sagt: ‚Wollet nicht diejenigen fürchten, die den Leib niedermetzeln', und da-

(1,23) Eum autem timete, qui postquam occiderit corpus, ‚animam[38] mittit in gehennam ignis'. (1,24) Quod autem gladios tenemus et tibi non resistimus, non timor tui, sed amor dei facit, qui teste beato Petro ‚pro nobis passus nobis reliquit exemplum, ut sequamur vestigia eius.' (1,25) Que vestigia isdem apostolus prosequitur dicens: ‚Cum malediceretur non maledicebat, cum pateretur non comminabatur.' (1,26) Sed ut propheta de eo dixit: ‚Sicut ovis ad occisionem ducetur et sicut ovis coram tondente non aperiet[39] os suum'. (1,27) Festina igitur in nobis perficere, quod tuus iussit Maximianus." (1,28) Quasi dicerent. „Si differs, nobis noces, quia, si festinas, cito coronabimur." –

(1,29) Unde his tanta mentis fortitudo, quod etiam verbis mortem accersire non timerent? (1,30) A domino factum est istud, qui quasi eadem verba prius protulit dicens suo proditori: ‚Quod facis, fac citius.' (1,31) Gratias igitur agimus grano tritici, qui mori voluit ac multiplicari. (1,32) Gratias deo nostro et salvatori Ihesu Christo, qui mortem subire temporalem non dedignatus est, ut nos vita dignos faceret. (1,33) Granum istud singulare fuit, sed fecunditatem in se multiplicationis habuit. (1,34) In multis enim granis passionem suam imitantibus exultamus, quando eorum festa celebramus. –

(1,35) Audita eorum [197v] constantia ac desiderio Rictiovarus leonina[40] ferocitate captus in eos cum suis militibus mucrone cepit sevire, quia sue malicie noluerunt obedire. Nec mirum. (1,36) Crudelitas enim mansuetudinem, fraus fidem, [251] falsitas veritatem, bonitatem malitia non potuit non odire. (1,37) Ipsi vero, ut viri deo pleni, ceperunt se invicem confortare ac decollationis locum et tempus, alii pre[41] aliis occupare, et sic veri victores, sed sancte Christi victime in eternum victuri gaudia celorum IIII nonas octobris[42] intravere.

(1,38) Quoniam autem superius diximus hos Christi famulos armatos se cedentibus[43] non resistere, sed quasi agnos mansuetos colla gladiis subicere, non ideo quisquam fi-

---

38 *animam* AB (falsch Heyens *animan*)
39 *aperiet* A; *aperit* B (‚öffnet')
40 *leonina* A; *leo nimia* B (nicht vermerkt von Heyen)
41 *pre* A (*abbrev.*); *pro* (‚für') B (*abbrev.*)
42 *IIII nonas octobris* A (falsch Heyens *quarta*); *non octobris* B
43 *se cedentibus* AB (*caedere*); *inepte* Heyen *secedentibus*

nach nicht haben, was sie euch tun sollen! (1,23) Den jedoch fürchtet, der, nachdem er den Leib niedergemetzelt hat, die Seele in die Hölle des Feuers schickt!' (1,24) Dass wir jedoch Schwerter halten und uns dir nicht widersetzen, macht nicht die Furcht vor dir, sondern die Liebe Gottes, der mit dem glückseligen Petrus als Zeugen, indem er für uns gelitten hat, uns ein Beispiel hinterlassen hat, auf dass wir seinen Spuren nachfolgen.' (1,25) Denn diesen Spuren folgt derselbe Apostel, indem er sagt: ‚Als er geschmäht wurde, schmähte er nicht; als er litt, drohte er nicht.' (1,26) Sondern wie der Prophet über ihn gesagt hat: ‚So wie ein Schaf zur Niedermetzelung geführt werden wird und so wie ein Schaf vor dem Scherenden sein Maul nicht öffnen wird.' (1,27) Eile also, an uns zu vollenden, was dein Maximian befohlen hat!" – (1,28) Gleichsam als sagten sie: „Wenn du aufschiebst, schadest du uns, da wir ja, wenn du eilst, rasch gekrönt werden werden." –

(1,29) Woher <kam> diesen eine so große Tapferkeit des Geistes, dass sie sogar mit Worten den Tod herbeizuholen nicht fürchteten? (1,30) Vom Herrn ist dies da gemacht worden, der fast dieselben Worte früher vortrug, indem er zu seinem Verräter sagte: ‚Was du machst, mach rascher!' (1,31) Dank statten wir ab also dem Korn des Weizens, der (Weizen) sterben und vervielfacht werden wollte. (1,32) Dank <statten wir ab> unserem Gott und Heiland Jesus Christus, der es nicht für unwürdig gehalten hat, den zeitlichen Tod auf sich zu nehmen, auf dass er uns des Lebens würdig mache. (1,33) Das da war ein einzelnes Korn, aber es hatte in sich die Fruchtbarkeit der Vervielfachung. (1,34) In vielen Körnern nämlich, die sein Leiden nachahmen, frohlocken wir, wenn wir ihre Feste feiern. –

(1,35) Nach dem Hören von deren [197v] Standhaftigkeit und Verlangen fing Rictiovarus, von löwenhafter Wildheit umfangen, an, gegen sie mit seinen Soldaten durch die <Schwert->Spitze zu wüten, da sie ja seiner Bösartigkeit nicht gehorchen wollten. Und das <ist> nicht verwunderlich. (1,36) Die Grausamkeit konnte nämlich nicht die Milde, der Betrug die Treue, die Falschheit die Wahrheit, die Bösartigkeit die Güte nicht hassen. (1,37) Sie selbst aber fingen, wie von Gott volle Männer, an, sich gegenseitig zu stärken und den Platz und die Zeit ihrer Enthauptung, die einen vor den anderen, zu besetzen, und so traten sie als wahre Sieger, aber heilige Opfertiere Christi, um auf ewig zu leben, in die Freuden der Himmel am vierten Tag vor den Nonen des Oktobers ein.

(1,38) Da wir ja weiter oben jedoch gesagt haben, dass diese bewaffneten Diener Christi sich den sie Niedermetzelnden nicht widersetzten, sondern gleichsam als zahme Lämmer ihre Hälse den Schwertern darboten, soll deshalb niemand der Gläubigen denken oder sagen,

delium cogitet vel loquatur victorie desperationem illis ex multitudinis parvitate subrepsisse. (1,39) Non enim tam eruditi viri in omni religione dei victoriam Abrahe, quam in quinque reges vernulis suis obtinuerat, ignorabant. (1,40) Nec eos[44] Machabeorum et aliorum etiam Christi fidelium certamina preterierunt, qui in domino sperantes quamvis pauci contra innumerabilem dei nomen blasphemantium[45] multitudinem pugnaverunt et[46] victoriam fortiter obtinuerunt. (1,41) Unde apostolus: ‚Barac‘, inquit, ‚et Gedeon, Iepthe[47], Samson et David per fidem vicerunt regna, castra verterunt exterorum.‘ (1,42) Quia vero[48] isti martyres in hac peregrinatione solo corpore constituti[49] tota mentis aviditate celestibus interesse nuptiis desiderabant, idcirco mortis se periculo [**198r**] obtulerunt et ad tempus sanguinem uvae bibere meracissimum elegerunt. (1,43) Sciebant enim scriptum esse: ‚Beati qui persecutionem patiuntur propter iustitiam quoniam ipsorum est regnum celorum.‘ (1,44) Horum sanctorum nomina, tum quia multi, tum quia peregrini, non poterant reperiri excepto ducis nomine, qui Tyrsus vocabatur. [252] (1,45) Cuius solius nomen de tanta multitudine populus illius temporis et subsequentis memorie commendavit, quoniam eiusdem legionis ipse ducatum gessit.

c. 2: Passio Palmatii ac sociorum eius[50].

(2,1) Post gloriosam victoriam huius sacratissime Thebee legionis[51] inimicus dei Rictiovarus[52] cunctum populum compertus est esse christianum eiusdem civitatis. (2,2) Quapropter Palmatium consulem et patricium civitatis ad se vocari[53] iussit et cum eo nobilissimos undecim senatores, videlicet Constantem, Hormisdam, Papirium[54] et[55] Iovianum, Leandrum, Alexandrum et[56] Sotherum, Maxentium, Constantium, Crescentium[57] et

44 *eos* B; *eas* A
45 *blasphemantium* B; *plasphemantium* A
46 *et* in A *supra lineam* nachgetragen
47 *Iepthe* AB (falsch Heyens *Jephte*; Luther: *Jeftah*)
48 *vero* B; in A *supra lineam* nachgetragen
49 *fuerant* in A *supra lineam* ergänzt, zu Recht wieder getilgt; *fuerant constituti* B, Heyen
50 *Passio Palmatii ac sociorum* [*socorium* Heyen *false*] *eius* B in Rot; in A am linken Rand rot nachgetragen
51 *thebee legionis* A; *thebee* fehlt in B; *legionis* in B *supra lineam* nachgetragen
52 *Rictiovarus* A; fehlt in B
53 *vocari* A; (grammatisch falsches) *vocare* B
54 *Papirium* A; *Papiraum* B
55 *et Iovianum* A; *et* fehlt in B
56 *et Sotherum* A; *et* fehlt in B (doppelte Anm.-Ziffer 38 in Heyens Text)
57 *Crescentium* A; *Cressentium* B

es habe sich Hoffnungslosigkeit wegen des Sieges aufgrund der Kleinheit der Menge bei jenen eingeschlichen. (1,39) Nicht waren nämlich in jeder ‚Religion' so gebildete Männer Gottes über den Sieg Abrahams, den er gegen fünf Könige durch seine Sklaven erreicht hatte, in Unkenntnis. (1,40) Und nicht entgingen ihnen die Wettstreite der Makkabäer und auch anderer Christusgläubigen, die, weil sie als noch so wenige auf den Herrn hofften, gegen eine unzählige Menge derjenigen, die den Namen Gottes schmähten, kämpften und den Sieg erreichten. (1,41) Und daher <sagt> der Apostel: ‚Barak und Gedeon, Jephte, Samson und David haben mittels des Glaubens Königtümer besiegt, Lager Auswärtiger umgestürzt.' (1,42) Da ja aber diese Märtyrer da, bei dieser Wanderschaft allein durch den Leib konstituiert, mit ganzer Begierde des Sinnes ersehnten, an den himmlischen Hochzeiten teilzunehmen, haben sie sich deswegen der Todesgefahr [198r] dargeboten und auf Zeit das lauterste Blut der Traube zu trinken gewählt. (1,43) Sie wussten auch, dass geschrieben sei: ‚Glückselig <sind die>, die Verfolgung erdulden wegen der Gerechtigkeit, da ja ihnen selbst das Königtum der Himmel gehört.' (1,44) Die Namen dieser Heiligen – bald, da es ja viele, bald, da es ja Fremde <sind> – konnten nicht aufgefunden werden, mit Ausnahme des Namens des Führers, der Thyrsus gerufen wurde. (1,45) Denn allein dessen Name hat aus einer so großen Menge das Volk jener Zeit und der unmittelbar nachfolgenden (Zeit) der Erinnerung anvertraut, weil er ja selbst die Führung derselben Legion ausübte.

c. 2. Das Leiden des Palmatius und seiner Genossen.

(2,1) Nach dem rühmlichen Sieg dieser heiligsten Thebäischen Legion erfuhr der Feind Gottes, Rictiovarus, dass das gesamte Volk derselben Bürgergemeinde christlich sei. (2,2) Und deswegen befahl er, dass Palmatius, Konsul und Patrizier der Bürgergemeinde, zu ihm gerufen werde, und mit ihm die vornehmsten elf Senatoren, ersichtlich Constans, Hormisda, Papirius und Jovianus; Leander, Alexander und Sother; Maxentius, Constantius, Crescentius und Justinus. (2,3) Und indem er diese bald mit süßer, bald mit grausiger Rede anging, strengte er sich an, jene entweder durch Belohnungen zu überreden oder durch

Iustinum. (2,3) Quos aggrediens tum dulci, tum dira locutione vel premiis persuadere vel[58] penis illos urguere nitebatur, ut dei culturam desererent, idolis immolarent, imperatori suo Maximiano fideliter in omnibus obtemperarent. (2,4) Cui Palmatius princeps civitatis, a vera palma nominatus, taliter respondit: (2,5) „Nos veram fidem recepimus, diabolum prout iustum erat prorsus abrenuntiavimus, obedientiam deo promisimus, in nomine Christi Ihesu baptizati sumus. [**198v**] (2,6) ,Non ergo gladius, non persecutio, non aliqua tribulatio poterit nos ulterius separare a karitate, que est in Christo Ihesu.' (2,7) Si enim hec modo deserimus[59], hactenus frustra laboravimus, nam ,tantum salvus erit, qui in finem perseveraverit.'" (2,8) Hoc audito Rictiovarus prefectus beatum Palmatium igni[60] divini amoris accensum capitalem subire sententiam precepit, cuius animam, quia digne deo triumphavit, angelorum [253] chorus in sinum Abrahe stola glorie laureatam collocavit.

(2,9) Post necem huius fortissimi militis Christi IIII[61] senatores de prenominatis, genere et virtute clarissimi et de IIII[62] fluminibus evangelice veritatis epotati, scilicet Constans, re et nomine, Hormisda, Papyrius et[63] Iovianus uti fortissimi milites Christi et quos dominus confirmabat usque ad finem vite sine crimine, non dubitabant, immo desiderabant mori pro Christo, ut et vita ipsius manifesta fieret in illorum mortali corpore. (2,10) Hi enim tempore pacis armis iustitie, lorica fidei, galea salutis et gladio verbi[64] dei se circumcinxerunt ,in interiori homine' contra draconem occulte insidiantem, sed tempore persecutionis eisdem[65] armis exterius ut interius optime muniti contra leonem aperte sevientem fortiter dimicaverunt, unde et[66] fidem Christianorum constantissime defendere non dubitaverunt. (2,11) De quibus beatus Constans iuxta nominis sui significationem, ut exemplo sue constantie velud[67] milites fortissimi [**199r**] in agone certaminis persisterent, hortabatur iuxta preceptum scripture dicentis: ,Qui audit, dicat[68]: Veni.' (2,12) Nam ut beatus Jacobus dicit, non erat ,duplex animo', nec ,inconstans in omnibus viis suis', sed recto mentis tramite; (2,13) maluit, ut omnes simul post hanc peregrinationem in celis eternaliter viverent quam gloriam, vitam, divitias, que caducae[69], fragiles et fluxe

---

58 *vel … vel* B; nochmals *tum … tum* A
59 *deserimus* A; *disserimus* (‚wir setzen/legen auseinander') B
60 *igni* B; *igne* A
61 *IIII senatores* AB (falsch Heyens *quatuor*)
62 *IIII fluminibus* B; *quatuor* A
63 *et* B; in A *supra lineam* nachgetragen
64 *verbi* A; *verbo* B
65 *eisdem* A; *eiusdem* B (nicht vermerkt von Heyen)
66 *et* B; in A *supra lineam* nachgetragen (Chaos bei Heyen Anm. 43/44)
67 *velud* B; *velut* A
68 *dicat* AB (falsch Heyens *dica*)
69 *caducae* A; *caduca* B (falsch Heyens *caduce*)

Strafen zu drängen, dass sie die Verehrung Gottes verließen, den Götzenbildern opferten, ihrem Herrscher Maximian treu in allem willfahrten. (2,4) Doch diesem antwortete Palmatius, der Erste (*princeps*) der Bürgergemeinde, der nach der wahren Palme benannt war, folgendermaßen: (2,5) „Wir haben den wahren Glauben angenommen, dem Teufel haben wir, so wie es berechtigt war, gänzlich aufgekündigt, Gehorsam haben wir Gott versprochen, im Namen Christi Jesu sind wir getauft worden. [**198v**] (2,6) ‚Nicht Schwert also, nicht Verfolgung, nicht irgendeine Drangsal wird uns weiterhin trennen können von der Liebe, die in Christus Jesus ist.' (2,7) Wenn wir nämlich dies jetzt verlassen, haben wir uns bisher vergeblich bemüht, denn ‚nur <der> wird heil sein, der bis ans Ende beharrt haben wird.'" (2,8) Nachdem dies gehört worden war, gebot der Präfekt Rictiovarus, dass der glückselige Palmatius, durch das Feuer der göttlichen Liebe entbrannt, die Todesstrafe auf sich nehmen solle, dessen Seele, da sie ja würdig Gottes triumphierte, der Chor der Engel in den Schoß Abrahams, mit dem Gewand des Ruhms lorbeergeschmückt, legte.

(2,9) Nach der Tötung dieses sehr tapferen Soldaten Christi zögerten vier Senatoren von den Vorgenannten, – durch Abstammung und durch Mannhaftigkeit hochberühmt und die aus den vier Flüssen der evangelischen Wahrheit getrunken hatten, nämlich Constans, <der Standhafte> der Sache nach und dem Namen nach, Hormisda, Papirius und Jovianus, als tapferste Soldaten Christi und die der Herr auch stärkte bis zum Ende des Lebens ohne Vergehen, – <zögerten> nicht, ja ersehnten sogar, für Christus zu sterben, auf dass auch das Leben dessen selbst handgreiflich werde im sterblichen Leib jener. (2,10) Diese nämlich gürteten sich zur Zeit des Friedens mit den Waffen der Gerechtigkeit, mit dem Panzer des Glaubens, mit dem Helm des Heils und mit dem Schwert des Wortes Gottes ‚im inwendigen Menschen' gegen den verborgen lauernden Drachen, doch zur Zeit der Verfolgung, mit denselben Waffen außen wie inwendig bestens gesichert, fochten sie gegen den offen wütenden Löwen tapfer, weswegen sie auch nicht zögerten, den Glauben der Christen aufs standhafteste zu verteidigen. (2,11) Und von diesen ermunterte der glückselige Constans gemäß der Bedeutung seines Namens, auf dass sie nach dem Beispiel seiner Standhaftigkeit wie tapferste Soldaten [**199r**] im Wettstreit des Kampfes durchhielten, gemäß dem Gebot der Schrift, die sagt: ‚Wer hört, soll sagen: Komme!' (2,12) Denn wie der glückselige Jakob sagt, nicht war er ‚doppelsinnig im Gemüt', und nicht ‚unbeständig auf allen seinen Wegen', sondern auf dem richtigen Pfad des Geistes;

sunt, in terris temporaliter quererent. (2,14) Unde bene de eis precinebat psalmista dicens: ‚Deduxit eos dominus per viam rectam, [254] ut irent in civitatem habitationis', ‚in cuius atriis melior est dies una super mille huius peregrinationis'. (2,15) Ipsi quippe sunt[70] ‚animalia, que plena sunt oculis ante et retro'[71], intus videlicet caste vivendo et honeste, foris bona prebendo exempla in defensione fidei catholice. (2,16) Erant enim spe firmi, fide robusti, karitate perfecti, militantes bonam militiam, habentes puram conscientiam. (2,17) Quoniam igitur tam ordinabiliter, tam stabiliter, tam catholice spiritalibus undique muniti fuerant armis, iniquo et domini inimico Rictiovaro in faciem resistere non timuerunt, quasi plasphemo persecutorique sane doctrine, que est secundum evangelium glorie. (2,18) Hostis ergo veritatis, quasi ad exemplum aliorum, verberibus, fustibus, plumbatis aliisque tormentorum generibus diu eos torqueri precepit, sed dei consolationes secundum multitudinem ac magnitudinem tribulationum eos letificaverunt, ne in agonia deficerent [199v] et ut etiam alii christianorum exemplaribus eorum proficerent. (2,19) Tunc malorum inventor, iustitie peremptor, minister iniquitatis, inimicus veritatis Rictiovarus sanctos dei testes magis ac magis cruciari iussit, sed ipsi patientes[72], stabiles, invicti permanserunt, gaudentes, quoniam digni habiti sunt pro nomine Ihesu contumeliam pati. (2,20) ‚Existimabant enim', ut apostolus dicit, ‚non esse condignas passiones huius temporis ad futuram gloriam, que revelabitur in nobis.' (2,21) Constantes igitur, ut diximus, atque gaudentes seva pertulerunt in corpore supplicia, scientes, [255] quia si Christo conpaterentur, quod etiam conregnarent. (2,22) Quod et dominus affirmat dicens: ‚Volo pater, ut, ubi ego sum, illic et ipsi sint mecum.' (2,23) Scripta quoque esse in cordibus eorum digito dei verba sapientie dicentis: ‚disciplinam patris tui ne abicias neque fatigeris, cum ab eo argueris'; (2,24) non inani strepitu vocum, sed ipsis operibus conprobabant, cum in magna constantia adversum eos, qui se angustiaverunt, perstabant. (2,25) ‚Cognoverunt enim' Paulo dicente, ‚quod tribulatio patientiam operaretur, patientia vero probationem, probatio vero spem, spes autem non confunderet, quia caritas dei diffusa erat in cordibus illorum.'

---

70   *ipsi quippe sunt* A; *ipse sunt quippe* B
71   *ante et retro* B; *retro et ante* A
72   *patientes* AB (falsch Heyens *patietes*)

(2,13) lieber wollte er, dass alle zugleich nach dieser Wanderschaft in den Himmeln ewig lebten als <dass sie> Ruhm, Leben, Reichtümer, die hinfällig, zerbrechlich und fließend sind, auf Erden auf Zeit erwürben. (2,14) Und daher sang gut über sie im Voraus der Psalmist, indem er sagte: ‚Geführt hat sie der Herr über den richtigen Weg, auf dass sie in eine bewohnbare Bürgergemeinde gehen', ‚in deren Hallen ein Tag besser ist als tausend <Tage> dieser Wanderschaft.' (2,15) Sie selbst nämlich sind <Lebe->Wesen, die voll sind von Augen vorn und rückwärts, wobei sie ersichtlich innen keusch leben und ehrenhaft, wobei sie draußen gute Beispiele bieten bei der Verteidigung des allumfassenden Glaubens. (2,16) Sie waren nämlich durch Hoffnung stark, durch Glauben kräftig, durch Nächstenliebe vollkommen, wobei sie einen guten Soldatendienst leisteten, wobei sie ein reines Gewissen hatten. (2,17) Da sie ja also so geordnet, so standhaft, so allumfassend durch geistige Waffen von allen Seiten gesichert gewesen waren, ängstigten sie sich nicht, sich dem unbilligen und dem Herrn unfreundlichen Rictiovarus ins Angesicht zu widersetzen, gleichsam einem Lästerer und Verfolger ‚der heilsamen Lehre, die gemäß dem Evangelium der Herrlichkeit ist'. (2,18) Der Widersacher der Wahrheit also gebot, gleichsam zum Beispiel anderer, dass sie durch Schläge, durch Knüppel, durch Bleikugeln und durch andere Arten von Foltern lange gefoltert würden, aber Gottes Tröstungen machten sie gemäß der Menge und der Größe der Drangsale fröhlich, damit sie nicht im Wettstreit dahinschwänden [199v] und damit auch andere der Christen durch ihre Beispiele Fortschritte machten. (2,19) Dann befahl der Erfinder der Übel, der Verderber der Gerechtigkeit, der Diener der Unbilligkeit, der Feind der Wahrheit, Rictiovarus, dass die heiligen Zeugen Gottes mehr und mehr gemartert werden, doch sie selbst blieben geduldig, standhaft, unbesiegt, wobei sie sich freuten, dass sie ja würdig gehalten wurden, für den Namen Jesu Schmach zu dulden. (2,20) ‚Sie meinten nämlich', wie der Apostel sagt, ‚nicht würdig seien die Leiden dieser Zeit hinsichtlich der künftigen Herrlichkeit, die in uns offenbart werden wird.' (2,21) Standhaft also, wie wir gesagt haben, und freudig ertrugen sie die wilden Todesstrafen am Leib, wissend, dass sie ja, wenn sie mit Christus zusammen litten, [dass sie] auch zusammen königlich herrschen. (2,22) Und dies bekräftigt auch der Herr, indem er sagt: ‚Ich will, Vater, dass, wo ich bin, dort auch sie selbst sind mit mir!' (2,23) Geschrieben seien auch in ihren Herzen mit dem Finger Gottes die Worte der Weisheit, die sagt: ‚die Zucht deines Vaters sollst du nicht verwerfen, und nicht sollst du erschlaffen, wenn du von ihm überführt wirst!'; (2,24) nicht durch eitlen Lärm von Worten, sondern durch die Werke selbst bewährten sie es, als sie in großer Standhaftigkeit gegen diejenigen, die sie beengten, bestanden. (2,25) Sie haben nämlich erkannt, wie Paulus sagt, ‚dass Drangsal Geduld bewirke, Geduld aber Bewährung, Bewährung aber Hoffnung, Hoffnung jedoch nicht verstöre, da ja die Liebe Gottes sich ergossen hatte in den Herzen jener.'

(2,26) Post multas penarum torturas sceleratissimus prefectus Rictiovarus cernens se in omnibus ab[73] eis superatum, tandem in sua fecit eos presentia decollari, ut hec pena cunctis Christianis esset formidini.[74] (2,27) Fidelissimi autem testes Christi taliter ut diximus, mortem morte superantes sue [200r] passionis exemplo ceteros inibi Christianos ita confortabant, quod illorum sequi vestigia nullomodo dubitabant. (2,28) Ineffabilis ergo dei clementia, que malis semper bene utitur, persecutoris nequitiam in Christianorum vertebat gloriam. (2,29) Nam qui prius aliquomodo pro mortis periculo mente dubitabant, visa illorum constantia, cervices ferientibus extendere non titubabant. (2,30) Nos considerantes igitur interminabilem illorum beatitudinem merito cum exultatione cordis et corporis dicemus: (2,31) Ecce

‚quos mundus sprevit, quos subsannavit, [256] quos et

demum dampnavit',

‚quomodo computati sunt inter filios dei et inter sanctos sors illorum est.' (2,32) Ingressi sunt namque per dilectas domino portas Syon, quoniam ‚illius mandata dilexerunt super aurum et topazion.' (2,33) Quod autem specialis discipline precepta cunctis huius mundi delectationibus preposuissent, in hoc confirmabant, quia torcular passionis calcare cum Christo non dubitabant, quem post crucis triumphum ascendentem quasi propheticis verbis celestis angelorum chorus interrogavit dicens: ‚Quare rubrum est indumentum tuum[75] et vestimenta tua sicut calcantium in torculari.' (2,34) Quibus ille, qui tunc solus patiebatur, sed quem postea magnus martirum exercitus exequebatur[76], taliter respondebat: ‚Torcular calcavi solus, et de gentibus non erat vir mecum.' (2,35) Dominus noster Ihesus Christus solus quidem pro nobis passus est, ut propheta previdebat, sed tamen sue fecunditatis multiplicatione [200v] totum orbem terrarum replevit. (2,36) Unde ipse dominus dixit: ‚Nisi granum frumenti cadens in terram mortuum fuerit, ipsum solum manet. Si autem mortuum fuerit, multum fructum affert.' (2,37) Nam ut de ceteris mundi partibus taceamus, in[77] sola Treverensi civitate tot cum illo iam torcular calcaverunt,

---

73   *ab* AB (*grob falsch Heyens* ob)
74   *cunctis Christianis esset formidini* B; *cunctis formidini esset Christianis* A
75   *tuum* B; *in* A *supra lineam nachgetragen*
76   *exercitus exequebatur* B; *exequebatur exercitus* A
77   *in* A; *ut* B (*supra lineam:* in)

(2,26) Nach vielen Foltern der Strafen ließ der verbrecherischste Präfekt Rictiovarus, weil er wahrnahm, dass er in allem von ihnen überwunden worden sei, ihnen schließlich in seiner Gegenwart den Hals durchtrennen, damit diese Strafe den gesamten Christen Grausen einflöße. (2,27) Indem jedoch die gläubigsten Zeugen Christi auf solche Art, wie wir gesagt haben, den Tod durch den Tod überwanden, stärkten sie durch das Beispiel ihres [200r] Leidens die übrigen Christen ebendort so, dass sie den Spuren jener zu folgen auf keine Weise zögerten. (2,28) Die unaussprechliche Milde Gottes also, die Übles immer gut verwendet, verwandelte die Nichtsnutzigkeit des Verfolgers in die Herrlichkeit der Christen. (2,29) Denn diejenigen, die früher auf irgendeine Weise für die Todesgefahr im Sinn zögerten, schwankten nicht, nachdem die Standhaftigkeit jener gesehen worden war, ihre Nacken den Schlagenden auszustrecken. (2,30) Wir werden also, wenn wir die unbegrenzte Glückseligkeit jener erwägen, verdientermaßen mit Frohlocken des Herzens und des Leibes sagen: (2,31) Da,

‚die die Welt verschmäht hat, die sie verhöhnt hat, die sie auch

schließlich verdammt hat',

‚auf welche Weise sind sie unter die Söhne Gottes gerechnet worden und ist unter den Heiligen das Los jener?' (2,32) Denn eingetreten sind sie durch die vom Herrn hochgeschätzten Tore Zions, da sie ja ‚jenes Aufträge hochgeschätzt haben über Gold und Topas'. (2,33) Dass sie jedoch die Gebote der besonderen Zucht den gesamten Verlockungen dieser Welt vorangestellt hatten, bekräftigten sie dadurch, dass sie die Kelter des Leidens mit Christus zu treten nicht zögerten, den, als er nach dem Triumph über das Kreuz emporstieg, gleichsam mit prophetischen Worten der himmlische Chor der Engel fragte, indem er sagte: ‚Weswegen ist rot dein Gewand und <sind rot> deine Kleider so wie die derjenigen, die in der Kelter treten?' (2,34) Doch diesen antwortete jener, der damals allein litt, aber dem später ein großes Heer an Märtyrern nachfolgte, solcherart: ‚Die Kelter habe ich allein getreten, und von den Stämmen war kein Mann mit mir.' (2,35) Unser Herr Jesus Christus hat zwar allein für uns gelitten, wie der Prophet vorhersah, aber dennoch hat er durch die Vervielfachung seiner Fruchtbarkeit [200v] den ganzen Kreis der Länder gefüllt. (2,36) Und daher hat der Herr selbst gesagt: ‚Wenn nicht ein Getreidekorn beim Fallen auf die Erde stirbt, bleibt es selbst allein. Wenn es jedoch stirbt, bringt es viele Frucht.' (2,37) Denn – auf dass wir von den übrigen Gegenden der Welt still sind – allein in der Trierischen Bürgergemeinde haben so viele mit jenem schon

quod nulli numerus illorum notus esse potest, nisi soli deo, cui cottidie eorum[78] anime assistunt in celo. (2,38) Nec dubitare debemus, quin sanctorum animas, ‚qui corpus cum vitiis et concupiscentiis crucifixerunt', ministratorii spiritus celesti choro statim, cum ex hoc corporis carcere solvuntur, associent, sed precipue animas eorum, qui passionis igne quasi aurum excocti ‚stolas suas laverunt in sanguine agni' [257] ‚incontaminati domini nostri Ihesu Christi', ‚qui tradidit semetipsum pro nobis oblationem et hostiam deo patri in odorem suavitatis.'

(2,39) Post huius quadrifidi certaminis victoriam reliqui septem senatores, scilicet Leander, Alexander, Sother, Maxentius, Constantius, Crescentius et Iustinus ducebantur ad prefecti presentiam et quasi malefactores minis et terroribus urgebantur. (2,40) Ipsi autem septiformis spiritus gratia prorsus illuminati ac illius exemplo, qui ‚in medio septem aureorum candelabrorum podere vestitus' apparuit, confortati, pro illo mori maluerunt, ‚qui ut ovis ad occisionem ductus est', quam temporaliter gaudere et finito huius vite termino eternaliter dolere. (2,41) Sciebant enim, si ‚septem [201r] draconis capita', id est universa corporis vitia, pedibus cordis conculcarent, quod post huius vite certamina perciperent illa premia, de quibus lectio loquitur apostolica: ‚Quod oculus non vidit nec auris audivit nec in cor hominis ascendit, que deus diligentibus se preparavit.' (2,42) Nec dubitamus illis apertum esse ‚librum signatum[79] septem sigillis scriptum intus et foris', scilicet Christi misteriis et ecclesie, intus per occultam sancti spiritus[80] inspirationem, foris per apertam verborum demonstrationem. (2,43) In quo etiam iuxta prophetam ‚scripta erant lamentationes, carmen et ve', qui devoratus dicitur a propheta ‚et factus in ore illius[81] sicut mel dulcis.' (2,44) Quo libro, id est sacra scriptura, isti veri milites Christi quasi [258] alii septem Machabei fuerant cibati, quia perfectas penitentie lamentationes habebant et carmen desiderii celestis vite, ut effectus probat, affectuose canebant. (2,45) Attendebant etiam longissimum ve reproborum, ut optime aparuit[82] in perseverantia certaminis illorum. (2,46) Nam ut fortissimi agoniste dulces huius vite temporalis illecebras spreverunt, quoniam illud apostolicum, quod omnibus hominibus erit commune, vera mentis intentione[83] pertractaverunt: (2,47) ‚Omnes enim stabimus ante tribunal Christi', ‚ut recipiat unusquisque prout gessit, sive bonum sive malum.'

---

78 eorum A; illorum eorum B
79 signatum BA (in A aus synonymem sigillatum korrigiert)
80 spiritus AB in abbreviatura (grob falsch Heyens spiriti)
81 illius B (in A supra lineam nachgetragen)
82 aparuit B; apparuit A
83 commune, vera mentis intentione Dräger; commune vera mentis intentione, Heyen (AB hic absque ulla interpunctione)

die Kelter getreten, dass keinem die Zahl jener bekannt sein kann, wenn nicht allein Gott, zu dem sich täglich ihre Seelen im Himmel stellen. (2,38) Und nicht dürfen wir zweifeln, dass dienende Geister die Seelen der Heiligen, die ‚den Leib mit Lastern und Begierden ans Kreuz geheftet haben', mit dem himmlischen Chor stehenden Fußes, wenn sie aus diesem Gefängnis des Leibes gelöst werden, vereinigen, doch vorzüglich die Seelen derjenigen, die, durch das Feuer des Leidens gleichsam wie Gold geläutert, ‚ihre Gewänder gewaschen haben im Blut des Lamms', ‚unseres unversehrten Herrn Jesus Christus', ‚der sich selbst übergeben hat für uns als Opfer und Schlachttier Gott, dem Vater, zum Wohlgeruch der Annehmlichkeit'.

(2,39) Nach dem Sieg in diesem vierteiligen Wettstreit wurden die übrigen sieben Senatoren, versteht sich: Leander, Alexander, Sother, Maxentius, Constantius, Crescentius und Justinus, vor die Anwesenheit des Präfekten geführt und gleichsam als Übeltäter durch Drohungen und durch Schrecken bedrängt. (2,40) Sie selbst jedoch, durch des siebengestaltigen Geistes Gnade völlig erleuchtet und durch das Beispiel jenes, der ‚in der Mitte der sieben goldenen Kandelaber mit dem Priestergewand bekleidet', erschienen ist, gestärkt, wollten lieber für jenen sterben, ‚der wie ein Schaf zur Niedermetzelung geführt worden ist', als sich zeitlich freuen und nach Beendigung der Grenze dieses Lebens ewig Schmerz empfinden. (2,41) Sie wussten nämlich, wenn sie ‚die sieben [201r] Häupter des Drachens', das heißt die gesamten Laster des Leibes, mit den Füßen des Herzens zertreten würden, dass sie nach den Wettstreiten dieses Lebens jene Belohnungen empfangen würden, über die die apostolische Lesung spricht: ‚Was das Auge nicht gesehen hat noch das Gehör gehört hat noch in das Herz des Menschen aufgestiegen ist, was Gott für die ihn Hochschätzenden vorbereitet hat.' (2,42) Und nicht zweifeln wir, dass für jene geöffnet ist ‚das Buch, versiegelt mit sieben Siegeln, beschrieben innen und außen', durch die Geheimnisse Christi und der Kirche, versteht sich, innen mittels der verborgenen Begeisterung seitens des Heiligen Geistes, außen mittels des offenen Beweises der Worte. (2,43) Und in diesem (Buch) waren auch gemäß dem Propheten ‚geschrieben Klagen, ein Gesang und wehe', das (Buch) verschlungen sein soll vom Propheten ‚und geworden im Mund jenes so wie süßer Honig.' (2,44) Und durch dieses Buch, das heißt durch die Heilige Schrift, waren diese wahren Soldaten Christi da gleichsam als andere sieben Makkabäer verspeist worden, da sie ja vollkommene Klagen der Reue hatten und sie den Gesang des Verlangens nach dem himmlischen Leben, wie die Wirkung beweist, eifrig sangen. (2,45) Sie beachteten auch das sehr lange ‚wehe' der Ruchlosen, wie bestens deutlich wurde in der Beharrlichkeit des Wettstreits jener. (2,46) Denn als tapferste Kämpfer verschmähten sie die süßen Verlockungen dieses zeitlichen Lebens, da sie ja jenes apostolische <Wort>, das allen Menschen gemeinsam sein wird, mit wahrer Anspannung des Sinns gründlich betreiben: (2,47) ‚Alle werden wir nämlich stehen vor der Richterbühne Christi', ‚auf dass ein jeder empfange, so wie er ausgeführt hat, sei es Gutes, sei es Böses.'

(2,48) Horum Christi bellatorum primi tres fratres erant germani. (2,49) Primus autem illorum fuit Leander, post hunc Alexander, quem Sother sequebatur, ut in eorum [201v] titulis demonstratur. (2,50) Qui in trinitatis nomine artam martyrii viam, que ducit ad vitam, aggressi illum, qui inter tres[84] pueros aparuit[85], confessi sunt et ab hac via veritatis non mine, non terrores, nec ulla tormentorum genera eos divertere potuerunt. (2,51) Unde simul omnes dulcisona voce spiritus in hoc[86] salubri certamine illud psalmigrafi poterant psallere: ‚Ecce quam bonum et quam iocundum[87] habitare fratres in unum.' (2,52) Videns autem impius prefectus hos teosophos[88] contra persecutionum sevitiam adamante duriores et eis tormenta prorsus esse ‚desiderabilia super aurum et lapidem preciosum multum et dulciora super mel et favum', in omnes pariter [259] sententiam dampnationis priorum iussit exerceri, quia nec vi nec dolo poterant a fide Christianorum dimoveri. (2,53) Quoniam igitur ‚in domo, quam sibi sapientia septenis columnis ordinavit', eos sevus tyrannus Christo quamvis nescius quamvis nolens immolavit, in ‚ascensu purpureo' sunt rubricati necnon et ‚veste nuptiali' sollempniter ornati pulcherrimam in celis mansionem adipiscebantur, ubi stola simul omnes immortalitatis laborioso certamine viriliter peracto induebantur. (2,54) Nec hos duodecim[89] senatores secerni conveniebat in gaudio retributionis, quoniam illis erat cor unum et anima una in constantia passionis. (2,55) Tertio autem Nonas Octobris hi sancti per fidem vicerunt regna[90], quoniam ea die corpora sua propter deum ad [202r] supplicia tradiderunt. (2,56) Cuius victorie diem anniversarium devote celebrantes deprecamur, ut pro nobis apud deum interveniant, ne dampnari mereamur cum impiis in adventu iusti iudicis. (2,57) Nec dubitamus quicquid boni, quicquid iusti, quicquid sancti a deo petimus, per eos obtinere, quos scimus iam[91] eternam hereditatem possidere. (2,58) Sunt enim[92], ut apostolus dicit, ‚heredes dei, coheredes autem Christi'.

---

84 *tres* B (in A *supra lineam* nachgetragen)
85 *aparuit* B; *apparuit* A
86 *in hoc* Dräger; *in hac* AB (von Heyen sträflich nicht korrigiert)
87 *iocundum* B; *iucundum* A
88 *teosophos* B; *theosophos* A
89 *duodecim senatores* B; *XII senatores* A (falsch Heyens *duodecim senatores*)
90 *vicerunt regna* B; *regna vicerunt* A
91 *iam* B (in A *supra lineam* nachgetragen)
92 *enim* A; *autem* B

(2,48) Von diesen Kriegern Christi waren die ersten drei leibliche Brüder. (2,49) Der erste jedoch von jenen war Leander, nach diesem Alexander, dem Sother folgte, wie in ihren [201v] Aufschriften bewiesen wird. (2,50) Nachdem diese aber im Namen der Dreieinheit den schmalen Weg des Martyriums, der zum Leben führt, angegangen waren, bekannten sie jenen, der unter den drei Knaben erschienen ist, und von diesem Weg der Wahrheit haben nicht Drohungen, nicht Schrecken und nicht irgendwelche Arten von Foltern sie abwenden können. (2,51) Und daher konnten zugleich alle mit süßtönender Stimme des Geistes in diesem heilsamen Wettstreit jenes ‹Wort› des Psalmenschreibers psalmodieren: ‚Da, wie gut und wie angenehm ‹ist es›, wenn Brüder vereint wohnen.' (2,52) Da jedoch der unfromme Präfekt sah, dass diese Gottweisen gegen die Wildheit der Verfolgungen härter als Stahl ‹seien› und dass ihnen Foltern geradezu ‚ersehnenswert über Gold und viel kostbaren Stein hinaus und süßer über Honig und Wabe hinaus' seien, befahl er, dass gegen alle zugleich der Urteilsspruch gegen die Früheren ausgeübt werde, da sie ja weder durch Gewalt noch durch List vom Glauben der Christen abgebracht werden konnten. (2,53) Weil ja diese also ‚im Haus, das sich die Weisheit mit sieben Säulen angeordnet hat', der wilde Tyrann ‹dem› Christus opferte, sei es unwissend, sei es ungewollt, wurden sie ‚auf der purpurnen Stiege' gerötet; und nicht zuletzt auch ‚mit dem Hochzeitskleid' feierlich geschmückt, erreichten sie die schönste Bleibe in den Himmeln, wo sie alle zugleich mit dem Gewand der Unsterblichkeit, nachdem der mühevolle Wettstreit mannhaft zu Ende gebracht worden war, angetan wurden. (2,54) Und nicht ziemte es sich, dass diese zwölf Senatoren in der Freude auf Vergeltung abgesondert werden, weil jene ja ein Herz und eine Seele in der Standhaftigkeit des Leidens hatten. (2,55) Am dritten ‹Tag› jedoch vor den Nonen des Oktobers besiegten diese Heiligen mittels des Glaubens Königtümer, weil sie ja an diesem Tag ihre Leiber wegen Gott zur [202r] Hinrichtung übergaben. (2,56) Und indem wir den Jahrestag dieses Sieges ergeben feiern, flehen wir, dass sie für uns bei Gott eintreten, damit wir nicht verdienen, verurteilt zu werden mit den Unfrommen bei der Ankunft des gerechten Richters. (2,57) Und nicht zweifeln wir, was auch immer an Gutem, was auch immer an Gerechtem, was auch immer an Heiligem wir von Gott erbitten, durch diejenigen innezuhaben, über die wir wissen, dass sie schon die ewige Erbschaft besitzen. (2,58) Sie sind nämlich, wie der Apostel sagt, ‚Erben Gottes, jedoch Miterben Christi'.

(2,59) Sequenti vero die post principum necem iniquitatis minister Rictiovarus, ‚ut caminus ignis furore succensus', christianam fidem inibi prorsus extinguere nitebatur. (2,60) Misit igitur suos explorandum, quos mores, quas leges queque⁹³ iura sequerentur, et omnes equaliter vere religionis [260] devotissimos reperit⁹⁴ cultores et armis pacificis fortissimos Christi bellatores. Nec mirum. (2,61) Doctores enim huius civitatis subiectis convincti vinculo vere dilectionis ‚tritici mensuram illis in tempore ministrabant' et ideo ‚talenta sibi divinitus credita eterno gazophilatio multiplici lucro reportabant'. (2,62) Hec civitas tenebras ignorantie nesciebat, quoniam in se lumen sapientie possidebat. (2,63) Inexpugnabiles virtutum turres in celum erexit, ‚quia terrenam habitationem, que aggravat animam, corde et animo despexit.' (2,64) Lapides preciosos posuit in fundamento, quos artifex summus caritatis coniunxit cemento. (2,65) Non igitur vis ventorum vel impetus fluminum potuit eam⁹⁵ [202v] movere. (2,66) ‚Fundata enim erat supra firmam petram'. (2,67) Unde non necesse erat in ea illius querimonie⁹⁶, qua propheta usus est contra Iudeos de doctorum amentia et eorum pessima doctrine negligentia: (2,68) ‚Nobiles eius interierunt fame et multitudo eius siti exaruit.' (2,69) In tantum enim omnes fuerant solido cibo evangelice doctrine satiati et apostolice lectionis lacte epotati, quod mortem temporalem non tantummodo non timuerunt, sed eam, ut eternaliter⁹⁷ viverent, omni mentis intentione desideraverunt. (2,70) Attendebant enim, quod scriptum est: ‚Non habemus hic manentem civitatem, sed futuram inquirimus.'

(2,71) His auditis vesanus prefectus

‚mucrone districto furens'⁹⁸

in universos civitatis habitatores eos celesti Hierusalem per impium ferrum transmisit et se cum [261] suis ignibus eternis iniecit. (2,72) In illis certe diebus plenis torcularibus uve calcabantur et Christi martyrum sanguine rubentia musta effundebantur. (2,73) Nam quis umquam absque bello tantam hominum stragem vidit aut tantam cruoris effusionem quis audivit? (2,74) Per tres enim continuos dies preciosus Christi

---

93   *queque iura* A *(-que nachgetragen* supra lineam; *nicht vermerkt von Heyen); que iura* B
94   *reperit* AB *(überflüssig Heyens* repperit*)*
95   *eam* A; *eum* B
96   *querimonie* B *(in A* querimonia *zu* querimoniae *korrigiert)*
97   *eternaliter* A; *eternabiliter* B *(kein Lemma im MLWB)*
98   *mucrone districto furens* Dräger (Prudentius); *districto mucrone furens* AB, Heyen

(2,59) Am folgenden Tag aber nach der Tötung der Ersten (*principes*) hat sich der Diener der Unbilligkeit, Rictiovarus, ‚wie ein durch das Rasen des Feuers entzündeter Kamin' angestrengt, den christlichen Glauben ebendort völlig auszulöschen. (2,60) Er schickte also die Seinen aus, um zu erforschen, welchen Sitten, welchen Gesetzen und welchen Rechten sie folgten, und er fand alle in gleicher Weise als ergebenste Verehrer der wahren ‚Religion' und mit friedensbringenden Waffen als tapferste Krieger Christi. Und <das ist> nicht verwunderlich. (2,61) Die Lehrer dieser Bürgergemeinde nämlich, gefesselt durch die Fessel wahrer Hochachtung, ‚stellten jenen Untertanen das Maß des Weizens rechtzeitig zur Verfügung', und deshalb ‚trugen sie die ihnen durch göttliche Fügung anvertrauten Talente zum ewigen Schatzhaus mit vielfältigem Gewinn zurück'. (2,62) Diese Bürgergemeinde wusste nichts von der Finsternis der Unkenntnis, weil sie ja in sich das Licht der Weisheit besaß. (2,63) Uneroberbare Türme der Tugenden errichtete sie in den Himmel, ‚da sie ja auf die irdische Wohnung, die die Seele beschwert, mit Herz und Gemüt herabblickte.' (2,64) ‚Wertvolle Steine legte sie in die Grundlage', die der höchste Künstler der Nächstenliebe durch Zement verband. (2,65) Nicht konnte also die Kraft der Winde oder das Ungestüm der Flüsse sie (Nächstenliebe) [202v] bewegen. (2,66) ‚Gegründet war sie nämlich auf einem festen Felsen.' (2,67) Und deswegen war nicht in ihr die Klage notwendig, die der Prophet gegen die Juden benutzt hat über den Unverstand der Lehrer und ihre übelste Vernachlässigung der Lehre: (2,68) ‚Ihre Vornehmen sind zugrunde gegangen durch Hunger, und ihre Menge ist durch Durst vertrocknet.' (2,69) So sehr nämlich hatten sich alle durch die feste Nahrung der evangelischen Lehre gesättigt und die Milch der apostolischen Vorlesung ausgetrunken, dass sie den zeitlichen Tod nicht nur nicht fürchteten, sondern ihn, auf dass sie ewig lebten, mit aller Anspannung des Sinns ersehnten. (2,70) Sie beachteten nämlich, was geschrieben ist: ‚Nicht haben wir hier eine bleibende Bürgergemeinde, sondern eine künftige suchen wir.'

(2,71) Nachdem dies gehört worden war, schickte der wahnsinnige Präfekt,

‚mit gezückter <Schwert->Spitze rasend'

gegen die gesamten Bewohner der Bürgergemeinde, (schickte) diese (Bewohner) in das himmlische Jerusalem mittels des ruchlosen Eisen<schwert>s und warf sich mit den Seinen in die ewigen Feuer. (2,72) In jenen Tagen wurden sicherlich in vollen Keltern Trauben getreten, und durch das Blut der Zeugen Christi ergossen sich rötliche Moste. (2,73) Denn wer hat jemals ohne Krieg ein so großes Niederhauen von Menschen gesehen oder wer hat von einem so großen Vergießen von Blut gehört? (2,74) Durch drei zusammenhängende

martyrum sanguis tanto impetu per Moselle alveum fluebat, quod vix quisquam, si limpham alveus portaret, cognoscebat⁹⁹. (2,75) Herodianam ergo feritatem, quamvis inmanis et inhumana fuisset, huic tamen equiperandam esse non putamus, cum utriusque rationem et si iniustam consideramus. (2,76) Ille enim tantopere Christum [203r] ob hoc perimere studuit, quia se per eum perdere regnum timuit. (2,77) Hic autem non culpam, non rationem eis obicere potuit. (2,78) Cur eos tam inhumaniter odiret et tantopere sanguinem eorum sitiret? (2,79) In nullo enim in eum deliquerunt, nisi quod in Christo pie vivere proposuerunt.

(2,80) O culpa nimium beata, per quam meruerunt Christo reconciliari et angelorum choris associari. (2,81) Revera conpletum est in huius civitatis populo, quod David quondam¹⁰⁰ locutus est spiritu prophetico: ‚Deus, venerunt gentes in hereditatem tuam, posuerunt carnes sanctorum bestiis terrae, effuderunt sanguinem ipsorum tamquam aquam, et non erat qui sepeliret.' (2,82) Auctori autem huius sceleris Maximiano non incongrue¹⁰¹ tunc¹⁰² potuit convenire, quod poeta canit de Cesare:

> ‚Hic furor, hec rabies, hec sunt tua crimina Cesar, |
> conspicis et gladios, [262] qui toti sanguine manent¹⁰³, |
> vulnera multorum totum fusura cruorem.'

(2,83) O beata civitas, que tot et tam preclaros in virtutibus filios genuisti et legitimi certaminis corona coronatos celesti Hierusalem obtulisti. (2,84) O¹⁰⁴ gloriosa patria, que tam potentes apud deum passionis victoria patronos habere meruisti. (2,85) Quis vos digne laudare, quis digne venerari, quis digne potest honorare? (2,86) Magnitudo enim vestre dignitatis omnium scriptorum excellit ingenium. (2,87) Nobis igitur rudibus et idiotis satius videtur, [203v] ut in describenda laude vestra prorsus taceamus, quam pauca dicendo et plurima pretereundo ingenioli nostri ariditate¹⁰⁵ vestram altitudinem offendamus. (2,88) Quanto enim maius fuerit, quod dicendum est, tanto magis obfuscatur, si eius magnitudo verbis magnifice non revelatur. (2,89) Dicimus tamen, si que regio vel unum tantorum martyrum haberet, preces, laudes, hostias ei frequenter offerre gauderet.

---

99 *cognoscebat* A; *cognoscebet* [*sic*] B
100 *quondam* BA (grob falsch Heyens *quandam* A)
101 *non incongrue* A; *non congrue* B (von Heyen nicht vermerkt)
102 *tunc* B (in A *supra lineam* nachgetragen)
103 *madent* AB, Heyen (*inscientia prosodiaca*); *manent* (Lukan) Dräger
104 *in marg. dex.* B: *Exlamatio digna merore*
105 *ariditate* BA (falsch Heyens *ariditate*)

Tage nämlich floss das wertvolle Blut der Zeugen Christi mit so großem Ungestüm durch das Bett der Mosel, dass kaum jemand erkannte, ob das Bett Wasser führe. (2,75) Dass also die herodianische Wildheit, wie scheußlich und unmenschlich auch immer sie gewesen war, dennoch mit diesem gleichgestellt werden dürfe, meinen wir nicht, während wir den Grund beider – und wenn wir <ihn> als ungerecht betrachten. (2,76) Jener (Herodian) nämlich bemühte sich so sehr, Christus [203r] deswegen zu vernichten, da er ja fürchtete, er verliere sein Königtum durch ihn. (2,77) Dieser (Rictiovarus) jedoch konnte ihnen keine Schuld, keinen Grund vorwerfen. (2,78) Warum hätte er sie so unmenschlich hassen sollen und so sehr nach ihrem Blut dürsten sollen? (2,79) In nichts nämlich haben sie sich gegen ihn vergangen, außer dass sie sich in Christus fromm zu leben vorgenommen haben.

(2,80) O allzu glückselige Schuld, durch die sie verdient haben, mit Christus ausgesöhnt zu werden und mit den Chören der Engel vereint zu werden! (2,81) In Wirklichkeit wurde am Volk dieser Bürgergemeinde erfüllt, was David ehemals durch den prophetischen Geist gesprochen hat: ‚Gott, gekommen sind Heiden in dein Erbe, hingestellt haben sie das Fleisch der Heiligen den Tieren des Landes, vergossen haben sie deren Blut gleichsam wie Wasser, und da war niemand, der sie bestattete.' (2,82) Zum Urheber dieses Verbrechens jedoch, zu Maximian, konnte damals nicht unpassend stimmen, was der Dichter über <C. Julius> Cäsar singt:

> ‚Dies sind dein Rasen, dies deine Wut, dies deine Vorwürfe, Cäsar, |
> du betrachtest auch die Schwerter, welche ganz von Blut fließen, |
> die Wunden vieler, welche (Wunden) das ganze Blut vergießen werden.'

(2,83) O glückselige Bürgergemeinde, die du so viele und so in Tugenden herrliche Söhne gezeugt hast und sie, mit eines rechtmäßigen Wettstreits Kranz bekränzt, dem himmlischen Jerusalem dargeboten hast! (2,84) O ruhmvolles Vaterland, das du so mächtige väterliche Schutzherren bei Gott durch den Sieg über das Leiden zu haben verdient hast! (2,85) Wer kann euch würdig loben, wer würdig scheuen, wer würdig ehren? (2,86) Die Größe eurer Würde nämlich überragt das Talent aller Schriftsteller. (2,87) Uns Ungebildeten also und Stümpern erscheint es besser, [203v] dass wir bei der Beschreibung eures Lobes völlig still sind, als <dass> wir, indem wir wenig sagen und das meiste übergehen, durch die Trockenheit unseres geringen Talents bei eurer Höhe Anstoß erregen. (2,88) Um wie viel größer es nämlich sein dürfte, was gesagt werden muss, um so viel mehr wird es verdunkelt, wenn seine Größe durch Worte nicht großartig enthüllt wird. (2,89) Sagen wir doch: Wenn eine Region auch nur einen einzigen von so großen Märtyrern hätte, würde sie sich freuen, Gebete, Lobe, Schlachtopfer ihm häufig darzubieten.

(2,90) Opere pretium est etiam hic inserere, quo in loco corpora sanctorum Tyrsi et Palmatii et undecim senatorum sint posita. (2,91) Non enim plura vel Tebeorum militum vel martyrizatorum civium nomina reperiuntur scripta. (2,92) Sanctus igitur Felix, eiusdem civitatis episcopus, in honore sancte dei genetricis Marie necnon et eorundem sanctorum martyrum monasterium construxit, in cuius monasterii cripta, que nunc dicitur sancti Paulini, horum corpora a Christianis sunt [263] translata et eo ordine, quo auree littere in parietibus cripte eiusdem demonstrant, in circuitu in lapideis sarcofagis locata. (2,93) Illuc autem, ut credimus, sanctos martyres idcirco religiosi viri transtulerunt, quia futuri casus eiusdem civitatis per spiritum sanctum prescii fuerunt[106]. (2,94) Deus namque peccatis posterorum exigentibus permisit, quod effera gens Nortmannorum postea fines illorum[107] [204r] intravit et eam civitatem et omnes circumquaque positas preda, cede et incendio devastavit. (2,95) Erat etiam tunc temporis in finibus Christianorum ubique gemitus, dolor et luctus, quoniam per eos maxime fides et veritas, pax et concordia, iustitia et karitas destruebatur, ‚quorum frons tau figura designabatur'. (2,96) Hac de causa Treveri[108] librorum copia et plurima monasteriorum ornamenta perierunt et idcirco multorum sanctorum episcoporum nec non et istorum martyrum et aliorum multorum nomina reperiri postea non potuerunt. (2,97) Anno autem dominice incarnationis[109] CC XCI sub Maximiano augusto et administrante Rictiovaro prefecto predicti martyres passi sunt ad laudem et gloriam domini nostri Ihesu Christi, qui cum deo patre ingenito et spiritu sancto ex utroque procedente vivit et regnat deus per omnia secula seculorum. Amen.

Explicit passio sanctorum Tyrsi, Palmatii ac sociorum eorundem totiusque Treverice plebis utriusque sexus.

---

106   *prescii fuerunt* A; in B von anderer Hand zur Ausfüllung einer Textlücke geschrieben und durch ein Sternchen auf folgende zwei Zeilen (mit Unterschrifts-Initialen M. S.) am unteren Rand verwiesen: *sic legitur in vet. manuscripto ad sanctum Martinum | psii forte praescii* | M. S. (‚so liest man in einer alten Handschrift beim heiligen Martinus | *psii* vielleicht *praescii* | M. S.'; alles von Heyen trotz Keuffer 13 nicht vermerkt).

107   *illorum* A; in B wegen Seitenumbruchs verdoppelt (von Heyen nicht vermerkt)

108   In B am rechten Rand von anderer Hand (von Heyen nicht vermerkt): *[unleserliche Konjunktion] hic egre pauca scripta habeantur* (‚[so dass?] hier mit Mühe wenig Geschriebenes besessen wird').

109   A *supra lineam* rot: *anno ducentesimo nonagesimo primo* (von Heyen nicht vermerkt)

(2,90) Der Mühe ist es wert, auch hier einzufügen, an welcher Stelle die Leiber der heiligen Thyrsus und Palmatius und der elf Senatoren aufgestellt worden sind. (2,91) Nicht mehr Namen nämlich entweder Thebäischer Soldaten oder zu Märtyrern gemachter Bürger werden schriftlich aufgefunden. (2,92) Der heilige Felix also, Bischof derselben Bürgergemeinde, hat in der Ehre der heiligen Gottesgebärerin Maria und nicht zuletzt derselben heiligen Märtyrer ein Kloster errichtet – ein Kloster, in dessen Krypta, die jetzt die des heiligen Paulin genannt wird, die Leiber dieser von Christen gebracht worden sind und in der Ordnung, in der goldene Buchstaben an den Wänden derselben Krypta es zeigen, im Kreis in steinernen Sarkophagen aufgestellt <worden sind>. (2,93) Dorthin jedoch haben, wie wir glauben, die ‚religiösen' Männer die heiligen Märtyrer deswegen gebracht, da sie ja des zukünftigen Schicksals derselben Bürgergemeinde durch den Heiligen Geist vorherwissend waren. (2,94) Denn Gott hat, weil die Sünden der Nachfahren es forderten, zugelassen, dass der wilde Stamm der Normannen später das Gebiet jener [204r] betrat und diese Bürgergemeinde und alle ringsum liegenden durch Plünderung, durch Niedermetzelung und durch Brand völlig verwüstete. (2,95) Es gab auch zum damaligen Zeitpunkt im Gebiet der Christen überall Stöhnen, Schmerz und Trauer, weil ja durch diejenigen besonders Glauben und Wahrheit, Frieden und Eintracht, Gerechtigkeit und Nächstenliebe niedergerissen wurde, deren ‚Stirn durch den Buchstaben Taw' bezeichnet wurde. (2,96) Aus diesem Grund sind in Trier eine Fülle an Büchern und die meisten Schmuckstücke der Klöster zugrunde gegangen, und deswegen konnten die Namen vieler heiliger Bischöfe und nicht zuletzt auch dieser Märtyrer da und vieler anderer später nicht aufgefunden werden. (2,97) Im 291. Jahr jedoch der Fleischwerdung des Herrn haben unter dem erhabenen (*Augustus*) Maximian durch die Dienstleistung des Präfekten Rictiovarus die vorgenannten Märtyrer gelitten zum Lob und Ruhm unseres Herrn Jesus Christus, der mit Gott, dem eingeborenen Vater, und dem Heiligen Geist, der aus beiden hervorgeht, lebt und als Gott König ist durch alle Generationen von Generationen hindurch. Amen.

Abgewickelt ist das Leiden der heiligen Thyrsus, Palmatius und der Genossen derselben und des ganzen Trierischen Volks beiderlei Geschlechts.

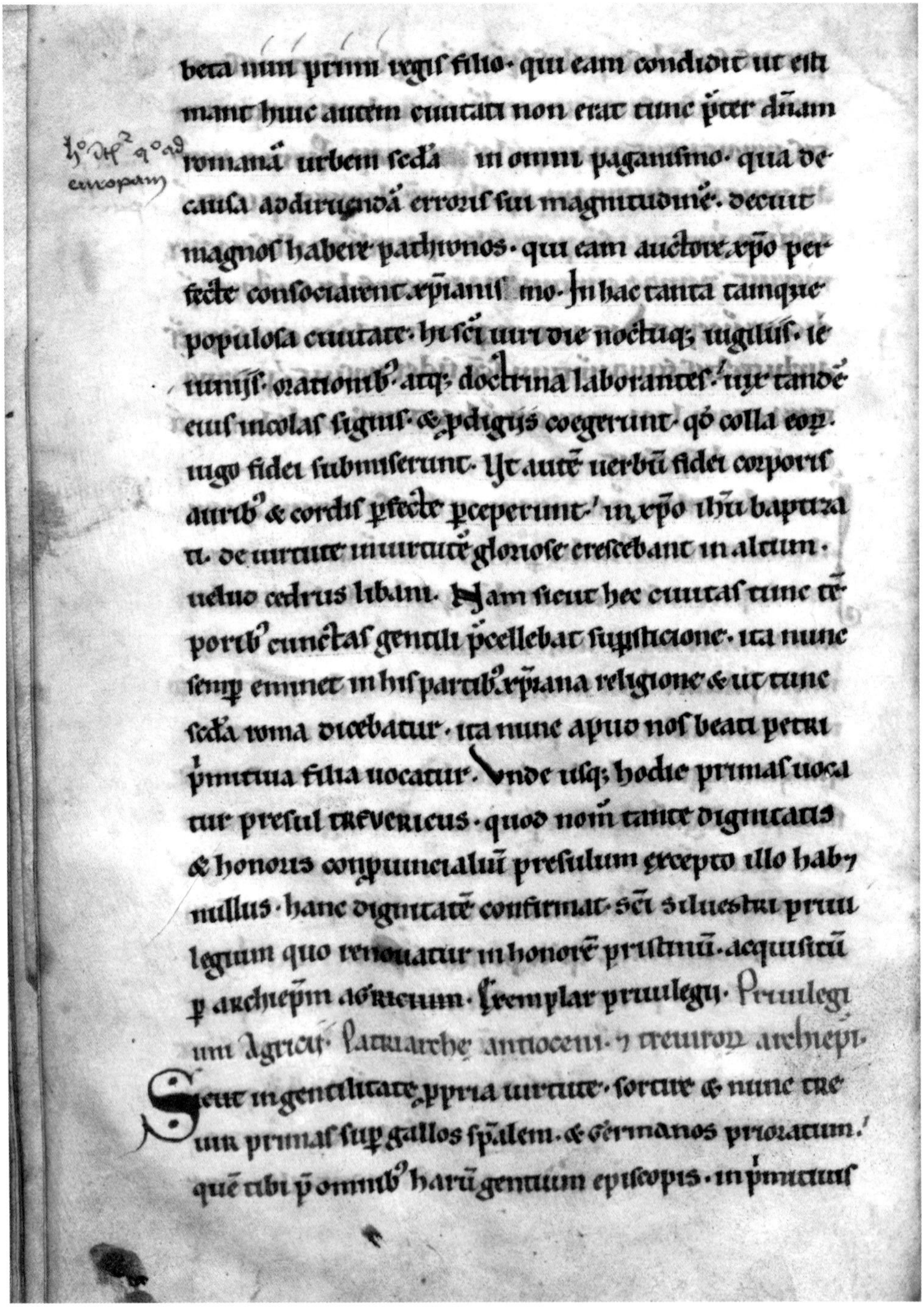

beta nini primi regis filio· qui eam condidit ut estimant hunc autem ciuitati non erat tunc preter dominam
romanam urbem secunda in omni paganismo· qua de
causa ad diruendam erroris sui magnitudinem· decuit
magnos habere patronos· qui eam auctore christo perfecte consociarent christianismo· In hac tanta tamque
populosa ciuitate· hi sancti uiri die noctuque uigiliis· ie-
iuniis· orationibus atque doctrina laborantes· ipsi tandem
eius incolas signis et prodigiis coegerunt· quod colla cor-
iugo fidei submiserunt· Ut autem uerbum fidei corporis
auribus et cordis perfecte perceperunt· in christo ihesu baptiza-
ti· de uirtute in uirtutem gloriose crescebant in altum·
uelud cedrus libani. Nam sicut hec ciuitas tunc temporibus cunctas gentili precellebat superstitione· ita nunc
semper eminet in his partibus christiana religione et ut tunc
secunda roma dicebatur· ita nunc apud nos beati petri
primitiua filia uocatur· Unde usque hodie primas uoca-
tur presul treuericus· quod nomen tante dignitatis
et honoris conprouincialium presulum excepto illo habet
nullus· hanc dignitatem confirmat sancti siluestri priuilegium quo renouatur in honorem pristinum· acquisitum
per archiepiscopum agricium· Exemplar priuilegii· Priuilegium Agricii· Patriarche antioceni· et treuirorum archiepiscopi·
Sicut in gentilitate propria uirtute· fortis et nunc tre-
uiri primas super gallos specialem· et Germanos prioratum·
quem tibi pre omnibus harum gentium episcopis· in primitiuis

Abb. 12: Passio, Hs B, 194v (26 Zeilen, interpoliertes Silvester-Privileg: [Tre]beta Nini primi regis filio – quem tibi pre omnibus harum gentium episcopis in primitivis (Pass B, prol 20, S. 166 Dräger).

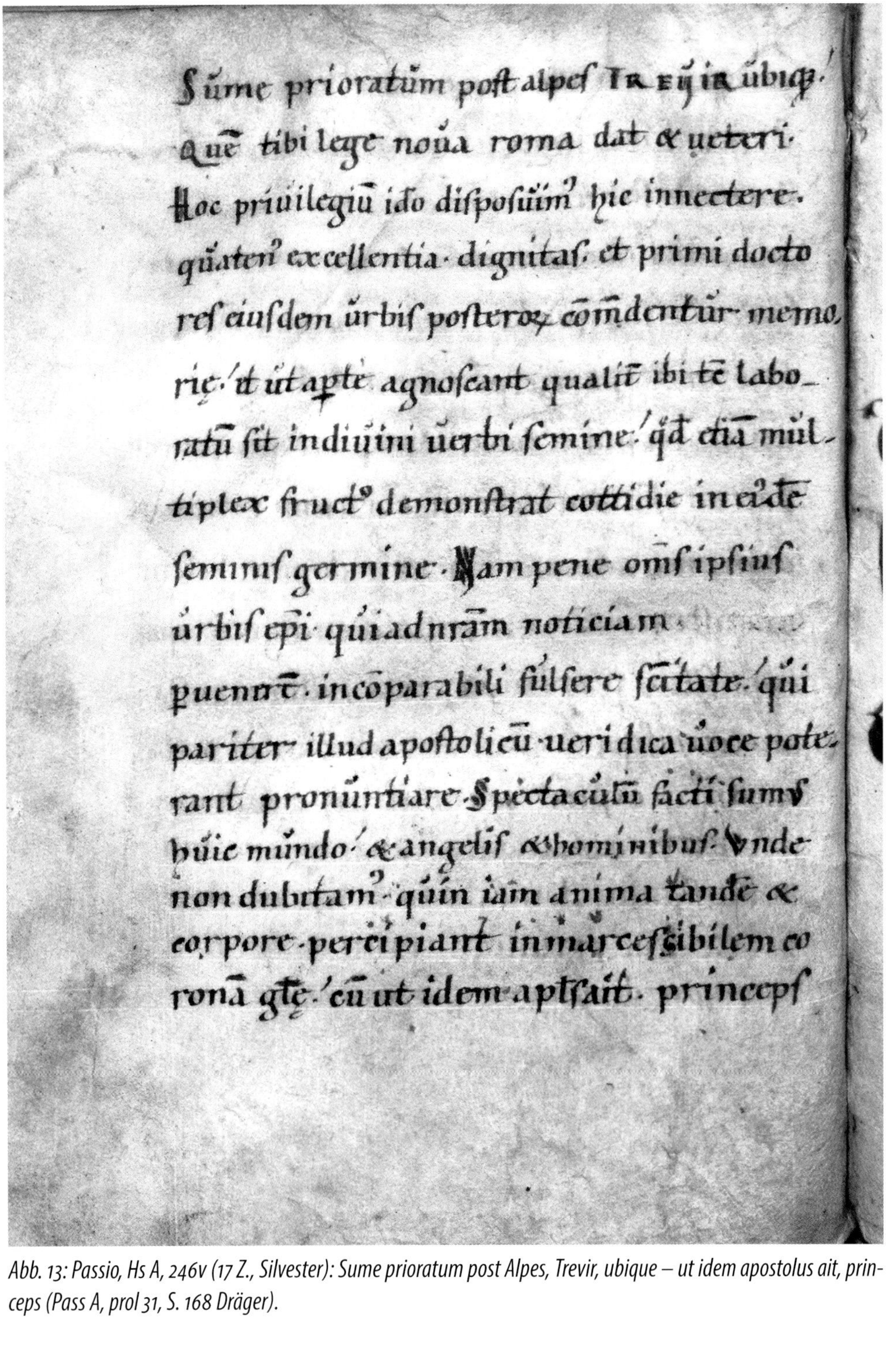
Sume prioratum post alpes Treuir ubique.
Que tibi lege noua roma dat et ueteri.
Hoc priuilegium ideo dispositum hic innectere.
quatenus excellentia dignitas et primi docto
res eiusdem urbis posterorum commendentur memo
rie. et ut apte agnoscant qualiter ibi tempore labo
ratum sit in diuini uerbi semine. quod etiam mul
tiplex fructus demonstrat cottidie in eodem
seminis germine. Nam pene omnes ipsius
urbis episcopi qui ad nostram noticiam
peruenerunt. incomparabili fulsere sanctitate. qui
pariter illud apostolicum ueridica uoce pote
rant pronuntiare. Spectaculum facti sumus
huic mundo et angelis et hominibus. Unde
non dubitamus quin iam anima tandem et
corpore percipiant inmarcescibilem co
ronam glorie. cum ut idem apostolus ait. princeps

Abb. 13: Passio, Hs A, 246v (17 Z., Silvester): Sume prioratum post Alpes, Trevir, ubique – ut idem apostolus ait, princeps (Pass A, prol 31, S. 168 Dräger).

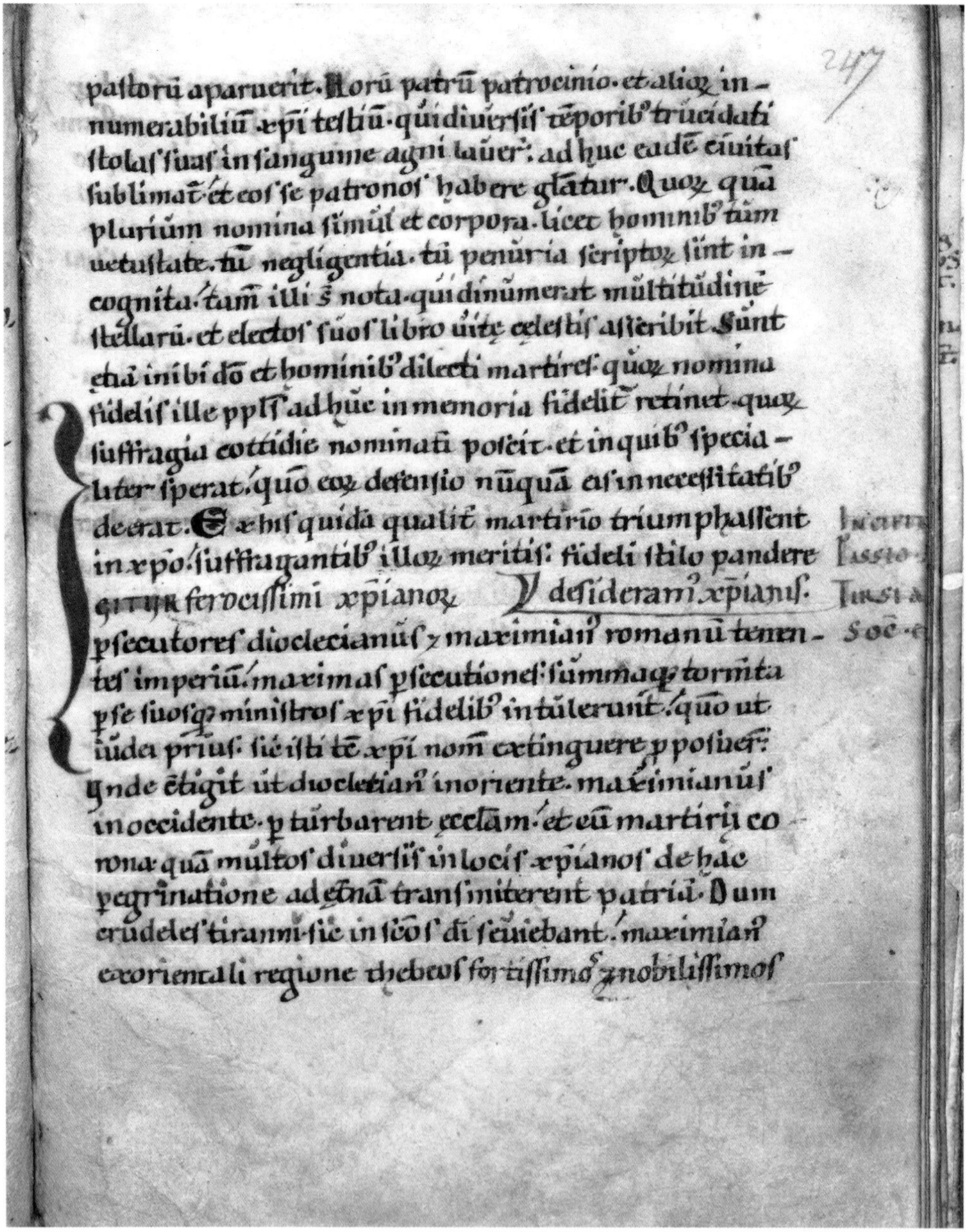
pastorū aparuerit. Horū patrū patrocinio. et alioꝝ in-
numerabiliū xpi testiū. qui diuersis tēporib' trucidati
stolas suas in sanguine agni lauer'. ad huc eadē ciuitas
sublimat' et eos se patronos habere glatur. Quoꝝ quā
pluriūm nomina simul et corpora. licet hominib' tum
uetustate. tū negligentia. tū penuria scriptoꝝ sint incognita. tam illi s̄ nota. qui dinumerat multitudinē
stellarū. et electos suos libro uitę celestis ascribit. Sunt
etiā inibi dō et hominib' dilecti martires. quoꝝ nomina
fidelis ille ppls ad huc in memoria fidelit' retinet. quoꝝ
suffragia cottidie nominati poscit. et in quib' specialiter sperat. quō eoꝝ defensio nūquā eis in necessitatib'
deerat. Ex his quidā qualit' martirio triumphassent
in xpō. suffragantib' illoꝝ meritis. fideli stilo pandere
[illegible] feruentissimi xpianoꝝ V desiderant xpianis.
psecutores dioclecianus et maximian' romanū tenentes imperiū. maximas psecutiones. summaq; tormta
pse suosq; ministros xpi fidelib' intulerunt. quo ut
iudei prius. sic isti tē xpi nom extinguere pposuer'.
Unde ētigit ut dioclecian' in oriente. maximianus
in occidente. pturbarent ecclām. et eū martirij corona quā multos diuersis in locis xpianos de hac
pegrinatione ad etnā transmitterent patriā. Dum
crudeles tiranni sic in scōs dī seuiebant. maximian'
ex orientali regione thebeos fortissimos et nobilissimos

Abb. 14: Passio, Hs A, 247r (26 Z., Silvester): pastorum aparuerit – ex orientali regione Thebeos fortissimos et nobilissimos (Pass A, prol 34, S. 168 Dräger).

2.2 Kommentar zur *Passio martyrum Trevirensium (B/A)*

(*Incipit*) *Incipit prologus in passionem sanctorum martyrum Trevirensium:* wie in A in Rot geschrieben (*Rubrum*), gleichfalls die folgende Initiale *P* in *Post*

(**Pr 1**) *Nach Einteilung des <Erd->Kreises und Ordnung der gesamten Dinge (Post orbis disposicionem cunctarumque rerum ordinationem):* aus AT Sap 7,17/19: *ut sciam dispositionem orbis terrarum et virtutes elementorum [...] anni cursus et stellarum dispositiones* (‚auf dass ich die Einteilung des <Erd->Kreises und die Vorzüge der Elemente wisse [...] die Läufe des Jahres und die Anordnungen der Sterne'; Luther: „sodass ich den Bau der Welt begreife und das Wirken der Elemente [...] wie das Jahr umläuft und wie die Sterne stehen"). *dispositio* (in *Passio* nur hier) auch *Hist. mart.* Pr 10; c. 1,1; 10,6; *ordinatio* (in *Passio* nur hier) auch *Hist.* 1,10; 1,23; 1,40; 4,3. – *wie uns die Heilige Schrift berichtet (ut sacra nobis refert scriptura):* Es folgt ein Zitat aus AT Gen 2,7: *formavit igitur Dominus Deus hominem de limo terrae* (‚Es formte also der Herr, Gott, den Menschen aus dem Schlamm der Erde'). – *und er hat ihn durch den Hauch seines Mundes lebendig gemacht (et spiritu oris sui vivificavit):* Vgl. Gen 2,7: *et inspiravit in faciem eius spiraculum vitae* (‚und er hauchte in sein Antlitz den Hauch des Lebens').

(**Pr 2**) *hat er ihn ins Paradies gestellt, auf dass er jenes bewache (posuit eum in paradysum, ut illum custodiret):* aus AT Gen 2,15: *posuit eum in paradiso voluptatis, ut operaretur et custodiret illum* (‚stellte er ihn ins Paradiese des Vergnügens, dass er jenes bearbeite und bewache'; Luther: „setzte ihn in den Garten Eden, dass er ihn bebaute und bewahrte"). – *lebend (vivendo):* Der Ablativ des Gerundiums steht im Sinne eines PPA.

(**Pr 3**) *der Teufel ... durch Neid berührt (diabolus ... invidia tactus):* Zum Neid des Teufels auf die Menschen s. AT Sap 24,2: *invidia autem diaboli mors introivit in orbem terrarum* (‚durch den Neid des Teufels jedoch kam der Tod hinein in den Erdkreis'). – *durch Neid berührt, durch Zorn bewegt, durch Schmerz verstört (invidia tactus, ira commotus, dolore conturbatus):* Zu solchen (asyndetischen) Trikola (mit Klimax) s. noch zu Pr 7; 36; c. 1,5; 1,6; 2,6; 2,13; 2,17; 2,19; 2,31; 2,50; 2,57; 2,60; 2,85; 2,89; 2,94; 2,95.

(**Pr 4**) *aggressus ... transgressorem (‚antrat ... Übertreter'):* wohl beabsichtigtes Wortspiel (Paronomasie); s. schon Pr 3 *transgressionem* (‚Übertretung'). – *durch fünf Epochen der Welt (per quinque mundi etates):* Zu den sechs (s. unten zu Pr 5) Epochen der Menschheitsgeschichte s. *Hist.*, Pr 3 mit Komm. (1. von der Schöpfung bis zu Noah; 2. bis zu Abraham; 3. von Abraham bis zu David; 4. von David bis zur Babylonischen Wanderung; 5. von der Babylonischen Wanderung bis zur Ankunft des Herrn; 6. die gegenwärtige Generation (Nr. 3, 4 und 5 sind mit NT Matth. 1,17 identisch und dauern je 14 Geschlechter).

(**Pr 5**) *In der sechsten Epoche aber schickte der Herr … seinen Sohn in diese Welt (In sexta vero etate dominus … misit filium suum in hunc mundum)*: Vgl. *Hist.* Pr 3: ‚in der sechsten Epoche der Welt der Erschaffer aller Dinge, Gott, …, im jungfräulichen Schoß durch geistige Empfängnis zu Fleisch geworden ist'. – *wie der Apostel sagt (ut ait apostolus)*: nämlich Paulus, der Apostel *par excellence*, NT Röm 16,25: *secundum revelationem mysterii temporibus aeternis taciti* (‚gemäß der Offenbarung des seit ewigen Zeiten verschwiegenen Geheimnisses'). – *auf dass er den Schuldschein der Sünde tilge (ut peccati cirographum deleret)*: aus NT Kol 2,14: *delens quod adversum nos erat chirografum decretis quod erat contrarium nobis* (‚indem er den Schuldschein tilgte, der wider uns war durch seine Bestimmungen [Luther: „mit seinen Forderungen"], der gegen uns war'); gemeint ist das *peccatum primum* (Erbsünde).

(**Pr 6**) *Trank (potum)*: simples *potus* (‚das Trinken, der Trank') nicht erkannt von Heyen, der mit einem *ghost word* (*potorium*) arbeitet.

(**Pr 7**) *seines Leidens, Wiederauferstehens, Aufstiegs <in den Himmel> (sue passionis, resurrectionis, ascensionis)*: Zu solchen (asyndetischen) Trikola s. zu Pr 3; dieselbe Junktur auch bei Eberwin, *Vita Symeonis* 3 (*loca passionis, resurrectionis, atque ascensionis*). – *dispensatione*: das Wort in der *Passio* nur hier, in der *Hist.* nur Pr 3. – *wobei er sagte (dicens)*: Es folgt fast wörtliches Zitat aus NT Mark 16,15: *euntes in mundum universum praedicate evangelium omni creaturae* (‚Indem ihr in die gesamte Welt geht, predigt das Evangelium jedem Geschöpf!').

(**Pr 8**) *während der Herr mitwirkte (domino cooperante)*: so z.B. NT Mk 16,20. – *die Rede (sermonem)*: D.h. die Predigt. – *diejenigen … im Namen des Vaters und des Sohnes und des Heiligen Geistes taufte (eos in nomine patris et filii et spiritus sancti baptizabat)*: Diese Junktur z.B. NT Mk 28,19: *baptizantes eos in nomine Patris et Filii et Spiritus Sancti* (‚indem ihr sie tauft im Namen des Vaters und des Sohnes und des Heiligen Geistes').

(**Pr 9**) *princeps … primariam … … prius … principatum … prius* (‚der Erste … erstrangig … zuerst … Erststellung … zuerst'): durch denselben Wortstamm auffälliges Betonen (auch in der Übersetzung) der Rolle Roms unter Petrus; vgl. zu Pr 15. – *durch ihn … besitze (per eum … possideret)*: D.h. durch Petrus; Bezug nicht gesehen von Heyen, der das in B und A (ganzer Satz mit falschem *possederat* am unteren Seitenrand nachgetragen) überlieferte *eum* zu *eam* (*potestatem*?) verfälscht; statt *possĕdēret* (‚besitze') auch *possīdēret* (‚in Besitz nehme') möglich.

(**Pr 10**) *wie die Historie berichtet … da eine Quelle von Öl … (ut historia refert … cum fons olei …)*: Gemeint ist wohl die in Pr 12 zitierte AT-Stelle Zach 13,1.

(**Pr 11**) *unerschöpflicher Gnade (inexhauste pietatis)*: Schon in A (*inmense*, ‚unermesslicher') ist von späterer Hand als zweites Attribut *inexhauste* angefügt, das in B (dem ich generell folge) allein steht. – *pietas* in der *Passio* nur hier; vgl. *Hist.*, Einführung mit Anm. 16; Komm. zu 1,37.

(Pr 12) *indem er sagt (dicens):* Das Folgende ist wörtliches Zitat von AT Zach 13,1 (Luther: „Zu der Zeit werden das Haus David und die Bürger Jerusalems einen offenen Quell haben gegen Sünde und Befleckung"), wo aber noch die drei Worte *in die illa* (‚an jenem Tag') vorangehen; statt (des Genetivs?) *domus* im AT hat die *Passio* den erwarteten Dativ *domui* (in Webers Vulgata/AT im textkrit. Apparat).

(Pr 13) *da er diese Bürgergemeinde von den Toren des Todes erhöht hat und bei der Verkündung des göttlichen Wortes an den Toren der Tochter Zions berühmt gemacht hat (quod hanc civitatem de portis mortis exaltavit et in adnuntiatione verbi divini in portis filie Syon clarificavit):* Vorlage ist AT Ps LXX 9,15: *qui exaltas me de portis mortis ut adnuntiem omnes laudationes tuas in portis filiae Sion* (‚der du mich erhöhst von den Toren des Todes, auf dass ich alle deine Lobe verkündige an den Toren der Tochter Sion'; Luther: „der Tochter Zion"); *Sion:* [Tempelberg in] Jerusalem.

(Pr 14) *das Wort des Lebens ... gepredigt hatte (verbum vite ... predicavit):* dieselbe Junktur auch in Pr 18 und schon in *Vita Eucharii* 16 und 18. – *viel Ernte in den Regionen gesehen hatte, aber wenige Werkarbeiter, gedachte er, seine Jünger ... zur Ernte zu schicken (vidit messem multam per regiones, operarios vero paucos, suos discipulos ... in messem mittere disposuit):* nach NT Matth 9,37: *Tunc dicit discipulis suis: messis quidem multa, operarii autem pauci* (‚Dann sagt er seinen Jüngern: Die Ernte <ist> zwar viel, die Werkarbeiter jedoch <sind> wenige'). – *auf dass sie schließlich mit Jubel kommend, Scharen von Seelen zurückbrächten (ut tandem cum exultatione venientes reportarent manipulos animarum):* nach AT Ps LXX 125,6: *venientes autem venient in exultatione portantes manipulos suos* (‚kommend jedoch werden sie kommen im Jubel, ihre Scharen bringend'; Luther: „und kommen mit Freuden und bringen ihre Garben'); *Scharen (manipulos):* auch ‚Bündel, Getreidegarben' (s. Luther).

(Pr 15) *Apollinaris (Apollinarem):* gemäß dieser Legende im 1. Jh. Gründer der christlichen Gemeinde von Ravenna, deren Bischof er war, als Märtyrer starb und in Ravenna begraben wurde. – *zur Bürgergemeinde Ravenna (ad civitatem Ravennam):* noch heute so benannte Stadt in der *Gallia cispadana* (‚diesseits des Po'), nahe der Adria. – *die erste Tochter des heiligen Petrus (primitiva sancti Petri filia): primitiva* im Sinn von ‚erstrangig'; dieselbe Junktur noch unten Pr 24; zum Stamm *prim-* vgl. zu Pr 9.

(Pr 17) *Sobald er jedoch ... wie ein weiser Baumeister den Grund des heiligen Glaubens gelegt hatte (Ut autem ... ceu sapiens architectus fundamentum sancte fidei posuit):* aus NT 1 Kor 3,10: *ut sapiens architectus fundamentum posui* (‚wie ein weiser Baumeister habe ich den Grund gelegt'). – *durch den Pflug der Predigt ... zu bearbeiten (vomere predicationis ... excolere):* als Junktur nicht in der Bibel, aber zu den vegetativen Ausdrücken und Bildern passend.

(**Pr 18**) *den Abraham in drei Personen sah und als eine anbetete (quem Abraham in tribus vidit personis et unum adoravit):* Anspielung auf AT Gen 18,2: *cumque elevasset oculos apparuerunt ei tres viri stantes propter eum quos cum vidisset cucurrit in occursum eorum de ostio tabernaculi et adoravit in terra* (,Und als <Abraham> seine Augen erhoben hatte, erschienen ihm drei Männer neben ihm; und als er diese gesehen hatte, lief er ihnen entgegen von der Tür des Zeltes und betete sie auf der Erde <liegend> an'); gemeint ist die Dreieinheit (Dreifaltigkeit). – *Eucharius, Valerius und Maternus (Eucharium, Valerium atque Maternum):* Zum Wirken dieser drei (legendären) ersten Trierer Bischöfe im 1. bzw. im 3. Jh. s. ausführlich die *Vita sanctorum Eucharii, Valerii, Materni*, hg., übers. und komm. von P. Dräger, KTJ 2016. – *schickte er ... um ... zu predigen (misit predicare):* unlat. Konstruktion, statt der vier klassischen Möglichkeiten zum Ausdruck einer Finalität: Finalsatz (*ut praedicarent*); Gerundivum (*ad praedicandum*; vgl. zu 2,60); Supinum ([nach Verben der Bewegung] *praedicatum*); Postposition (*praedicandi causa/gratia*); zur Junktur *verbum vitae praedicare* s. zu Pr 14. – *so wie wahre Verehrer Gottes (sicut veri cultores dei):* wegen der Wortstellung so eher als ,so wie Verehrer des wahren Gottes'. – *den Fürsten dieser Welt (principem huius mundi):* den Teufel, s. oben Pr 4: ,und <der Teufel> herrschte so durch fünf Epochen der Welt über das ganze menschliche Geschlecht'; Pr 5: ,und <Christus> uns vom Joch der teuflischen Herrschaft befreie.'

(**Pr 19**) *bei den Erhabenen und dem römischen Volk (apud augustos et populum Romanum):* Die Zusammenstellung zeigt, dass mit *augustos* wohl die römischen Kaiser (*Augusti*) gemeint sind; vgl. 2,97. – *das ,zweite Rom' (secunda ... Roma):* Zu dieser seit dem 10. Jh. belegten Formel s. den Verweis im Komm. zur *Hist. mart.* 1,18.

(**Pr 20**) *nach drei mächtigen Männern ... die Historien (a tribus potentibus viris ... historie):* Zu den ,Historien' (nicht etwa die *Historia martyrum*) gehört als frühester Zeuge schon Cicero (106–43 v. Chr.), *Ad familiares* 7,13,2, s. dazu Dräger: Trevirer und Scharfrichter (Wortspiel zwischen *Treveri/Treviri* und den *tresviri/triumviri capitales*, der unter anderem für Hinrichtungen zuständigen, aus drei Männern bestehenden ,Polizeibehörde' in Rom). – *nach Trebetas, des ersten Königs Ninus Sohn (a Trebeta, Nini primi regis filio):* zur Gründung Triers durch den assyrischen Königssohn (den ,Trierischen Aeneas') Trébetas (*Trēbĕtas*), der vor den erotischen Avancen seiner Stiefmutter Semiramis flieht, s. ausführlich *Gesta* c. 1 und *Hyst.* c. 2, jeweils mit Komm.

(**Pr 21**) *ihres Irrtums (erroris sui):* D.h. des Heidentums, vgl. *Vita Eucharii* 6 (bei den Trierern): *tantus gentilitatis error* („ein so großer Irrtum des Heidentums").

(Pr 22) *durch Zeichen und durch Vorhersagen (signis et prodigiis):* schon *Vita Eucharii* 18 so verbunden; Vorlage sind biblische Stellen, wie NT 2 Kor 12,12: *signis et prodigiis et virtutibus* (Luther: „mit Zeichen und mit Wundern und mit Taten"). – *ihre Nacken dem Joch des Glaubens unterwarfen (colla eorum iugo fidei submiserunt):* biblische Junktur, z.B. AT Jer 27,12: *subicite colla vestra sub iugo regis Babylonis* (‚Unterwerft eure Nacken unter das Joch des Königs von Babylon').

(Pr 23) *mit den Ohren des Leibes und des Herzens (corporis auribus et cordis):* Zur ersten Hälfte vgl. *Hist. mart.* 2,4: *auribus eorum corporeis* (‚in ihren leiblichen Ohren', eigentlich ‚Gehör', < *audire* ‚hören', s. zu 2,41). – *sie, in Christus Jesus getauft (in Christo Ihesu baptizati):* biblische Junktur, z.B. NT Röm 6,3: *quicumque baptizati sumus in Christo Iesu* (‚die auch immer wir in [Luther: „auf"] Christus Jesus getauft sind'). – *von Tugend zu Tugend (de virtute in virtutem):* AT Ps LXX 3,8: *ibunt de virtute in virtutem* (‚Gehen werden sie von Kraft zu Kraft'; Luther: „Sie gehen von einer Kraft zur andern"); das Polyptoton unterstreicht die rasche Abfolge. – *wuchsen sie ... in die Höhe wie eine Zeder des Libanon (crescebant in altum velud cedrus Libani):* A hat den Plural *velut cedri* (‚so wie Zedern'). – Dieser Baum des Libanon (Gebirge/Berg zwischen Phönizien und Syrien) ist sprichwörtlich, s. z.B. AT Ps 91,13: *iustus ut palma florebit ut cedrus Libani multiplicabitur* (‚Der Gerechte wird wie eine Palme blühen, wie eine Zeder des Libanon wird er vervielfacht werden').

(Pr 24) *‚zweites Rom' (secunda Roma):* so schon Pr 19. – *‚erste Tochter des heiligen Petrus' (beati Petri primitiva filia):* so schon Pr 15.

(Pr 25) *Erster (primas):* Siehe zu Pr 28. – *der zur selben Kirchenprovinz gehörigen Vorsteher (conprovincialium presulum):* Zu den verschiedenen Bedeutungen von *con-/comprovincialis* s. Komm. zu *Gesta* 24,29; *Cont. I* 3,7.

(Pr 26) *des heiligen Silvester (sancti Silvestri):* Silvester I., Bischof von Rom vom 31. Jan. 314 bis 31. Dez. 335, s. BBKL X 338–341 (Schmitt); Komm. zu *Gesta* 18,11. – *durch Erzbischof Agritius (per archiepiscopum Agritium):* ca. 314–335/336 (nach Eucharius, Valerius, Maternus) vierter Bischof von Trier, historisch bezeugt als Teilnehmer und Mitunterzeichner des von Konstantin dem Großen einberufenen Konzils von Arles (314); s. zu Agricius/Agritius Komm. zu *Gesta* 18,12; 19,1; BBKL XIV 688 (Sauser).

(Pr 27) *des antiochenischen Patriarchen (patriarche Antiocheni):* Zur Bedeutung der Stadt Antiochien am Fluss Orontes im Christentum s. Komm. zu *Gesta* 13,15; statt *patriarcha* wird er *Gesta* 18,12 *Anthiocenae praesul civitatis* (‚Vorsteher [eigentlich ‚Vortänzer'] der antiochenischen Bürgergemeinde') genannt, s. Komm. ad l.

(Pr 28–31) vollständiger Text des (gefälschten) sog. Silvesterdiploms, Pr 28–30 inhaltlich mehr oder minder identisch mit *Gesta* 18,13–15; die metrische (elegisches Distichon) Fortsetzung (Pr 31) findet sich wörtlich *Gesta Cont. I* 18,11, s. jeweils meine Komm. *ad locos*; Text auch bei Sauerland, Geschichtsquellen 188; zu den verschiedenen Fassungen s. Sauerland 88–139, zum Vergleich mit den *Gesta*: 92 f.

(Pr 28) Zur Konstruktion (Ergänzung von <du> und <erlost hast>) s. Komm. zu *Gesta* 18,13. – *Trevir primas*: Heyens ungeschickte Interpunktion (Komma zwischen *Trevir* und *primas*) macht *primas* zum schwerfälligen Prädikativum (,als Primas'). – *primas ... prioratum ... in primitivis*: im Latein. Wortspiel (Paronomasie; deutsch etwa: ,Erster ... Erststellung ... unter den ersten'). – *mittels seines Stabes (per baculum suum)*: Zur Geschichte des Petrusstabes s. Lit. im Komm. zur *Vita Eucharii* 5.

(Pr 29) *sein Diener und des Nachrückens unwürdig (servus eius successioneque indignus)*: Selbstherabsetzung (Bescheidenheitstopos); vgl. auch zu 2,87. – *der erhabenen Herrin Helena (domne Helene auguste)*: Helena, Mutter Konstantins, die 324/325 den Titel einer *Augusta* erhielt (,Herrin Helena Augusta'). – *des Papstes Cornelius (Cornelii pape)*: Papst 251–253; (249–251 Christenverfolger Kaiser Decius), als Märtyrer in der Verbannung gestorben, s. BBKL I 1130 f. (F. W. Bautz).

(Pr 30) *sollen von der Gemeinschaft getrennt werden (communione dirimantur)*: D.h. ,exkommuniziert' werden.

(Pr 31) elegisches Distichon (identisch mit *Gesta, Cont. I* 18,11), gegen mittelalterliche Gewohnheit weder im Hexameter noch im Pentameter leoninisch (klapper-)gereimt. Es nimmt in A, offenkundig beabsichtigt, genau die obersten zwei Zeilen (1. Z.: Hexameter; 2. Z.: Pentameter) der Rückseite des von der ,interpolierenden' Hand beschriebenen und neu eingefügten Blattes [246 f.] ein (nicht so S. [195r] B). – *hinter den Alpen (post Alpes)*: von Rom aus gesehen.

(Pr 32) *der vielfache Ertrag (multiplex fructus)*: Vgl. AT Hiob 5,25: *scies quoque quoniam multiplex erit semen tuum et progenies tua quasi herba terrae* (,Wissen wirst du auch, dass vielfach sein wird deine Saat und deine Nachkommenschaft gleichsam wie das Gras der Erde'). – *im Hervorsprossen derselben Saat (in eiusdem seminis germine)*: Vgl. AT Hagg 2,20: *numquid iam semen in germine est* (,Ist doch nicht etwa schon die Saat im Hervorsprossen?'; Luther 2,19: „Noch liegt das Saatgut in der Scheune").

(Pr 33) *jenes apostolische <Wort> (illud apostolicum)*: Vgl. zu Pr 5 *apostolus*; es folgt fast wörtliches Zitat von NT 1 Kor 4,9 (eingeleitet mit *quia* ,da ja'; *huic* fehlt).

(**Pr 34**) *wie derselbe Apostel sagt (ut idem apostolus ait):* fast wörtliches Zitat von NT 1 Petr 5,4 (andere Satzstruktur): *et cum apparuerit princeps pastorum, percipietis inmarcescibilem gloriae coronam* (‚und wenn erschienen sein wird der Fürst der Hirten [Luther: „Erzhirte"], werdet ihr empfangen den unverwelklichen Kranz des Ruhms [Luther: „Krone der Herrlichkeit"]').

(**Pr 35**) *ihre Gewänder im Blut des Lamms gewaschen haben (stolas suas in sanguine agni laverunt):* Vorlage ist NT Apk 7,14 (wo parallel zu *laverunt* noch *et dealbaverunt* [,und sie geweißt/gebleicht haben' steht]). – *und rühmt sich (et ... gloriatur):* schwerfälliges *ut* in B (‚wie sie sich rühmt').

(**Pr 36**) *bald durch Alter, bald durch Nachlässigkeit, bald durch Mangel an Schriftstellern (tum vetustate tum negligentia tum penuria scriptorum):* Zu (asyndetischen) Trikola s. zu Pr 3; die beiden letzten Glieder gehören hier durch *scriptorum* zusammen: ‚durch Nachlässigkeit der Schriftsteller' (*Gen. subiect.*) bzw. ‚durch Mangel an Schriftstellern' (*Gen. obiect.*); s. auch zu 2,86. – *der ,die Menge der Sterne zählt' (qui dinumerat multitudinem stellarum):* fast wörtliches Zitat aus AT Ps LXX 146,4 (*numerat* statt *dinumerat*). – *in das Buch des himmlischen Lebens (libro vite celestis):* Zum Begriff ,Buch des Lebens' siehe z.B. NT Apk 17,8: *quorum non sunt scripta nomina in libro vitae a constitutione mundi* (,deren Namen nicht geschrieben sind in das Buch des Lebens von Begründung der Welt an').

(**Pr 37**) *jenes gläubige Volk ... gläubig (fidelis ille populus ... fideliter):* oder *fidelis* ,treu'.

(**Pr 38**) *in gläubigem Stil (fideli stilo):* Vgl. zu Pr 37.

(**c. 1,1**) *Diokletian und Maximian, als sie die römische Herrschaft innehielten (Diocletianus et Maximianus Romanum tenentes imperium):* Diokletian: 284–305 reg. als römischer Kaiser; Maximian (Krönert 373 fälschlich: *Maximinianus*): 285–310 reg. als römischer Kaiser; vgl. *Hist. mart.* 1,1. – *und ihre Diener (suosque ministros):* besonders Rictiovarus, s. 1,13; 2,19; 2,59; 2,97. – *den Christusgläubigen (christifidelibus):* schwerer Transkriptionsfehler bei Coens 250 (unübersetzbares „*Christi fideliter*").

(**1,2**) *dass sie ... verwirrten, auf dass sie ... hinüberschickten (ut ... perturbarent, ut ... transmitterent):* *et* in A (vielleicht richtiger als *ut* in B) würde *transmitterent* beiordnen: ‚verwirrten und ... hinüberschickten'. – *von dieser Wanderschaft (de hac peregrinatione):* auch 1,42; eigentlich ‚Aufenthalt in der Fremde', s. ab AT Gen 17,8: *daboque tibi et semini tuo terram peregrinationis tuae* (‚und geben werde ich dir und deinem Samen das Land deines Aufenthalts in der Fremde'; Luther: „darin du ein Fremdling bist").

(**1,3**) *aus der östlichen Region die Thebäer (ex orientali regione Thebeos):* Zur christlichen *Thebaea legio*, benannt nach ihrem Standort Theben in Oberägypten, s. die im Komm. zu *Hist.* 1,1 angegebene Lit.

(**1,4**) *vom Jerusalemer Vorstand (ab Hierosolimitano presule):* so auch *Hist.* 1,8 (s. Komm.); zu *pr(a)esul* (synonym mit *episcopus* [,Bischof'] und *antistes* [,Vorsteher']) s. zu Pr 27. – *christianorum nobilissimi et nobilium christianissimi:* Ein (auch in der Übers.) eindrucksvoller Chiasmus hebt den Inhalt heraus. – *Gott, was Gottes ist, dem König, was des Königs ist, zu geben (deo que dei sunt, regi que regis sunt reddere):* in umgekehrter Reihenfolge und leicht variiert aus NT Matth 22,21: *reddite ergo quae sunt Caesaris Caesari et quae sunt Dei Deo* (,Gebt also was des Kaisers ist, dem Kaiser, und was Gottes ist, Gott'). – *zum römischen Pontifex (Romanum ... pontificem):* gemäß *Hist.* 1,8 Marcellus; *Gesta* 17,2 nennen Marcellinus (Papst 296–304); zu den chronologischen Schwierigkeiten s. zu *Hist.* 1,8.

(**1,5**) *aus der östlichen Höhe (orienti ex alto):* eigentlich ,aus dem hohen Osten', vgl. NT Luk 1,78; *visitavit nos oriens ex alto* (,<Gott> hat uns besucht, aufgehend aus der Höhe'; Luther: „das aufgehende Licht aus der Höhe"). – *certiora premia, ampliores divitias, maiorem gloriam:* Zu solchen (asyndetischen) Trikola s. zu Pr 3.

(**1,6**) *fide fundati, spe confirmati, karitate uniti* (,durch Glauben begründet, durch Hoffnung gestärkt, durch Nächstenliebe vereint'): Zu den drei christlichen Tugenden (die durch die vier antiken Kardinaltugenden Gerechtigkeit, Weisheit, Tapferkeit, Mäßigung ergänzt werden) s. NT 1 Kor 13,13: *nunc autem manet fides spes caritas haec tria* (,Nun jedoch bleibt Glauben, Hoffnung, Liebe, diese drei'); 1 Thess 1,3; zum Ausdruck vgl. NT Eph 3,17: *in caritate radicati et fundati* (,in der Liebe eingewurzelt und begründet'); zu *caritas* (in der *Passio* sechsmal, davon einmal mit *dei*) s. *Hist. mart.*, Einführung mit Anm. 13; zu (asyndetischen) Trikola s. zu Pr 3; s. auch unten 2,16. – *nehmen sie den Weg ... eilends auf sich (iter ... arripiunt):* Vgl. MLWB I 978 f. s.v. ‚arripio' II A „unternehmen, auf sich nehmen", 1: (*de itineribus sim.* [wo aber die entscheidende Nuance ‚Eilmarsch' fehlt]) [ohne unsere Stellen sowie Eberwin, *Vita Symeonis* 5,37: *Jam iter arripuerant*, ,Schon hatten sie den Weg auf sich genommen'); s. noch unten 1,7. – *dem königlichen Befehl (regali ... imperio):* Siehe 1,3.

(**1,7**) *nach eiligem Aufsichnehmen des Marsches (agmine ... rapto):* Siehe zu 1,6. – *wolkentragenden (nubiferam):* das poetische Adjektiv in den beiden Märtyrertexten allein hier; im klassischen Latein nur dichterisch (Ovid, Valerius Flaccus, Silius Italicus, Lukan); die pointierte Stellung zwischen *agmine ... rapto* erklärt sich daraus, dass hier (von Heyen unbemerkt; s. auch zu 2,82) ein Klassiker-Spolium vorliegt, nämlich ein vollständiger Hexameter aus Lukan (3,299, Cäsar von Rom auf dem Weg nach Massalia/Marseille): ágmine núbiferám raptó superévolat Álpem (,im Eilmarsch überfliegt er die wolkentragenden Alpen'). – *in Agaunum (Agaunis)*: hier lat. Plural; heute St.-Maurice-en-Vallais, St. Moritz/Schweiz, vgl. *Hist. mart.* 1,5 (mit Lit.); *Gesta* 17,4 (*apud Agaunum oppidum*).

(1,8) *nein (immo)*: Selbstkorrektur durch *immo* nur noch 2,9. Die Assonanz *immo ... immolaret* wohl unbewusst. – *auf dass sie (Götter), besänftigt durch so große heilige Gaben, es ihnen durch die Wohltaten des Sieges vergelten sollten* (*quatinus placati tantis sacrificiis eos remunerarent victorie beneficiis*): Vgl. *Hist. mart.* Pr 10: *ut et eorum holocausta medullata perpetua pace remuneraturus* (,damit er [Gott] sowohl ihre fetten Brandopfer – auf dass er sie durch ständigen Frieden vergelte ...'); in beiden Schriften das jeweils einzige Vorkommen von *remunerare* (s. Einführung zum *do-ut-des*-Prinzip).

(1,9 f.) gleicher Satzanfang in 1,9 (*Hoc edictum ut sancta legio cognovit*) wie in 1,10 (*Quod ut imperator cognovit*).

(1,10) *Mauritius (Mauritium)*: in der *Passio* vorher nicht genannt, doch s. *Hist.* 1,1; 1,4 (,Primipilar'); 1,5 (,Zeichenträger'). – *dezimiert werden (decimari)*: ,um den zehnten Teil vermindert werden' d.h. dass jeder Zehnte (*decimus*) getötet werde; nicht in der *Hist. mart*. – *zuerst zweimal dezimiert werden (primo bis decimari)*: auffällige numerische Aufeinanderfolge (auch in der Übers.).

(1,11) *durch die wechselseitige (inmutua)*: das Wort (,wechselseitig'?) weder im ThlL noch im MLWB. – *Zweizahnern (bidentum)*: „Opferthier (Schwein, Ochse, meist aber Schaf), das beide Zahnreihen vollständig hat, was nach dem zweiten Jahre eintritt" (Klotz s.v. ,bidens'); das Wort weder in der *Hist.* noch in der Bibel. – *mit dem Kopf<-Abschlagen> bestraft werden*: D.h. enthauptet werden.

(1,12) *Nec*: Heyens subordinierendes *Ne* zerstört jegliche Konstruktionsmöglichkeit. – *verbrauste sein Zorn (eius deferbuit ira)*: Gegensatz zu 1,10 *ira fervens* (,von Zorn brausend').

(1,13) *den Präfekten Rictiovarus (prefectum Rictiovarum)*: hier zuerst genannt; vgl. zu ihm zu *Hist. mart.* 1,12 (erste Nennung); 2,3; 2,56–72.

(1,14a) *unterwiesen (instructi)*: B's *instructu* (,durch Unterweisung') lässt sich als Ablativ neben *testimoniis* nicht mehr konstruieren.

(1,14b–27/28) Rede der (durch Thyrsus) vertretenen Thebäer; da die Rede in 1,20 bloß durch eine aus nur sieben Worten bestehende Zwischenfrage des Rictiovarus unterbrochen ist, dürfte Heyen 47 kaum Recht haben mit seiner Behauptung „Ausführlich wird in direkter Rede der Wortwechsel zwischen Rictiovarus und Thyrsus und dessen Zeugnis für

Christus geschildert" (daraus Krönert 254: „par l'insertion de quelques discours directs"); vgl. zu 1,21 und 2,5–7.

(1,15) fast wörtliches Zitat aus NT 1 Kor 3,11.

(1,16) *das Schwert des Geistes, welches ist das Wort Gottes (Gladium ... spiritus, quod est verbum dei):* verkürzt aus NT Eph 6,17: *et galeam salutis adsumite et gladium spiritus quod est verbum Dei* (,sowohl den Helm des Heils nehmt als auch das Schwert des Geistes, welches ist das Wort Gottes'). – *mit dem Psalmisten (cum psalmista):* Ps LXX 117,6: *Dominus mihi adiutor, non timebo quid faciat mihi homo* (,Der Herr <ist> mir Unterstützer, nicht werde ich fürchten, was mir ein Mensch tut'). – *wobei wir sagen (dicentes):* NT Hebr 13,6 (Zitat des Psalmenverses).

(1,17) *aufgelöst zu werden und mit Christus zu sein (dissolvi et esse cum Christo):* aus NT Phil 1,23, wo die Infinitive aber abhängig sind von *desiderium habens* (,das Verlangen habend').

(1,18) *das unauslöschliche Feuer, das bereitet ist dem Teufel und seinen Engeln (ignem inextinguibilem, qui paratus est diabolo et angelis eius):* Vorlage sind Bibelstellen wie NT Mark 9,42: *ire in gehennam in ignem inextinguibilem* (,in die Hölle gehen in das unauslöschliche Feuer'); ähnlich 9,44.

(1,19) *Mehr ... Gott als den Menschen zu gehorchen ziemt sich (Magis ... deo quam hominibus oportet obedire):* wörtliches Zitat (andere Wortstellung) aus NT Apg 5,29.

(1,20) Siehe zu zu 1,14b–27/28.

(1,21) *Die Zunge der Weisen schmückt das Wissen (lingua sapientum ornat scientiam):* wörtliches Zitat aus AT Spr 15,2 (*sapientium*; Luther: „Der Weisen Zunge bringt gute Erkenntnis"). – *antworten sie (respondent):* D.h. die durch Thyrsus vertretenen Thebäer (A; nicht verstanden durch B *respondit* ,antwortete er'), doch s. 1,22 *nos* und *timemus*; vgl. zu 1,14b–27/28.

(1,22) *die evangelische Wahrheit ... indem sie sagt (evangelica ... veritas dicens):* Es folgt wörtliches Zitat aus NT Matth 10,28.

(1,23) *der ... die Seele in die Hölle des Feuers schickt (qui ... animam mittit in gehennam ignis):* Vgl. NT Matth 10,28: *qui potest et animam et corpus perdere in gehennam* (,der sowohl die Seele als auch den Leib in der Hölle verderben kann').

(1,24) *die Liebe Gottes (amor dei):* parallel zum vorherhenden *timor tui* eher *Gen. obiect.* (,Liebe zu Gott') als *Gen. subiect.* (,Gottes Liebe'). – *mit dem glückseligen Petrus als Zeugen* (*teste beato Petro*): Es folgt eine freie Adaptation aus einem Petrusbrief, NT 1 Petr 2,21: *quia et Christus passus est pro vobis, vobis relinquens exemplum ut sequamini vestigia eius* („da ja auch Christus gelitten hat für euch, euch hinterlassend ein Beispiel, dass ihr nachfolgen sollt seinen Spuren").

(1,25) *derselbe Apostel, indem er sagt (isdem apostolus ... dicens):* Es folgt wörtliches Zitat aus NT 1 Petr 2,23.

(1,26) *wie der Prophet über ihn gesagt hat (ut propheta de eo dixit):* Es folgt gekürztes und leicht verändertes Zitat aus AT Jes 53,7: *oblatus est quia ipse voluit et non aperuit os suum sicut ovis ad occisionem ducetur et quasi agnus coram tondente obmutescet et non aperiet os suum* („Geopfert wurde er, da er selbst ja es wollte, und nicht öffnete er seinen Mund, so wie ein Schaf zur Niedermetzelung geführt werden wird und gleich wie ein Lamm vor seinem Scherer verstummen wird und nicht öffnen wird seinen Mund"); vgl. zu 2,40.

(1,29) *sogar mit Worten den Tod herbeizuholen (etiam verbis mortem accersire):* Vgl. AT Sap 1,16: *impii autem manibus et verbis arcessierunt illam* („die Unfrommen/Ruchlosen jedoch haben mit Händen [Werken] und mit Worten jenen [Tod] herbeigeholt'; Luther: „herbeigerufen").

(1,30) *indem er zu seinem Verräter sagte (dicens suo proditori):* Es folgt wörtliches Zitat aus NT Joh 13,27 (Jesus zu Judas; Luther: „Was du tust, das tue bald!"). – *rascher (citius):* oder ‚ziemlich rasch'.

(1,31) *dem Korn des Weizens, der sterben und vervielfacht werden wollte (grano tritici, qui mori voluit ac multiplicari):* aus NT Joh 12,24 f.: *nisi granum frumenti cadens in terram mortuum fuerit | ipsum solum manet; si autem mortuum fuerit multum fructum adfert* („wenn nicht ein Getreidekorn, auf die Erde fallend, abstirbt, | bleibt es selbst allein; wenn es jedoch abstirbt, bringt es viel Frucht").

(1,33) *fecunditatem in se multiplicationis habuit:* Die lateinische Wortstellung (eingeschlossenes *in se*) bildet den Inhalt ab.

(1,35) *Rictiovarus, von löwenhafter Wildheit umfangen (Rictiovarus leonina ferocitate captus):* so A; B bietet (von Heyen übersehen): *Rictiovarus leo nimia* („Rictiovarus, der als Löwe, von allzu großer Wildheit umfangen"); vgl. 2,10: *contra leonem aperte sevientem* („gegen den offen wütenden Löwen"). – *Und <das ist> nicht verwunderlich (Nec mirum):* dieselbe elliptische Junktur noch unten 2,60 (auch dort im nächsten Paragrafen mit begründendem *enim* fortgesetzt).

(1,36) *konnte ... nicht ... nicht hassen (non potuit non odire)*: Das heißt, ‚musste hassen', Verstärkung durch doppelte Verneinung (Litotes); von den vier Gegensatzpaaren (dreimal Nominativ-Akkusativ) ist das letzte umgedreht (Akkusativ-Nominativ; im Dt. von mir umgestellt); *odire* (auch 2,78) statt des klassischen *odisse*.

(1,37) *um ... zu leben (victuri)*: eher von *vivere* als von *vincere* (‚siegen'). – *am vierten Tag vor den Nonen des Oktobers (IIII Nonas Octobris)*: zu lesen *ante diem quartum* (allenfalls *quartam*; falsch Heyens *quarta*); d.h. am 4. Oktober; so auch die anderen Quellen (*Hist.* 1,15; 2,71; *Gesta* 17,14).

(1,38) *weiter oben (superius)*: 1,24: *gladios tenemus et tibi non resistimus*. – *den sie Niedermetzelnden (se cedentibus)*: < *caedere*; Heyens törichtes *secedentibus* (‚den Weggehenden') widerspräche dem Sinn.

(1,39) *Nicht waren ... in Unkenntnis (Nec ... ignorabant)*: Die Litotes, verstärkt durch das weitest mögliche Hyperbaton, unterstreicht die Aussage. – *über den Sieg Abrahams, den er gegen fünf Könige durch seine Sklaven erreicht hatte (victoriam Abrahe, quam in quinque reges vernulis suis obtinuerat)*: Anspielung auf AT Gen 14; die fünf Könige (14,9: *quattuor reges adversus quinque*, ‚vier Könige gegen fünf') sind die Könige von Sodom, Gomorra, Adma, Zebojim und Bela (14,8); zu Abrahams *vernulis* s. 14,14: *Abram ... numeravit expeditos vernaculos suos* (‚Abraham ... zählte [Luther: „wappnete"] seine kampfbereiten Sklaven').

(1,40) *der Makkabäer (Machabeorum)*: die Makkabäer waren Anführer eines jüdischen Aufstands gegen das makedonische Seleukidenreich, 165–63 Inhaber einer Erbherrschaft über die Juden, s. die apokryphen alttestamentarischen Makkabäerbücher (erstes, zweites und viertes), Quelle für Flavius Josephus (1. Jh. n. Chr.), *De bello Iudaico*; *Antiquitates Iudaicae*; zur metaphorische Verwendung des Namens der Makkabäer s. 2,44.

(1,41) *der Apostel (apostolus)*: Es folgt verkürztes Zitat aus NT Hebr 11,32–34: *deficiet enim me tempus narrantem de Gedeon Barac Samson Iepthae David et Samuhel et prophetis | qui per fidem devicerunt regna ... | ... castra verterunt exterorum* (‚schwinden wird mir nämlich die Zeit, wenn ich erzählen werde von Gedeon, Barak, Samson, Jeftah, David und Samuel [fehlt in der *Passio*] und den Propheten, | die mittels des Glaubens Königtümer völlig besiegt haben ... | ... Lager Auswärtiger umgestürzt haben'; Luther: „... haben fremde Heere in die Flucht geschlagen").

(1,42) Um eine logische Konstruktion (mit Part. coniu. *constituti*) zu ermöglichen, muss *fuerant* (AB) mit A wieder getilgt werden; NS: *Quia ... constituti ... interesse ... desiderabant ...*; HS: *obtulerunt ... et bibere ... elegerunt*. – *bei dieser Wanderschaft (in hac peregrinatione)*: Siehe zu 1,2. – *allein durch den Leib konstituiert (solo corpore [fuerant] constituti)*: Zum

Ausdruck vgl. *Hist.* 1,29: *summae huius constitutivae* („dieser konstituierenden Summe', d.h. drei und vier als Summanden der Zahl sieben). – *an den himmlischen Hochzeiten teilzunehmen (celestibus interesse nuptiis):* keine biblische(n) Junktur(en). – *das lauterste Blut der Traube zu trinken (sanguinem uvae bibere meracissimum):* aus AT Deut 32,14: *(ut) sanguinem uvae biberet meracissimum* („dass er das lauterste Blut der Traube trinke').

(1,43) *dass geschrieben sei (scriptum esse):* Es folgt wörtliches Zitat von NT Matth 5,10.

(1,44) *Die Namen dieser Heiligen ... konnten nicht aufgefunden werden, mit Ausnahme des Namens des Führers, der Thyrsus gerufen wurde (Horum sanctorum nomina ... non poterant reperiri excepto ducis nomine, qui Tyrsus vocabatur):* fast identisch mit *Hist.* 2,60.

(1,45) *Denn allein dessen Name hat aus einer so großen Menge das Volk ... der Erinnerung anvertraut, weil er ja selbst die Führung derselben Legion ausübte (Cuius solius nomen de tanta multitudine populus ... memorie commendavit, quoniam eiusdem legionis ipse ducatum gessit):* ähnlich *Hist.* 2,64.

(2,1) *Nach dem rühmlichen Sieg dieser heiligsten Thebäischen Legion (Post gloriosam victoriam huius sacratissime Thebee legionis):* eher *Gen. subiect.* („Sieg' im christlichen Sinn, s. auch *gloriosam*), nicht *Gen. obiect.* („über diese Legion'). – *der Feind Gottes, Rictiovarus (inimicus dei Rictiovarus):* Vgl. zu 1,13.

(2,2) *Konsul und Patrizier der Bürgergemeinde (consulem et patricium civitatis):* die Bezeichnung *consul et patricius* auch in *Hist.* ab 1,16, s. Komm., auch zur *Interpretatio Romana*. – *die vornehmsten elf Senatoren (nobilissimos undecim senatores):* ähnlich auch *Hist.* 2,65: *septem ... huius urbis senatores nobilissimi* („die sieben vornehmsten Senatoren dieser Stadt'); *senatores* schon *Hist.* 1,23 (*undecim* nie in *Hist.*); zur *Interpretatio Romana* s. Komm. zu *Hist.* 2,44. Alle elf (bzw. mit Palmatius zwölf) Namen kommen außer in *Hist.* auch in *Gesta* (6,15; Bleitafel: 27,18) vor, wobei bestimmte Gruppierungen durch die Anordnung ihrer Sarkophage um den des Paulinus herum immer zusammenbleiben (müssen), was literarisch in A durch ein „und' vor dem jeweils letzten Gruppenmitglied ausgedrückt wird (während B das „und' nur vor dem 11., dem allerletzten Mitglied, hat), A: Constans, Hormisda, Papirius *und* Jovianus; (die drei Brüder) Leander, Alexander *und* Soter; Maxentius, Constantius, Crescentius *und* Justinus.

(2,3) Statt eines ermüdenden nochmaligen *tum ... tum* (A; „bald ... bald') variiert B mit den korrespondierenden Konjunktionen *vel ... vel*).

(2,4) *der Erste der Bürgergemeinde (princeps civitatis):* diese Junktur in *Hist.* zwar nicht, doch s. *Hist.* 2,71: *Palmatium cum aliis principibus civitatis*; („Palmatius mit anderen Ersten der Bürgergemeinde') vgl. 2,63: *qui consul et patritius toti huic civitati principabatur* (,der als Konsul und als Patrizier für diese ganze Bürgergemeinde die erste Rolle spielte'). – *der nach der wahren Palme benannt war (a vera palma nominatus)*: Zu dieser Nomenklatur (,Palmer') s. Komm. zu *Hist.* 1,16.

(2,5–7) Rede des Palmatius. – Wenn Heyen 47 schreibt „Wieder hat der Verfasser Gelegenheit, das Streitgespräch zwischen Rictiovarus und Palmatius [...] auszumalen", macht er fälschlich die auktoriale Erzählung 2,2–4 (Rictiovarus) zu einer direkten Rede (auch der Abschreiber Krönert 254 redet vage von „quelques discours directs"); vgl. zu 1,14b–27/28.

(2,5) *sind wir getauft worden (baptizati sumus)*: Siehe 1,4.

(2,6) *Nicht Schwert ..., nicht Verfolgung, nicht irgendeine Drangsal (Non ... gladius, non persecutio, non aliqua tribulatio)*: Zu (asyndetischen) Trikola (hier mit Anapher gemäß dem Gesetz der wachsenden Glieder) s. zu Pr 3. – *wird uns weiter trennen können von der Liebe (poterit nos ulterius separare a karitate)*: mit dem Vorhergehenden aus NT Röm 8,35; *quis nos separabit a caritate Christi, tribulatio an angustia an persecutio an fames an nuditas an periculum an gladius?* (,Wer wird uns trennen können von der Liebe Christi, Drangsal oder Beengung oder Verfolgung oder Hunger oder Nacktheit oder Gefahr oder Schwert?'). – *von der Liebe, die ist in Christus Jesus (a karitate que est in Christo Ihesu)*: aus NT Röm 8,39: *poterit nos separare a caritate Dei quae est in Christo Iesu Domino nostro* (,wird uns trennen können von der Liebe Gottes, die ist in Christus Jesus, unserem Herrn').

(2,7) *nur <der> wird heil sein, der bis ans Ende beharrt [haben wird] (tantum salvus erit, qui in finem perseveraverit)*: aus NT Matth 10,22: *qui autem perseveraverit in finem, hic salvus erit* (,Wer jedoch beharrt [haben wird] bis ans Ende, der wird heil sein'); ähnlich Matth 24,13.

(2,8) *in den Schoß Abrahams (in sinum Abrahe)*: wo traditionell Lazarus liegt, s. NT Luk 16,23: *videbat Abraham a longe et Lazarum in sinu eius* (,<der Reiche> sah Abraham von fern und Lazarus in seinem Schoß').

(2,9) *vier Senatoren von den Vorgenannten (quatuor senatores de prenominatis)*: Siehe 2,2; die restlichen sieben Senatoren folgen ab 2,39 (in der *Hist* ist es umgekehrt: 1,23–32: sieben; 1,33–36: vier). – *durch Abstammung und durch Mannhaftigkeit hochberühmt (genere et virtute clarissimi)*: so auch auf der Bleitafel, *Hist.* 1,34; 2,68. – *die aus den vier Flüssen der evangelischen Wahrheit getrunken hatten (de quatuor fluminibus evangelice veritatis epotati)*: die vier Evangelien (wohl nicht die vier Flüsse des Paradieses, Gen 2,10–14). – *ja (immo)*: Siehe zu 1,8.

(2,10) *zur Zeit des Friedens mit den Waffen der Gerechtigkeit ... zur Zeit der Verfolgung mit denselben Waffen ... (tempore pacis armis iustitie ... tempore persecutionis eisdem armis ...)*:

Man beachte den parallelen Bau des ganzen Paragrafen; ebenso in (Bleitafel) *Hist.* 1,35; 2,69. – *mit den Waffen ... mit dem Panzer ... mit dem Helm ... mit dem Schwert (armis ... lorica ... galea ... gladio):* das Tetrakolon wohl wegen der *vier* Männer (2,9); vgl. 2,18; 2,19; 2,25. – *mit dem Panzer des Glaubens, mit dem Helm des Heils (lorica fidei, galea salutis):* Vgl. NT 1 Thess 5,8: *<nos> induti loricam fidei et caritatis et galeam spem salutis* (,<wir,> angetan mit dem Panzer des Glaubens und der Liebe und mit dem Helm, der Hoffnung auf Heil'). – *im inwendigen Menschen (in interiori homine):* Vgl. NT Eph 3,16: *in interiore homine* (Luther: „an dem inwendigen Menschen"). – *gegen den offen wütenden Löwen (contra leonem aperte sevientem):* Vgl. 1,35.

(2,11) *gemäß der Bedeutung seines Namens (iuxta nominis sui significationem):* Siehe 2,9. – *im Wettstreit des Kampfes (in agone certaminis):* Vgl. NT 2 Tim 2,5: *nam et qui certat in agone non coronabitur nisi legitime certaverit* (,Denn auch wer in einem Wettkampf streitet, wird nicht bekränzt werden, wenn er nicht gesetzmäßig gestritten hat'; Luther: „Und wer einen Wettkampf bestreitet ..."); vgl. unten 2,18 (*agonia*), 2,46 (*agoniste*). – *gemäß dem Gebot der Schrift, die sagt (iuxta preceptum scripture dicentis):* Es folgt wörtliches Zitat von NT Apk 22,17.

(2,12) *wie der glückselige Jakob sagt (ut beatus Jacobus dicit):* Das Folgende ist durch Negierung gebildet aus NT Jak 1,8: *vir duplex animo inconstans in omnibus viis suis* (,ein Mann, doppelsinnig im Gemüt, unbeständig auf allen seinen Wegen'; Luther: „Ein Zweifler ist unbeständig auf allen seinen Wegen").

(2,13) *als <dass sie> Ruhm, Leben, Reichtümer, die hinfällig, zerbrechlich und fließend sind, ... erwürben (quam gloriam, vitam, divitias, que caduce, fragiles et fluxe sunt, ... quererent):* kein biblischer, aber ein typisch sallustianischer (und ciceronianischer) Ausdruck, s. Sallust, *Catil.* 1,4: *nam divitiarum et formae gloria fluxa atque fragilis est* (,Denn der Ruhm der Reichtümer und der Wohlgestalt ist fließend und zerbrechlich'); Cicero, *Lael.* 102: *Sed quoniam res humanae fragiles caducaeque sunt* (,Aber da ja die menschlichen Angelegenheiten zerbrechlich und hinfällig sind'); zu Trikola s. zu Pr 3.

(2,14) *sang ... im Voraus der Psalmist, indem er sagte (precinebat psalmista dicens):* Es folgt zuerst fast wörtliches Zitat von AT Ps LXX 106,7. – *in eine bewohnbare Bürgergemeinde (in civitatem habitationis):* eigentlich ,Bürgergemeinde des Bewohnens' (Luther: „Stadt, in der sie wohnen konnten"). – *in deren Hallen ein Tag besser ist als tausend <Tage> dieser Wanderschaft (in cuius atriis melior est dies una super mille huius peregrinationis):* Jetzt folgt, durch Relativsatz an das erste Zitat angeschlossen, fast wörtliches Zitat von AT Ps LXX 83,11 (*quia melior est*, ,da ja besser ist'); vgl. Ciceros Hymnus auf die Philosophie, *Tusc.* 5,5: *est autem unus dies bene et ex praeceptis tuis actus peccanti inmortalitati anteponendus* (,Es ist jedoch ein einziger Tag, gut und nach deinen Vorschriften verbracht, einer sündigenden Unsterblichkeit voranzustellen').

(2,15) *<Lebe–>Wesen, die voll sind von Augen vorn und rückwärts (animalia, quae plena sunt oculis, ante et retro)*: aus NT Apk 4,6: *quatuor animalia plena oculis, ante et retro* (aus *quattuor* und den folgenden vier Symbolwesen Löwe, Kalb, Mensch, Adler geht hervor, dass die vier Evangelisten Markus, Lukas, Matthäus, Johannes gemeint sind). – *des allumfassenden Glaubens (fidei catholicae)*: *catholicus* (noch 2,17) auch in der *Hist.* zweimal (2,33 *bis*).

(2,16) *durch Hoffnung stark, durch Glauben kräftig, durch Nächstenliebe vollkommen (spe firmi, fide robusti, karitate perfecti)*: Vgl. 1,6: *fide fundati, spe confirmati, caritate uniti* (‚durch Glauben begründet, durch Hoffnung gestärkt, durch Nächstenliebe vereint'); zu ‚Glaube, Hoffnung, Liebe' vgl. schon oben zu 1,6.

(2,17) *so geordnet, so standhaft, so allumfassend durch geistige Waffen (tam ordinabiliter, tam stabiliter, tam catholice spiritalibus ... armis)*: durch Anapher hervorgehobenes asyndetisches Trikolon (s. zu Pr 3); zu *catholicus* s. zu 2,15. – *einem Lästerer und Verfolger (plasphemo et persecutori)*: Junktur aus NT 1 Tim 1,13. – *der heilsamen Lehre, die gemäß dem Evangelium der Herrlichkeit ist (sane doctrine, que est secundum evangelium glorie)*: Vorlage ist NT 1 Tim 1,10 f.: *et si quid aliud sanae doctrinae adversatur | quae est secundum evangelium gloriae beati Dei* (‚und wenn was anderes der heilsamen Lehre entgegensteht, | die ist gemäß dem Evangelium der Herrlichkeit des glückseligen Gottes'; Luther: „nach dem Evangelium von der Herrlichkeit des seligen Gottes").

(2,18) *durch Schläge, durch Knüppel, durch Bleikugeln und durch andere Arten von Foltern (verberibus, fustibus, plumbatis aliisque tormentorum generibus)*: Zur möglichen Funktion des Tetrakolons s. schon oben zu 2,10. – *Gottes Tröstungen (dei consolationes)*: Zu Wörtern dieses Stamms (in *Passio* nur hier) s. *Hist.*, Einführung mit Anm. 15. – *im Wettstreit (in agonia)*: Siehe zu 2,11. – *Fortschritte machten (proficerent)*: einerseits im Lat. Wortspiel mit dem vorausgehenden *deficerent*, andererseits *Terminus technicus* (προκόπτειν) der antiken stoischen Philosophie.

(2,19) *der Erfinder der Übel, der Verderber der Gerechtigkeit, der Diener der Unbilligkeit, der Feind der Wahrheit (malorum inventor, iustitie peremptor, minister iniquitatis, inimicus veritatis)*: Die Reihenfolge Genitiv-Nominativ dreht sich im Lat. nach dem zweiten Wortpaar (zur Verlebendigung) um; zur möglichen Funktion des Tetrakolons s. schon oben zu 2,10. – *geduldig, standhaft, unbesiegt (patientes, stabiles, invicti)*: Zu (asyndetischen) Trikola s. zu Pr 3.

(2,20) *Sie meinten nämlich, wie der Apostel sagt, nicht würdig seien ... (Existimabant enim, ut apostolus dicit, non esse condignas ...)*: Es folgt ein leicht abgewandeltes Zitat (*quod*–Satz statt *Accus. cum inf.*) NT Röm 8,18: *Existimo enim quod non sunt condignae ...* (‚Ich meine nämlich, dass nicht würdig sind ...'). – hinsichtlich der künftigen Herrlichkeit (ad futuram gloriam): D.h. „nicht ins Gewicht fallen gegenüber der Herrlichkeit" (Luther).

(2,21) wie wir gesagt haben (ut diximus): Siehe 2,19. – quia ... quod: Doppelung (Redundanz) der Konjunktion.

(2,22) der Herr, indem er sagt (dominus ... dicens): Es folgt fast wörtliches Zitat von NT Joh 17,24.

(2,23) Geschrieben seien auch ... mit dem Finger Gottes die Worte (Scripta quoque esse ... digito dei verba): Zum Ausdruck vgl. AT Deut 9,10 (die Zehn Gebote): *deditque mihi Dominus duas tabulas lapideas scriptas digito Dei* (‚und es gab mir der Herr zwei steinerne Tafeln, beschrieben mit dem Finger Gottes'). – *mit dem Finger Gottes die Worte der Weisheit, die sagt (digito dei verba sapientie dicentis):* Das Partizip *dicentis* bezieht sich analog zu NT Hebr 12,5 (*consolationis quae ... loquitur dicens*, s. gleich) auf *sapientie*, nicht auf *dei* (‚mit dem Finger Gottes, der die Worte der Weisheit sagt'). – Vorlage für das folgende Zitat sind zwei Bibelstellen, AT Spr 3,11: *disciplinam Domini fili mi ne abicias nec deficias cum ab eo corriperis* (‚die Zucht des Herrn, mein Sohn, sollst du nicht verwerfen und nicht sollst du verzagen, wenn du von ihm zurechtgewiesen wirst'); NT Hebr 12,5: *et obliti estis consolationis quae vobis tamquam filiis loquitur dicens fili mi noli neglegere disciplinam Domini neque fatigeris dum ab eo argueris* (‚und vergessen habt ihr den Trost, der zu euch gleichwie zu Söhnen spricht, indem er sagt: Mein Sohn, wolle nicht vernachlässigen die Zucht des Herrn und nicht sollst du erschlaffen, während du von ihm überführt wirst!'); *argueris* ist parallel zu *corriperis/fatigeris* Präsens, nicht Futur (*argueris* ‚überführt werden wirst').

(2,24) *als sie in großer Standhaftigkeit gegen diejenigen, die sie beengten, bestanden (cum in magna constantia adversum eos, qui se angustiaverunt, perstabant):* aus AT Sap 5,1: *tunc stabunt iusti in magna constantia adversus eos qui se angustiaverunt* (‚Dann werden stehen die Gerechten in großer Standhaftigkeit gegen diejenigen, die sie beengten').

(2,25) *Sie haben nämlich erkannt, wie Paulus sagt, dass ... (Cognoverunt enim Paulo dicente, quod ...):* Fast wörtliche Vorlage ist NT Röm 5,3–5: *scientes, quod ...* (‚weil wir wisssen, dass ...'). – *Drangsal Geduld ..., Geduld ... Bewährung, Bewährung ... Hoffnung, Hoffnung jedoch nicht verstöre ... (tribulatio patientiam ..., patientia ... probationem, probatio ... spem, spes autem non confunderet ...):* Nach den drei nominalen Wortpaaren ist das vierte (*spes ...*) aus dem verbalen Fortgang zu konstruieren (z.B. *spes caritatem*); zur möglichen Funktion des Tetrakolons s. schon oben zu 2,10.

(2,26) *damit diese Strafe den gesamten Christen Grausen einflöße (ut hec pena cunctis Christianis esset formidini):* die Junktur *formidini esse alicui* (doppelter *Dativus fin./incomm.*) nur einmal in der Bibel (mit umgedrehter Abfolge der Dative), AT Jer 17,17: *non sis mihi tu formidini* (‚nicht sollst du mir Grausen einflößen').

(2,27) *wie wir gesagt haben (ut diximus):* wohl Bezug auf 2,26 (*se ... superatum*), aber *mortem morte superare* ist keine biblische Junktur; zum Ausdruck (‚den Spuren jemandes folgen') vgl. 1,24 f.

(2,28) *Ineffabilis ... dei clementia:* keine biblische Junktur (*ineffabilis* nicht in der Bibel); auch *malis semper bene uti* (‚Übles immer gut verwenden') klingt wie eine Gnome, ließ sich aber nicht nachweisen.

(2,30) *mit Frohlocken des Herzens und des Leibes (cum exultatione cordis et corporis):* Vgl. *Pass* Pr 23: *corporis auribus et cordis* (‚mit den Ohren des Leibes und des Herzens').

(2,31) *quós mundús sprevít, quos súbsannávit, quós et | démum dámpnavít (quo):* auffällige acht (6+2) Spondeen (15 lange Silben) hintereinander (und damit auch ein *Versus spondiacus*); anaphorisches Trikolon (s. zu Pr 3) mit Klimax, was alles auf ein hexametrisches Dichterspolion weist (von Heyen nicht bemerkt, s. auch zu 2,71); mit *quos súbsannávit, quós et* | [‚die sie auch' oder ‚und die sie'] vgl. den Versschluss Horaz, *Serm.* 1,5,78: *quos tórret Atábulus ét quos* | (‚die der Schirocco dörrt und die'). Unser Spolion scheint noch nicht entdeckt worden zu sein: Fehlanzeige für Otto Schumann: Lateinisches Hexameter-Lexikon. Dichterisches Formelgut von Ennius bis zum Archipoeta [* circa 1130]. 6 Teile und Stellenregister (MGH, Hilfsmittel; 4–4,6), München 1979–1989. – *auf welche Weise sind sie unter die Söhne Gottes gerechnet worden und ist unter den Heiligen das Los jener? (quomodo computati sunt inter filios dei et inter sanctos sors illorum est?):* fast wörtliches Zitat von AT Sap 5,5.

(2,32) *durch die vom Herrn hochgeschätzten Tore Sions (per dilectas domino portas Syon):* Vgl. AT Ps LXX 9,15 (s. auch oben zu Pr 13): *in portis filiae Sion* (‚an den Toren der Tochter Sion'); *Sion:* [Tempelberg in] Jerusalem. – *sie ... jenes Aufträge hochgeschätzt haben über Gold und Topas (illius mandata dilexerunt super aurum et topazion):* fast wörtliches Zitat aus AT Ps LXX 118,127.

(2,33) *indem er sagte (dicens):* Es folgt fast wörtliches Zitat von AT Jes 63,2 (schweres Fehlzitat „Is 118.2." bei Heyen 63 Anm. a).

(2,34) *ein ... Heer ... nachfolgte (exercitus exequebatur): exequi* (als Kompositum wohl dittografisch verursacht durch *ex-ercitus*) in der *Passio* nur hier, in der *Hist.* gar nicht; zu *exequi = sequi* s. MLWB s.v. exsequor 1. („*sequi – folgen*"; kaum Belege). – *antwortete jener ... solcherart (ille ... taliter respondebat):* Es folgt fast wörtliches Zitat von AT Jes 63,3 (*de gentibus:* „unter den Völkern", Luther).

(2,35) *wie der Prophet vorhersah (ut propheta previdebat):* D.h. der in 2,34 zitierte Jesaia; zum Ausdruck *Christus passus est pro nobis* (‚Christus hat gelitten für uns') s. NT 1 Petr 2,21: *quia et Christus ...* (‚da ja auch Christus ...'), so schon oben 1,24.

(2,36) *hat der Herr selbst gesagt (ipse dominus dixit):* Es folgt wörtliches Zitat von NT Joh 12,24 f.

(2,37) *keinem die Zahl jener bekannt sein kann (nulli numerus illorum notus esse potest):* Zu diesem Unzählbarkeitstopos s. auch *Hist.* 3,37.

(2,38) *dass dienende Geister die Seelen der Heiligen ... vereinigen (quin sanctorum animas ... ministratorii spiritus ... associent):* Des leichteren Verständnisses halber wurde in der Übersetzung die originale Reihenfolge Akkusativobjekt (*animas*)-Subjekt (*spiritus*) umgedreht; *ministratorius* weder in Bibel noch in *Hist.* – *die den Leib mit Lastern und Begierden ans Kreuz geheftet haben (qui corpus cum vitiis et concupiscentiis crucifixerunt):* fast wörtliches Zitat aus NT Gal 5,24 (*carnem* ‚Fleisch' statt *corpus*). – *gleichsam wie Gold geläutert (quasi aurum excocti):* Zum Ausdruck vgl. AT Jes 48,10: *Ecce, excoxi te, sed non quasi argentum* (‚Da, geläutert habe ich dich, aber nicht gleichsam wie Silber'); *excoquere* eigentlich ‚auskochen' (mit ‚Gold' nicht in der Bibel). – *ihre Gewänder gewaschen haben im Blut des Lamms (stolas suas laverunt in sanguine agni):* Zitat aus NT Apk 7,14, wiedergegeben schon oben Pr 35. – *unseres unversehrten Herrn Jesus Christus (incontaminati domini nostri Ihesu Christi):* Vorlage ist NT 1 Petr 1,19: *sed pretioso sanguine quasi agni incontaminati et inmaculati Christi* (‚sondern mit dem kostbaren Blut Christi gleichsam wie eines unversehrten und unbefleckten Lamms'). – *der sich selbst übergeben hat für uns als Opfer und Schlachttier Gott, dem Vater, zum Wohlgeruch der Annehmlichkeit (qui tradidit semetipsum pro nobis oblationem et hostiam deo patri in odorem suavitatis):* fast wörtliches Zitat von NT Eph 5,2; *odor suavitatis* ist ab AT Gen 8,21 häufige biblische Junktur; angenehmer Geruch der Leiche bildet einen beliebten Topos der Hagiografie (s. auch *Hist. mart.* 2,48 mit Komm.).

(2,39) *in diesem vierteiligen Wettstreit (huius quadrifidi certaminis):* Gemeint sind die vier Senatoren Constans, Hormisda, Papirius und Jovianus (oben 2,9). – *die übrigen sieben Senatoren (reliqui septem senatores):* Die Zahl ergibt sich durch Subtraktion der vier eben Genannten von den elf (*undecim*) in 2,2 Aufgezählten. Zur Symbolik der Siebenzahl/ Hebdomade (*septenarius numerus*) s. ausführlich zu *Hist.* 1,28.

(2,40) *durch des siebengestaltigen Geistes Gnade (septiformis spiritus gratia):* Vgl. NT Apk 1,4: *Gratia vobis ... ab ... et a septem spiritibus* (‚Gnade <sei> mit euch ... von ... und von den sieben Geistern'); *septiformis* nicht in der Bibel, auch nicht in *Hist. mart.* – *in der Mitte der sieben goldenen Kandelaber mit dem Priestergewand bekleidet (in medio septem aureorum can-*

delabrorum podere vestitus): Vorlage ist NT Apk 1,13; ποδ-ήρης ‚bis auf die Füße reichend' (vgl. *talaris* ‚bis zum Knöchel reichend'). – *der wie ein Schaf zur Niedermetzelung geführt worden ist (qui ut ovis ad occisionem ductus est):* aus AT Jes 53,7, s. oben zu 1,26.

(2,41) *die sieben Häupter des Drachens (septem draconis capita):* Siehe NT Apk 12,3: *et ecce draco magnus rufus habens capita septem et cornua decem et in capitibus suis septem diademata* (‚und, da!, ein großer roter Drachen, der sieben Häupter und zehn Hörner hatte und auf seinen Häuptern sieben Binden') – Apk 13,1. – *über die die apostolische Lesung spricht (de quibus lectio loquitur apostolica):* Es folgt fast wörtliches Zitat von NT 1 Kor 2,9, vorgebildet (,präfiguriert': s. zu *Hist.* Pr 3) AT Jes 64,4. – *das Gehör gehört hat (auris audivit):* etymologische Paronomasie, s. schon *Hist.* 4,10: *auditu aurium* (‚vom Hören mit dem Gehör').

(2,42) *das Buch, versiegelt mit sieben Siegeln, beschrieben innen und außen (librum signatum septem sigillis scriptum intus et foris):* in umgekehrter Reihenfolge aus NT Apk 5,1. – *vermittels der ... Begeisterung seitens des Heiligen Geistes (per ... sancti spiritus inspirationem):* (auch in der Übersetzung) Paronomasie. Da der Schreiber mit Abbreviaturen arbeitet (*sci spc*) arbeitet, wird *sancti spiriti* in Heyens schludrigem Text ein grober Schnitzer sein.

(2,43) *gemäß dem Propheten (iuxta prophetam):* Es folgt fast wörtliches Zitat von AT Ezech 2,9: *et scriptae erant in eo lamentationes et carmen et vae* (‚und geschrieben waren in ihm [Buch] Klagen und ein Gesang und Wehe'; Luther: „Klage, Ach und Weh"); die drei Begriffe werden 2,44 f. aufgenommen. – *das verschlungen sein soll vom Propheten (qui devoratus dicitur a propheta):* Vorlage ist AT Ezech 3,2: *et aperui os meum et cibavit me volumine illo* (‚und ich [der Prophet Ezechiel] öffnete meinen Mund, und <der Herr> speiste mich mit jener <Buch->Rolle'). – *und geworden im Mund jenes so wie süßer Honig (et factus in ore illius sicut mel dulcis):* aus AT Ezech 3,3: *et comedi illud et factum est in ore meo sicut mel dulce* (‚und ich verzehrte jene <Rolle>, und geworden ist sie in meinem Mund so wie süßer Honig').

(2,44) *gleichsam als andere sieben Makkabäer (quasi alii septem Machabei):* s. zu 1,40. – *waren ... verspeist worden (fuerant cibati):* Siehe den Komm. zu 2,43. – *nach dem himmlischen Leben (celestis vite):* die Junktur schon Pr 36. – *eifrig (affectuose):* nicht in der Bibel; s. Habel/Gröbel s.v. („herzlich; heftig"); daraus MLWB I 351,1–19 s.v. (1. „liebevoll, ergeben"; 2. „eifrig, angelegentlich").

(2,45) *Sie beachteten (attendebant):* dieselbe Form in derselben Konstruktion (Akkusativobjekt) auch 2,70; vgl. MLWB I 1141,61–69 s.v. ‚1. attendo' („wahrnehmen, bemerken"; „zur Kenntnis nehmen"). – *der Ruchlosen (reproborum):* ~ *improborum* (eigentlich ‚unbewährt, nicht bewährt').

(2,46) *Kämpfer (agoniste)*: Siehe zu 2,11. – *verschmähten sie die süßen Verlockungen dieses zeitlichen Lebens (dulces huius vite temporalis illecebras spreverunt)*: ähnlich schon 2,33: *Quod ... cunctis huius mundi delectationibus preposuissent* (‚Dass sie ... den gesamten Verlockungen dieser Welt vorangestellt hatten'); *delectatio* und *illecebra(e)* gehören demselben Stamm an (s. Walde/Hofmann s.vv.). – *jenes apostolische <Wort> (illud apostolicum)*: s. zu 2,47. – *in wahrer Anstrengung des Sinns gründlich betrieben (vera mentis intentione pertractaverunt)*: Für diese Verbindung (gegen Heyen Komma vor *vera*, kein Komma hinter *intentione*) sprechen die zwei biblischen Belege für *pertractare*, AT Hiob 5,27: *quod auditum mente pertracta* (‚Was gehört <worden ist>, behandle gründlich im Sinn'; Luther: „darauf höre und merke du dir's"); AT Nahum 1,11: *mente pertractans praevaricationem* (‚im Sinn gründlich behandelnd eine Übertretung'; Luther: „... und Ruchloses ersinnt").

(2,47) *Alle werden wir nämlich stehen vor der Richterbühne Christi (omnes enim stabimus ante tribunal Christi)*: wörtliches Zitat von NT Röm 14,10; s. auch das folgende Zitat. – *auf dass ein jeder empfange, so wie er ausgeführt hat, sei es Gutes, sei es Böses (ut recipiat unusquisque prout gessit, sive bonum sive malum)*: Vorlage ist 2 Kor 5,10: *... ante tribunal Christi ut referat unusquisque propria corporis prout gessit sive bonum sive malum* (‚vor der *Richterbühne* Christi, auf dass ein jeder zurückbringe als Eigentümlichkeit seines Leibs, so wie er ausgeführt hat [Luther: „nach dem, was er getan hat im Leib"] sei es Gutes, sei es Böses').

(2,48) *Kriegern Christi (Christi bellatorum)*: die Junktur auch 2,61 (*bellator* nicht in *Hist.*). – *leibliche Brüder (fratres ... germani)*: so auch *Hist.* 2,67 (mit denselben Namen).

(2,49) *Leander ... Alexander ... Sother*: Siehe schon 2,39. – *in ihren Aufschriften (in eorum titulis)*: mit goldenen Buchstaben an den Wänden, s. 2,92 (*titulus* nicht in *Hist.*).

(2,50) *im Namen der Dreieinheit (in trinitatis nomine)*: D.h. Vater, Sohn und Heiliger Geist (*trinitas* weder in Bibel noch in *Hist.*). – *der unter den drei Knaben erschienen ist (qui inter tres pueros apparuit)*: Also sind es vier, und damit handelt es sich wohl um eine Anspielung auf die Geschichte ‚Die drei Männer im Feuerofen' (AT Dan 3): Nebukadnezar hat drei Männer (*viri*) gefesselt in einen Feuerofen werfen lassen, muss aber feststellen, dass sie nicht nur nicht verbrannt sind, sondern dass sogar ein vierter ‚unter ihnen' ist; er ruft seine Berater und sagt (Dan 3,92): *Ecce ego video viros quattuor solutos et ambulantes in medio ignis et nihil corruptionis in eis est et species quarti similis filio Dei* (‚Da, ich sehe vier Männer gelöst <von den Fesseln> und wandernd in der Mitte des Feuers, und nichts an Verderbnis ist an ihnen, und das Aussehen des vierten <ist> ähnlich einem Sohn Gottes'). – *nicht Drohungen, nicht Schrecken und nicht irgendwelche Arten von Foltern (non mine, non terrores, nec ulla tormentorum genera)*: Zu Trikola s. zu Pr 3, hier vielleicht wegen der ‚drei Brüder' (2,48).

(2,51) *jenes <Wort> des Psalmenschreibers psalmodieren (illud psalmigrafi ... psallere)*: Es folgt wörtliches Zitat von AT Ps LXX 132,1; weder *psalmografus* noch *psallere* in *Hist.* (nur 1,1 *psalmista*, ‚Psalmist'); Vulgata: *psallere, psalterium, psaltes* (‚Psalmist').

(2,52) *dass diese Gottweisen (hos teosophos, B)*: *theosophus* weder in Bibel noch in *Hist.* – *härter als Stahl (adamante duriores)*: schon antike Metapher, s. Otto s.v. ‚adamas' 1 („hart wie Stahl"). – *ersehnenswert über Gold und viel kostbaren Stein hinaus und süßer über Honig und Wabe hinaus (desiderabilia super aurum et lapidem preciosum multum et dulciora super mel et favum)*: wörtlich aus AT Ps LXX 18,11; *desiderabilia super aurum*: schon antiker Vergleich, s. Otto s.v. ‚aurum' 1 (*carior/carius auro*, ‚teurer als Gold'); *dulciora super mel*: schon antike Metapher, s. Otto s.v. ‚mel' 1; 2.

(2,53) *im Haus, das sich die Weisheit mit sieben Säulen angeordnet hat (in domo, quam sibi sapientia septenis columnis ordinavit)*: Vorlage ist AT Spr 9,1: *sapientia aedificavit sibi domum excidit columnas septem* (‚Die Weisheit hat sich ein Haus erbaut, hat sieben Säulen behauen'); zu ‚sieben' s. oben den Hinweis zu 2,39; *septenis* (‚mit sieben', statt ‚mit je sieben'): Distributiv- statt Kardinalzahl. – *auf der purpurnen Stiege (in ascensu purpureo)*: Vorlage ist AT Cant 3,10 (Salomon lässt sich eine Sänfte bauen): *columnas eius fecit argenteas reclinatorium aureum ascensum purpureum* (‚Ihre Säulen machte er silbern, die Lehne golden, die Stiege purpurn'; Luther: „Ihre Säulen machte er aus Silber, die Decke aus Gold, der Sitz purpurn"); zu *ascensus* in dieser Bedeutung s. MLWB I 1021,30 s.v. („*Steiggerät, Treppe*"). – *mit dem Hochzeitskleid feierlich geschmückt (veste nuptiali sollemniter ornati)*: Vorlage ist NT Matth 22,11 (königliche Hochzeit): *et vidit ibi hominem non vestitum veste nuptiali* (‚und <der König> sah dort einen Menschen, nicht bekleidet mit einem Hochzeitskleid').

(2,54) *dass diese zwölf Senatoren (hos duodecim senatores)*: nämlich der eine Palmatius (s. 2,1–8), die vier Constans, Hormisda, Papirius, Jovianus (s. 2,9) und die sieben Leander, Alexander, Sother, Maxentius, Constantius, Crescentius, Justinus (s. 2,39). – *ein Herz und eine Seele (cor unum et anima una)*: aus NT Acta 4,32: *multitudo autem credentium erat cor et anima una* (‚Die Vielzahl der Gläubigen war ein Herz und <eine> Seele'); s. auch unten 2,63 und schon oben 1,9.

(2,55) *Am dritten <Tag> ... vor den Nonen des Oktobers (Tertio ... Nonas Octobris)*: D.h. am 5. Oktober; so auch die anderen Quellen (*Hist.* 1,14; 2,71; *Gesta* 17,14); vgl. oben zu 1,37.

(2,56) *indem wir den Jahrestag ... feiern (diem anniversarium ... celebrantes)*: für den vielleicht diese *Passio* zu liturgischen Zwecken dienen sollte. – *bei der Ankunft des gerechten Richters (in adventu iusti iudicis)*: D.h. beim Jüngsten Gericht; die etymologische Paronomasie *iusti iudicis* unterstreicht (auch in der Übers.).

(2,57) *dubitamus ... obtinere:* nach *dubitare* hier (und 2,42) der einfache Infinitiv (so sonst nur in der Bedeutung ‚zögern': 2,9; 2,10; 2,27; 2,29; 2,33) statt eines (negierten konjunktivischen) Konjunktionalsatzes mit *quin* (nur Pr 34; 2,38). – *quicquid boni, quicquid iusti, quicquid sancti:* Zu (asyndetischen) Trikola (hier mit je vier Silben) s. zu Pr 3.

(2,58) *wie der Apostel sagt (ut apostolus dicit):* aus NT Röm 8,16 f.: *... quod sumus filii Dei. | si autem filii et heredes, heredes quidem Dei, coheredes autem Christi* (‚... dass wir Söhne Gottes sind. | Wenn jedoch Söhne, auch Erben, Erben nämlich Gottes, Miterben Christi').

(2,59) *Am folgenden Tag aber (Sequenti vero die):* D.h. am 6. Oktober. – *der Diener der Unbilligkeit (iniquitatis minister):* die Junktur schon 2,19; vgl. zu 1,1. – *wie ein durch das Rasen des Feuers entzündeter Kamin (ut caminus ignis furore successus):* Vorlage ist AT Mal 4,1 (Luther 3,19): *Ecce enim dies veniet succensa quasi caminus* (‚Da, ein Tag wird nämlich kommen, entzündet gleichwie ein Kamin').

(2,60) *um zu erforschen (explorandum):* unklassische Konstruktion statt z.B. *ad explorandum* oder *explorandi causa* oder (Supinum) *exploratum* (s. zu Pr 18). – *quos mores, quas leges queque iura:* Zu (asyndetischen) Trikola s. zu Pr 3. – *Krieger Christi (Christi bellatores):* Siehe zu 2,48. – *Und <das ist> nicht verwunderlich (Nec mirum):* dieselbe elliptische Junktur schon 1,35 (auch dort im nächsten Paragrafen mit begründendem *enim* fortgesetzt).

(2,61) *Die Lehrer dieser Bürgergemeinde (Doctores ... huius civitatis):* D.h. die Bischöfe, vor allem die ersten drei (Eucharius, Valerius, Maternus), s. *Vita Eucharii.* – *gefesselt durch die Fessel wahrer Hochachtung (convincti vinculo vere dilectionis):* Die Paronomasie unterstreicht die Bindung; ‚Hochachtung': oder ‚Liebe'. – *stellten ... jenen Untertanen das Maß des Weizens rechtzeitig zur Verfügung (subiectis ... tritici mensuram illis in tempore ministrabant):* Zum Ausdruck vgl. NT Luk 12,42: *ut det illis in tempore tritici mensuram* (‚dass er jenen [Hausgemeinschaft] rechtzeitig das Maß des Weizens gebe'). – *trugen sie die ihnen durch göttliche Fügung anvertrauten Talente zum ewigen Schatzhaus mit vielfältigem Gewinn zurück (talenta sibi divinitus credita eterno gazophilatio multiplici lucro reportabant):* Zur Sache s. NT Matth 25,14–30 (,,Von den anvertrauten Talenten"); Luk 19,11–27 (,,Von den anvertrauten Pfunden"); *Talente:* hohe griechische Geld- und Gewichtseinheit (Luther: ,,Zentner"), für den mittelalterlichen Hörer synonym für: Pfund Silbers oder Goldes.

(2,63) *erexit ... despexit:* im Lat. Paronomasie (mit Homoioteleuton). – *da sie ja auf die irdische Wohnung, die die Seele beschwert, mit Herz und Gemüt herabblickte (quia terrenam habitationem, que aggravat animam, corde et animo despexit):* Vorlage ist AT Sap 9,15: *corpus enim quod corrumpitur adgravat animam et deprimit terrena inhabitatio sensum multa cogitantem* (‚Der Körper nämlich, der verdorben wird, beschwert die Seele, und es drückt die irdische Wohnung den vieles denkenden Sinn herab'); zu ‚mit Herz und Gemüt' (corde et animo) s. schon 2,54.

(2,64) *Wertvolle Steine legte sie in die Grundlage (Lapides preciosos posuit in fundamento)*: Vorlage ist wohl AT 3 Kön (Luther 1 Kön) 7,10 (s. schon 7,9; Salomos Tempel): *fundamenta autem de lapidibus pretiosis lapidibus magnis* (‚Die Grundlagen jedoch <waren> von wertvollen Steinen, von großen Steinen'). – *die der höchste Künstler der Nächstenliebe durch Zement verband (quos artifex summus caritatis coniunxit cemento)*: oder ‚durch den Zement der Nächstenliebe'; zu *caritas* s. zu 1,6.

(2,65) *die Kraft der Winde oder das Ungestüm der Flüsse (vis ventorum vel impetus fluminum)*: biblisch nur einzeln belegt, AT Sap 7,20 (*vim ventorum*); AT Ps LXX 45,5 (*fluminis impetus*); *impetus* eines Flusses noch 2,74.

(2,66) *Gegründet war sie nämlich auf einem festen Felsen (Fundata enim erat supra firmam petram)*: Vorlage ist NT Matth 16,18: *et super hanc petram aedificabo ecclesiam meam* (‚und über diesem Felsen werde ich meine Kirche erbauen').

(2,67) *der Prophet (propheta)*: Siehe zu 2,68. – *über den Unverstand der Lehrer und ihre übelste Vernachlässigung der Lehre (de doctorum amentia et eorum pessima doctrine negligentia)*: wohl Paraphrase der 1. Hälfte von Jes 5,13: *propterea captivus ductus est populus meus quia non habuit scientiam* (‚Deswegen ist gefangen weggeführt worden mein Volk, da es ja kein Wissen hatte').

(2,68) *Ihre Vornehmen sind zugrunde gegangen durch Hunger, und ihre Menge ist durch Durst vertrocknet (Nobiles eius interierunt fame et multitudo eius siti exaruit)*: wörtliches Zitat von AT Jes 5,13, 2. Hälfte (5,8–24: „Weherufe über die Sünden der Großen"); die Wortstellung (ABC ACB, auch in der Übersetzung) unterstreicht die Aussage.

(2,69) *hatten sich alle durch die feste Nahrung … gesättigt und die Milch … ausgetrunken (omnes fuerant solido cibo … satiati et … lacte epotati)*: feste und flüssige Nahrung z.B. NT Hebr 5,12: *et facti estis quibus lacte opus sit non solido cibo* (‚und ihr seid <zu solchen> geworden, denen Milch nötig ist, nicht feste Nahrung'); *lacte* hier in der *Passio* ist als Akkusativ (und Nominativ) Nebenform zu *lac* (nie in *Hist* und *Pass*). – *ewig (eternaliter)*: *aeternalis* + Adverb belegt durch Bibel (einmal) und MLWB; *aeternabilis* (B) nur durch ThlL. – *mit aller Anspannung des Sinns (omni mentis intentione)*: ähnlich schon 2,46: *vera mentis intentione* (‚mit wahrer Anspannung des Sinns').

(2,69 f.) *desideraverunt. | Attendebant enim* (‚<sie> ersehnten. Sie beachteten nämlich'): wie schon 2,45 dieselbe Juxtaposition der Prädikate an der Satzgrenze (jeweils auch in der Übersetzung.

(2,70) *Sie beachteten (Attendebant):* dieselbe Form in derselben Position schon 2,45. – *was geschrieben ist (quod scriptum est):* Es folgt fast wörtliches Zitat von NT Hebr 13,14.

(2,71) *Nachdem dies gehört worden war (His auditis):* Bezug auf den Bericht der von Rictiovarus entsandten Kundschafter 2,60, s. *reperit* (,fand er heraus'). – *mit gezückter <Schwert–>Spitze rasend (mucróne dístrictó furéns):* Vers (jambische Dipodien) aus Prudentius (348–405), *Cathemerina* 12 (Hymnus Epifaniae), 110 (109: *Transfigit ergo carnifex,* ,Es durchbohrt also der Henker'); falsche Wortstellung, d.h. Vers in AB *districto mucrone furens* von Heyen wegen seiner literarischen Defizite und prosodischen Inkompetenz (s. auch zu 2,82) nicht erkannt; vgl. auch die ähnliche biblische Wendung AT 2 Macc 5,3: *galeatorum multitudinem gladiis districtis* (,von Behelmten eine Vielzahl mit gezückten Schwertern'): zu *mucro* in eigentlicher, pointierter Bedeutung s. Komm. zu 2,82. Vgl. auch unten zu 2,75.

(2,72) *wurden ... in vollen Keltern Trauben getreten (plenis torcularibus uve calcabantur):* das Bild schon oben 2,33 f., 2,37. – *durch das Blut ... rötliche Moste (sanguine rubentia musta):* die Verbindung beider auch AT Jes 49,26: *et quasi musto sanguine suo inebriabuntur* (,und gleichsam wie durch Most werden sie durch ihr eigenes Blut trunken werden').

(2,73) *wer hat ... gesehen oder wer hat ... gehört? (quis ... vidit aut ... quis audivit?):* eindrucksvolle anaphorische rhetorische Doppelfrage; vgl. zu 2,78; 2,85. – *ein so großes Niederhauen von Menschen (tantam hominum stragem): strages* einmal in *Hist.* 2,4: *innumerabilem Christianorum stragem in urbe Treverica a Rictiovaro factam* (,das unzählige Niederhauen von Christen, das in der Trierer Stadt von Rictiovarus veranstaltet worden war'); einmal in der Bibel: 2 Macc 8,6: *non paucas hostium strages dabat* (,nicht weniges Niederhauen der Feinde veranstaltete er'; Luther: „schlug nicht wenige Feinde in die Flucht"). – *von einem so großen Vergießen von Blut (tantam cruoris effusionem): cruoris effusio* weder in Bibel noch in *Hist.*, aber das synonyme *sanguinis effusio* in beiden, z.B. AT Idc 9,24 und *Hist.* 2,5 (s. zum nächsten Paragrafen).

(2,74) *mit so großem Ungestüm (tanto impetu):* Siehe zu 2,65. – *dass kaum jemand erkannte, ob das Bett Wasser führe (quod vix quisquam, si limpham alveus portaret, cognoscebat, A):* D.h. Wasser und nicht Blut; s. *Hist.* 2,5: *quod ingresso Treverim Rictiovaro tanta ab eo sit facta ibi sanctorum sanguinis effusio, ut rivi cruoris aquae iuxta quam occisi sunt permixti et in Mosellam deducti eam in suum colorem converterent, ut naturali claritate remota, peregrino magis quam proprio colore ruberet* (,dass, nachdem Rictiovarus Trier betreten hatte, von ihm ein so großes Vergießen des Blutes der Heiligen dort veranstaltet worden ist, dass Blutbäche des Wassers, neben dem sie niedergemetzelt wurden, vermischt und in die Mosel geführt, diese in ihre Farbe verwandelten, so dass sie nach Entfernung ihrer natürlichen Klarheit mehr durch fremde als durch ihre eigene Farbe rot war'); *cognoscebat* A; *cognoscebet* B (Schreibfehler statt *cognosceret*).

(2,75) *Dass ... die herodianische Wildheit (Herodianam ... feritatem):* Zum Kindermord nach der Geburt Jesu durch König Herodes den Großen s. NT Matth 2. Herodes steht auch bei Prudentius (*Cath.* 2,134) kurz nach dem Zitat eines Prudentius-Verses (*Cath.* 2,110) durch die *Passio* (oben 2,71). – *mit diesem (huic):* D.h. mit Rictiovarus (s. 2,66 f. die Gegenüberstellung *Ille enim ... Hic autem*), nicht ‚mit dieser Wildheit'; der Vergleich mit den Märtyrern nicht in *Hist. mart.* – *und wenn (et si):* oder *etsi* (AB); ‚wenn wir den Grund beider als einen noch so ungerechten betrachten'.

(2,76) *per-imere ... per-dere:* im Lat. durch Paronomasie hervorgehobener Gegensatz.

(2,77) *keine Schuld, keinen Grund (non culpam, non rationem):* Die asyndetische Anapher (gemäß dem Gesetz der wachsenden Glieder) ‚hämmert ein'.

(2,78) *Warum hätte er ... hassen sollen und ... sättigen sollen? (Cur ... odiret et ... sitiret?):* Zu rhetorischen (Doppel-)Fragen (hier im Irrealis der Vergangenheit) s. zu 2,73; zu *odire* s. zu 1,36.

(2,80) *O allzu glückselige Schuld (O culpa nimium beata):* Ein Makarismos (Seligpreisung) mit Apostrophe auch noch 2,83; 2,84.

(2,81) *was David ehemals durch den prophetischen Geist gesprochen hat (quod David quondam locutus est spiritu prophetico):* Es folgt ein stark gekürztes und leicht verändertes Zitat aus AT Ps LXX 78,1–3.

(2,82) *was der Dichter über <C. Julius> Cäsar singt (quod poeta canit de Cesare): poeta* in der *Passio* nur hier; es folgt (von Heyen unbemerkt, s. schon zu 1,7; 2,31; 2,71) ein im *Textus currens* (A: S. [261 f.]; B: S. [203r]) geschriebenes Zitat aus Lukan, *De bello civili* (Bürgerkrieg zwischen C. Julius Cäsar und Pompeius; Apostrophe Cäsars durch den Dichter) 7,551; 560; 566, (außer anderer, durch die Auslassungen bedingter Syntax) mit folgenden Änderungen: 551 Lukan dreimal *hic*; 560 Lukan *inspicit; manent* aus prosodischen Gründen von *mānare* (‚fließen', Lukan), nicht *mănēre* (‚bleiben') oder *mădēre* (‚feucht sein': AB, Heyen aus prosodischer Unkenntnis, s. textkrit. Apparat); die Pointe von 560 liegt in *toti* (‚ganz', d.h. tief eingedrungene Schwerter), im Gegensatz zu 561 (*qui niteant primo tantum mucrone cruenti*, ‚welche nur mit der ersten Spitze blutig schimmern'), so dass *qui* in 560/561 indirekte Fragesätze (‚welche') einleitet, keine Relativsätze (‚die') mit z.B. konsekutivem Konjunktiv; *mucro* verflacht s. 2,71. – *Poeta* (und *Caesar*) würden z.B. auch auf Vergil (Äneis), den mittelalterlichen *poeta* (vgl. *Hist.* 1,29) schlechthin, passen. – *sanguis* und *cruor* lassen sich im Dt. (beides ‚Blut', dazu oben *cruentus*) nicht scheiden.

(2,83) *O glückselige Bürgergemeinde (O beata civitas):* Zu Makarismen mit Apostrophe s. zu 2,80; in *Hist* nur 1,22: *o urbs Treverica* (‚o Trierische Stadt'). – *mit ... Kranz bekränzt (corona coronatos)*: Die *Figura etymologica* in Juxtaposition (auch in der Übersetzung) hebt hervor.

(2,84) *O ruhmvolles Vaterland (O gloriosa patria)*: Zu Makarismen mit Apostrophe s. zu 2,80. In B steht, von Heyen nicht bemerkt, am rechten Rand nachgetragen: *Exclamatio digna merore* ('Ausruf, würdig der Trübsal').

(2,85) *Wer kann euch würdig loben, wer würdig scheuen, wer würdig ehren? (Quis vos digne laudare, quis digne venerari, quis digne potest honorare?)*: Die asyndetische rhetorische Frage (s. zu 2,73) mit dreifacher Anapher hämmert gleichsam ein; zu Trikola s. zu Pr 3.

(2,86) *das Talent aller Schriftsteller (omnium scriptorum ... ingenium)*: Doch zur Kritik an Schriftstellern s. zu Pr 36.

(2,87) *Uns Ungebildeten ... und Stümpern (Nobis ... rudibus et idiotis)*: *rudis* und *idiota* nicht in *Hist.*, doch s. NT Apg 4,13 (Petrus/Johannes): *homines ... sine litteris et idiotae* ('Menschen ohne Bildung und Stümper'; Luther: „ungelehrte und einfache Leute"); vgl. MLWB s.v. ‚idiota' („Nichtfachmann, Dilettant, Stümper"; „einfache, einfältige, ungebildete Person"). – *Uns ... erscheint es besser, dass wir bei der Beschreibung eures Lobes völlig still sind, als <dass> wir, indem wir wenig sagen und das meiste übergehen, durch die Trockenheit unseres geringen Talents bei eurer Höhe Anstoß erregen (Nobis ... satius videtur, ut in describenda laude vestra prorsus taceamus, quam pauca dicendo et plurima pretereundo ingenioli nostri ariditate vestram altitudinem offendamus)*: eine ähnliche Selbstherabsetzung (Bescheidenheitstopos; s. noch oben zu Pr 29) auch *Hist.* 1,39 (mit Komm.): *Quapropter melius de his silendum esse putamus quam, cum pro magnitudine rerum parum inde dicamus, res magnas parvis scribendi modis extenuare pergamus* ('Und deswegen halten wir es für besser, hierüber schweigen zu sollen, als dass wir, wenn wir für die Größe der Dinge von daher zu wenig sagen, fortfahren, große Dinge auf dürftige Weisen des Schreibens zu verringern'); s. dort auch zum 2. Teil (fast wörtliches Zitat von Horaz, *Carm.* 3,3,72: *magna modis tenuare parvis*). – *durch die Trockenheit unseres geringen Talents (ingenioli nostri ariditate)*: wohl nach Ennodius, *Carm.* 1,7,1 *Praef.* p. 524,2: *ingenioli mei ariditate* ('durch die Trockenheit meines geringen Talents'): ähnlich *Hist.* 1,38: *nostri tenuitas ingenii* (die Geringheit unseres Talents').

(2,88) *es ... sein dürfte (fuerit)*: oder statt Konj. Perf. (Potentialis) auch sog. Futur II möglich: ‚es gewesen sein wird'.

(2,89) *Sagen wir doch (Dicimus tamen)*: ohne Einfluss auf die folgende Syntax (keine infinitivische oder konjunktionale Abhängigkeit, d.h. kein AcI oder *quod*-Satz [‚Sagen wir doch, dass, wenn eine Region ... hätte, sie sich freuen würde': *Dicimus, si regio haberet,* *gavisuram fuisse/quod gauderet*), sondern freistehendes irreales Kondizionalsatzgefüge). – *Gebete, Lobe, Schlachtopfer (preces, laudes, hostias)*: Zu Trikola s. zu Pr 3.

(2,90) *Der Mühe ist es wert (Opere pretium est)*: D.h. *operae*; diese Junktur in der *Passio* nur hier (gar nicht in *Hist.*); vgl. Livius, Praef. 1: *Fácturúsne operáe pretiúm sim, sí ...* ([4½ Daktylen] ‚Ob ich etwas der Mühe Wertes machen werde, wenn ...').

(2,91) *Nicht méhr Namen (Non ... plura ... nomina)*: nämlich entweder als die dreizehn, die sich aus 2,90 ergeben; oder (Komparativ ohne Vergleich) ‚Nicht allzu viele' (‚Nicht ziemlich viele'); zum Gedanken vgl. *Hist.* 1,16; 1,19; 2,60.

(2,92) *Der heilige Felix ... Bischof derselben Bürgergemeinde, hat ... errichtet (Sanctus ... Felix eiusdem civitatis episcopus, ... construxit)*: erster in der auf 291 (s. 2,97) datierten *Passio* auftretender Bischof, 386–98 neunter Bischof von Trier, s. *Gesta* 22,3–5 (durch Felix Bestattung der Märtyrer und des Paulinus [† ca. 358] in der von Felix auf dem Marsfeld erbauten Marien-Basilika, d.h. in der späteren [und heutigen] Paulinuskirche, s. Komm. ad l.; *Hist.* 1,26; 2,6; 2,58; Heyen, Stift 308. – *von Christen gebracht worden sind (a Christianis sunt translata)*: identisch mit 2,93: *religiosi viri transtulerunt* (‚haben ... die religiösen Männer ... gebracht'); darin weicht die *Passio* nicht nur von der *Hist.*, sondern auch von den *Gesta* ab (wo es jeweils Felix ist), falsch daher Thomas 145 („Erst nachdem das Martyrium beendet ist – so berichtet die von Heyen edierte Passio [S. 65 = 2,92 PD] – erscheint auf einmal Bischof Felix, von dem vorher nie die Rede war, und sammelt die Gebeine der Erschlagenen"). – *goldene Buchstaben an den Wänden derselben Krypta (auree littere in parietibus cripte eiusdem)*: so gleichfalls *Hist.* 2,61 und schon *Gesta* 27,16 (auch zitiert zu *Hist.* 2,58).

(2,93) *da sie ja des zukünftigen Schicksals ... durch den Heiligen Geist vorherwissend waren (quia futuri casus ... per spiritum sanctum prescii fuerunt)*: stärkere Ideologisierung (göttliche Erleuchtung) gegenüber *Hist.* 2,62: *quando Northmannos ... praesciverunt* (‚da sie vorherwussten, dass die Normannen ...').

(2,94) *Gott hat, weil die Sünden der Nachfahren es forderten, zugelassen (Deus ... peccatis posterorum exigentibus permisit)*: Ein solcher ‚ideologisierender' Gedankengang (nicht in *Hist.*) passt zum Tenor der *Passio*; s. auch 2,93. – *der wilde Stamm der Normannen (effera gens Nortmannorum)*: in der *Passio* nur hier genannt; zum Normannensturm 882 s. *Hist.* 2,62 (einzige Nennung; zum Datum s. zu 1,15); *Gesta* 28,1–5, mit Komm. – *alle ringsum liegenden <Bürgergemeinden> (omnes circumquaque positas <civitates>)*: ähnlich *Hist.* 2,62: *sicut ceteras ... urbes* (‚so wie die übrigen Städte'): Siehe die Aufzählung *Gesta* 27,14. – *durch Plünderung, durch Niedermetzelung und durch Brand (preda, cede et incendio)*: Zu (asyndetischen) Trikola s. zu Pr 3.

(2,95) *Stöhnen, Schmerz und Trauer (gemitus, dolor et luctus)*: Zu Trikola s. zu Pr 3. – *Glauben und Wahrheit, Frieden und Eintracht, Gerechtigkeit und Nächstenliebe (fides et veritas, pax et concordia, iustitia et karitas)*: einziges paarweises Trikolon; s. zu Pr 3. – *deren Stirn durch den Buchstaben Taw gezeichnet wurde (quorum frons tau figura designabatur)*: aus AT Ezech 9,4: *et signa thau super frontes virorum gementium et dolentium* (‚und zeichne ein Taw [oder ‚mit einem Taw'] auf die Stirnen der stöhnenden und Schmerz empfindenden [s. oben *gemitus, dolor*] Männer'); im Hebräischen steht hier ein Taw (*t*), der letzte Buchstabe des hebräischen Alphabets, ursprünglich in Kreuzform (+).

(2,96) *in Trier (Treveri)*: dieser *Abl. loci* zwar nicht in *Hist.*, aber z.B. in *Gesta, Cont. I* 7,6 (*ibi, id est Treveri*, ‚dort, das heißt in Trier') und öfter (s. auch den Akkusativ *Treverim* oben Pr 18; Pr 20); zu gewaltsamen kurzsichtigen Änderungen (Coens 250) von *Treveri* besteht kein Anlass. – *konnten die Namen vieler ... später nicht aufgefunden werden (multorum nomina reperiri postea non potuerunt)*: ähnlich *Hist.* 2,60: *quorum nomina reperiri non potuerunt* (‚deren Namen nicht aufgefunden werden konnten').

(2,97) *Im 291. Jahr ... der Fleischwerdung des Herrn ... unter dem erhabenen (Augustus) Maximian (Anno ... dominicae incarnationis CCXCI sub Maximiano augusto)*: Das – historisch zu Maximian (reg. 285–310) stimmige – Jahr 291 nennen auch *Gesta* 17,1: *anno dominicae incarnationis 291. Maximianus imperator ...accersivit* (‚holte im 291. Jahr der Fleichwerdung des Herrn der Herrscher Maximian ... herbei'); Krönert 254 mit Anm. 1459 (S. 374: Ende 3. Jh.; S. 375 dagegen unsinnig „† 4 octobre 391 [?]"); die Jahre 286 oder 292 bietet alternativ Heyen, Öffnung 23, Stift 308. – *durch die Dienstleistung des Präfekten Rictiovarus (administrante Rictiovaro prefecto)*: Zu Rictiovarus als ‚Diener' (*minister*) s. die schon zu 1,1 genannten Stellen. – *unseres Herrn Jesus Christus ... Amen (domini nostri Ihesu Christi ... Amen)*: Der ganze Schluss wie *Vita Eucharii* 25 fin.: *praestante Domino nostro Iesu Christo, qui cum Patre et Spiritu sancto vivit et regnat Deus per infinita secula seculorum. Amen* (‚wobei unser Herr Jesus Christus es leistet, der mit dem Vater und dem Heiligen Geist lebt und königlich herrscht als Gott durch unendliche Generationen von Generationen hindurch. Amen'). – *durch alle Generationen von Generationen hindurch (per omnia secula seculorum)*: Vgl. AT Ps LXX 83,5: *in saecula saeculorum laudabunt te* (‚Für Generationen von Generationen werden sie dich loben'; Luther: „die loben dich immerdar").

(*Explicit*) *Abgewickelt ist ... (Explicit ...)*: *explicit* < *explicitum est*, d.h. eigentlich bei der Lektüre ganz abgewickelt vom Stab (*umbilicus*, ‚Nabel, Mittelpunkt'), um den es (Leiden) gerollt war (nichts davon im enttäuschenden MLWB III 1655,11–18, s.v. ‚explico'); Gegenstück zu oben *Incipit prologus ...* (‚An fängt die Vorrede ...') und wie das *Incipit* in B in Rot geschrieben. – *und des ganzen Trierischen Volks beiderlei Geschlechts (totiusque Treverice plebis utriusque sexus)*: Vgl. *Hist.* 2,72: *Tercia vero die cedem exercuit in plebem sexus utriusque* (‚Am dritten Tag aber verübte <Rictiovarus> ein Gemetzel am Volk beiderlei Geschlechts').

2.3 Einführung zur *Passio martyrum*
2.3.1 Die *Passio martyrum Trevirensium* in ihrem Verhältnis zur *Historia martyrum Treverensium*

Neben der *Historia martyrum Treverensium* (‚Historie der Trierer Märtyrer', s. oben Kap. 1 und schon KTJ 59, 2019, S. 15–114) gibt es noch eine zweite, ebenso anonyme Schrift ähnlichen Inhalts: die oben in Kap. 2.1 vorgestellte *Passio martyrum Trevirensium* (‚Das Leiden der Trierer Märtyrer'). Ihre Existenz wird in der Regel damit begründet, dass es sich bei der *Historia* nicht um eine Leidensgeschichte im eigentlichen Sinn (Martyrium) handle, sondern um einen ‚sachlichen Bericht' über die Auffindung der Märtyrer-Reliquien im Jahr 1072, so dass es notwendig gewesen sei, noch im 11. Jahrhundert eine *Passio* in einer ‚religiös vertieften' Form zu verfassen.[1] Beide Annahmen sind meines Erachtens falsch (wozu noch die Fehldatierung der *Gesta Treverorum* auf den Anfang des 12. Jahrhunderts, ca. 1102, tritt): Hatte ich doch gegen die *Opinio communis* nachzuweisen versucht, dass es sich bei der *Historia* keineswegs um einen ‚sachlichen Bericht' handeln könne, sondern – unter Einbeziehung ihres von der Forschung sträflich vernachlässigten Proömiums (besonders § 10) – bereits um eine ‚religiös vertiefte' Form einer uns unbekannten ‚Urfassung', und das sogar in doppeltem Grad: Ist doch die *Historia* nicht nur in die Heilsgeschichte bzw. in den göttlichen Schöpfungsplan eingeordnet, sondern hinter ihrem Geschehen steht letztlich das dem *Do-ut-des*-Prinzip verpflichtete persönliche Interesse Gottes (scil. an Opfern, gegen die Garantie von Frieden).

Zumindest in die Heilsgeschichte bzw. in den göttlichen Schöpfungsplan eingeordnet ist auch die *Passio*, wie schon der Vergleich der *Prologi* beider Schriften zeigt, vgl. *Pass, Prol* 1 (*Post orbis dispositionem cunctarumque rerum ordinationem*, ‚Nach Einteilung des <Erd->Kreises und Ordnung der gesamten Dinge') mit *Hist, Prol* 10 (*eius incommutabilis dispositionis ordinem*, ‚die Reihenfolge seiner [Gottes] unveränderlichen Planung') und *Hist*, c. 1,1 (*inevitabilis divinae dispositionis ordo*, ‚die unausweichliche Reihenfolge der göttlichen Planung'). Auch wenn das persönliche Interesse Gottes in der *Passio* weniger hervortritt,[2] gibt es wegen der zahlreichen sprachlichen Parallelen zwischen *Historia* und

---

[1] Z.B. Heyen, Stift (1972) 319; daraus abgeschrieben Heikkilä (2002) 103, und Krönert (2010) 252–255.

[2] Vgl. immerhin *Pass*. 2,93 (*quia futuri casus ... per spiritum sanctum prescii fuerunt*, ‚da sie jedes zukünftigen Schicksals ... durch den Heiligen Geist [d.h. durch göttliche Erleuchtung] vorherwissend waren') mit *Hist*. 2,62 (*quando Nordmannos ... praesciverunt*, ‚da sie vorherwussten, dass die Normannen ...'); oder *Pass*. 2,94 (*Deus ... peccatis posterorum exigentibus permisit*, ‚Gott ... ließ zu, weil die Sünden der Nachfahren es forderten'), wozu es in *Hist*. keine Entsprechung gibt. Heyens (Stift 319) ‚religiös vertiefte Form' der *Passio* hätte schon zur Charakteristik der *Hist*. dienen müssen, in der er stattdessen ‚einen sachlich referierenden Bericht' sieht (Öffnung 47, vgl. oben Anm. 1 und schon KTJ 59, 2019, S. 20 f., Anm. 18).

Passio jetzt neben der von der Forschung vertretenen Reihenfolgen *Historia-Passio*[3] bzw. *Passio-Historia*[4] auch die Möglichkeit der Abhängigkeit beider von einer (verlorenen) gemeinsamen Quelle („Urfassung"), was ich jedoch nach wie vor angesichts fehlender Beweise nicht zu entscheiden wage.

Des Öfteren wurde die *Passio* in Komposition und Sprache gegenüber der *Historia* als überlegen bezeichnet,[5] was zugleich Verschiedenheit der (jeweils anonym bleibenden) Verfasser impliziert. Ein durchgängiger stilistischer Vergleich kann in diesem Rahmen nicht durchgeführt werden (doch vgl. die in den Kommentaren eingestreuten Bemerkungen zum Vor- bzw. Nicht-Vorkommen bestimmter Wörter und Wendungen in beiden Texten). – Die kompositionellen und inhaltlichen Unterschiede lassen sich unter folgende Schlagworte subsumieren:

Komposition: Es herrscht in der *Passio* ein starkes Ungleichgewicht zwischen Umfang des *Prologus* (ca. 1100 Wörter) und Haupttext (ca. 3300 Wörter), verursacht durch die erweiterte Heilsgeschichte und die stark herausgehobene Rolle Triers im göttlichen Schöpfungsplan (Pr 18–38)[6]; in der *Historia* (ca. 5500 Wörter)[7] liegt dagegen das ‚normale' Verhältnis von einer DIN-A-4-Seite des *Prologus* gegenüber 15 Seiten der Kap. 1–4 vor.

‚Dramatisierung' der *Passio* durch Dialoge (1,14b–19 Thebäer; 1,20 Zwischenfrage des Rictiovarus; 1,21–27/28 Thebäer) und Monologe (2,5–7 Palmatius)[8]; in der *Historia* dagegen nur ein kurzer Dialog (Frage/Antwort 2,16 f.) und drei Einzelsätze (2,26; 3,15; 4,24).

‚Evangelisierung': Die ganze *Passio* (von Pr 1 bis cap. 2,95) ist geradezu ein Cento von Bibel-Zitaten und -Anspielungen (ca. 130), die dagegen in der *Historia* (ab Pr 1) nur selten und meist als Anspielungen zu finden sind (ca. 25, als Verhältnis fünf zu eins).

‚Literalisierung' der *Passio* durch antike und spätantike Zitate: 1,7 und 2,82: ein plus drei anonyme Hexameter aus Lukan; 2,87: anonyme Horaz- und wohl auch Ennodius-An-

---

3 Reihenfolge *Historia-Passio*: z.B. Heyen, Öffnung 47–49, 56, (vgl. Stift 319), daraus abgeschrieben Heikkilä 103 und Krönert 252–255, 380.
4 Reihenfolge *Passio-Historia*: z.B. Thomas 144 f. (ohne *Do-ut-des*-Prinzip),
5 *Passio* überlegen: z.B. Heyen, Öffnung 48; Stift 319 (vgl. Krönert 255 Anm. 1462).
6 Ohne Verständnis Coens 250: „In hoc prologo, quod non magni est momenti, multis verbis celebrantur laudes Trevirensis urbis et sedis" (‚In diesem Prolog werden, was nicht von großem Gewicht ist, mit vielen Worten Lobe auf die Trierer Stadt und den <Bischofs->Sitz gefeiert').
7 Trotz der heutigen Möglichkeiten der PC-Wortzählung bleibt Krönert 380 (s. schon 254) im Vagen: „Par rapport à son modèle principale [scil. *Hist.*], l'auteur [scil. der *Pass.*] a considérablement rallongé sa narration par l'insertion de quelques discours directs, par des dissertations à caractère homilétique et par des passages élogieux sur la ville de Trèves."
8 Doch s. zu einer anderen Klassifikation den Komm. zu 1,14b–27/28 und 2,5–7.

spielung; Pr 31: Distichon aus dem (gefälschten) Silvesterprivileg (schon in *Gesta, Continuatio I* 18,11); 2,31: 1½ anonyme Hexameter; 2,71: jambisches Dipodion aus Prudentius; dazu anonyme Anspielungen wohl auf Cicero (Pr 20; 2,13; 2,14) und Sallust (2,13); dagegen in der *Historia* nur 1,29 f. ein benanntes Vergil-Zitat (½ Vers) und 2,8 vielleicht eine anonyme Vergil-Anspielung; Pr 2: Zitat aus dem Augustinus-Kommentator Prosper; 3,36: Zitat aus dem Neuplatoniker Porphyrius; 1,39 und 3,3: anonyme Horaz-Anspielungen.

‚Pathetisierung' der *Passio* durch Makarismos (mit Apostrophe) Triers (2,83–89), in der *Historia* nur 1,22 drei Wörter (*o urbs Treverica*); in diesem Zusammenhang: Die Handschriften der *Passio* (A, B) haben ein (bzw. zwei) *Incipit* und ein *Explicit*, die der *Hist* nur in C ein *Incipit*.

2.3.2 Überlieferung der *Passio martyrum Trevirensium* und Editionsprinzipien

Die *Passio martyrum Trevirensium* scheint keine weite Verbreitung gefunden zu haben; dafür zeugt schon die Tatsache, dass sie nur in zwei Kodizes, die sich beide in der Stadtbibliothek Trier befinden, überliefert ist.[9]

A = Hs 1372/138 (Keuffer S. 33 f., Nr. 76,2 [fehlerhaft, lies „f. 174" statt „f. 274"]; Coens S. 253 f. Nr. 14/15; Krönert S. 379). Pergament, 139 Bl., S. 1–277, 138×191 mm, eingeritztes Linienschema, Minuskel, anfangs rubriziert, 11.–12. Jh. – Sammelband verschiedener Heiligenviten (z.B. Gangolf, Kilian, Victor, Felicitas, Perpetua, elftausend Jungfrauen, Gervasius, Protasius, Oswald), daran (nach Ausweis des Inhaltsverzeichnisses sicher noch im 12. Jh.) am Schluss angebunden als besondere Lage die *Passio sanctorum martyrum Trevirensium* (in der Zählung der Handschrift: S. 241–263[10]). – Die *Passio*-Lage trägt S. 241 einen Bibliotheksvermerk der Trierer Abtei St. Martin von einer Hand des 12. Jh. (*Codex sancti Martini Treverensis: si quis eum abstulerit, anathema sit* [,Kodex des Trierer heiligen Martin: wenn jemand ihn fortträgt, soll es ein Bannfluch sein!']). Die Handschrift selbst gehört wohl noch dem späten 11. Jh. an; in sie ist zur Erhöhung Triers das (gefälschte) Silvester-Privileg hineininterpoliert worden.[11] – Die Handschrift gelangte aus der Biblio-

---

9   Das Folgende nach Keuffer, Coens und, mit Korrekturen, Heyen (den für eine fehlerstrotzende Edition der einen Handschrift Verantwortlichen) 56 f., der aber wie ich zusätzlich Coens und Keuffer benutzt hat; alles überprüft durch Autopsie. Um keine Verwirrung zu stiften, übernehme ich Heyens Handschriften-Klassifikation A und B (die ich oben mit C und D für meine Klassifikation der *Historia*-Kodizes fortgesetzt habe).

10 Die Seiten sind einzeln von 241 bis 263 gezählt (nicht r/v), die Paginierung ist aber nur auf den ungeraden, rechten Seiten angebracht (241, 243, 245, ...).

11 Nach meiner Zählung zwischen Pr 23 und Pr 33 (B: zwischen [194v] und [195r]); im Einzelnen wohl zutreffend beschrieben von Heyen 58 Anm. 8 (lies: Anm. 7); s. meine Abb. 12–14. Der Anfang des 12.

thek von St. Martin in den Besitz des Theologieprofessors und St. Pauliner Kanonikers Anton Oehmbs (s. dessen Eigentumsvermerk von 1805 auf S. 1 und S. 241), von dort durch Schenkung D. Ph. Schmidts, Trier 1830, in die Stadtbibliothek Trier. – Handschrift A liegt (mit den Lesarten von B im textkritischen Apparat) der (fehlerübersäten) Edition Heyens zugrunde (die zum Nachteil des Benutzers zudem weder die Original-Paginierung noch eine eigene Kapitel- oder Paragrafenzählung aufweist).

B = Hs 1341/86 (Keuffer S. 11–14, Nr. 43, f. 193–204; Coens S. 249 f. Nr. 10/11 [fehlerhaft]; Krönert S. 379). Pergament, 245 Bl., 160×245 mm; anfangs eingedrücktes, später braunes, schließlich graues Linienschema von ca. 30 Zeilen; Minuskel. „Reiche verschlungene Initialen auf f. 1 u. 2v: B. P. [?] Silber, Rot und Blau auf Goldgrund in grünem Felde. Sonst etwas verzierte rote Anfangsbuchstaben. Angehendes 13. Jhrh." (Keuffer). – Ebenfalls zwei ursprünglich selbstständige, später zusammengebundene Teile. Teil 1 (Bl. 1–192 neuerer Zählung) *Vitae sanctorum patrum eremitarum*, Anfang 13. Jh. Teil 2 (Bl. 193–245, nicht vollständig) Sammelhandschrift zur Geschichte Triers, Mitte 12. Jh.: a) *Passio sanctorum martyrum Trevirensium* (193r–204r); b) der sogenannte *Libellus de rebus Trevirensibus* (204r–218v); c) *Gesta Trevirorum* (218r–245). – Teil 2 bietet f. 192v drei Hexameter und zwei Pentameter; der letzte Vers lautet: *Quí te sústulerít, húnc anathéma ferít* (‚Wer dich wegnimmt, diesen schlägt ein Bannfluch'); am unteren Rand des 1. Blatts (193r) trägt Teil 2 den Vermerk einer gleichzeitigen Hand: *Mater Ide Lifmudis fecit hec scribi. Anima eius requiescat in pace* (‚Die Mutter der Ida Lifmudis [?] ließ dies schreiben. Ihre Seele ruhe in Frieden!'). Unsicher, in welchem Frauenkloster geschrieben (Coens vermutet *Palatiolum*/Pfalzel); doch auf hinterem Deckel: *Codex S. Matthiae prope Treviros*; ab 1803 in Stadtbibliothek Trier (f. 1).

B, umgekehrt als bei Heyen, die Grundlage meiner Edition, ist eine so gut wie identische Abschrift von A (bei mir im textkritischen Apparat), in der (Abschrift B) aber alle Spuren der Interpolation beseitigt sind; inhaltliche und nennenswerte sprachliche Unterschiede gibt es nicht. – Orthografische Varianten (*caritas/karitas*; *-ci-/-ti-*; *Hierusalem/Ierosol-*; *martir/martyr*; *pathronus/patronus*; *Tebei/Thebei*; *Tirsus/Tyrsus*; *Trever-/Trevir-* etc.) habe ich in der Regel nicht vermerkt. – Nur direkte Reden auf Handlungsebene sind in „normale" Anführungszeichen gesetzt, alles andere (wörtliche Zitate aus antiker Literatur und Bibel, auch wenn es nur Anspielungen sind) in ‚gnomische' Anführungszeichen; Literaturzitate sind zusätzlich durch Einrücken und trennende Leerzeilen aus dem *Textus currens* herausgehoben. Systematisch nach Zitaten gesucht habe ich nicht, sondern mich außer den wenigen Vorgaben Heyens auf eigenes Wissen oder Gefühl verlassen. Die originale Interpunktion konnte, erweitert durch die Anführungszeichen, in der Regel

Jh. als *Terminus post quem* der Interpolation ist allerdings (wegen Heyens Fehldatierung der *Gesta Treverorum* auf ca. 1102) falsch.

beibehalten werden (aus dem Hochpunkt wurde je nachdem Komma, Semikolon oder Punkt). Manches bleibt letztlich unentscheidbar (besonders subordinierender Relativsatz oder koordinierender relativer Satzanschluss?). – Zur schnelleren Suche habe ich nicht nur eine Einteilung in Kapitel und Paragrafen vorgenommen, sondern auch die Originalpaginierung beider Handschriften in eckigen Klammern eingefügt (Fettsatz in B, Normalsatz in A [zugunsten des Leseflusses nicht in der Übersetzung] – bei Heyen fehlt jegliche Orientierungsmöglichkeit schon für ‚seine' Handschrift).

3.

Handschriften-, Literatur- und Abbildungsverzeichnis

3.1 Handschriften (alle in Wissenschaftliche Bibliothek Trier; A, B; C, D)

A (*Passio*) = HS 1372/138, f. 241–263; editio princeps: Heyen 1964; s. oben S. 195 f.
B (*Passio*) = HS 1341/86: f. 193r–204r; ed. pr.: (Heyen 1964) Dräger 2021; s. oben S. 194.
C (*Historia*) = HS 388/1152gr2; f. 147r–153v; ed. pr.: Hontheim 1757; s. oben S. 158.
D (*Historia*) = HS 1151/456 4°; f. 30v–35v; ed. pr.: Dräger 2021; s. oben S. 159.

3.2 Literatur

(AASS) Acta Sanctorum, Oct. II [3.–4. Okt.], Paris 1768 (bearb. von Jacob Bueus; 2. Aufl. [„novissime"] 1866; 3. Aufl.), S. 330–373 (330: De SS. [Sanctis] Tyrso et sociis, item de SS. Bonifacio et sociis, MM. [militibus] forte [‚einmal'] Thebaeis apud Treviros Commentarius praevius), S. 373–383 (Acta Auctore anonymo [aus Hontheim; vgl. Heyen, Stift 321]).

(Baumeister) Baumeister, Jens: Basilika St. Paulin in Trier. Ein barockes Gesamtkunstwerk, 1. Aufl., Trier (Medien-Verlag) 2010.

(BBKL) Biographisch-Bibliographisches Kirchenlexikon, hg. von Friedrich-Wilhelm Bautz †, fortgeführt von Traugott Bautz, www.bbkl.de

(Beissel) Beissel, Stephan: Geschichte der Trierer Kirchen, ihrer Reliquien und Kunstschätze. I. Theil: Gründungsgeschichte, Trier 1887 (Kap. I 3, S. 16–67: „Die Trierer Märtyrer").

(BHL) Bibliotheca Hagiographica Latina antiquae et mediae aetatis. Ediderunt socii Bollandiani 1898–1899, ND Brüssel 1992 (Subsidia Hagiographica; 6). – Bibliotheca Hagiographica Latina antiquae et mediae aetatis. Novum Supplementum. Edidit Henricus Fros, Brüssel 1986 (Subsidia Hagiographica; 70).

(Bueus) s. unter AASS.

(Coens) Coens, Mauritius: Catalogus codicum hagiographicorum latinorum bibliothecae civitatis Treverensis. Brüssel, Paris 1934 = Excerptum e: Analecta Bollandiana 52, 1934 (*Historia*: S. 165/168, 205; *Passio:* S. 249 f., 253 f.).

(Dräger, *Gesta*) Dräger, Paul: Gesta Treverorum. Geschichte der Treverer. *Ab initiis usque ad MCXXXII annum.* Von den Anfängen bis zum Jahr 1132. Hg., zum ersten Mal vollständig übers. und komm., Trier (Publikationen aus dem Stadtarchiv Trier; 2) 2017.

(Dräger, Hist mart) Dräger, Paul: Die Historie der Trierer Märtyrer (Historia martyrum Treverensium, BHL 8284), in: KTJ 59, 2019, 15–114.

(Dräger, *Hystoria*) Dräger, Paul: Die *Hystoria Treverorum*. Hg., zum ersten Mal übers. und komm., in: KTJ 55, 2015, 17–75; überarb. und erweitert in Dräger, *Gesta*, S. 158–169, 373–392.

(Dräger, Trevirer und Scharfrichter) Dräger, Paul: Die Trevirer und die Scharfrichter. Ein lateinischer Scherz mit dem Namen der Trevirer / Treverer, in: KTJ 43, 2003, S. 21–25.

Dräger: s. auch unter ‚Gesta'; ‚Vita Eucharii'.

(Dutripon) Dutripon, F. P.: Bibliorum Sacrorum Concordantiae. 2. Nachdr. der 8. Aufl. Paris 1880, Hildesheim 1986.
(Embach) Embach, Michael: Trierer Literaturgeschichte. Das Mittelalter, Trier 1996.
(*Gesta Treverorum, Gesta, Ge*) s. unter Dräger; Waitz; Wyttenbach/Müller.
(Habel/Gröbel) Habel, Edwin und Friedrich Gröbel: Mittellateinisches Glossar, Paderborn 1989 [sehr hilfreich].
(Heikkilä) Heikkilä, Tuomas; Vita S. Symeonis Treverensis. Ein hochmittelalterlicher Heiligenkult im Kontext [keine Edition mit Übersetzung], Helsinki 2002, S. 102–104 [oberflächlich].
(Heinen) Heinen, Heinz: Frühchristliches Trier. Von den Anfängen bis zur Völkerwanderung, Trier 1996.
(Heyen) Heyen, Franz-Josef: Die Öffnung der Paulinus-Gruft in Trier im Jahre 1072 und die Trierer Märtyrerlegende (Mit erstmals veröffentlichtem Text der „Passio sanctorum martirum Trevirensium." [S. 56–66; chaotische Edition]), in: Archiv für mittelrheinische Kirchengeschichte 16, 1964, S. 23–66.
(Heyen, Fälschung) Heyen, Franz-Josef: Fälschung und Legende. Das Beispiel der Trierer Märtyrerlegende, in: Fälschungen im Mittelalter, Teil V: Fingierte Briefe. Frömmigkeit und Fälschung, Realienfälschungen (MGH, Schriften, Band 33, V), Hannover 1988, S. 403–415.
(Heyen, Stift): Das Stift St. Paulin vor Trier. Bearbeitet von Franz-Josef Heyen (Germania sacra, Neue Folge, 6: Die Bistümer der Kirchenprovinz Trier. Das Erzbistum Trier, 1), Berlin 1972, S. 308–328.
(Holder-Egger) Holder-Egger, Oswald: Ein Brief Erzbischof Udos, in: Neues Archiv der Gesellschaft für ältere deutsche Geschichtskunde 17, 1892, S. 487–489.
(Hontheim, Ho) Hontheim, Johann Nikolaus von: Prodromus Historiae Trevirensis Diplomaticae & Pragmaticae. 1. Band, Augsburg 1757, S. 87–108 (Historia Martyrum Treverensium Commentario praevio & notis illustrata); S. 109–124 (Incipit passio sanctorum Trevirorum martyrum [auch in den AASS sowie als Auszug bei Waitz/MGH SS und bei Migner/PL; vgl. Heyen, Stift 321]).
(*Hystoria Treverorum; Hyst. Trev.*) s. unter Dräger; Wyttenbach/Müller.
(Keuffer) Keuffer, Max: Beschreibendes Verzeichnis der Handschriften der Stadtbibliothek zu Trier, H. 8: Handschriften des Historischen Archivs. Trier 1914/unveränd. ND Wiesbaden 1973 (*Historia:* S. 221/224; *Passio:* S. 11–14; 33 f.).
(Keuffer, Liturg) Keuffer, Max: Beschreibendes Verzeichnis der Handschriften der Stadtbibliothek zu Trier, 4.H. Liturgische Handschriften. Trier 1897 (*Historia:* S. 26).
(Kraus) Kraus, Franz Xaver: Die christlichen Inschriften der Rheinlande, Bd. 2, Freiburg 1894, S. 330 f.
(Klotz) Klotz, Reinhold: Handwörterbuch der lateinischen Sprache.
(Krönert) Krönert, Klaus: L'exaltation de Trèves: Écriture hagiographique et passé historique de la métropole mosellane VIIIe–XIe siècle, Ostfildern (Beihefte der Francia; 70) 2010 [Paulinus: S. 216–269, 394–402; Historia martyrum Treverensium: S. 244–249, 373–79; Passio martyrum Treverensium 252–255, 379–381].

(Krönert, La construction) Kröbert, Klaus: La construction du passé de la cité de Trèves: VIIIe–XIe siècles. Étude d'un corpus hagiographique, thèse de doctorat soutenue à l'université Paris X-Nanterre en 2003.

(KTJ) Kurtrierisches Jahrbuch.

(LexMA) Lexikon des Mittelalters. Studienausgabe. Bd. I–IX, Stuttgart 1999.

(Luther) Die Bibel nach Martin Luthers Übersetzung. Lutherbibel. Revidiert 2017. Jubiläumsausgabe 500 Jahre Reformation, Stuttgart (Deutsche Bibelgesellschaft) 2016.

(MGH SS) Monumenta Germaniae Historica. Scriptores.

(Migne/PL) Ex historia martyrum Treverensium, in: Patrologia Latina [PL], ed. Jacques Paul Migne, Paris 1853 (PL Bd. 154), Sp. 1267–1276 [aus Waitz].

(MLLM) Mediae Latinitatis Lexicon Minus. Hg. von J. F. Niermeyer und C. van der Kieft. Überarb. von J. W. J. Burgers. Zweite, überarb. Aufl., Leiden, Darmstadt 2002 [sehr lückenhaft].

(MLWB) Mittellateinisches Wörterbuch bis zum ausgehenden 13. Jahrhundert, bisher 3 Bde. (A–E) und 4. Bd. bis Lieferung 10 (implumis – inconscriptus), München 1967, 1999, 2007–2016; Abkürzungs- und Quellenverzeichnisse, 2.<,> verb. und erw. Aufl., München 1996.

(Otto) Otto, August: Die Sprichwörter und sprichwörtlichen Redensarten der Römer. Gesammelt und erklärt, Leipzig 1890/ND Hildesheim 1965. – Nachträge zu A. Otto: Sprichwörter und sprichwörtliche Redensarten der Römer. Eingeleitet und mit einem Register hg. von Reinhard Häussler, Darmstadt 1986.

(Pape/Benseler) Pape, W. und G. Benseler: Wörterbuch der griechischen Eigennamen (1911), Bd. 1–2, ND der 3. Aufl., Graz 1959.

(Pelster) Pelster, Franz: Aus der Frühzeit deutscher Scholastik und deutscher Frömmigkeit. Mitteilungen aus einer Paderborner Handschrift (Cod. Vat. Palat. 482), in: Scholastik 15, 1940, (533–559), 552–556.

(Peultier) Concordantiarum universae Scripturae Sacrae Thesaurus Auctoribus PP. [Patribus Eugène] Peultier, Etienne, Gantois, aliisque, Paris 1897 (Cursus Sacrae Scripturae; 3).

(PL): Patrologia Latina. Ed. Jacques Paul Migne.

(RE) Paulys Realencyclopädie der classischen Altertumswissenschaft.

(Sauerland) Sauerland, Heinrich Volbert: Trierer Geschichtsquellen des 11. Jahrhunderts. Untersucht und herausgegeben, Trier 1889.

(Sauerland, Relatio) Sauerland, Heinrich Volbert: Der älteste Bericht über die Inventio martyrum Treverensium vom Jahre 1072, in: Pastor Bonus 5, 1893, 339–343 [dreifach fehlerhaft zitiert bei Krönert 433].

(Schmitt) Schmitt, Philipp: Die Kirche des h. Paulinus bei Trier, ihre Geschichte und ihre Heiligthümer, Trier 1853 (vgl. Heyen, Stift 323).

(Stotz) Stotz, Peter: Handbuch zur lateinischen Sprache des Mittelalters, Bd. 1–5, München 1996–2004.

(ThlL) Thesaurus linguae Latinae.

(Thomas) Thomas, Heinz: Studien zur Trierer Geschichtsschreibung des 11. Jahrhunderts<,> insbesondere zu den Gesta Treverorum, Bonn 1968 (Rheinisches Archiv; 68).

(Trier II) Trier im Mittelalter. Hg. von Hans Hubert Anton und Alfred Haverkamp, Trier 1996 (2000 Jahre Trier; 2).

(Vierbuchen) Vierbuchen, Ernst: St. Paulin, seine Botschaft in Architektur und Bild, Trier 1994.

(Vita Eucharii) Trier wird christlich: Das Leben der heiligen Eucharius, Valerius, Maternus (*Vita sanctorum Eucharii, Valerii, Materni*), Hg., zum ersten Mal übers. u. komm. von Paul Dräger, in: KTJ 56, 2016, S. 11–58.

Vulgata: s. Weber.

(Waitz) Waitz, Georg: Ex historia martyrum Treverensium, in: MGH SS VIII, S. 220–223, Hannover 1848 [Auszug aus Hontheim].

(Waitz), Gesta) Waitz, Georg (Hg.): Gesta Treverorum, in: MGH, SS VIII, S. 111–200, Hannover 1848.

(Weber, Vulgata, Bibel, AT/NT) Biblia Sacra iuxta vulgatam versionem. Hg. von Robert Weber (1969), 4., verb. Aufl., Stuttgart (Deutsche Bibelgesellschaft) 1994/ND.

(Winheller) Winheller, Ernst: Die Lebensbeschreibungen der vorkarolingischen Bischöfe von Trier, Diss. Bonn 1935.

(Wyttenbach/Müller, Wy/Mü) Wyttenbach, Johann Hugo und Michael Franz Joseph Müller (Hg.): Gesta Trevirorum, 3 Bde., Trier 1836–1839.

3.3 Abbildungen

Abb. 0 (S. 11): Paulinkirche (Foto: Rita Heyen)

Abb. 1 (S. 96): Grundriss, aus Hontheim 1757, S. 93 (s. KTJ 2019)

Abb. 2 (S. 97): Grundriss, aus Beissel 1887, S. 35 (s. KTJ 2019)

Abb. 3 (S. 98): aus Kempf, Theodor K.: Das Heiligtum des Bischofs und Märtyrers Paulinus in Trier, Trier (Bischöfl. Museum) 1958, Abb. 31 (2019 bearb. von Harald Schmidt und Paul Dräger).

Abb. 4 (S. 99): Grundriss, aus Baumeister 2010, S. 37 (s. KTJ 2019)

Abb. 5 (S. 99): Sarkophage, aus Credner 2019 (s. KTJ 2019)

Abb. 6 (S. 100): Sarkophage, aus Credner 2019 (s. KTJ 2019)

Abb. 7 (S. 100): Sarkophage, aus Credner 2019 (s. KTJ 2019)

Abb. 8 (S. 101): Sarkophage, aus Credner 2019 (s. KTJ 2019)

Abb. 9 (S. 101): Sarkophage, aus Credner 2019 (s. KTJ 2019)

Abb. 10–14: von Anja Runkel (Wissenschaftliche Bibliothek der Stadt Trier) gescannte Kodizes

Abb. 10 (S. 156): *Historia*, Hs C, 147r: *Incipit passio – Quamquam – Explicit prologus*

Abb. 11 (S. 157): *Historia*, Hs D, 30v: *Lectiones – Cum inevitabilis – praemia acquirerent*

Abb. 12 (S. 194): *Passio*, Hs B, 194v (26 Zeilen, interpoliertes Silvester-Privileg: *[Tre]beta Nini primi regis filio – quem tibi pre omnibus harum gentium episcopis in primitivis*

Abb. 13 (S. 195): *Passio*, Hs A, 246v (17 Z., Silvester): *Sume prioratum post Alpes, Trevir, ubique – ut idem apostolus ait, princeps*

Abb. 14 (S. 196): *Passio*, Hs A, 247r (26 Z., Silvester): *pastorum aparuerit – ex orientali regione Thebeos fortissimos et nobilissimos*

4.

Zitate aus/Anspielungen auf (spät)antike Literatur und Bibel

("Hist" = Historia martyrum Treverensium; "Pass" = Passio martyrum Trevirensium; "prol" = prologus)[1]

4.1 Zitate und Anspielungen
4.1.1 Klassische und spätantike Literatur

Anonymus poeta: **Pass** 2,31 (| *quós mundús* ...).
Cicero, *Ad familiares* 7,13,2: **Pass prol** 20 (*tresviri capitales*);
    Laelius 102: **Pass** 2,13 (*res humanae fragiles caducaeque*);
    Tusc. disp. 5,5: **Pass** 2,14 (*unus dies ... inmortalitati anteponendus*).
Ennodius, *Carmina* 1,7,1 *Praef.* p. 524,2: **Pass** 2,87 (*ingenioli ... ariditate*).
Horaz, *Carmina* 3,3,72: **Hist** 1,39; **Pass** 2,87 (| *mágna modís tenuáre parvís* |);
    4,3,16: **Hist** 3,3 (| *ét iam dénte minús mórdeor ínvido* |).
Lukan, *De bello civili* 3,299: **Pass** 1,7 (| *ágmine núbiferám ... Álpem* |);
    7,551; 560; 566: **Pass** 2,82 (| *Híc furor, héc rabiés ... César* |...).
Porphyrius, *Introductio in Aristotelem*, S. 31,18 Busse: **Hist** 3,36 (*in numero ... non tamen infinito*).
Prosper Aquitanus, *Sententiae*, 40 (Augustinus, *Epist.* 138,7): **Hist prol** 2 (*apud Deum, qui condidit tempora*).
Prudentius, *Cathemerina* 12,110: **Pass** 2,71 (| *mucróne dístrictó furéns* |).
Sallust, *Catilina* 1,4: **Pass** 2,13 (*gloria fluxa atque fragilis*).
[Silvester, *Privilegium*] **Pass prol** 28–31 (*Súme prióratúm ... Trébir* ...).
Vergil, *Aeneis* 1,94: **Hist** 1,30 (| *... o térque quatérque beáti* |).
    1,257 f.: **Hist** 2,8 (*manént inmóta tuórum* | *fáta tibí*).

4.1.2 Bibel
4.1.2.1 Altes Testament

Gen 1,1: **Hist prol.** 1;
    1,26–31: **Hist prol** 3;
    2,1: **Hist prol** 3;
    2,7: **Pass prol** 1;
    2,15: **Pass prol** 2;
    9,18–29: **Hist prol** 4;
    9,21: **Hist prol** 4;
    9,27: **Hist prol** 9;
    14: **Pass** 1,39;
    18,2: **Pass prol** 18;
    22,1–19: **Hist prol** 4;
    31,48: **Hist** 3,28.
Exod 20,12: **Hist** 2,2.
Deut 5,16: **Hist** 2,2;
    9,10: **Pass** 2,23;
    32,14: **Pass** 1,42.

---

[1] ‚Zitat' und besonders ‚Anspielung' werden großzügig aufgefasst. Bei allen Abkürzungen steht der Vorteil des Lesers an erster Stelle (wie „Hist prol"/ „Pass prol" statt HMTpr/ PMTpr).

3 Kön 7,10: **Pass** 2,64.
Ps LXX 3,8: **Hist** 3,4; **Pass prol** 23;
    7,10: **Hist** 1,1;
    9,15: **Pass prol** 13;
    18,11: **Pass** 2,52;
    65,5: **Hist prol** 10;
    67,2: **Hist prol** 7;
    78,1–3: **Pass** 2,81;
    83,11: **Pass** 2,14;
    91,13: **Pass prol** 23;
    106,7: **Pass** 2,14;
    117,6: **Pass** 1,16;
    118,127: **Pass** 32;
    125,6: **Pass prol** 14;
    132,1: **Pass** 2,51;
    146,4: **Pass prol** 36;
    150,1: **Hist** 4,27.
Spr (Prv) 3,11: **Pass** 2,23;
    9,1: **Pass** 2,53;
    10,23: **Hist** 3,30.
    15,2: **Pass** 1,21.
Cant (Hld) 3,10: **Pass** 2,53;
    6,3: **Hist** 1,24.
Jes 5,13: **Pass** 2,68;
    53,7: **Pass** 1,26; 2,40;
    63,2: **Pass** 2,33;
    63,3: **Pass** 2,34;
    63,15: **Hist prol** 6;
    64,4: **Pass** 2,41.
Jer 27,12: **Pass prol** 22.
Ezech 1: **Hist** 1,24;
    1,9: **Hist** 1,25;
    2,9: **Pass** 2,43;
    3,2: **Pass** 2,43;
    3,3: **Pass** 2,43;
    9,4: **Pass** 2,95.
Dan 3: **Pass** 2,50;
    3,56: **Hist** 4,27.
Eccl: s. Sir.
Hagg 2,20: **Pass prol** 32.
Zach 13,1: **Pass prol** 10; 12.
Mal 4,1: **Pass** 2,50.
Sap 1,16: **Pass** 1,29;
    5,1: **Pass** 2,24;
    5,5: **Pass** 2,31;
    7,17/19: **Pass prol** 1;
    9,15: **Pass** 2,63.
Sir (Eccl) 18,1: **Hist prol** 1.

4.1.2.2 Neues Testament

Matth 5,10: **Pass** 1,43;
    9,37: **Pass prol** 14;
    10,22: **Pass** 2,7;
    10,28: **Pass** 1,22; 1,23;
    16,18: **Pass** 2,66;
    18,20: **Hist** 2,8;
    22,11: **Pass** 2,53;
    22,21: **Pass** 1,4;
    24,13: **Pass** 2,7;
    25,14–30: **Pass** 2,61.
Mark 9,42.44: **Pass** 1,18;
    16,15: **Pass prol** 7;
    16,20: **Pass prol** 8;
    28,19: **Pass prol** 8.
Luk 12,42: **Pass** 2,61;
    19,11–27: **Pass** 2,61.
Joh 9,14: **Hist** 3,32;
    12,24 f.: **Pass** 1,31; 2,36;
    13,27: **Pass** 1,30;
    17,24: **Pass** 2,22.
Apg (Acta) 4,32: **Pass** 2,54;
    5,29: **Pass** 1,19.
Röm 5,3–5: **Pass** 2,25;
    6,3: **Pass pol** 23;

8,16: **Pass** 2,58;
8,18: **Pass** 2,20;
8,35: **Pass** 2,6;
8,39: **Pass** 2,6;
14,10: **Pass** 2,47;
16,25: **Pass prol** 5.
1 Kor 2,9: **Pass** 2,41;
3,10: **Pass prol** 17;
3,11: **Pass** 1,15;
4,9: **Pass prol** 33;
9,22: **Hist** 2,12;
14,22: **Hist** 3,4; 3,5.
2 Kor 5,10: **Pass** 2,47;
12,12: **Pass prol** 22.
Gal 5,24: **Pass** 2,38.
Eph 3,16: **Pass** 2,10;
5,2: **Pass** 2,38;
6,17: **Pass** 1,16.
Phil 1,23: **Pass** 1,17.
Kol 2,14: **Pass prol** 5.
Thess 5,8: **Pass** 2,10.

1 Tim 1,10 f.: **Pass** 2,17.
1 Petr 1,19. **Pass** 2,38;
2,21: **Pass** 1,24; 2,34;
2,23: **Pass** 1,25;
4,5: **Pass prol** 34.
Hebr 11,32–34: **Pass** 1,41;
12,5: **Pass** 2,23;
13,14: **Pass** 2,70.
Jak 1,8: **Pass** 2,12.
Apk (Off) 1,20: **Hist** 1,23;
1,3: **Pass** 2,40;
1,4: **Pass** 2,40;
4,6: **Pass** 2,15;
5,1: **Pass** 2,42;
7,14: **Pass prol** 35; **Pass** 2,38;
12,3: **Pass** 2,41;
13,1: **Pass** 2,41;
17,8: **Pass prol** 36;
22,11: **Hist** 1,1;
22,17: **Pass** 2,11.

4.2 Erklärendes Eigennamenverzeichnis

(„Hist" = Historia martyrum Treverensium [**D**: Rez. D]; „Pass" = Passio martyrum Treverensium; „prol" = prologus [alle ohne *tituli*])[2]

Abraham (biblischer Stammvater, Vater Isaaks) **Hist prol** 4; **Pass prol** 18; c. 1,39; 2,8.
Agritius (ca. 314–335/336 der 4. Trierer Bischof) **Pass prol** 26; 27;29.
Aldegundis (Heilige, ca. 630–698) **Hist** 4,22.
Alexander (Trierer Ratsherr, Märtyrer, Bruder von Leander und Sother) **Hist** 2,67; **Pass** 2,2; 2,39; 2,49.
Alpes (‚Alpen') **Hist** 1,5; **Pass prol** 31; c. 1,6; 1,7 (*Alpem*).
Andreas (Apostel) **Pass prol** 29.

---

[2] Nicht aufgenommen sind *Nomina sacra* wie *Creator, Deus, Dominus, Filius, Genetrix, Mater, Pater; Christi, Christianitas, Christianus, Crux (sancta), Spiritus sanctus* u. Ä.; Monatsnamen (*Ianuarius* etc.) und -tage (*Kalendae, Idus, Nonae*). Meine vom lat. Lemma abweichenden Übersetzungen stehen in ‚gnomischen' Anführungszeichen.

Antiochenus ('antiochenisch', aus der Stadt Antiochien) **Pass prol** 27; 29.
Apollinaris (im 1. Jh. Bischof von Ravenna, Märtyrer) **Pass prol** 15.
Aquitania ('Aquitanien', Landschaft in Südwestgallien) **Hist** 4,4.
Arriani (die 'Arianer', Häretiker/Ketzer; Anhänger des alexandrinischen Bischofs Arius [† 335]) **Hist** 2,33.
Augustinus (354–430, KIrchenvater) **Hist prol** 2.
Augustus (Titel des Maximian, der röm. Kaiser insgesamt und der Helena) **Hist** 1,1; **Pass prol** 19; 29; c. 2,97.

Barac ('Barak', Person aus dem AT) **Pass** 1,41.
Bethlehem **Hist** 1,7.
Bonefacius ('Bonifatius', Thebäer) **Hist D** 1,1.

Caesar (Titel Maximians) **Hist** 1,1.
C(a)esar (C. Iulius Caesar) **Hist** 1,12 (*Caesar*); **Pass** 2,82 (*Cesar*) bis.
Cham ('Ham', Sohn Noahs, Bruder von Japhet und Sem) **Hist prol** 4; 7; vgl. Ham.
Christus **Hist** 1,8; 1,11; 1,14; 1,35; 2,34; 2,69; 3,5; 3,6; 3,35; **Pass prol** 21; 35; 38; c. 1,1 *bis*; 1,5; 1,7; 1,17; 1,37; 1,38; 1,40; 2,8; 2,21; 2,27; 2,33; 2,42; 2,44; 2,47; 2,48; 2,53; 2,58; 2,60; 2,72; 2,73; 2,76; 2,79; 2,80; vgl. Ihesus; Ihesus Christus; Christus Ihesus.
Christus Ihesus **Pass prol** 23; c. 2,5; 2,6; 2,9 *bis*; vgl. Ihesus Christus.
Constans (Trierer Ratsherr, Märtyrer) **Hist** 1,36; 2,70; **Pass** 2,2; 2,9; 2,11.
Constantius (Trierer Ratsherr, Märtyrer) **Hist** 2,66; **Pass** 2,2; 2,39.
Cornelius (Papst 251–253, Märtyrer) **Pass prol** 29.
Crescentius (Trierer Ratsherr, Märtyrer) **Hist** 2,66; **Pass** 2,2; 2,39.
Cuono ('Kuno', Kustos von St. Paulin) **Hist** 2,9.

David (biblischer Prophet) **Hist prol** 7; **Pass prol** 12; c. 1,41; 2,81.
Diocletianus ('Diokletian', 284–305 röm. Kaiser) **Hist** 1,1; **Pass** 1,1; 1,2.

Ekbertus ('Egbert', 977–993 der 45. Trierer Bischof) **Hist** 4,13.
Eucharius (im [1. Jh.] 3. Jh. der 1. Trierer Bischof) **Pass prol** 18; 28.
Ezechiel (biblischer Prophet) **Hist** 1,25 (vgl. **Pass** 2,43 *bis* [*propheta*]).

Felix (386–398 der 9. Trierer Bischof) **Hist** 1,26; 2,58; **Pass** 2,92.
Folbertus ('Folbert', Laie) **Hist** 2,9.
Francia ('Franken') **Pass prol** 18.
Frideburga (Nonne aus dem Trierer Kloster Ören) **Hist** 2,25.
Frigies (die 'Phrygier', Volk in Kleinasien) **Hist** 2,34; vgl. Phrygia.

Galaad/Galaath (Hügel im AT) **Hist** 2,29.

4. Zitate aus/Anspielungen auf (spät)antike Literatur und Bibel

Galli (die ‚Gallier') **Pass prol** 28.
Galliae (‚gallische <Provinzen>') **Hist** 1,8 *bis*.
Gallicus (‚gallisch') **Hist** 1,12.
Gedeon (Person aus dem AT) **Pass** 1,41.
Gentianus (früherer Trierer Märtyrer) **Hist** 2,3.
Germani (die ‚Germanen') **Pass prol** 28.
Gregorius (‚Gregor', der Große, ca. 540–604, Kirchenschriftsteller) **Hist** 1,38.
Ham (Sohn Noahs, Bruder von Japhet und Sem) s. Cham.

Helena (Mutter Konstantins des Großen, Trierer Heilige) **Pass prol** 29.
Herculius (Beiname des Kaisers Maximian) **Hist** 1,1.
Herodianus (‚herodianisch', zum Kindermörder Herodes) **Pass** 2,75.
Hierosolimitanus (‚Jerusalemer') **Hist** 1,8; vgl. Ierosolimitanus.
Hierusalem (‚Jerusalem') **Pass prol** 12; c. 2,71; 2,83; vgl. Ierusalem.
Hormisda/-ta (Trierer Ratsherr, Märtyrer) **Hist** 1,36; 2,70; **Pass** 2,2; 2,9,

Iacobus (‚Jakob', Heiliger) **Hist** 2,22 (Jakobsweg); **Pass** 2,12.
Iaphet (‚Japhet', Sohn Noahs, Bruder von Ham und Sem) **Hist prol** 8.
Iepthe (‚Jeftah', Person aus dem AT) **Pass** 1,41.
Ierosolimitanus (‚Jerusalemer') **Pass** 1,4; vgl. Hierosolimitanus.
Ierusalem **Hist** 1,7.
Ihesus (‚Jesus') **Pass** 2,19.
Ihesus (‚Jesus') Christus **Pass prol** 11; c. 1,15; 1,32; 2,35; 2,38; 2,97; vgl. Christus (Ihesus).

Inda (‚Kornelimünster', Abtei bei Aachen) **Hist** 4,25.
Iovianus (‚Jovianus', Trierer Ratsherr, Märtyrer) **Hist** 1,36; 2,70; **Pass** 2,2; 2,9.
Isaac (‚Isaak', Sohn Abrahams) **Hist prol** 4.
Iudaicus (‚jüdisch') **Hist prol** 4.
Iudea (‚Judäa') **Pass prol** 29.
Iudei (‚Juden') **Hist prol** 4; 7; **Pass** 1,1; 2,67.
Iustinus (‚Justinus', Trierer Ratsherr, Märtyrer) **Hist** 2,66; **Pass** 2,2; 2,39.

Leander (Trierer Ratsherr, Märtyrer, Bruder von Alexander und Sother) **Hist** 2,67; **Pass** 2,2; 2,39; 2,49.
Libanus (‚Libanon', Gebirge/Berg zwischen Phönizien und Syrien) **Pass prol** 23.

Machabei (die ‚Makkabäer', Anführer eines jüd. Aufstands) **Pass** 1,40; 2,44.
Marcellus (gemeint wohl Papst [296–304] Marcellinus) **Hist** 1,8.
Maria (Mutter Gottes) **Hist** 2,25; **Pass** 2,92.
Maternus (im [1.–2. Jh.] 3.–4. Jh. *init.* der 3. Trierer Bischof) **Pass prol** 18 *bis*; 28.

Mathias (,Matthias', Apostel) **Pass prol** 29.
Mauritius (Primipilar der Thebäischen Legion) **Hist** 1,1; 1,3; 1,5; **Pass** 1,10.
Maxentius (Trierer Ratsherr, Märtyrer) **Hist** 2,66; 2,67 *bis*; **Pass** 2,2; 2,39.
Maximianus (,Maximian', 285–310 röm. Kaiser) **Hist** 1,1 *bis*; 1,2; 1,5: 1,13; 2,56; **Pass** 1,1; 1,2; 1,3; 1,7; 1,27; 2,3; 2,82; 2,97; s. auch Augustus, Caesar, Herculius.
Mosella (,Mosel'): **Hist** 2,5; **Pass** 2,74.

Ninus (König der Assyrier, Vater des Trébetas) **Pass prol** 20.
Noe (,Noah', Vater von Japhet, Ham und Sem) **Hist prol** 4 *bis*; 7; 8; 9.
Nord-/Nortmanni (,Normannen') **Hist** 2,62 (Nord-); **Pass** 2,94.

Palmatius (Trierer Konsul und Patrizier, Märtyrer) **Hist** 1,16; 1,21; 2,63; 2,71; **Pass** 2,2; 2,4; 2,8; 2,90.
Papirius (Papy-; Trierer Ratsherr, Märtyrer) **Hist** 1,36; 2,70; **Pass** 2,2; 2,9.
Paulinus (ca. 347–358 der 6. Trierer Bischof, Märtyrer) **Hist** 1,5; 1,20; 1,21; 1,23; 1,34; 2,32; 2,43; 2,47; 2,58; 2,63; 2,65; 2,68.
Paulinus (Kirche/Kloster ,St. Paulin') **Hist** 2,1; 2,9; 2,13; 3,8; 3,25; 4,11; 4,13; **Pass** 2,92.
Paulus (Apostel) **Hist** 3,4; **Pass** 2,25; vgl. **Hist** 2,12; **Pass prol** 5; 33; 34; 1,44; 2,58.
Petrus (Apostel) **Pass prol** 9; 14; 15; 24; 28; 29; c. 1,23; vgl. 1,25.
Phrygia (,Phrygien', Landschaft in Kleinasien) **Hist** 2,58: vgl. Frigies.
Porfirius (,Porphyrius'; 3. Jh. n. Chr., griech. Philosoph) **Hist** 3,36.
Prosper (Prosper Aquitanus, *vir religiosus*, 5. Jh. n. Chr.) **Hist prol** 2.

Ravenna (Stadt in der Po-Ebene) **Hist prol** 15.
Regiensis (,Reginer', zu Reggio in der Emilia in Italien) **Hist prol** 2.
Rictiovarus (röm. Präfekt von Trier) **Hist** 1,12; 1,13; 1,16; 1,35; 2,4; 2,5; 2,56; 2,69; **Pass** 1,13; 1,35; 2,1; 2,8; 2,17; 2,26; 2,59; 2,97.
Roma (,Rom') **Hist** 1,8; 1,18 (*secunda*); **Pass prol** 9; 10; 14; 19 (*secunda*); 24 (*secunda*); 31.
Romani (die ,Römer') **Hist** 1,2; 1,12 *bis*; **Pass prol** 10; 11.
Romanus (,römisch') **Hist** 1,2; 1,8; 1,12; 1,13; 1,17; **Pass prol** 19; 21; c. 1,1; 1,4.

Samson (Person aus dem AT) **Pass** 1,41.
Scotice (,schottisch' [Schrift]) **Hist** 2,31.
Secundus (Anführer der Thebäischen Legion) **Hist** 1,1; 1,3.
Sem (Sohn Noahs, Bruder von Japhet und Ham) **Hist prol** 8.
Silvester (I., 31.1.314–31.12.335 Papst) **Pass prol** 26; 29.
Sother ([richtig: Sotér von Σωτήρ ,Retter, Heiland'] Trierer Ratsherr, Märtyrer, Bruder des Alexander und Leander) **Hist** 2,67; **Pass** 2,2; 2,39; 2,49.
Syon (,Sion', [Tempelberg in] Jerusalem) **Pass** 2,32.
Theb(a)eus (,thebäisch') **Hist** 1,13; 1,20; **Pass** 2,1.

Thebani (die ‚Thebaner', statt ‚Thebäer') **Hist** 1,12.
T(h)ebei (die ‚Thebäer', Christen der Thebäischen Legion) **Hist** 2,65; **Pass** 1,3; 2,90.
T(h)irsus, Tyrsus (‚Thyrsus', Anführer der Thebäischen Legion) **Hist** 1,1; 1,3; 1,5; 1,15; 1,20; 2,60; 2,63; 2,71; **Pass** 1,13; 1,44; 2,90.
Trebetas (Sohn des Ninus, mythischer Gründer Triers) **Pass prol** 20.
Treverensis (‚Trierer' (Adj.)) **Pass** 1,13.
Treverici (die ‚Trierer') **Hist** 1,12.
Trevericus (‚Trierisch') **Hist prol** 10; c. 1,5; 1,10; 1,12; 1,21; 1,22; 2,2; 2,4; **Pass prol** 25.
Treveris (‚Trier') **Hist** 2,71; **Pass prol** 18; 20.
Trevir (der ‚Trierer') **Pass prol** 28 (Adj.); 31 (Subst.).
Trevirensis (‚Trierer' (Adj.)) **Hist** 2,37; **Pass** 2,37.
Treviri (die ‚Trierer') **Hist** 1,13; 1,15; 1,26; 2,36; 2,58; 4,13; **Pass prol** 27.
Treviris (‚Trier') **Hist** 2,5; **Pass** 2,96.

Udo (1067–1078 der 50. Bischof Triers) **Hist** 2,44; 3,7; vgl. 3,24; 4,4; 4,17.

Valerius ([im 1.] im 3. Jh. der 2. Bischof Triers) **Pass prol** 18; 28.
Vergilius (‚Vergil', 70–19 v. Chr., Nationaldichter Roms) **Hist** 1,29.
Victorius (früherer Trierer Märtyrer) **Hist** 2,3.

Publikationen aus dem Stadtarchiv Trier

Folgende Bände sind in der Reihe bislang erschienen:

Klaus BREITBACH: Die Ära Friedrich Breitbach. Eine Dokumentation von Trier 1945/46 (= Publikationen aus dem Stadtarchiv Trier, Bd. 1), Trier 2015, ISBN: 978-3-00-047357-9.

Paul DRÄGER: *Gesta Treverorum* – Geschichte der Treverer. *Ab initiis usque ad mcxxxii annum* – Von den Anfängen bis zum Jahr 1132 (= Geschichte und Kultur des Trierer Landes, Bd. 13 | Publikationen aus dem Stadtarchiv Trier, Bd. 2), Trier: Kliomedia Verlag 2017, ISBN: 978–3–89890–210–6–448, Preis: 48,00 €.

Thiofridi Epternacensis: Sermones duo in die natali bb. Willibrordi et Wilgisli. Edidit critice, primum in linguam Germanicam vertit commentariisque instruxit Paulus Draeger. • Thiofrid von Echternach: Zwei Predigten am Geburtstag der glückseligen Willibrord und Wilgislus. Textkritisch herausgegeben, zum ersten Mal ins Deutsche übersetzt und kommentiert von Paul DRÄGER (= Echternacher Schriftquellen – Sources epternaciennes, Vol. 3 | Publikationen aus dem Stadtarchiv Trier, Bd. 3), Trier: Verlag für Geschichte und Kultur 2018, ISBN: 978–3–945768–03–7, Preis: 24,90 €.

Quellen zur Geschichte der Stadt Trier in der frühen Preußenzeit (1815–1850), hrsg. v. Jort BLAZEJEWSKI, Stephan LAUX und Nina SCHWEISTHAL (= Publikationen aus dem Stadtarchiv Trier, Bd. 4), Trier: Verlag für Geschichte und Kultur 2018, ISBN: 978–3–945768–04–4, Preis: 49,90 €.

Lena HAASE: Der Trierer Oberbürgermeister Wilhelm von Haw (1783–1862). Eine politische Biographie zwischen Liberalismus, Katholizismus und preußischem Staat (= Publikationen aus dem Stadtarchiv Trier, Bd. 5), Trier: Verlag für Geschichte und Kultur 2018, ISBN 978–3–945768–06–8, Preis: 24,90 €.

Philipp Becker, OSB (18. Jahrhundert). Geschichte der Abtei Echternach. Aus dem Lateinischen übersetzt. Übersetzung und Kommentar: Pierre KAUTHEN u. Pol SCHILTZ (= Echternacher Schriftquellen – Sources epternaciennes, Vol. 4 | Publikationen aus dem Stadtarchiv Trier, Bd. 6), Trier: Verlag für Geschichte und Kultur 2021, ISBN: 978–3–945768–13–6, Preis: 29,50 €.

David KUNZ: Zwischen Tradition und Moderne. Die Debatte um den Wiederaufbau der Trierer Steipe 1948–1966. Ein Trierer Beispiel für die Problematik bei der Rekonstruktion kriegszerstörter Baudenkmäler. Jubiläumsschrift zu 50 Jahren Steipe 1970–2020 (= Publikationen aus dem Stadtarchiv Trier, Bd. 7), Trier: Verlag für Geschichte und Kultur 2020, ISBN: 978–3–945768–17–4, Preis: 27,50 €.

Franziska LEITZGEN: Die Rolle der Trierer Oberbürgermeister im Nationalsozialismus: Ludwig Christ (1933/34–38) und Dr. Konrad Gorges (1938–45). Ein Gutachten (= Publikationen aus dem Stadtarchiv Trier, Bd. 8), Trier: Verlag für Geschichte und Kultur 2020, ISBN: 978–3–945768–14–3, Preis: 24,90 €.

Stephan LAUX: „Quelque chose d'assez mystérieux": Die gescheiterte Universitätsgründung in Trier 1945–1948. Motive, Planungen, Reaktionen (= Publikationen aus dem Stadtarchiv Trier, Bd. 9), Trier: Verlag für Geschichte und Kultur 2020, ISBN: 978–3–945768–15–0, Preis: 29,50 €.

Die Trierer Märtyrer. Historia martyrum Treverensium und Passio martyrum Trevirensium. Von unbekannten Verfassern. Lat./Dt. Textkritisch herausgegeben, zum ersten Mal ins Deutsche übersetzt und kommentiert von Paul Dräger (= Publikationen aus dem Stadtarchiv Trier, Bd. 10), Trier: Verlag für Geschichte und Kultur 2020, ISBN: 978–3–945768–16–7, Preis: 28,90 €.